OLDENBOURG GRUNDRISS DER GESCHICHTE

OLDENBOURG
GRUNDRISS DER
GESCHICHTE

HERAUSGEGEBEN
VON
LOTHAR GALL
KARL-JOACHIM HÖLKESKAMP
STEFFEN PATZOLD

BAND 35

GESCHICHTE CHINAS 1279–1949

VON

SABINE DABRINGHAUS

3., überarbeitete und aktualisierte Auflage

DE GRUYTER
OLDENBOURG

ISBN 978-3-486-78112-0
e-ISBN (PDF) 978-3-486-78113-7
e-ISBN (EPUB) 978-3-11-039854-0
ISSN 2190-2976

Library of Congress Cataloging-in-Publication Data
A CIP catalog record for this book has been applied for at the Library of Congress.

Bibliografische Information der Deutschen Nationalbibliothek
Die Deutsche Nationalbibliothek verzeichnet diese Publikation in der Deutschen Nationalbibliografie; detaillierte bibliografische Daten sind im Internet über http://dnb.dnb.de abrufbar.

Druck und Bindung: Hubert & Co. GmbH & Co. KG, Göttingen
♾ Gedruckt auf säurefreiem Papier
Printed in Germany

www.degruyter.com

FSC www.fsc.org
MIX
Papier aus verantwortungsvollen Quellen
FSC® C016439

VORWORT DER HERAUSGEBER

Die Reihe verfolgt mehrere Ziele, unter ihnen auch solche, die von vergleichbaren Unternehmungen in Deutschland bislang nicht angestrebt wurden. Einmal will sie – und dies teilt sie mit anderen Reihen – eine gut lesbare Darstellung des historische Geschehens liefern, die, von qualifizierten Fachgelehrten geschrieben, gleichzeitig eine Summe des heutigen Forschungsstandes bietet. Die Reihe umfasst die alte, mittlere und neuere Geschichte und behandelt durchgängig nicht nur die deutsche Geschichte, obwohl sie sinngemäß in manchem Band im Vordergrund steht, schließt vielmehr den europäischen und, in den späteren Bänden, den weltpolitischen Vergleich immer ein. In einer Reihe von Zusatzbänden wird die Geschichte einiger außereuropäischer Länder behandelt. Weitere Zusatzbände erweitern die Geschichte Europas und des Nahen Ostens um Byzanz und die Islamische Welt und die ältere Geschichte, die in der Grundreihe nur die griechisch-römische Zeit umfasst, um den Alten Orient und die Europäische Bronzezeit. Unsere Reihe hebt sich von anderen jedoch vor allem dadurch ab, dass sie in gesonderten Abschnitten, die in der Regel ein Drittel des Gesamtumfangs ausmachen, den Forschungsstand ausführlich bespricht. Die Herausgeber gingen davon aus, dass dem nachbearbeitenden Historiker, insbesondere dem Studenten und Lehrer, ein Hilfsmittel fehlt, das ihn unmittelbar an die Forschungsprobleme heranführt. Diesem Mangel kann in einem zusammenfassenden Werk, das sich an einen breiten Leserkreis wendet, weder durch erläuternde Anmerkungen noch durch eine kommentierende Bibliographie abgeholfen werden, sondern nur durch eine Darstellung und Erörterung der Forschungslage. Es versteht sich, dass dabei – schon um der wünschenswerten Vertiefung willen – jeweils nur die wichtigsten Probleme vorgestellt werden können, weniger bedeutsame Fragen hintangestellt werden müssen. Schließlich erschien es den Herausgebern sinnvoll und erforderlich, dem Leser ein nicht zu knapp bemessenes Literaturverzeichnis an die Hand zu geben, durch das er, von dem Forschungsstand geleitet, tiefer in die Materie eindringen kann.

Mit ihrem Ziel, sowohl Wissen zu vermitteln als auch zu selbständigen Studien und zu eigenen Arbeiten anzuleiten, wendet sich die Reihe in erster Linie an Studenten und Lehrer der Geschichte. Die Autoren der Bände haben sich darüber hinaus bemüht, ihre Darstellung so zu gestalten, dass auch der Nichtfachmann, etwa der Germanist, Jurist oder Wirtschaftswissenschaftler, sie mit Gewinn benutzen kann.

Die Herausgeber beabsichtigen, die Reihe stets auf dem laufenden Forschungsstand zu halten und so die Brauchbarkeit als Arbeitsinstrument über eine längere Zeit zu sichern. Deshalb sollen die einzelnen Bände von ihrem Autor oder einem anderen Fachgelehrten in gewissen Abständen überarbeitet werden. Der Zeitpunkt der Überarbeitung hängt davon ab, in welchem Ausmaß sich die allgemeine Situation der Forschung gewandelt hat.

Lothar Gall — Karl-Joachim Hölkeskamp — Steffen Patzold

INHALT

VORWORT

Dieser zweite China-Band im „Oldenbourg Grundriss der Geschichte“ setzt die von Helwig Schmidt-Glintzer begonnene Geschichte Chinas (OGG 26) ab der mongolischen Reichsbildung im 13. Jahrhundert fort und endet mit dem Sieg des Kommunismus 1949. Er ist nicht nur für den kleineren Kreis der Chinawissenschaftler geschrieben, sondern vor allem auch für Historikerinnen und Historiker, die sich mit diesen knapp 800 Jahren chinesischer Geschichte vertraut machen wollen. Die Entstehung des Manuskripts fiel zeitlich zusammen mit meiner Berufung zur Juniorprofessorin für Außereuropäische Geschichte (Schwerpunkt Ostasien) am Historischen Seminar der Universität Freiburg. Das Buch möchte die bisher keineswegs selbstverständliche oder weit verbreitete Öffnung des Faches für diesen Geschichtsraum begleiten und auch Nicht-Experten den Zugang zur Geschichte Chinas erleichtern. Daher werden in der Darstellung wie auch im Forschungsteil viele Fragestellungen angesprochen, die Historikern der europäischen Geschichte durchaus vertraut sind und die eine vergleichende Betrachtung nahelegen.

Die historische China-Forschung ist in den letzten zwei Jahrzehnten geradezu explodiert. Zu zahlreichen Themenfeldern gibt es eine äußerst umfangreiche Literatur. Es wird daher nur eine Auswahl der besten Werke vorgestellt. Zeitschriftenartikel wurden nur in sehr wenigen Fällen berücksichtigt. Gleiches gilt für chinesische Arbeiten, die auf manchen Themenfeldern heute internationales Niveau erreichen. Aus der japanischen und russischen Literatur werden gleichfalls nur einige Titel erwähnt. Denn dieses Buch soll vor allem Leser im deutschsprachigen Raum zur weiteren Lektüre anregen.

Helwig Schmidt-Glintzer hat dieses Buch von Anfang an mit großem Wohlwollen begleitet. Dafür möchte ich ihm herzlich danken. Mannigfaltige Unterstützung ließ mir vor allem Jürgen Osterhammel zukommen. Mein Dank gilt ebenso den Kollegen am Historischen Seminar der Universität Freiburg. Ihre Bereitschaft, bei der Besetzung der Juniorprofessur den Schwerpunkt auf die Ostasiatische Geschichte zu legen, ermöglichte es, dass viele Themen des Buchmanuskripts in der Unterrichtspraxis reflektiert werden konnten. Daher möchte ich gleichfalls den Studierenden danken, die mit ihrer neugierigen Offenheit, anregenden Fragen sowie großer Motivation sich an die für sie eher ungewöhnlichen Themen heranwagten.

Mit den der Juniorprofessur zur Verfügung stehenden Mitteln gelang es, einen großen Teil der neuesten Forschungsliteratur zu erwerben und die sehr guten Bestände der Freiburger Universitätsbibliothek zu ergänzen. Danken möchte ich den beiden Bibliothekarinnen unserer Institutsbibliothek, Regina Bickmann und Carmen Hatz, die mir in kurzer Zeit den Zugang zu den umfangreichen Materialien ermöglichten.

Mein Dank gilt schließlich meinem Sohn Philipp, der mir immer wieder die Zeit zugestand, dieses Buch zu schreiben. Ihm möchte ich es widmen.

Freiburg i.Br. Dezember 2005

I. Darstellung

1. CHINA IM MONGOLISCHEN WELTREICH (1279–1368)

1.1 Mongolische Machtkonsolidierung und territoriale Expansion von Tschingis Khan bis Khubilai (1210–1259)

Die Ursprünge der mongolischen Herrschaft in China liegen im Aufstieg Temüjins (ca. 1160–1227) begründet, dem es zu Beginn des 13. Jahrhunderts gelang, die verstreuten Nomadenvölker der Steppenregion westlich des Xing'an-Gebirges und südöstlich des Baikal-Sees zum Volk der Mongolen zu vereinigen. Dafür erhielt er 1206 auf einem *khuriltai*, einer Versammlung aller Stammesführer, den Titel *Tschingis Khan* („universaler Herrscher") verliehen, der nicht nur das Recht, sondern geradezu die Pflicht des „Weltbeherrschers" symbolisierte und unter dem er später in die Weltgeschichte eingehen sollte. Mit seinem Auftreten begann auch eine einheitliche Reichsgeschichte der Mongolen, wie sie für die Nachbarvölker der Chinesen, Tibeter und Uiguren, schon sehr viel früher existierte. Da es sich bei den ältesten Genealogien eher um ideologische Bestätigungen einer politischen Einheit unter den mongolischen Stämmen handelt als um authentische Darstellungen biologischer Beziehungen, lassen sich die ethnischen Ursprünge der Mongolen nicht genau zurückverfolgen. Sie liegen irgendwann im 10./11. Jahrhundert. Die Bündnisse zwischen den einzelnen Stämmen erwiesen sich als äußerst instabil und wechselhaft. Selbst die Unterscheidung zwischen Adligen, Gemeinen und Abhängigen wurde innerhalb der mongolischen Gesellschaft flexibel gehandhabt. Einfluss und Macht basierten vor allem auf der Fähigkeit, *anda* (Blutsbrüderschaft) mit reichen und mächtigen Stammesführern zu schließen. Darin bewies Tschingis Khan besonderes Geschick. Die „totale Mobilität" der Mongolen nützte Tschingis Khan sowohl bei der Durchsetzung seines Machtanspruchs innerhalb der mongolischen Stämme als auch bei seinen späteren Auseinandersetzungen mit den Nachbarvölkern in der innerasiatischen Steppe.

Tschingis Khan

Ursprünge der Mongolen

Bereits in der Frühphase des Einigungsprozesses der Mongolenstämme setzte Tschingis Khan beim Aufbau seiner Herrschaft auf neue Elemente und umgab sich mit einer besonderen sozialen Gruppe von Anhängern, den „Kameraden" *(nököd)*. Diese ihm persönlich ergebenen Gefolgsleute stammten aus allen

Militärische Schlagkraft der Mongolen

Schichten, standen ihm mit militärischem und politischem Rat zur Seite und übernahmen alle Aufträge von der Nahrungssuche bis zu diplomatischen Diensten. Im Zuge wachsender militärischer Erfolge verwandelte Tschingis Khan seine Gefolgschaft in eine schlagkräftige Armee und ließ sie 1204 nach dem Dezimalsystem in Zehner-, Hunderter- und Tausendereinheiten organisieren. Seine neu geschaffene Leibgarde *(kesig)* setzte sich im Kern aus den frühen Kameraden zusammen, gewann aber im Laufe der Eroberungen ein multiethnisches Aussehen. Zwei Jahre nach ihrer Gründung war die Leibgarde bereits auf 10000 Mann angewachsen und übernahm vermehrt administrative Aufgaben in dem sich formierenden Mongolenreich. Mit seiner unabhängigen Armee ließ Tschingis Khan nun endgültig die traditionellen Kommandostrukturen der nomadischen Stammesführung hinter sich. Die Mobilität der mongolischen Streitmacht blieb freilich erhalten. Innerhalb der 95000 Mann starken Mongolenarmee herrschten Disziplin und Manövrierfähigkeit. Es galt eine allgemeine Wehrpflicht. Die Familien der Soldaten mussten für ihre Ausrüstung aufkommen und waren den jeweiligen Befehlshabern unterstellt. Dementsprechend lässt sich die damalige mongolische Bevölkerung auf etwa 500000 Menschen schätzen. Diesem kleinen Volk gelang es innerhalb eines halben Jahrhunderts, mit China ein Gebiet zu erobern, in dem über 100 Millionen Menschen lebten.

Mit den Mongolen war im Nordosten der innerasiatischen Steppe eine neue politische Einheit entstanden, die unter Tschingis Khans Führung ihre Eroberungszüge über die Heimatregion hinaus ausdehnte. Die Soldaten der unterworfenen Völker wurden als Infanteristen in die Mongolenarmee eingegliedert. Seine Militärführung wählte Tschingis Khan sorgfältig aus dem Kreis der Leibgardisten. Nicht mehr Geburt und Rang innerhalb der Stammeshierarchie waren ausschlaggebend, sondern allein persönliches Verdienst und Loyalität zum Fürsten. Die alten Stammesnamen unterworfener Völker wurden als Clannamen beibehalten, der Stammeselite wurde ihr traditionelles Ansehen bewahrt. Die einfache Bevölkerung hingegen ließ der Khan unter den mongolischen Generälen aufteilen. Für die Umsetzung dieser Unterwerfungstaktik war ein Oberster Richter *(yeke jarghuchi)* zuständig, der gleichzeitig die höchste Gesetzesautorität im Mongolenreich war und als Registrator aller Dekrete des Khans fungierte. Die erstmals schriftlich fixierten Anordnungen ließ Tschingis Khan im mongolischen Gewohnheitsrecht, dem *jasagh*, zusammenfassen, dessen Grundprinzipien bereits auf der Stammesversammlung von 1206 festgelegt worden waren. Zu Tschingis Khans frühen organisatorischen Maßnahmen gehörte neben dem Aufbau des Heeres und der Einrichtung einer elementaren Zivilverwaltung auch eine Verschriftlichung der mongolischen Sprache, mit der er 1204 einen uigurischen Kriegsgefangenen beauftragte. Die Karriere des Mongolenführers als *Tschingis Khan* und „nation-builder“ hatte begonnen.

Tschingis Khans Reichsaufbau

Allerdings lassen sich die mongolischen Eroberungserfolge nicht nur auf die persönlichen militärischen und politischen Leistungen Tschingis Khans zurückführen. Zwei weitere Faktoren begünstigten diese Entwicklung: die Abhängigkeit der mongolischen Nomadenwirtschaft vom Handelsaustausch mit sesshaften Kulturen, der im Konfliktfall von den Mongolen auch durch Überfälle erzwungen wurde, und die klimatischen Veränderungen in Form eines jährlichen Temperaturrückgangs seit dem späten 12. Jahrhundert, der die Weidemöglichkeiten der Herden so sehr reduzierte, dass die mongolischen Stämme gezwungen wurden, ihre heimatlichen Weidegebiete zu verlassen.

Die politische Grundlage für den Aufstieg Tschingis Khans war mit der Bestätigung seiner Führungsrolle im *khuriltai* von 1206 gelegt worden. Fortan bildete der *khuriltai* das wichtigste politische Organ der frühen Mongolenzeit. Seine Hauptaufgabe bestand in der Weitergabe der Großkhanwürde. Umgekehrt wandten sich die Großkhane bei wichtigen politischen Entscheidungen – wie etwa dem Beginn eines großangelegten Feldzuges und der Eroberung neuer Regionen – an die Versammlung als Beratungs- und Bestätigungsinstanz.

Mongolischer Reichsrat (*khuriltai*)

Von seiner Machtposition in der mongolischen Steppe aus rückte Tschingis Khan zunächst gegen die beiden agrarischen Nachbarreiche, Xi Xia in Nordwestchina (1209/10) und die Jin-Dynastie in Nordchina (1211), vor. Im Jahre 1215 fiel die Jin-Hauptstadt. Der endgültige Zusammenbruch der Dynastie wurde nur durch eine Konzentration der mongolischen Streitmacht auf ihre ferne Westfront aufgehalten. Im Gegensatz zu den Aktionen in Nordchina hatten die Westfeldzüge der Mongolen nicht als territoriale Eroberungszüge begonnen, sondern stellten Verfolgungs- und Strafexpeditionen gegen innerasiatische Nachbarvölker dar. Auf diese Weise drangen mongolische Heere über Turkestan und das muslimische Khwarazm-Reich bis zum Schwarzen Meer vor. Damit war eine eurasische Brücke geschlagen worden. Im Jahre 1225 kehrte Tschingis Khan zunächst wieder in die mongolische Heimat zurück, ohne eine Besatzungmacht zurückzulassen. Seine frühen Feldzüge beschränkten sich noch auf Plünderungen und den Aufbau von Handelskontakten. Von den unterworfenen Völkern forderte Tschingis Khan lediglich Tribut und – wenn notwendig – Truppen für weitere Militäraktionen. Er hatte nicht die Vision eines „Welteroberers".

Reichsexpansion

Aus den eroberten Gebieten Nordchinas zogen sich die Mongolen jedoch nicht mehr zurück, sondern richteten dort mit Hilfe von Überläufern der Jin-Dynastie ihre ersten Verwaltungsorgane ein. Dem gesellschaftspolitischen System der Mongolen gemäß erhielten die neu eingesetzten Beamten auch entsprechende militärische Ränge. Als eine weitere mongolische Besonderheit kam die Vererblichkeit der Ämter hinzu. Die Bevölkerung Nordchinas litt unter der frühen Mongolenherrschaft auf vielfältige Weise: Die mongolischen Feldzüge hatten besonders in der Umgebung von Städten weite Landstriche verwüstet, Leben und Eigentum waren zerstört und die Überlebenden zum Militärdienst sowie zu unberechenbaren, ad hoc geforderten Steuern und Abgaben gezwungen worden. Eine Milderung der Besatzungspolitik erfolgte erst mit dem steigenden Anteil chinesischer Beamter. Um den mit den Eroberungen ständig wachsenden regionalen Verwaltungsapparat besser kontrollieren zu können, setzte Tschingis Khan im Jahre 1215 in der ehemaligen Jin-Hauptstadt erstmals einen mongolischen

Eroberung Nordchinas

Spezialoffizier *(darughachi)* ein. Zu seinen Aufgaben gehörten die Überwachung der bevölkerungsreichen Orte und der fremden Hilfstruppen innerhalb der Mongolenarmee sowie diplomatische Dienste bei den Herrscherhöfen abhängiger Nachbarreiche.

Erbfolge Tschingis Khans

Von der Aufteilung der eroberten Gebiete unter Tschingis Khans Söhnen blieb Nordchina zunächst ausgeschlossen. Schon 1207/8 hatte er seinem ältesten Sohn die nördlichen Steppengebiete bis zu den russischen Besitztümern zugewiesen. Sie bildeten das Khanat der Goldenen Horde. In den frühen 1220er Jahren wurden dann die Dzungarei, die den innerasiatischen Westen von Ostturkestan bis zu den Regionen westlich des Altai-Gebirges umfasst, sowie die mongolische Steppenheimat den jüngeren Söhnen Tschingis Khans übertragen. Als der Großkhan nach einem Sturz vom Pferd im Jahre 1227 starb, waren die geopolitischen Grundlagen des Mongolischen Weltreiches gelegt worden.

Großkhan Ögödei

Zusammengehalten wurde das mongolische Imperium nominell durch Tschingis Khans Nachfolger im Amt des Großkhans. Die Wahl fiel beim *khuriltai* von 1229 auf seinen dritten Sohn Ögödei (1186–1241). Dieser trieb in den folgenden Jahren vor allem den administrativen Aufbau des Mongolenreiches voran. Ögödei richtete eine Zentralkanzlei und regionale Zweigkanzleien ein, um mit ihrer Hilfe die Kontrolle und den Einfluss des Großkhans in den verschiedenen Reichsteilen aufrechtzuerhalten. Zu seinen zentralstaatlichen Maßnahmen gehörten zudem die Schaffung von Poststationen und Getreidespeichern sowie die weitere Verbreitung von Papiergeld, das bereits unter Tschingis Khan in lokal begrenztem Umfang eingeführt worden war. Außenpolitisch wurden unter seiner Herrschaft die von Tschingis Khan begonnenen Eroberungszüge in Nordwestasien und im Mittleren Osten fortgesetzt: Zwischen 1229 und 1241 drangen mongolische Heere kurzfristig bis nach Polen und in die Nähe von Wien vor; zwischen 1230 und 1243 eroberten sie nach langwierigen, schweren Kämpfen das Sultanat der Seldschuken. Heftiger Widerstand wurde den mongolischen Eroberungen im Nordosten entgegengesetzt. Korea, das 1218 im Zuge der Expeditionen in die Mandschurei zum Tribut verpflichtet worden war, konnte erst nach wiederholten Strafzügen zwischen 1225 und 1259 unterworfen werden.

Das benachbarte Jin-Reich wurde 1230 von drei Seiten aus in die Zange der Mongolenheere genommen. Im Jahre 1234 gab der letzte Kaiser der Jurchendynastie endgültig auf. Nicht nur der militärischen Gewalt der Mongolen, sondern auch der Kollaboration von Überläufern der Khitan, Chinesen und Jurchen war es zuzuschreiben, dass Nordchina sich nun ganz in mongolischer Hand befand. Zum Regionalverwalter für Nordchina bestimmte Ögödei Yelü Chucai (1189–1241), einen Nachkommen des khitanischen Herrscherhauses der Liao-Dynastie und ehemaligen Jin-Beamten, der bereits nach dem Fall der Jin-Hauptstadt 1215 zu den Mongolen übergelaufen war. Als Grundlage für die Etablierung eines regulären Steuer- und Abgabensystems ließ Yelü Chucai zunächst einen Zensus durchführen. 1237 setzte er die traditionellen chinesischen Beam-

Frühe mongolische Verwaltung Nordchinas

tenprüfungen wieder in Kraft und bestätigte zudem die weitere Gültigkeit des Gesetzeskodex der Jin-Dynastie, da sich der mongolische *Jasagh* aus seiner Sicht nicht auf eine sesshafte Kultur anwenden ließ. Yelü Chucais Fortsetzung eines konfuzianischen Regierungsstils in Nordchina fiel schließlich dem Bündnis zwischen muslimischen Kaufleuten und mongolischer Aristokratie zum Opfer. Auf Drängen des um seine nordchinesischen Apanagen fürchtenden Adels übertrug Ögödei im Jahre 1239 die Verantwortung für die Steuereinnahmen in Nordchina einem muslimischen Kaufmann und lieferte damit die Bevölkerung der willkürlichen Ausbeutung durch dieses Bündnis aus.

Ögödeis Tod im Jahre 1241 stürzte das mongolische Imperium erstmals in eine Machtkrise. Auf heftige Nachfolgestreitigkeiten um die Großkhanwürde folgten Jahre der Regentschaft und schwachen Großkhanherrschaft, bis sich 1251 mit Möngke (1208–1259) ein Enkel aus der jüngsten Tschingis-Khan-Linie durchsetzen konnte. Seine Herrschaft kennzeichnete endgültig den Übergang von der mobilen Steppentradition zu einer Zentralisierung imperialer Autorität bei gleichzeitiger regionaler Anpassung der Mongolenkhane an die sesshaften Kulturen der unterworfenen Völker. Möngke selbst nahm Elemente unterschiedlichster Kulturen in seine Zentralverwaltung auf. So verbanden sich in der Steuerpolitik des Großkhans mongolische mit zentralasiatischen Praktiken; in seiner Bevölkerungsregistratur kamen auch chinesische Vorbilder zum Tragen; nur der Militärapparat blieb weiterhin von der Steppentradition geprägt. Nun wurden auch die eroberten Gebiete Nordchinas und Westasiens als Khanate organisiert, um damit die Kontrolle des Großkhans über die wirtschaftlich produktivsten Regionen seines Imperiums zu sichern. Sämtliche Widersacher unter den Nachkommen anderer Söhne Tschingis Khans, aber auch unter der Beamtenschaft und im Militär ließ Möngke radikal beseitigen. Wie bereits seine Vorgänger griff der Großkhan für die höchsten Verwaltungsposten auf seine engsten Vertrauten aus der Leibgarde zurück. Zwar zeichnete sich Möngke nicht wie sein Großvater Tschingis Khan als Innovator aus, jedoch als wirkungsvoller Administrator des mongolischen Weltreichs. Er bekämpfte den privaten Missbrauch von Poststationen durch mongolische Adelige, Kaufleute und religiöse Würdenträger ebenso wie die willkürliche Steuerpraxis mongolischer Prinzen auf ihren Apanagen.

Großkhan Möngke

Zu Möngkes militärischen Erfolgen gehörten im Westen des Imperiums der Fall Bagdads (1258), im Nordosten die endgültige Durchsetzung der mongolischen Oberherrschaft über Korea (1259) und im Südwesten die Eroberung des Königreiches von Dali (1253/54), bei der das mongolische Heer auch in Gefechte mit den Truppen der chinesischen Song-Dynastie verwickelt wurde. Unter seiner persönlichen Leitung setzte Möngke im Jahre 1258 von Sichuan aus zu einem großangelegten Feldzug gegen das Song-Reich an. Sein plötzlicher Tod im Herbst 1259 brachte jedoch nicht nur die Eroberung Südchinas zum Stillstand, sondern stürzte auch das mongolische Imperium in eine erneute Nachfolgekrise, von der es sich nicht mehr erholen sollte. Das Weltreich Tschingis Khans zerfiel

Weitere Eroberungszüge

Auflösung des Weltreiches

in vier unabhängige Khanate: die Yuan-Dynastie in China, das Ilkhanat im Iran, die Goldene Horde in Russland und die Chagatai im westlichen Zentralasien. Dadurch änderte sich auch der Charakter dieser Gebiete: Die Khane der Einzelreiche wollten fortan herrschen und nicht mehr nur zerstören und Güter aus den unterworfenen Territorien abschöpfen. Zu den heftigen Streitigkeiten um die Großkhanwürde kamen nun noch die Machtkämpfe zwischen den einzelnen Khanaten hinzu.

Die Großkhanwürde wurde 1260 auf einem *khuriltai* an Khubilai (1215–1294) weitergegeben. Dieser konnte sich schließlich im Jahre 1264 gegen seine Rivalen durchsetzen; die faktische Spaltung des mongolischen Weltreiches in die vier Regionalkhanate ließ sich allerdings nicht mehr aufheben. Somit hatte gleichzeitig mit dem Herrschaftsbeginn der Mongolen in China die Auflösung ihres euroasiatischen Weltreiches begonnen. Die nach außen zur Geltung gebrachte, expansive Kraft des mongolischen Weltreichs richtete sich fortan nach innen und führte wiederholt zu Bruderkriegen zwischen den Khanaten, welche zunehmend die militärischen Energien der einzelnen Khane aufzehrten. Dies musste letztlich auch Khubilai eingestehen, als es ihm in den 1270er Jahren trotz mehrfacher Feldzüge nicht gelungen war, seine Kontrolle über das mongolische westasiatische Khanat durchzusetzen. Khubilai hatte im Grunde selbst durch seine chinesenfreundliche Politik als Regionalverwalter von Nordchina unter Großkhan Möngke zur Regionalisierung des Imperiums beigetragen.

Anpassung an die Agrarkultur Chinas

Im Gegensatz zu den meisten Angehörigen des mongolischen Herrscherhauses gab Khubilai sich immer offener gegenüber den Einflüssen der chinesischen Ackerbaukultur und verwarf die Pläne anderer mongolischer Prinzen, das eroberte Ackerland Nordchinas in Weideland zu verwandeln. Er bemühte sich zudem immer um gute Beziehungen zu seinen chinesischen Untertanen und nahm von Anfang an auch konfuzianische Gelehrte in seinen Beraterkreis auf. Folglich entsprach die von Khubilai eingerichtete Verwaltung auch chinesischen Vorbildern. An ihrer Spitze stand eine Zentralkanzlei *(zhongshusheng)*, deren Leitung Khubilai dem Kronprinzen übertrug. Ihr unterstanden die sechs traditionellen chinesischen Ministerien (für Personal, Justiz, Steuern, Riten, Krieg und Arbeit), die unter den Yuan-Herrschern an Einfluss verloren. Ein Zensorat überwachte die gesamte Beamtenschaft. Den bereits von Tschingis Khan geschaffenen Sonderbeauftragten *(darughachi)* kam eine Schlüsselrolle bei der Kontrolle der Verwaltung auf der Regional- und Lokalebene zu. Die Bevölkerung Nordchinas ließ Khubilai in drei ethnische Gruppen unterteilen: Mongolen, Muslime *(semuren)* und Chinesen *(hanren)*. Korruption und Unfähigkeit wurden hart bestraft. Auch gegen den Mongolenadel ging der erste Yuan-Kaiser gnadenlos vor, wenn dieser sich auf seinen Apanagen allzu selbstherrlich gab.

Khubilai war außenpolitisch bereits unter Möngke in Erscheinung getreten, als er von seinem Vorgänger 1253 mit dem Feldzug gegen das Königreich Dali in Yunnan beauftragt worden war. Sein großer militärischer Erfolg stärkte Khubilais Ansehen innerhalb der mongolischen Aristokratie. Da er zudem im Streit zwischen Buddhisten und Daoisten vermittelte und den Feldzug Möngkes gegen das Song-Reich von seinem nordchinesischen Khanat aus unterstützte, hatte er sich in den letzten Jahren des Großkhans zu dessen wichtigstem Rückhalt entwickelt. Nach Möngkes Tod vertrat Khubilai diejenige mongolische Fraktion, die für eine stärkere Anbindung der Mongolen an die sesshaften Kulturen innerhalb des Imperiums eintrat. Denn die Nachfolgestreitigkeiten um die Großkhanwürde stellten gleichermaßen einen Konflikt zwischen Steppen- und Ackerbaukultur im Mongolenreich dar. Khubilai hielt auch als Großkhan an seiner Machtbasis im Agrarland Nordchinas fest und vollzog damit eine historische Wende. Er verlagerte seine Hauptstadt von Karakorum in der Mongolei nach Dadu, das heutige Beijing – und damit in unmittelbare Nähe der ehemaligen Jin-Metropole. Folgerichtig gehörte es zu Khubilais ersten außenpolitischen Zielen, den noch von der Song-Dynastie gehaltenen Süden Chinas zu erobern. Im Jahre 1268 setzte er seine Truppen in Marsch; 1276 fiel die Song-Hauptstadt Lin'an (Hangzhou). Die letzten Song-Loyalisten ertranken 1279 auf ihrer Flucht südlich von Macau. Erstmals in seiner Geschichte wurde das gesamte chinesische Reich nun von einer Fremddynastie regiert.

Herrschaftspolitik Khubilais

Hauptstadtverlegung

1.2 Herrschaftspraxis und Gesellschaft unter der Yuan-Dynastie

Noch bevor Khubilai seine Herrschaft auch auf Südchina ausweiten konnte, gab er seiner Regierung nach chinesischem Vorbild einen dynastischen Namen. Aus dem *Yijing* (im Westen auch als *I Ging* bekannt), einem der wichtigsten Klassikertexte der chinesischen Kultur, wählte er die Bezeichnung „Da Yuan" (großer Ursprung) aus, die auf den Ursprung des Universums, bzw. die Urkraft hinweist. Als erster Yuan-Kaiser übernahm Khubilai damit offiziell das Mandat des Himmels und legitimierte sich als chinesischer Kaiser. Zu den ersten Maßnahmen der Yuan-Regierung gehörte der wirtschaftliche Wiederaufbau Nordchinas, das von den mongolischen Feldzügen vollkommen verwüstet war. 1260 wurde ein Amt zur Förderung der Landwirtschaft *(quannong si)* eingerichtet, aus dem 1270 das Landwirtschaftsbüro *(sinong si)* hervorging, eine der mongolischen Spezialinstitutionen im Yuan-Reich. Auf lokaler Ebene befahl Khubilai in den 1270er Jahren die Organisation von dörflichen Selbstverwaltungseinheiten *(she)*, die aus jeweils 50 Haushalten bestanden. Ihre Aufgaben erstreckten sich von der Kontrolle der agrarischen Produktion über die Sicherung von Getreidespeichern, die Überwachung von Steuern und Arbeitsdiensten bis zur Schaffung politischer Stabilität und der Einführung eines elementaren Schulsystems. Nach offiziellen Angaben wurden bis 1286 über 20000 Dorfschulen geschaffen. Der tatsächliche Verbreitungsgrad dieser ländlichen Organisationsformen lässt sich freilich nicht überprüfen.

Dynastiegründung

Zur kaiserlichen Initiative für eine wirtschaftliche Stabilisierung Nordchinas gehörten die Neuordnung und strikte Kontrolle des Steuer- und Abgabensys-

Steuer- und Personalpolitik

tems sowie die langfristige Absicherung der Bauern vor aristokratischer Ausbeutung auf den mongolischen Apanagen. Als wichtigstes Überwachungsinstrument dienten weiterhin die mongolischen Sonderbeauftragten der *darughachi*. Sie entwickelten sich unter der Yuan-Dynastie von einer Institution militärischer Eroberung zu zivilen bürokratischen Kontrollämtern der Regional- und Lokalverwaltung. Zur weiteren Professionalisierung der kaiserlichen Verwaltung wurde 1291 ein Gesetzeskodex aufgestellt. Die frühen Yuan-Kaiser ließen die traditionellen chinesischen Staatsprüfungen zur Rekrutierung von Beamten nicht wieder aufnehmen. Stattdessen wurde die Erblichkeit der Ämter zur wichtigsten Quelle für deren Weitergabe. Ihrem Anspruch nach lässt sich diese Regelung auf die mongolische Stammestradition zurückführen. In der Hand der Yuan-Kaiser diente sie als Instrument zur Aufrechterhaltung sozialer, politischer und ethnischer Unterschiede in der Gesellschaft. Überhaupt erinnert der Yuan-Staat in vieler Hinsicht mehr an die früheren Steppenreiche als an die klassische chinesische Monarchie. Es fehlte das einheitsstiftende und das Reich umklammernde Beamtenprüfungssystem, und die Provinzen standen in sehr unterschiedlichen Verhältnissen zur Zentralregierung. Die Hochachtung von Handwerkern, Künstlern, Kaufleuten und Medizinern im Yuan-Reich entsprach ebenfalls nicht der chinesischen Tradition.

Steppen- oder Agrarreich?

Die auf den mongolischen Eroberungsfeldzügen gefangengenommenen Handwerker und Künstler führten später als Angestellte in den Kaiserlichen Manufakturen ein sehr angenehmes Leben mit gutem Einkommen, Zuwendungen von Lebensmitteln und Kleidung. Sie wurden sogar von Arbeitsdiensten befreit. Erstmals in seiner Geschichte beschränkte sich der eurasische Kulturtransfer nicht mehr auf den Warenaustausch entlang der berühmten Seidenstraße. Westasiatische Handwerker und Künstler wurden in großer Zahl von den Mongolen in China angesiedelt. Die aus Zentral- und Westasien stammenden Kaufleute organisierten sich in Handelsvereinigungen, *ortogh* genannt, die von der mongolischen Regierung auf vielfältige Weise gefördert wurden. 1268 wurde für sie ein Verwaltungsamt eingerichtet, das mit günstigen Krediten bei der Finanzierung des Karawanenhandels half. 1280 übernahm das Büro zur Geldüberwachung seine Aufgaben, das auch die kaiserlichen Fonds für die *ortogh*-Kaufleute verwaltete. Die Kaufmannsschicht profitierte zudem von niedrigen Handelssteuern und von einem landesweiten Ausbau des mongolischen Transportsystems, dessen Netz von Poststationen am Ende der Regierungszeit Khubilais auf ca. 1 400 Stationen gewachsen war. Die seit 1260 im großen Stil betriebene Papiergeldemission, die sich mit der geringen chinesischen Kupfererzeugung und einem hohen Metallbedarf für religiöse Zwecke erklären lässt, ermöglichte den Kaufleuten eine leichte Kapitalakkumulation. Der maritime Handel unterstand dem 1291 gegründeten Direktorat für Wasserwege und sieben regionalen maritimen Handelsbüros. Den großen Erfolg der aktiven mongolischen Handelspolitik bestätigte auch der italienische Reisende Marco Polo, der um 1275 die chinesische Hauptstadt erreichte: „Nirgends auf der Welt wer-

Kulturtransfer

Muslimische Kaufleute

den dermaßen viele seltene, erlesene Waren gehandelt wie in Canbaluc“ [1.3: Marco Polo, 153].

Einen vorteilhaften gesellschaftlichen Status in Khubilais Reich erhielten auch die medizinischen Gelehrten. Schon Tschingis Khan ließ sich 1219 auf seinen Feldzügen nach Westturkestan von einem chinesischen Arzt begleiten. Seine Nachkommen führten in den 1250er und 1260er Jahren die chinesische Medizin in den zentralasiatischen und iranischen Khanaten ein. Bei den Ärzten der kaiserlichen Hospitäler in der Hauptstadt handelte es sich meist um Muslime. Die chinesische Medizin profitierte vom mongolischen Transfer der muslimischen Heilkunde und integrierte diese in die medizinische Klassikerliteratur Chinas. Zwar hatten die Mongolen den traditionellen Karriereweg des staatlichen Prüfungssystems nicht wiederbelebt, aber sie förderten den Ärztestand. Der Beruf des Mediziners gewann dadurch auch unter den Chinesen zunehmend an Attraktivität.

Medizin

Das hohe Ansehen der islamischen Kultur unter der Yuan-Dynastie schlug sich nicht nur in der Beschäftigung von muslimischen Handwerkern, Künstlern, Beamten und Ärzten nieder, sondern auch in einer vielseitigen Förderung islamischer Kultur und Wissenschaft, die als Gegengewicht zum übermächtigen chinesischen Einfluss wirkte. Im Jahre 1271 gründete Khubilai ein Institut für muslimische Astronomie *(huihuisi tianjian)*, dessen Arbeiten mit den chinesischen Lehren konkurrierten. Auch in der Kartographie und Geographie brachten die Mongolenkaiser unterschiedliche kulturelle Traditionen zusammen.

Islam im Yuan-Reich

Diese Multikulturalität der yuanzeitlichen Gesellschaft stellte eine wichtige Überlebensstrategie der mongolischen Minderheitenregierung in China dar. Da Khubilai seine Rolle als Großkhan aller Mongolen machtpolitisch nicht mehr ausspielen konnte, setzte er vermehrt auf seinen Status als chinesischer Kaiser. Um diesem Bild gerecht zu werden, zeigte er sich – ungeachtet seiner persönlichen Verwurzelung in der mongolischen Nomadenkultur – zu Zugeständnissen gegenüber der chinesischen Ackerbaukultur bereit. Ein deutliches Signal seiner Bereitschaft zur Akkulturation an die chinesische Umwelt setzte Khubilai mit dem Bau seiner neuen Reichshauptstadt Dadu im chinesischen Stil. Dank ihrer strategischen Lage an der Nordgrenze des chinesischen Kernlandes konnte Khubilai von Dadu aus sowohl die mongolische Heimat als auch sein chinesisches Herrschaftsgebiet im Auge behalten. Die ungünstige wirtschaftliche Lage der Hauptstadtregion versuchte er 1289 durch den kostspieligen Ausbau des Kaiserkanals von Süden her auszugleichen. Weitere Zugeständnisse gegenüber der chinesischen Kultur machte der erste Yuan-Kaiser mit der Errichtung eines Ahnentempels *(taimiao)* innerhalb seiner Palastanlage in Dadu und mit der großzügigen Förderung des Konfuzianismus. Er gab die mongolische Übersetzung zahlreicher konfuzianischer Klassiker und eine mongolische Dynastiegeschichte in traditionellem chinesischem Stil in Auftrag. Die mongolischen Prinzen ließ er auch von konfuzianischen Gelehrten erziehen. Um seinen chinesischen Hofbeamten zu ermöglichen, ihre konfuzianischen Opferriten und Zeremonien durchführen zu können, richtete Khubilai im Palast sogar einen Konfuzius-Schrein

Reichshauptstadt Dadu

ein, den freilich die mongolische Herrscherfamilie, die an ihren traditionellen schamanistischen Praktiken festhielt, niemals aufsuchte.

Gegenüber der Außenwelt pflegte der Großkhan das Bild eines buddhistischen Universalherrschers. Der tibetische Buddhismus erreichte unter Khubilai großen politischen Einfluss in China. 1260 übertrug er einem tibetischen Mönch die Leitung aller religiösen Angelegenheiten in seinem Reich. Die starke Begünstigung des tibetischen Lamaismus gegenüber dem chinesischen Chan-Buddhismus führte unweigerlich zu Konflikten zwischen den beiden buddhistischen Schulen. Auch der Daoismus, der neben Konfuzianismus und Buddhismus die dritte traditionelle religiös-philosophische Lehre Chinas bildet, litt unter der mongolischen Religionspolitik. Nachdem die Verfolgungen des Daoismus im Jahre 1281 ihren Höhepunkt erreicht hatten, ging Khubilai zu einer gemäßigteren Politik über. Doch suchte er nicht wie Tschingis Khan 1222 das Gespräch mit daoistischen Priestern, um ihnen die Geheimnisse eines langen Lebens zu entlocken. Kaiserliche Zuwendung beschloss er vielmehr, um dem Ansehen der Daoisten im einfachen Volk genüge zu tun. Khubilai finanzierte Tempelbauten und gewährte daoistischen Priestern die Privilegien religiöser Würdenträger wie etwa die Befreiung von Steuern und Arbeitsdiensten. Im Grunde waren alle drei großen Lehren Chinas, Konfuzianismus, Buddhismus und Daoismus, gleichermaßen gezwungen, ihren Frieden mit den mongolischen Herrschern zu finden. Daher zeigten sie sich – ungeachtet der Spannungen und Konflikte zwischen den einzelnen Denkschulen – zu einer Politik der Koexistenz und des Kompromisses bereit. Synkretismus und Anpassung gehörten zu den wichtigen religiösen Merkmalen dieser Periode der Geschichte Chinas. Selbst die seit dem 7. Jahrhundert aus Westasien nach China einwandernden christlichen Nestorianer wurden in die mongolische religiöse Toleranzpolitik miteinbezogen.

Lamaismus als Staatsreligion

Umgang mit dem Daoismus

Als Misserfolg der Regierungszeit Khubilais erwies sich die Einführung einer um 1269 auf der Grundlage des Tibetischen entwickelten neuen mongolischen Schrift als „Staatsschrift" *(guozi)*. Sie konnte sich nicht durchsetzen und verschwand nach dem Fall der Yuan-Dynastie vollständig. Umgekehrt vermochten sich die Mongolen selbst nicht in die konfuzianische Elite einzugliedern. Zwar hatte sich bereits Großkhan Ögödei nach seinen ersten Feldzügen ins südliche Song-Reich (1235) mit konfuzianischen Gelehrten umgeben und diese ihr Wissen am Herrscherhof an einen Schülerkreis von zum Teil über 100 Teilnehmern weitergeben lassen; auch der songzeitliche Neokonfuzianismus wurde unter den Mongolen weiterentwickelt. Dennoch blieb der mongolischen Oberschicht die konfuzianische Gelehrsamkeit im Grunde fremd. Lediglich 46 Mongolen erreichten den Status eines chinesischen Gelehrten. Und die yuanzeitliche Historiographie nennt nur 26 mongolische Dichter und Verfasser von Theaterstücken sowie 24 Maler und Kalligraphen. Da den Yuan-Herrschern der Umgang mit der klassischen chinesischen Schrift und Sprache schwer fiel, fand in dieser Zeit – wie niemals zuvor in der Geschichte Chinas – das umgangssprachliche Chinesisch zunehmend Eingang in die Literatur. Auch das chinesische Theater erlebte eine

Konfuzianismus im Yuan-Reich

Blütezeit. Die Yuan-Dramen *(zaju)* nehmen bis heute einen wichtigen Platz in der Literaturgeschichte Chinas ein.

Einen bedeutenden Bruch mit der mongolischen Tradition stellte die Entscheidung Khubilais von 1273 dar, seinen zweiten Sohn zum Nachfolger zu proklamieren. Denn damit folgte er der Vorgehensweise chinesischer Dynastien und überging den mongolischen *khuriltai* als formale Entscheidungsinstanz. Gleichzeitig stieß Khubilai jedoch auch seine chinesischen Untertanen vor den Kopf. Wie erwähnt, verwehrte er der konfuzianischen Elite den durch das traditionelle Prüfungssystem gewährleisteten Weg einer Beamtenkarriere. Die Finanzverwaltung des Reiches legte er sogar in die Hände muslimischer Beamter. Probleme bereitete Khubilai vor allem die Integration der bevölkerungsreichen und wirtschaftsstarken südchinesischen Gebiete, da sich damit auch eine Schwerpunktverlagerung im Yuan-Reich ergab. Die Angleichung des Südens an die Wirtschafts- und Verwaltungspraxis des seit über 50 Jahren von den Mongolen beherrschten Nordens rief Anfang der 1280er Jahre in Südchina offene Rebellionen hervor. Sie konnten nur mit hohem militärischem und finanziellem Aufwand niedergeschlagen werden. Die Widerstände gegen die kaiserliche Finanzpolitik eskalierten 1282 in der Ermordung Ahmads, der zwei Jahrzehnte lang für die Staatsfinanzen zuständig gewesen war und den hohen Finanzbedarf durch eine Ausweitung der Steuern und der Staatsmonopole zu sichern versucht hatte. Am Ende von Khubilais Herrschaft kam es außerdem zu Spannungen mit seinen muslimischen Untertanen. Davon zeugen zahlreiche antimuslimische Edikte aus den Jahren 1280 bis 1287, in denen er die muslimische Schlachtungsregeln oder auch die Praxis der Beschneidung verbot.

Südchina

Der Niedergang der Herrschaft des ersten Yuan-Kaisers spiegelte sich nach 1280 ebenso in außenpolitischen Misserfolgen wider: Im Jahre 1281 scheiterte nach der Niederlage von 1274 eine erneute Japan-Expedition. Ähnlich lief es bei den militärischen Vorstößen in Südostasien: 1281 gegen Champa (Südvietnam), 1285 und 1286/87 gegen Annam (Nordvietnam) und 1293 gegen Java. Zwar erwiesen sich die Feldzüge im eigenen Imperium – wie 1287 gegen Rebellen in der Mandschurei und 1290 in Tibet – als erfolgreicher, sie schwächten jedoch den Staatshaushalt und banden die militärischen Kräfte. Ungeachtet seines späten Autoritätsverlustes hinterließ Khubilai bei seinem Tod im Jahre 1294 seinen Nachfolgern ein stabiles und prosperierendes Reich. Der dazu notwendige Kompromiss zwischen mongolischem Steppenfeudalismus und chinesischer bürokratischer Autokratie war Khubilai durchaus gelungen.

Misserfolge der Außenpolitik

1.3 Dynastischer Zerfall

Da Khubilais Versuch, die Nachfolgefrage nach chinesischem Vorbild zu regeln, mit dem Tod des Thronprätendenten 1285 gescheitert war, entwickelte sich die Frage der Großkhanwürde nach 1294 erneut zu einem umkämpften Konfliktfeld. Dass sich schließlich Khubilais Enkel Temür (1265–1307) durchsetzen konnte, lag nicht nur an der zuvor erteilten Zustimmung seines Großvaters, sondern ebenso an der Unterstützung, die er sowohl von anderen Mitgliedern der Khanfamilie als auch von einigen einflussreichen Vertretern der Yuan-Bürokratie erhielt, die sich nun auch in diese bedeutende Entscheidung einschalteten. Temür erwies sich als konservativer Bewahrer des großväterlichen Erbes. Daher wurde seine Regierungszeit in den offiziellen Yuan-Annalen noch der erfolgreichen Phase der mongolischen Dynastie zugeordnet. Allerdings ließen sich bereits unter Temür Anzeichen des Machtverfalls erkennen. Dem Herrscher fehlten die Kraft und das Charisma eines Tschingis Khan oder eines Khubilai. Er verlor bald die Kontrolle über den personell anwachsenden, aber auch zunehmend ineffizient werdenden Regierungsapparat. Das Ausmaß der Korruption veranlasste Temür im Jahre 1303 zur Bildung einer Untersuchungskommission, die 18473 Fälle aufdeckte. Nicht zuletzt hatte Temür als Preis für seine Unterstützung bei der Nachfolgewahl sich dazu bereit erklären müssen, den Umfang der kaiserlichen Schenkungen an Mitglieder der Herrscherfamilie erheblich zu erhöhen. Der ohnehin seit den letzten Regierungsjahren Khubilais geschwächte Fiskus war diesen zusätzlichen Belastungen nicht gewachsen. 1299 musste bereits die Hälfte des Regierungshaushalts aus Staatsreserven finanziert werden.

Temür als Bewahrer von Khubilais Erbe

Entsprechend zurückhaltend gab sich die Außenpolitik des zweiten Yuan-Kaisers: Es erfolgten keine neuen Expansionsprojekte; dafür aber wurde 1304 ein Friedensschluss mit den beiden feindlichen Khanaten Chaghadai und Goldene Horde ausgehandelt. Damit gelang Temür zugleich ein diplomatischer Erfolg, der seinem Großvater verwehrt geblieben war: die Restaurierung des Großkhans als nominellem Herrscher über das gesamte mongolische Imperium.

Die innenpolitischen Schwierigkeiten der Mongolenherrschaft nahmen unter den Nachfolgern Temürs weiter zu. Die Throninhaber, die teilweise im Abstand von wenigen Jahren aufeinander folgten, praktizierten die unterschiedlichsten Herrschaftsstile. Kaishan (reg. 1307–1311), ein erfahrener nomadischer Krieger, setzte auf persönliche Vertraute in der Bürokratie, verfuhr mit Ernennungen, Titeln, Steuern und Staatsmonopolen willkürlich und beschleunigte die Inflation durch die Einführung einer neuen Papiergeldwährung. Sein eher konfuzianisch geprägter Bruder Ayurbarwada (reg. 1311–1320) nahm alle Maßnahmen wieder zurück und berief vermehrt chinesische Gelehrte in die Reichsverwaltung, um ihr wieder eine konfuzianische Ausrichtung zu verleihen. Dazu gehörte auch die Wiederherstellung des kaiserlichen Prüfungssystems im Jahre 1315. Inhaltlich wurden die Schriften der neokonfuzianischen Reformer der Song-Zeit als Prüfungstexte in den klassischen Kanon aufgenommen. Konfuzianisches Wissen bildete wieder die Grundlage für die Auswahl der Beamtenelite und der chinesischen Oberschicht eröffnete sich nach Jahrzehnten erneut der Weg einer Staatskarriere. Der multiethnischen Zusammensetzung des Yuan-Reiches wurde durch eine Festlegung gleichgroßer ethnischer Quoten und mit Hilfe leichterer Prüfungen für Nicht-Han-Chinesen Rechnung getragen. Aber auch Ayurbar-

Unfähige Thronfolger

wadas Reformregierung scheiterte, da der mongolische Adel, dessen umfangreiche Privilegien der Khan einzuschränken versuchte, seinem konfuzianischen Regierungsstil Widerstand leistete. Sein letzter Erfolg blieb die friedliche Herrschaftsübergabe nach chinesischem Vorbild an den ältesten Sohn. Dieser bot dem Konfuzianismus zwar weiterhin Entfaltungsmöglichkeiten, erwies sich selbst aber als ein fanatischer Buddhist und betrieb eine antimuslimische Politik. Dass er als erster Großkhan 1323 einem Attentat zum Opfer fiel, lag freilich an dem virulenten Konflikt zwischen Herrscher und mongolischer Aristokratie. Umso mehr legte die nachfolgende Yuan-Regierung den Schwerpunkt auf eine Beschwichtigungspolitik gegenüber der mongolischen Opposition.

Fraktionskämpfe um den Yuan-Thron

Der ständige Konflikt zwischen einem eher mongolischen und einem eher chinesischen Regierungsstil behinderte nicht nur die Stabilität der Yuan-Herrschaft in China, sondern schlug sich ebenso in dramatischen Fraktionskämpfen innerhalb des kaiserlichen Clans nieder. Denn unter dem politischen Wechselbad erhielt der mongolische Adel einmal großzügige Schenkungen, dann wurde er jedoch wieder in seinen Privilegien beschnitten. Ebenso wurden mongolische Beamte eingesetzt und wieder entlassen oder sogar liquidiert. In ähnlicher Weise wurden Reformen eingeführt, um dann später wieder zurückgenommen zu werden. Nur das wachsende Staatsdefizit war ein Moment der Kontinuität. Auch eine Sinisierung der mongolischen Dynastie ließ sich langfristig nicht aufhalten. Davon zeugten die Errichtung einer Akademie zum Schutz chinesischer Gelehrsamkeit im Jahre 1329 und die Kompilation eines umfangreichen Gesetzeskanons zwei Jahre später, der sich vollkommen an tang- und songzeitlichen Vorbildern orientierte.

Letzter Mongolenkaiser

Mit dem Herrschaftsantritt Toghön Temürs (reg. 1333–1368) begann schließlich die letzte Regierungsperiode eines Yuan-Kaisers. Ironischerweise sollte sie sich formal als die längste erweisen. Ihre politischen Leitlinien wurden allerdings weniger vom passiven Herrscher als von seinen wechselnden Kanzlern bestimmt und behielten ihren instabilen Charakter. Die dramatischen Flutkatastrophen der späten 1340er Jahre kosteten unzählige Menschenleben und vernichteten die Lebensgrundlage von Millionen von Chinesen. Auf die Überflutungen folgten Epidemien. Korruption und Missmanagement beeinträchtigten die staatlichen Hilfsmaßnahmen. Die mongolische Herrschaft in China befand sich längst in der Phase des Niedergangs. Nur militärische Straf- und Unterdrückungsfeldzüge konnten in den 1350er Jahren den totalen Zusammenbruch hinauszögern. Politisch waren die chinesischen Provinzen bereits in der Hand autonomer regionaler Machthaber. Der tatsächliche Einfluss der Yuan-Regierung beschränkte sich um 1356 faktisch auf die Hauptstadt und ihre unmittelbare Umgebung. Im Jahre 1368 wurde der letzte mongolische Kaiser schließlich aus China vertrieben.

2. RÜCKBESINNUNG UND NEUANFANG: DIE MING-DYNASTIE (1368–1644)

Das Ende der Yuan-Dynastie lässt sich nicht nur mit den Herrschaftskrisen am mongolischen Kaiserhof und in der Zentralregierung erklären. Die Auswirkungen von Korruption und Inflation beeinflussten auch die Ordnung auf regionaler Ebene, wo die Bevölkerung ohnehin mit den Folgen von wiederholten Überschwemmungskatastrophen zu kämpfen hatte. Im ganzen Land kam es seit den 1330er Jahren immer wieder zu sozialen Unruhen, die wiederum zur Ausbreitung von heterodoxen religiösen Bewegungen, Geheimgesellschaften und Banditentum führten. So verwundert es auch nicht, dass es schließlich eine Bewegung aus dem Volk war, die eine neue Dynastie gründete. Der Aufstieg vom Rebellenführer zum Kaiser gelang Zhu Yuanzhang (1328–1398). Er hatte durch die Hungerkatastrophen, Epidemien und Kriege der 1340er und 1350er Jahre fast seine gesamte Familie verloren. Während der Hungersnot von 1344 in seiner Heimatprovinz Anhui war er zunächst in den Mönchsstand geflüchtet. Bald danach übernahm Zhu Yuanzhang die Führung einer Bande von Aufständischen und schaltete im Verlauf der 1360er Jahre seine Rivalen nacheinander aus. Ihm gelang, was bis dahin keiner Dynastie geglückt war: Die Reichseinigung Chinas vom Süden her. Im Jahre 1368 rief er in Nanjing die Ming-Dynastie aus. Auch nach der Eroberung der Yuan-Hauptstadt Dadu blieb das am unteren Yangzi-Fluss gelegene Nanjing die Reichsmetropole und wurde im folgenden Jahrzehnt zur kaiserlichen Residenz ausgebaut. Fortan nannte sich Zhu Yuanzhang Taizu („Großer Ahnherr") und gab seiner Herrschaft die Regierungsdevise *hongwu* („Großartige Militärmacht"). Militärische Stärke brauchte er besonders, um die Eroberung ganz Chinas 1387 erfolgreich abschließen zu können. Nun erst konnte sich der Dynastiegründer auf den Reichsaufbau konzentrieren. Der chinesische Staat war jedoch unter den Fremdherrschaften empfindlich geschwächt worden. Er musste also zunächst wieder gestärkt werden. Taizus Verdienst ist es, die Strukturen des späten kaiserlichen China (Late Imperial China) geschaffen zu haben.

Zhu Yuanzhangs Aufstieg

Autokratische Anfänge der Ming-Dynastie

2.1 Die institutionelle Grundlegung der späten Kaiserzeit

Reformen Taizus

Zu den ersten Maßnahmen Taizus gehörte die Regelung der Nachfolgefrage. Er verlieh seiner Frau, der Tochter eines Rebellenführers, den Titel einer Kaiserin und ernannte seinen ältesten Sohn zum Thronfolger. Nach dem Vorbild der Tang-Gesetze ließ der Kaiser einen Ming-Kodex *(Da Ming lü)* zusammenstellen. Daneben schuf Taizu eine separate Sammlung von Gesetzen und Regeln, die „Befehle für die Ahnen" *(zu xun)*, die nur die kaiserliche Familie betrafen und der Dynastie einen privaten Charakter verliehen. Die Sonderrolle der kaiserlichen Familie, deren Mitgliedern es verboten wurde, ein Staatsamt zu übernehmen und damit sich selbst zu ernähren, belastete den Staatshaushalt zunehmend. Bis ins frühe 17. Jahrhundert wuchs der kaiserliche Clan auf 100 000 Mitglieder an. Das Kaiserhaus wurde zu einer ernsthaften Steuerlast. Außerdem verschärften die Sonderregeln die Trennung zwischen dem familialen Bereich der Innenhöfe des Kaiserpalastes und seinen in den Außenhöfen befindlichen Verwaltungsämtern. Eine herausragende Rolle nahmen die Prinzen ein. Einige von ihnen erhielten in den Provinzen Lehnsgüter und richteten sich ihre Herrschaftssitze an ökonomischen Zentren, militärstrategischen Punkten oder Verkehrsknotenpunkten ein. Sie entwickelten sie sich zu einflussreichen regionalen Akteuren. Ihre Patronage trug auch zur Stärkung des Daoismus in der Lokalgesellschaft bei. Von Ämtern und staatlichen Kontrollfunktionen blieben die Prinzen fern der Hauptstadt jedoch ausgeschlossen.

Bereits im Gründungsjahr der Dynastie ließ der Kaiser zwar die klassischen sechs Ministerien (Finanzen, Personal, Riten, Militär, Justiz und Arbeit) wieder einrichten, schaffte aber die Zentralkanzlei ab und unterstellte die Ministerien direkt seiner Autorität. Da Taizu und seine Gefolgsleute aus einfachen bäuerlichen Verhältnissen stammten, musste er bei der Besetzung von Regierungsposten auf Mitglieder der konfuzianischen Gelehrtenelite zurückgreifen, gegenüber der er zeitlebens Misstrauen hegte. Umso mehr forderte der als despotisch geltende Monarch von seinen Beamten absoluten Gehorsam; er schreckte auch nicht vor Körperstrafen zurück. Den obersten Leiter der traditionellen Staatsprüfungen, die erst nach einem Jahrzehnt überhaupt wieder eingeführt wurden, ließ er sogar hinrichten, da er aus kaiserlicher Sicht zu viele Absolventen des höchsten Prüfungsgrades *(jinshi)* aus dem Süden zugelassen hatte. Um ein regionales Ungleichgewicht zu verhindern, legte der Kaiser fortan Provinzquoten fest. Seine wichtigste Neuerung war die Ergänzung der Staatsexamina um einen dritten, niedrigeren Prüfungsgrad des *shengyuan*, dessen Prüfungen auf der Kreisebene stattfanden. Diese Erweiterung des Systems erhöhte die Zahl der potenziellen Beamten beträchtlich. Sie war Teil der „Zivilisierungsmission" (*jiaohua*, wörtlich: „Wandel durch Bildung") des Dynastiegründers. Dazu gehörte ebenso landesweit die Einführung von Kommunalschulen (*shexue*), die bis auf die unterste Verwaltungsebene der Dörfer reichten und ermöglichen sollten, dass die kaiserlichen Anordnungen auch dem einfachen Bauernsohn vermittelt wurden. Die Herrschaftssicherung stand im Ming-Reich an erster Stelle.

Beamtenapparat

Inhaltlich ging es in den Staatsprüfungen um die Abfrage von Bildungswissen und nicht um praktische Kenntnisse für den Dienst als Verwaltungsbeamte. Der mingzeitliche Prüfungsstoff wurde sogar auf die Interpretation beschränkt, die der Song-Gelehrte Zhu Xi (1130–1200) zu den vier Klassikertexten (Gespräche des Konfuzius/*Lunyu*, *Mengzi*, Lehre der Mitte/*Zhongyong* und Große Lehre/ *Daxue)* formuliert hatte. Diese inhaltliche Verengung vereinfachte zwar das Studium und die Bewertung der abgegebenen Arbeiten, führte aber auch dazu, dass sich die Kluft zwischen der Prüfungsvorbereitung und dem intellektuellen Le-

Staatsprüfungen

ben noch mehr vertiefte als dies bereits in der Song-Zeit der Fall gewesen war. Die Beamtenelite distanzierte sich zunehmend von den literarischen Strömungen der Zeit, zumal nachdem 1487 auch die formale Beschränkung auf einen „achtteiligen" Aufbau *(baguwen)* der Prüfungsessays angeordnet wurde. Die einzelnen Beamtenränge waren durch unterschiedliche Schärpen und Kopfbedeckungen gekennzeichnet. Als Staatsdiener mussten die Beamten keinen Arbeitsdienst leisten. Die *shengyuan*-Absolventen konnten sich um den Posten eines Gemeindevorstehers bewerben und gingen als Erzieher in wohlhabende Familien. Bestand ein Prüfling die zweite Ebene des Provinzexamens *(juren)*, erhielt er weitere Privilegien und wurde in niedrige Staatsämter berufen. Nur wer auch noch die höchste Prüfung in der Hauptstadt *(jinshi)* absolvierte, konnte auf eine Beamtenkarriere bis hin zum Minister hoffen.

Geheimpolizei

Seinem misstrauischen Geist gemäß schuf Taizu aus den Reihen seiner Palastwachen eine Geheimpolizei und beauftragte sie mit der Kontrolle der Beamtenschaft und der Aufdeckung von politischen Verbrechen. Ihrem Zugriff fielen in den folgenden Jahren über 100000 Menschen zum Opfer. 1380 schaffte Taizu das aus der Song-Dynastie stammende Amt des Kanzlers *(zuo chengxiang)* ab und übernahm persönlich alle Regierungsgeschäfte.

Großsekretariate

Die Oberste Militärbehörde und das Kontrollorgan des Zensorats ließ Taizu in mehrere Abteilungen untergliedern, die jeweils direkt dem Thron unterstellt wurden. Alle exekutive Gewalt sollte von nun an ausschließlich beim Kaiser persönlich liegen. Ein solches autokratisches System setzte freilich einen äußerst tatkräftigen, starken und unermüdlichen Monarchen voraus. Bereits Taizu musste einsehen, dass diese Machtfülle kaum zu bewältigen war. Daher richtete er 1382 vier Sekretariate ein, die er der Leitung von Großsekretären *(da xueshi)* aus den Kreisen der Gelehrtenbeamten unterstellte. Nominell bekleideten die Großsekretäre auch ein Regierungsamt, doch meistens verfügten diese wichtigen Entscheidungsträger kaum über praktische Verwaltungserfahrungen. Einen wachsenden Einfluss am Kaiserhof gewannen die Palasteunuchen. Sie stammten aus ärmeren Schichten und waren dem Herrscher persönlich verpflichtet. Am Ming-Hof kontrollierten sie die gesamten Aktivitäten innerhalb des Palastes, vor allem auch die Geheimpolizei, die sie für die Verfolgung ihrer Gegner einsetzten. Wie das Beispiel von Xu Jie zeigt, der von 1562 bis 1568 das Großsekretariat leitete, konnte ein Amtsinhaber in Zeiten schwacher Kaiser sehr einflussreich werden.

Um die Staatsausgaben zu senken, verpflichtete Taizu auf der Ebene der Lokalverwaltung die reichen Familien zu juristischen, polizeilichen und fiskalischen Aufgaben. Als moralische Stütze des Systems der administrativen Selbstverantwortung ließ der Kaiser landesweit die traditionelle Moral kindlicher Pietät und die Achtung der im Konfuzianismus strikt geregelten sozialen Hierarchien propagieren. Zur Verminderung der Kosten des Beamtenapparats in der Hauptstadt übernahm er das yuanzeitliche System erblicher Handwerkerhaushalte, die für den Bedarf des Kaiserpalastes und der Regierung arbeiten mussten. Wenig Sympathie brachte Taizu sowohl der Gelehrtenelite, der er leere Phrasendrescherei vorwarf, als auch der Kaufmannsschicht entgegen. Den Regionen an der Südostküste, in denen beide Gruppen am erfolgreichsten und stärksten waren, ließ er unmäßig hohe Steuern auferlegen und sogar Tausende wohlhabender Familien in ärmere Gebiete umsiedeln. Taizu war eben nicht nur der erfolgreiche Dynastiegründer und Restaurator chinesischer Werte, sondern auch ein despotischer Autokrat, der keinen institutionellen Rückhalt suchte. Als das von ihm geschaffene System nicht so funktionierte, wie er es geplant hatte, regierte er nur noch durch absolute Macht. Mit seinem Tod im Jahre 1398 endete eine äußerst ambivalente Ära.

Gegen Gelehrte und Kaufleute

Der Kaiserthron ging zunächst auf Taizus Enkel Hui Di über (dessen Vater, der Kronprinz, war 1392 gestorben), der über eine klassische chinesische Bildung verfügte und dessen Regierungsdevise *Jianwen* (Errichtung der Kultur) schon den Wandel im Herrschaftsstil signalisierte. Er umgab sich mit hochrangigen Gelehrtenberatern, doch blieb ihm ein Neuanfang versagt. Zu schwach waren die institutionellen Grundlagen der Monarchie, die sein despotischer Großvater Taizu hinterlassen hatte, und zu stark die Rivalität der Prinzen auf ihren Besitztümern. Im Jahre 1399 führte der Konflikt Hui Dis mit seinem Onkel Zhu Di (1360–1424), dem vierten Sohn Taizus, zum Bürgerkrieg. Zhu Di hatte als Prinz von Yan in der ehemaligen Yuan-Hauptstadt Dadu residiert. Nach seiner Thronusurpation im Jahre 1402, der Hui Di, seine Gemahlin und der Kronprinz sowie die engsten Berater des Kaisers zum Opfer fielen, rief Zhu Di als dritter Ming-Kaiser die Regierungsdevise „Ewiges Glück“ *(Yongle)* aus und verlegte 1421 die Reichshauptstadt wieder nach Beijing, dem yuanzeitlichen Dadu.

Thronusurpation

In zwanzigjähriger Bauzeit ließ Ming Chengzu, so sein Tempelname, die neue Ming-Metropole nach einer Art Baukastensystem ausbauen: Die Verbotene Stadt mit den Haupthallen des Kaiserpalastes im Innersten bildete das eigentliche Machtzentrum. Sie wurde umgeben von der Kaiserlichen Stadt, dem Regierungsdistrikt innerhalb der Palastanlage, die wiederum zentral in der Stadt lag. Die verschiedenen Stadtviertel erstreckten sich jenseits der Palastmauern. 1553 erhielten die Außenstadtviertel im Süden eigene Mauern und Tore. Um die Versorgung Beijings mit Lebensmitteln und die Überführung der Steuerleistungen an die Zentralregierung gewährleisten zu können, musste zudem der Kaiserkanal vom Westen der Provinz Shandong aus bis an die Stadtmauern heran verlängert werden.

Erneute Hauptstadtverlegung

Taizu hatte die Dynastie als Privatbesitz betrachtet. Für Chengzu stellte sich nun die Frage, wie er einerseits seine Thronusurpation legitimieren und andererseits der Dynastie den Charakter eines privaten Familienunternehmens nehmen konnte. Seine ersten Schritte galten der Herrschaftsstabilisierung. Seine Kampfgefährten wurden zum „Verdienstadel“ erhoben; die Verwaltungsroutine legte der persönlich eher als Kriegsherr in Erscheinung tretende Kaiser in die Hände der konfuzianischen Beamtenelite zurück; er ließ 1404 die dreistufigen Staatsprüfungen reformieren. In zwei Kompendien wurde das dafür notwendige Wissen aus den alten konfuzianischen Klassikern und den neokonfuzianischen Schriften der Song-Dynastie neu zusammengestellt. Die erfolgreichsten Absol-

Stärkung der Zivilbürokratie

venten wurden in die Hanlin-Akademie *(shujishi)* aufgenommen, die von Taizu zur Bewältigung des Schriftverkehrs eingerichtet worden war und sich zu einer prestigereichen Stätte höchster Gelehrsamkeit entwickelte. Die Anzahl der Großsekretäre erweiterte Chengzu auf sieben und schloss sie in einem Inneren Kabinett *(neige)* zusammen. Viele Großsekretäre entwickelten sich zu engen Beratern und Vertrauten des Kaisers, die ihn sogar auf seinen Feldzügen begleiteten. Im Gegensatz zu seinem Vater wusste er die Vorzüge der Bildungselite zu schätzen. Geschickt delegierte er Autorität und bediente sich seiner Beamten. Mitte des 15. Jahrhunderts wurde die Auswahl der höchsten Amtsinhaber weiter formalisiert: Nur Absolventen des *jinshi*-Grades konnten in die Hanlin-Akademie aufgenommen werden, aus der die Mitglieder des Inneren Kabinetts rekrutiert wurden. Für die acht Führungsämter der externen Regierungsbehörden (sechs Minister und zwei Zensoren) wählte Chengzu junge Talente aus, die lange Jahre auf ihren Posten blieben und eng mit den Beamten des Inneren Kabinetts zusammenarbeiteten. Oftmals kam es auch zur Personalunion beider Bereiche. Für die bereits unter Taizu vielseitig im Palast eingesetzten Eunuchen richtete er die ersten regulären Ausbildungsstätten ein, damit diese aus der einfachen Bevölkerung stammende Gruppe ihren wachsenden Aufgaben am Ming-Hof gerecht werden konnte. Dazu gehörte die Leitung des 1420 geschaffenen Ostdepots *(dongchang)*, einer Art von persönlichem Geheimdienst des Kaisers zur Kontrolle seiner Beamtenschaft, der auch das Strafmaß bei (vermeintlichen) Vergehen festlegte, aber im Gegensatz zum Zensorat im Geheimen aktiv war. Auch Chengzu war ein gewaltsamer Autokrat, er stellte seine Herrschaft jedoch auf rationale, institutionalisierte Grundlagen. Zu seinen Systematisierungserfolgen gehörte die Zusammenstellung aller Wissensgebiete in einer nach seiner Regierungsdevise benannten Enzyklopädie, dem *Yongle dadian*. Über 2000 Gelehrte arbeiteten an dem über 11000 Bände umfassenden Werk, dessen Originaldruck in späteren Jahrhunderten verloren ging.

Gründung des Inneren Kabinetts

Aufstieg der Eunuchen

Yongle-Enzyklopädie

Der Kaiser starb 64-jährig während eines Feldzugs in der Ostmongolei. Von den 13 Nachfolgern füllten allein sechs die weiteren Jahrzehnte des 15. Jahrhunderts. Sein Sohn starb schon 1425 im ersten Regierungsjahr. Die nächste Herrscherperiode währte immerhin ein Jahrzehnt und gilt als ein Höhepunkt der Ming-Dynastie. Xuanzong (1399–1435), der schon 1414 seinen Großvater Chengzu auf einem Feldzug gegen die Mongolen begleitet hatte, verfügte über ein ähnliches militärisches Talent, konnte dies während seiner Herrschaftszeit aber nicht ausspielen, da die Nordgrenze ruhig blieb. In der Reichsverwaltung verließ er sich auf erfahrene Elitebeamte, von denen manche schon unter seinem Großvater gedient hatten. Xuanzong zeichnete sich durch seine vielseitigen Begabungen aus: Er galt als vorzüglicher Maler und Kalligraph, trat ebenso als Autor und Dichter hervor und führte ein Hofleben voller verschwenderischem Luxus, zu dem ein riesiger Harem gehörte.

Kaiser Xuanzong

Als schwerwiegender Fehler erwies sich allerdings das Vertrauen, das der Kaiser in seinen Eunuchen Wang Zhen setzte. Ihm übertrug er sogar die Leitung des

Zeremonienamtes. Unter Xuanzongs minderjährigem Nachfolger Yingzong (1427–1465, reg. 1436–1450 unter der Regierungsdevise *Zhengtong*, 1457–1465 unter *Tianshun)* sicherte sich der Eunuch als Oberhaupt der gesamten Eunuchenbürokratie und des Geheimdienstes eine diktatorische Stellung. Er verführte den jungen Kaiser 1449 zu einem Feldzug gegen die erstarkten Westmongolen, der zur Gefangennahme des Monarchen und Wang Zhens Tod führte. Couragiert setzte der damalige Kriegsminister einen jüngeren Bruder des Kaisers auf den Thron, der trotz dessen Rückkehr 1450 noch bis zu seinem Tod 1457 die Herrschaft behielt. Aber auch während seiner zweiten Regierungsperiode blieb Yingzong Spielball von rivalisierenden Interessengruppen am Kaiserhof. Ein grundlegendes Problem der Ming-Dynastie war der Konflikt zwischen der offiziellen Bürokratie der Beamtengelehrten und einer schlecht angesehenen Eunuchenbürokratie, die einen besonders destruktiven Einfluss ausübte, wenn ein machtgieriger Eunuch sich beim Monarchen diktatorische Vollmachten erschleichen konnte. Die Loyalität der Beamten erwies sich meist als unerschütterlich, da aus ihrer konfuzianischen Weltsicht auch der unfähigste, schwächste Kaiser unabdingbar für Staat und Gesellschaft war und seine politischen, rituellen und symbolischen Rollen ausgefüllt werden mussten. Die durch individuelle Talente und Verdienste ausgewählte Beamtenelite stand vor dem Dilemma, dass sie eine kaiserliche Institution stützen musste, die zunehmend mit unfähigen Throninhabern besetzt war.

Konflikt mit Mongolen

Herrscherschwäche

Rückendeckung fand die konfuzianische Bürokratie bei einem Monarchen wie Xiaozong (reg. 1488–1506), der sich vehement gegen die Eunuchenmacht wehrte und den konfuzianischen Gelehrten wieder zu Ansehen und Einfluss verhalf. Kaum ein Ming-Herrscher hat sich dem Konfuzianismus so verschrieben. Die Hofhistoriker erhoben ihn nach seinem Tod zum Vorbildkaiser. Tatsächlich erwies sich die Ming-Regierung unter Xiaozong als sehr effektiv, da korrupte Eunuchen oder Hofdamen nicht ihren Routineablauf beeinträchtigten. Seine Herrschaft gilt daher in der offiziellen Historiographie als gelungenste Ausprägung der Ming-Herrschaft.

Konfuzianischer Monarch Xiaozong

Im Ming-Staat blieb der Kaiser die einzige Quelle des Gesetzes. Denn es gab keine legislativen Organe in der Regierung. Kritik am universalen Herrscher erfolgte durch Berichte über Anzeichen für die Missgunst des Himmels in Gestalt von Erdbeben, Umweltkatastrophen oder astronomischen Phänomen. Diese Berichte sollten den Kaiser veranlassen, Maßnahmen zur Wiederherstellung der himmlischen Weltordnung zu ergreifen. Die Kommunikation zwischen dem Kaiser und seinen Beamten fand in täglichen Audienzen in einer der großen Hallen der Außenhöfe des Kaiserpalastes oder auf dem Schriftweg statt. Der gesamte Schriftverkehr wurde durch das Amt für die Übermittlung *(tongzhengsi)* kontrolliert, dessen Leiter zu den neun höchsten Beamten der kaiserlichen Regierung gehörte, das aber auch eine Schwachstelle bildete, sobald korrupte Beamte und intrigierende Eunuchen sich des Amtes bemächtigten. Denn erst wenn diese Behörde ein Schreiben formal akzeptierte, wurden es kopiert und an das Palast-

Schriftverkehr

sekretariat weitergeleitet und stand dort dem Kaiser zur Lektüre zur Verfügung. Der Kaiser schrieb seinen Kommentar auf das Dokument oder verfasste ein Rückschreiben und der Prozess begann in rückläufiger Folge.

So sollte die Alltagsroutine der Kaiser verlaufen. Jedoch brachte das 16. Jahrhundert Herrscherpersönlichkeiten hervor, die sich in dieses System nicht einfügten und daher der Eunuchenfraktion am Kaiserhof Chancen boten, die Oberhand über die Gelehrtenbeamten zu erringen und den Staat ins Chaos ihres tyrannischen Regimes zu stürzen. 1524 eskalierten Spannungen zwischen dem jungen Kaiser Shizong (1507–1567) und der konfuzianischen Elite zu einem re-

Großer Ritenstreit der Shizong-Ära

gelrechten „Großen Ritenstreit" *(da liyi)*. Der als Cousin aus einer Nebenlinie seinem kinderlosen Vorgänger auf den Thron gefolgte Shizong hatte seinen Eltern kaiserlichen Status verleihen und seine vorschriftsmäßige Adoption durch die Eltern seines Vorgängers nicht akzeptieren wollen. Dazu fehlte ihm aus Sicht der konfuzianischen Elite die moralische Autorität. Ihre Loyalität galt der Dynastie und der von ihr vertretenen Werte, nicht dem einzelnen Throninhaber. Als Reaktion auf ihren Widerspruch, ließ der Kaiser die Wortführer des Protests ihrer Ämter entheben und sie in die Verbannung schicken. Einige starben an den Folgen der erlittenen Folterungen. Der Konflikt betraf nicht nur ethische Fragen, sondern war hoch politisch, ging es doch um den Primat von System oder Person. Wie schon zuvor beim Chengzu-Kaiser im Jahre 1402 hatte der Throninhaber das chinesische Kaisertum wie eine familiale Angelegenheit behandelt. Dennoch musste Shizong am Ende seiner Regierungszeit noch einmal offene Kritik hinnehmen: 1565 schickte ihm ein junger Beamter namens Hai Rui (1513–1587) ein Memorandum, in dem er dem Kaiser vorwarf, 20 Jahre lang seine Pflichten als Mensch, als Vater und als Herrscher vernachlässigt und damit Unglück über das gesamte Land gebracht zu haben. Shizong befürchtete hinter dieser Offenheit eine großangelegte Verschwörung und ließ Hai Rui ins kaiserliche Gefängnis werfen. Nach dem Tod des Kaisers wurde der Beamte jedoch wieder rehabilitiert. Bei der Nachwelt galt er als Sinnbild eines pflichtbewussten und unerschrockenen Beamten.

Hinter all diesen Konflikten zwischen dem Herrscher und seiner Beamtenschaft erhob sich im Verlauf des 16. Jahrhunderts immer mehr die Frage, ob die etablierten klassischen Werte des Konfuzianismus überhaupt noch vertretbar seien. Genau damit setzte sich Wang Yangming (1472–1529) auseinander, eine der

Wang Yangming

bedeutendsten Persönlichkeiten der Ming-Zeit. In ihm vereinte sich der berühmte Philosoph mit dem Karrierebeamten, dem erfolgreichen General und dem geschickten Administrator. Wang Yangming stammte aus einer typischen Familie von Elitebeamten der mittleren Ming-Periode. Da sein Vater zu den angesehenen Mitgliedern der Hanlin-Akademie gehörte, wuchs er im hauptstädtischen Zentrum der Gelehrsamkeit auf. Dennoch verfehlte er zweimal die *jinshi*-Prüfung, bevor ihm der Karrieresprung zum Elitebeamten gelang. Seine kritische Haltung gegenüber dem Einfluss der Eunuchen am Kaiserhof führte 1506 zu Wang Yangmings Verbannung in die Grenzprovinz Guizhou, wo er nur knapp einem Attentat durch Agenten der Eunuchen entkam. Wie viele seiner Kollegen konnte Wang seine Karriere erst wieder fortsetzen, nachdem ein Herrscherwechsel in der Hauptstadt den Intrigen der Eunuchen ein Ende bereitet hatte. Seine philosophischen Ideen entstanden in Zeiten größter physischer Bedrängnis und Trauer: im Exil und während seiner Trauerperiode in der Heimatprovinz Zhejiang nach dem Tod seines Vaters. Auch in seinem Denken wandte Wang Yangming sich von Herrscher, Staat und der Regierung ab und stellte den Einzelnen in den Vordergrund. Angesichts der Despotie der Ming-Monarchen und der Intriganz der Eunuchen verfolgte er nicht das Ziel, den Herrschaftsstil des Monarchen zu beeinflussen, vielmehr ging es ihm um die Ermutigung jeder Person, ihr eigenes „intuitives Wissen" *(liang zhi)* zu entwickeln. Die von den konfuzianischen Gelehrten erstrebte Weisheit ließ sich in jedem Einzelnen finden und folglich in seinem unmittelbaren sozialen Lebensbereich der Familie und des Dorfes verwirklichen. Im Gegensatz zu dem songzeitlichen Neokonfuzianer Zhu Xi lehnte Wang den Prozess der Selbstkultivierung als jahrelanges Studium von Werken der Klassiker ab. Das angeborene Wissen vom Guten ließ sich vielmehr durch die Reinigung des eigenen Geistes von materiellen Begierden finden. Selbstbildung beschränkte sich nicht auf die Gelehrtenelite, sondern konnte mitten im Alltag erfolgen. Allerdings war es notwendig, die Bildungschancen der breiten Bevölkerung zu verbessern und ihr Interesse an einer solchen Selbstfindung zu wecken. Wang Yangming vollzog mit seinen Ideen eine Umorientierung vom Herrscher zum Volk und zeigte der Elite des Landes einen alternativen Weg auf. Zu seinem Gesellschaftsbild, das die Möglichkeiten einer moralischen Vervollkommnung auch auf die unteren Schichten ausdehnte, gehörte eine neue Haltung gegenüber den vom traditionellen Konfuzianismus verachteten Kaufleuten, die nach der Aufhebung des maritimen Handelsverbots im Jahre 1567 wenigstens von der Ming-Regierung nicht mehr in ihrem Engagement behindert wurden.

Privatakademien und politische Meinung

Sowohl die zunehmend großräumig und international operierende Kaufmannsschicht als auch die städtische Gesellschaft stellten die bestimmenden Kräfte des Wandels dar, der sich im späten Ming-Reich vollzog. Auf lokaler Ebene entstanden private Akademien *(shuyuan)*, in denen Gelehrte offen diskutierten und Prüflinge sich auf die Staatsexamina vorbereiteten. Dabei bildeten sich zwei konträre Strömungen, die sich entweder an Wang Yangmings Lehren oder am songzeitlichen Konfuzianismus Zhu Xis orientierten. Da sich aus ihren Reihen auch die späteren Karrierebeamten rekrutierten, setzten sich die beiden Lager entsprechend in der Ming-Regierung fest. In ihnen spiegelte sich zugleich der Machtkampf zwischen dem dynastischen Staat und der lokal verankerten Gentry wider. In der Spätphase der Ming-Dynastie (1572–1644) folgten sechs Regime aufeinander, die entweder nach legalistischen Prinzipien die Souveränität des Staates oder in stärkerer Anlehnung an den Konfuzianismus das Selbstbewusstsein der Gentry verkörperten.

Zhang Juzheng (1525–1582), der als Großsekretär auf die Regierungspraxis der zweiten Hälfte des 16. Jahrhunderts einen prägenden Einfluss ausübte, verhängte 1579 erstmals ein Verbot der Privatakademien, um ihre oppositionellen Tendenzen zu ersticken. Mit seinen Reformen wollte er aber auch die vernachlässigten Standards in Regierung und Reichsverwaltung wiederherstellen und damit den Staat stärken. Zhang ließ die Steuerregister überarbeiten und achtete auf die Auswahl fähiger Militärgouverneure für die strategischen Schlüsselstellen in den Grenzgebieten des Ming-Reiches. Nach seinem Tod verwandelte sich die Regierungspraxis ins vollkommene Gegenteil. Der Wanli-Kaiser (1563–1620) erreichte mit 60 Jahren die längste Regierungszeit der Ming-Dynastie, erwies sich aber als unfähig, desinteressiert und verschwenderisch. Im Gegensatz zu Zhang Juzheng, der eine rationale Anpassung der Steuerlasten an die Landbesitzverhältnisse durchgesetzt hatte, verfügte der Kaiser willkürliche Steuererhöhungen. Erneut kamen die Eunuchen zum Zuge, indem Wanli das Amt eunuchischer Kontrolleure einführte, die er in alle Provinzen des Reiches zur Überwachung der Minenarbeiten sandte.

Donglin-Opposition

Neu war in der späten Ming-Periode, dass der Widerstand gegenüber der korrupten Wanli-Regierung sich nicht in der Hauptstadt formierte, sondern von der lokalen Ebene der erneut aktiven Privatakademien ausging. Besonders trat die 1604 in Wuxi gegründete Donglin-Akademie hervor. Sie entwickelte sich zu einem Sammelbecken für enttäuschte ehemalige Beamte. Da Donglin-Mitglieder bis in Ämter im Großsekretariat und Zensorat aufstiegen, bekämpften sie von oberster Stelle aus korrupte Kollegen und die intrigante Eunuchenfraktion, die wie so oft in der Ming-Zeit die Geschicke am Kaiserhof bestimmte. Nach dem Herrscherwechsel von 1621 errang der Eunuch Wei Zhongxian (1568–1627) despotische Macht und leitete eine gnadenlose Verfolgung aller Donglin-Mitglieder und ihrer Sympathisanten ein. Die Akademie wurde geschlossen. Erst ein erneuter Herrscherwechsel ermöglichte 1627 ihre Rehabilitation. Die Donglin-Bewegung lebte in Suzhou wieder auf, wo sich erfolgreiche *jinshi*-Kandidaten in einer „Restaurationsgesellschaft“ *(Fushe)* zusammenfanden. Ihre Mitglieder zeigten sich entschlossen, eine umfassende administrative Reform auf den Weg zu bringen und veröffentlichten ihr Konzept 1638 in dem Werk „Kompilation Kaiserlicher Ming-Dokumente über die Staatskunst“ *(Huang Ming jingshi wenbian)*, in dem eine umfangreiche Sammlung von Memoranden und anderen Quellen zusammengetragen wurde. Rationalisierung der Regierungspraxis hieß die Devise der Restaurationsvertreter. Jedoch erwies sich der letzte Throninhaber des Ming-Hauses als zu schwach, um ihre Anregungen aufzugreifen. Die Dynastie überlebte zwar noch bis 1644 als kulturelles Symbol, als politische Institution hatte sie allerdings schon längst ihre Wirksamkeit verloren.

2.2 Der Wiederaufbau der Agrargesellschaft

Die Wirtschaftspolitik des Dynastiegründers stand unter zwei Maßgaben: Kürzung der Staatsausgaben und Neuordnung des Steuerwesens. Um ein realistisches Bild der wirtschaftlichen Lage seines Volkes zu erhalten, ließ Ming Taizu 1393 einen Zensus durchführen und das kultivierte Land erfassen. 60,5 Millionen Menschen wurden registriert und danach auf sie die staatlichen Steuer- und Arbeitsdienstforderungen verteilt. Der Kaiser erreichte auf diese Weise einen geordneten Staatshaushalt; auf lokaler Ebene konnte sich die Lage wieder stabilisieren. Denn ganze Regionen in Nord- und Zentralchina waren durch die Kriegswirren und Aufstände zerstört und entvölkert worden.

Zensus und Landregistrierung

Eine wichtige Voraussetzung für den Wiederaufbau war die Reorganisation der administrativen Strukturen. Die neue Provinzebene *(sheng)* hatte ihren Ursprung in den yuanzeitlichen Zweigsekretariaten *(xingsheng)*. Sie galt fortan als oberste Ebene der Regionalverwaltung. Ming-China setzte sich aus 15 Provinzen zusammen, die jeweils von einem Provinzgouverneur regiert wurden. Dieser verfügte gleichzeitig über Amtstitel in der Zentralregierung und hielt auch in der Provinz enge Bindungen an die Hauptstadt. Innerhalb der Provinzen bestanden die klassischen Strukturen der Präfekturen *(fu)*, Unterpräfekturen *(zhou)* und Distrikte *(xian)* weiter. Bis hinunter zur Distriktsebene zeigte sich die kaiserliche Regierung präsent: symbolisiert im Amtspalast *(yamen)* des Magistraten und den Stadtmauern. Taizu versuchte darüber hinaus, auch auf die Organisation der Dorfgemeinschaften einzuwirken. Er führte ein Selbstverantwortungssystem ein, in dem Älteste die Leitung einer Dorfgemeinschaft übernahmen und bei Konflikten vermitteln sollten. Ein „Dorfvertrag" verpflichtete die Bewohner zur sozialen Verantwortung. Darüber hinaus erteilte der Kaiser „Große Warnungen" *(da gao)*, in denen er schlechtes Verhalten von Lokalbeamten und Volk genau definierte und ein entsprechendes Strafmaß festlegte. Zur Eigeninitiative und Selbsthilfe der Dörfer gehört es, dass sie sich für Notzeiten Getreidespeicher anlegten.

Provinzverwaltung

Dörfliche Selbstverwaltung

Für die Abwicklung der steuerlichen Abgaben setzte Taizu eigene administrative Einheiten *(li)* ein, die meist mehrere Dörfer umfassten. Ein *li* bestand aus 110 Haushalten. Jeweils zehn Haushalte bildeten ein *jia*. Daraus ergab sich der Name dieses Lokalverwaltungssystems: *lijia*. Die Leitung eines *li* wurde jeweils aus einer Gruppe von zehn wohlhabenderen Familien gewählt, die im Rhythmus von zehn Jahren wechselten. Zur strukturellen Reorganisation der ländlichen Gesellschaft gehörten umfangreiche Umsiedlungen. Sie wurden vor allem in der mittleren Yangzi-Region, aber auch in der nordchinesischen Tiefebene durchgeführt, um die Produktion in den Krisengebieten wieder anzukurbeln. Für ihren Neuanfang in der Fremde erhielten die Bauern Werkzeuge und Arbeitstiere zur Verfügung gestellt und wurden für einige Jahre von Steuern und Arbeitsdiensten befreit. Dank dieser vielfältigen Maßnahmen beschleunigte sich der demographische Aufwärtstrend im Verlauf der Ming-Zeit. Dennoch hielt die Ming-Regie-

Lijia-System

rung bis zum Ende der Dynastie an den von Taizu festgelegten Steuerregistern fest. Auf lokaler Ebene scheuten sich Beamte, die Bevölkerungszahlen und Landregister ihres Bezirks zu korrigieren. Sie fürchteten, dass eine staatliche Anpassung der Steuerforderungen Unruhen provozieren würde. Da ihre legalen Einnahmequellen jedoch zur Erfüllung der administrativen Aufgaben für eine stetig wachsende Bevölkerung nicht mehr ausreichten, erhoben sie außergesetzliche Abgaben, was unweigerlich zur Ausbreitung von Korruption führte. Wie in vielen anderen Bereichen im Ming-Staat klafften Realität und amtliche Fiktion zunehmend auseinander. Daran konnten auch die Reformen des Großsekretärs Zhang Juzheng nichts ändern. Er leitete im Jahre 1578 nochmals einen landesweiten Katasterüberblick und eine Neubemessung des kultivierten Landes ein. Das bis dahin unregistrierte Land ließ er in die Steuerregister aufnehmen und ordnete 1581 eine Vereinfachung des seit 800 Jahren bestehenden Steuer- und Arbeitsdienstsystems an. Fortan sollte nicht zwischen zwei verschiedenen Steuerperioden im Sommer und im Herbst unterschieden werden. Außerdem wollte Zhang alle Steuerabgaben nunmehr in Silberwährung einziehen, die seit Beginn des 15. Jahrhunderts das unzureichend gedeckte Papiergeld allmählich ablöste. Er starb zu früh, um diese Reformen vollenden zu können.

Monetarisierung der Steuern

Wie schwer die Wirtschaftsstrategie des Dynastiegründers Taizu sich langfristig durchsetzen ließ, zeigte sich am Beispiel der Versorgung des Militärs. Da Taizu sich bemühte, die Staatsausgaben wo auch immer zu kürzen, verlangte er von der aus etwa zwei Millionen Soldaten bestehenden kaiserlichen Armee die Selbstversorgung und teilte den Soldatenfamilien Farmland für ihren Unterhalt zu. Unter seinen Nachfolgern konnte sich die Armee allerdings nicht mehr selbst tragen. Erhielten die Soldaten keinen Sold, desertierten sie und verkauften ihr Land. Aber auch ganze Landesteile bekamen Versorgungsprobleme und waren zunehmend auf Getreidelieferungen aus anderen Gebieten angewiesen. An der Südostküste Chinas lag dies grundsätzlich daran, dass kaum noch kultivierbares Land zur Verfügung stand. Das untere Yangzi-Delta hatte sich zu einem Zentrum der Seiden- und Baumwollerzeugung entwickelt. Seine Bauern vernachlässigten dabei den Anbau von Grundnahrungsmitteln, die aus den zentralchinesischen Provinzen eingeführt werden mussten. Dies galt ebenso für Fujian, wo sich die landwirtschaftliche Produktion auf Tabak und Zuckerrohr konzentrierte. Der wachsende Agrarhandel unterstützte andererseits das Bevölkerungswachstum sowohl in den Anbauzentren als auch in den Empfängerregionen der Getreidetransporte.

Regionale Spezialisierung und Kommerzialisierung

Mit der Kommerzialisierung der Landwirtschaft veränderte sich die Agrartechnologie. In Handbüchern zur Landwirtschaft und durch neu aufkommende Agrarfachleute wurde das neue Wissen an die bäuerliche Bevölkerung weitergegeben. Die ländliche Gesellschaft Chinas wurde vielschichtiger und erweiterte ihr Warenangebot. Die im Verlauf des 16. Jahrhunderts entstehende Anbindung an internationale Handelsnetze brachte fremde Kulturpflanzen: Mais, Süßkartoffeln, weiße Kartoffeln, Erdnüsse, Pfeffer, Tomaten und Tabak erweiterten die

Integration in internationale Handelsnetze

Produktionspalette und ermöglichten eine Ausweitung der Anbaugebiete auf Regionen mit schlechteren Böden. Unter der Ming-Dynastie fand die ländliche Gesellschaft Chinas wieder zu Ordnung und Stabilität zurück und erlebte in der späten Ming-Zeit sogar einen neuen Aufschwung, da sie vom allgemeinen Kommerzialisierungs- und Urbanisierungsprozess profitieren konnte. China verwandelte sich von einer dorf- in eine marktorientierte Gesellschaft. Die bäuerlichen Familienhaushalte beschränkten sich nicht mehr auf ihre Dorfgemeinschaft, sondern blickten auf die lokalen Märkte und deren soziale Institutionen, für die sie produzierten und die umgekehrt ihre Lebenswelt mit Waren und Kulturangeboten erweiterten.

2.3 Urbanisierung und Kommerzialisierung im 16. Jahrhundert: Chinas frühe Moderne?

Im Gegensatz zu europäischen Städten verfügten chinesische Städte über keinen unabhängigen Status. Es gab keine Stadtregierungen. In Gesetzgebung und Verwaltung unterschieden sie sich nicht von ihrem ländlichen Umland. Die kaiserliche Autorität über Chinas Städte wurde sichtbar in den Stadtmauern, die nur mit staatlicher Genehmigung errichtet werden durften. Obwohl chinesische Stadtluft nicht im europäischen Sinne frei machte und mit städtischem Leben kein besonderer gesetzlicher und politischer Status verbunden war, existierte dennoch ein gewisser sozialer Friede. Der Einzelne konnte eher anonym bleiben als in den dörflichen Sippenverbänden, und das breitere Waren- und Dienstleistungsangebot erhöhte die Beschäftigungsmöglichkeiten. Beijing und Nanjing waren bereits im 16. Jahrhundert Millionenstädte, gefolgt von etwa einem halben Dutzend Städten mit einer Einwohnerzahl von mehr als einer halben Million und einer ganzen Reihe von Städten mit über 100 000 Einwohnern. Für den städtischen Lebensstil spielte die Größe allerdings keine Rolle. Selbst die Hauptstadt unterschied sich in Bezug auf das kulturelle Leben nicht von den anderen Städten des Landes. Gleichzeitig blieben die Stadtbewohner über ihre engen Familien- und Clanbeziehungen stets eng mit der Dorfkultur verbunden. Selbst Karrierebeamte errichteten sich in ihren ländlichen Heimatorten Altersresidenzen und Gärten. Die traditionelle Verbundenheit zwischen Stadt und Land begann sich ab dem 16. Jahrhundert aufzulösen. Städter entwickelten auf vielfältige Weise Eigeninitiativen – sei es in der Raumgestaltung oder auch in literarischen und künstlerischen Formen.

Stadtentwicklung

Die Zunahme der Stadtbevölkerung wurde in Gilden aufgefangen. Bei ihnen handelte es sich um private Vereinigungen, die entweder nach dem Herkunftsort *(huiguan)* oder beruflich *(gongsuo)* organisiert waren. Sie kauften oder pachteten Land in der Stadt, um Geschäfte, Wohnhäuser, Tempel, Ritenhallen, Gasthäuser, Schulen und Friedhöfe zu bauen. Im Beijing der 1580er Jahre hatten sich die 38 000 Werkstätten der Stadt in 132 Gilden organisiert. Ähnlich wie die religiö-

Gilden

sen Vereinigungen der Tempelgemeinschaften und Sekten oder auch die illegalen Geheimgesellschaften brachten Gilden ursprünglich nicht miteinander verbundene Menschen in der Stadt zusammen, waren aber vom Staat geduldet. Schließlich trugen Gilden zur öffentlichen Ordnung bei. Sie kontrollierten den Zustrom von Neuankömmlingen, da die Fremden zunächst eine ihnen nahestehende Gilde aufsuchten, die ihren Aufenthalt den Behörden meldete. Dennoch war ihr Zweck nicht öffentlicher, sondern privater Natur.

Die Kommerzialisierung der chinesischen Gesellschaft hing eng mit dem Wachstum der Städte zusammen. Arbeiter der traditionellen Handwerksstätten und Bauern produzierten zunehmend für einen sich regional spezialisierenden Markt und den langsam entstehenden internationalen Warenverkehr. Der internationale Handel, an dem China durch hochwertige Manufakturwaren beteiligt war, erhöhte den inländischen Silberfluss, der wiederum der Monetarisierung des Binnenhandels zugute kam. Seit Beginn des 15. Jahrhunderts setzten sich ungemünzte Silberbarren zunehmend gegen das Papiergeld durch und zwangen die Ming-Regierung auch die Steuerzahlung über die Silberwährung abzuwickeln.

Monetarisierung des Handels

Taizu war zunächst noch dem Vorbild der Mongolen gefolgt und hatte einen Sonderstatus eingeführt, der die besten Handwerker dem Kaiserpalast dienstverpflichtete und dem Arbeitsministerium unterstellte und von den übrigen Arbeitsdienste außerhalb ihrer eigenen Werkstätten einforderte. Doch schon 1485 wurde es möglich, diese Dienstleistungen durch Abgaben abzulösen, bis 1562 alle zeitweisen Dienstleistungen in Silberzahlungen umgewandelt wurden. Auch die Zahl der ständig am Kaiserhof verpflichteten Handwerker ging zurück. Sie fiel von 27000 noch unter Chengzu auf 15139 im Jahr 1615. Am Ende der Dynastie waren die Handwerkerfamilien am Hof ganz verschwunden. Diese Entwicklung setzte Kapazitäten für den gleichzeitig wachsenden Außenhandel frei. Da die späte Ming-Dynastie auch die Abgabequoten für Manufakturwaren aufhob, konnten sich Werkstätten wie die berühmten Porzellanmanufakturen von Jingdezhen in Jiangxi ganz auf den aufblühenden Außenhandel konzentrieren. Allein die Niederländische Ostindiengesellschaft importierte zwischen 1602 und 1682 ungefähr 12 Millionen Stück des weltweit begehrten, mehrfarbigen chinesischen Porzellans aus Jingdezhen – nicht mitgerechnet die gängigeren Porzellanwaren in Weiß-Blau. Im 18. Jahrhundert gaben europäische Händler sogar häufig bestimmte Formen und Dekors in Auftrag und schickten Muster nach China, die den Manufakturen als Vorlage dienten. Aus den kleinen dörflichen Werkstätten waren zum Teil große Handwerksbetriebe geworden, die Hunderte von Arbeitern beschäftigten.

Exportwaren

Eine wichtige Folge der seit dem 16. Jahrhundert voranschreitenden Kommerzialisierung zeigte sich in der veränderten Haltung der traditionellen Oberschicht der Beamten und Gelehrten gegenüber den Kaufleuten. Ein „kaufmännischer Geist" prägte die Gesellschaft der späten Ming-Zeit und führte dazu, dass die Kaufmannsschicht in die traditionelle Oberschicht integriert wurde. Es kam zu Heiratsverbindungen zwischen den Familien von Beamten, Gelehrten und Kaufleuten und zur Entwicklung eines gemeinsamen Statusbewusstseins.

Privatgelehrtentum

Aber auch die Gelehrtenschicht selbst veränderte sich in dieser Periode. Bereits vor dem Dynastiewechsel von 1644, der für Ming-Loyalisten nur zu einem Rückzug ins Privatgelehrtentum führen konnte, gab es talentierte Männer, die nicht nach einer Beamtenkarriere strebten, sondern sich in einer der zahlreichen Akademien oder literarischen Vereinigungen *(wenshe)* engagierten. Auch Frauen aus der traditionellen Oberschicht suchten neue Betätigungsfelder. Sie verließen ihre häusliche Zurückgezogenheit und traten zunehmend durch Gedichte, Dramen, Romane, Bilder oder medizinische Kenntnisse in der Öffentlichkeit in Erscheinung. Die späte Ming-Periode entwickelte sich zu einer kulturellen Blütezeit. Neue Initiativen in der Theater- und Illustrationskunst gaben der sog. Wanli-Kultur (1573–1619) – benannt nach dem damaligen Ming-Kaiser – ihren Namen.

2.4 Maritime Beziehungen: See-Expeditionen und Piratentum

In der Ming-Zeit stellte China erstmals auch eine maritime Macht dar. Mit 3000 Tonnen Ladekraft baute es die größten Schiffe der Welt. An seinen Häfen in Guangdong und Fujian gingen Schiffe aus Indien, Arabien, Persien und den Ländern des westlichen Pazifiks vor Anker. Jahrhunderte lang wurde der maritime Handel überwiegend von chinesischen Privatkaufleuten getragen. Umso neuartiger war die Initiative des Ming-Kaisers Chengzu zu Beginn des 15. Jahrhunderts, das Interesse der Dynastie nicht nur auf die klassischen kontinentalen Grenzregionen Chinas zu richten, sondern auch von staatlicher Seite mit mehreren großangelegten See-Expeditionen nach Südostasien und Südasien an der maritimen Grenze aktiv zu werden. Dazu sandte der Kaiser seinen Admiral Zheng He (1371–1433) siebenmal zur See. Der aus Yunnan stammende Muslim Zheng He war als junger Eunuch an den Hof des Prinzen von Yan gekommen und zu einem engen Vertrauten des späteren Chengzu-Kaisers aufgestiegen. Seine Flotte aus 317 Schiffen und 20 000 bis 32 000 Mann Besatzung übertraf bei weitem die Flotte des Kolumbus, die 1492 drei Schiffe umfasst hatte, und sogar die spanische Armada von 1588 mit ihren 137 Schiffen. Im Jahre 1405 brach Zheng He zu seiner ersten Reise auf; 1433 kehrte er von der letzten Expedition zurück. Der Zweck dieser Unternehmungen war vor allem diplomatischer Natur: Der Admiral sollte die Anerkennung durch möglichst viele Herrscher erreichen, damit sich diese in die Reihe der Tributstaaten Chinas einreihen ließen. Darum führte Zheng He umfangreiche Staatsgeschenke mit sich, präsentierte aber mit seiner militärischen Eskorte auch die chinesische Militärkraft. Die exotischen Gegengeschenke reichten von feiner indischer Baumwollware, über Düfte und Gewürze Südostasiens bis zu Giraffen und Löwen aus Afrika, die alle in den kaiserlichen Haushalt überführt wurden und nicht in den Handel kamen. Im Gegen-

Zheng-He-Expeditionen

satz zu den Expeditionen der europäischen Seemächte waren mit den Unternehmungen Zheng Hes keine kommerziellen Absichten verbunden. Der Außenwelt konnten sie allerdings deutlich zeigen, dass Ming-China im frühen 15. Jahrhundert über die Technologie, organisatorische Fähigkeit sowie über die finanziellen Möglichkeiten verfügte, um sich zu einer maritimen Imperialmacht zu entwickeln. Dennoch blieb diese maritime Initiative des Chengzu-Kaisers lediglich eine Episode der chinesischen Geschichte.

An ihrer maritimen Grenze geriet die Ming-Regierung sogar in die Defensive. Ähnlich wie an der nördlichen Peripherie musste sie sich zeitweise mit durch Gewaltaktionen unterstrichenen Handelsforderungen auseinandersetzen. Trotz einer Abkehr vom Seehandel in den 1430er Jahren blieb China fest in das asiatische Handelsnetz integriert, das es hauptsächlich mit Papier, Seide und Porzellan versorgte; im Gegenzug führte es neue Nutzpflanzen (z.B. Mais, Kartoffeln) und Konsumwaren (z.B. Tabak) ein. Danach beschränkte sich Chinas Beitrag auf Privathändler und den Warenaustausch im Zusammenhang mit dem Tributverkehr. Als der Ming-Kaiser 1530 beschloss, keine japanischen Gesandtschaften und ihre Handelsdelegationen mehr zu empfangen, reagierten japanische Piraten *(wokou)* mit Gewaltaktionen. Sie verbündeten sich mit chinesischen Kaufleuten und verwüsteten in den 1550er und 1560er Jahren ganze Küstenregionen der Provinzen Zhejiang und Jiangsu. Nicht nur Kaufleute, sondern auch Schiffseigentümer, Angehörige der Gentry und selbst Beamte der Lokalverwaltung waren an den Schmuggelgeschäften beteiligt und umgingen das mingkaiserliche Handelsverbot. Der Piratenhandel an Chinas Küsten fügte sich in das Netzwerk des Asienhandels ein, das durch das Auftauchen von Vertretern der frühen europäischen Handelsimperien einen neuen Charakter bekam. Hatten bisher einzelne Kaufleute und Herrscher aus dem arabisch-persischen Raum oder Indien die Handelsgeschäfte finanziert, so trat mit den Portugiesen erstmals eine Seemacht auf, der es nicht nur um den kommerziellen Nutzen ging, sondern die das gesamte Handelsnetz kontrollieren wollte. Anders als ihre Vorgänger gewährte die Ming-Dynastie Ausländern außerhalb von Tributmissionen kein permanentes Aufenthaltsrecht und keine freien Reisen durchs Land.

Piratentum an den Südostküsten

Auftauchen der Portugiesen

Von ihrem Stützpunkt in Malacca aus erreichten die Portugiesen 1514 China. Im Jahre 1517 segelte eine Gruppe portugiesischer Schiffe in den Hafen von Kanton (chin. Guangzhou) ein. Ähnlich wie den Mongolen und den japanischen Piraten gelang es ihnen in den 1540er Jahren durch ständige Nadelstiche, der Ming-Regierung die Handelserlaubnis abzuringen. Auf einer Halbinsel südlich von Kanton erhielten sie einen kleinen Hafenort zur Verpachtung überlassen, den sie Macau nannten. Der portugiesische Handelsstützpunkt entwickelte sich zu einer internationalen Stadt, von der aus bis ins 19. Jahrhundert alle Europäer ihre Vorhaben in China vorbereiteten, bevor sie den „Sprung“ ins Reich der Mitte wagten. Welche Bedeutung diese europäisch-chinesische Schnittstelle haben würde, konnte die Ming-Regierung freilich noch nicht ahnen, als sie den Portugiesen diesen Ort zugestand.

2.5 Grenzstrategien: Defensivpolitik im Norden, koloniale Expansion im Süden

Grenzpolitik der Ming-Zeit

In der Ming-Zeit fiel im Grunde der ethnisch definierte Kulturraum der Han-Chinesen mit den politischen Grenzen der Dynastie zusammen. Nur im Süden der Mandschurei ließen sich Bauern aus den nordchinesischen Provinzen zunehmend auch außerhalb des chinesischen Siedlungsraumes nieder, und nur im Südwesten des Ming-Reiches wurde das Grenzgebiet seit den 1380er Jahren weiter ausgedehnt. An der südlichen Peripherie Chinas gab es nie ernsthafte Sicherheitsprobleme. Im Gegensatz zum unruhigen Norden handelte es sich um eine Zone intensiver Interaktion zwischen der hanchinesischen Kultur und den vielen dort lebenden Völkern. Ming-Armeen hatten bis Ende 1381 Yunnan und Guizhou erobert. Beide Regionen erhielten 1382 und 1413 jeweils Provinzstatus. Über 200 000 Militärkolonisten wurden in der Südperipherie angesiedelt und im 15. und 16. Jahrhundert durch eine halbe Millionen staatlich geförderter Wehrbauern aus allen Landesteilen ergänzt. Trotz des engen Kontaktes mit den Grenzvölkern bildeten die Migrantengruppen eine eigene hanchinesische Identität heraus, die durch die Beibehaltung eigener chinesischer Verwaltungsstrukturen verstärkt wurde. Gegenüber den einzelnen Stammesführern *(tusi)* übte die Ming-Regierung nur eine lockere Oberherrschaft aus. Sie wollte den Süden zunächst nicht direkt verwalten, sondern nur indirekt kontrollieren und gestand daher den Nicht-Chinesen zu, ihre Angelegenheiten auf traditionelle Weise selbst zu regeln. Sie wurden daher nicht im Zensus registriert und ebenso wenig zu Steuern verpflichtet. Nur Titelvergabe und nominelle Ämterübertragungen an die Oberhäupter signalisierten den kaiserlichen Hoheitsanspruch in der gesamten Region. Dennoch erfolgte auch die Reichsexpansion im Süden mit Gewalt und nicht durch eine allmähliche Assimilierung der unterworfenen Völker. Räumliche Demarkierung und ethnische Kategorisierung prägten die kaiserliche Grenzpolitik. Ein Netz von Militärgarnisonen und Siedlern aus dem chinesischen Kernland sicherte die Agrarisierung der neuen Südprovinzen im Dienste des imperialen Zentrums. Daher blieben ethnische Konflikte nicht aus. Zwischen 1464 und 1466 erfassten Aufstandswellen der Miao- und Yao-Völker die Provinzen Guangxi, Guangdong, Sichuan, Hunan und Guizhou. Der Kaiserhof entschloss sich zu einem Militärschlag und setzte eine Armee von fast 200 000 Soldaten ein, um die gesamte Region zu „befrieden". Die Ming-Regierung ging allmählich dazu über, die einheimischen Stammesführer in die reguläre Bürokratie zu integrieren *(gaitu guiliu)*.

Die in den südlichen Grenzprovinzen stationierten regionalen Kommandanten der Wehrdörfer *(weisuo)* nahmen oftmals Auseinandersetzungen zwischen den verschiedenen Volksstämmen zum Anlass für Strafexpeditionen über die Landesgrenzen hinaus. In Annam, dem heutigen mittleren Vietnam, griffen die Ming-Generäle nach 1405 in dynastische Rivalitäten ein und zogen China in einen langwierigen, kostspieligen Krieg hinein, der erst 1427 mit dem endgültigen

Vietnam

Rückzug der Ming-Armee endete. Das Königreich Annam hatte seine Unabhängigkeit bewahren können. Diplomatisch geschickter verhielt sich die Ming-Regierung an der Nordostgrenze. In Korea wurden zu der seit 1392 regierenden Dynastie regelmäßige Kontakte aufgebaut. Auch Japans Shogune sandten nach 1399 wiederholt ihre Vertreter ins Ming-Reich. Offizielle Handelsbeziehungen gab es allerdings nur kurze Zeit. Nach 1410 beschränkten sie sich auf einen Privathandel, der oftmals die Grenze zur Piraterie überschritt.

Größtes strategisches Gewicht erhielt in der mingkaiserlichen Außenpolitik die von den Mongolen beherrschte innerasiatische Kontinentalgrenze im Norden und Nordwesten Chinas. Die Nachkommen Tschingis Khans hatten sich 1368 nach Karakorum, der mongolischen Residenz vor 1260, zurückgezogen und hofften, von dort aus eines Tages Tschingis Khans Weltreich wiederherstellen zu können. Das Volk der Mongolen setzte sich in der Ming-Zeit aus fünf verschiedenen Konföderationen zusammen: die Westmongolen im heutigen Xinjiang, die Khalkha-Stämme der heutigen Republik Mongolei, die Chahar-Stämme der Ordos-Region in der heutigen chinesischen Inneren Mongolei, einer Konföderation im Nordwesten der Mandschurei und den Buryat-Mongolen im Norden der Äußeren Mongolei. Als Schutz gegen die Mongolen richtete bereits der Dynastiegründer der Ming neun Verteidigungsgebiete ein, die sich entlang einer Linie von Liaodong im Nordosten bis an die Nordwestgrenze der Provinz Gansu erstreckte. Im Verlauf des 16. Jahrhunderts wurden die verschiedenen Abschnitte durch den Bau von Mauerlinien verbunden. Daraus entstand die Große Mauer, die im Nationalbewusstsein des modernen China eine überaus große Rolle spielt, aber die mongolischen Nomaden niemals wirklich von Einfällen ins chinesische Grenzgebiet abhalten konnte.

Mongolen und die Ming-Dynastie

Da Chengzu den Thron 1402 mit Hilfe mongolischer Kavallerie usurpiert hatte, betrieb er zunächst Handelsdiplomatie gegenüber den einzelnen Stämmen. Das klassische Tributsystem, in dem der chinesische Kaiser seine universale Autorität durch die Annahme des Tributs fremder Völker demonstrierte, wurde vom Ming-Herrscher wiederbelebt. Mit Ehrentiteln und Privilegien brachte Chengzu den chinesischen Souveränitätsanspruch zum Ausdruck. Sein Ziel war es dabei auch, die verschiedenen Mongolenstämme gegeneinander auszuspielen. Ebenso drangen kaiserliche Armeen wiederholt in die mongolische Steppe vor, um dort Truppenkonzentrationen aufzureiben oder einfach die mongolischen Nomadenstämme ihrer Ressourcen zu berauben. Chengzu führte die fünf großen Militärexpeditionen seiner Regierungszeit zwischen 1410 und 1424 persönlich an. Er setzte auf eine Strategie der „Vorwärtsverteidigung“ außerhalb des chinesischen Kernlandes und beschränkte sich nicht wie seine Nachfolger auf eine Verteidigungslinie entlang der chinesischen Siedlungsgrenze. Denn seine Nachfolger ließen den Mongolen die Initiative zwischen einer diplomatischen Einigung oder einer Invasionspolitik. 1449 fiel sogar der Ming-Kaiser Yingzong den Mongolen in die Hände, da diese sich für eine Offensivpolitik gegen die Chinesen entschieden hatten.

Auch Altan Khan (ca. 1507–1582), der Großkhan der Chahar-Mongolen, wählte ein Jahrhundert später den gewaltsamen Weg. Er fiel 1550 in die Hauptstadtregion ein und zwang die Ming-Regierung zur Aufnahme von Handelsbeziehungen. Ein weiteres Abkommen im Jahre 1570 legte den Handel auf mehrere Punkte entlang der Großen Mauer fest. Die bedeutendsten Auswirkungen sowohl auf die Mongolen als auch auf ihr Verhältnis zu den Chinesen hatte freilich Altan Khans gleichzeitige Bekehrung zum tibetischen Lamaismus. Der Lamaismus dominierte fortan die religiöse Welt der Mongolen. Mit den lamaistischen Mönchen wurde eine neue soziale Gruppe in die mongolische Nomadengesellschaft eingeführt, die mit ihrer Klosterkultur fremde Strukturen schuf und eine urbane Entwicklung in der Mongolei auslöste. Die Klöster zogen chinesische Händler und später auch Siedler an. Damit ging langfristig ein prägendes Element der mongolischen Kultur verloren: die Mobilität. Dies sollte in späteren Jahrhunderten schwerwiegende politische Folgen haben. Im Jahre 1577 reiste das Oberhaupt der lamaistischen Gelugpa-Sekte auf Einladung Altan Khans in die Mongolei und erhielt dort den Titel „Dalai Lama“ (wörtlich: Ozean der Weisheit). Das religiöse Bündnis zwischen Tibetern und Mongolen spiegelte sich 1601 in der Reinkarnation des Dalai Lama in einem Urenkel Altan Khans wider. Die Ming-Dynastie versuchte nicht, in die tibetisch-mongolische Allianz einzugreifen. Ihre Monarchen zeigten wenig Interesse an den theokratischen Oberhäuptern Tibets. Einzelne tibetische Sektenführer erschienen am Ming-Hof. Über Yunnan und Sichuan existierte ein Grenzhandel. Politisch blieben die Beziehungen zu Tibet in der Ming-Zeit jedoch auf Distanz.

Altan Khan

Einfluss des tibetischen Lamaismus

Sehr viel aktiver war die Ming-Regierung im Nordosten. Seit 1411 schickte Chengzu wiederholt den Eunuchen Isiha auf dem Seeweg ins Amur-Gebiet. Isiha umfuhr mit 25 Schiffen die Ostküste Koreas und segelte den Amur-Fluss hinauf. Er nutzte seine familiären Verbindungen zu Stammesführern der Jurchen zum Abschluss von einigen Abkommen mit den Vertretern einzelner Jurchenstämme. Aus chinesischer Sicht wurden diese damit formal zu Untergebenen des Ming-Kaisers und erhielten die Stellung von regionalen Militärkommissaren. Isiha hinterließ als symbolische Zeugnisse seiner Bündnispolitik Steinstelen und einen buddhistischen Tempel. Diese gegenständlichen Zeichen bezeugten für die chinesische Seite einmal mehr die Zugehörigkeit des Gebietes zum Ming-Reich. Am Ende des 16. Jahrhunderts konnte die kaiserliche Regierung diesen Anspruch gegenüber einer japanischen Invasion in Korea im sog. Imjin-Krieg (1592–1598) erfolgreich verteidigen.

Ming-Reich und Korea

2.6 Neue kulturelle Orientierungen

Die Verbreitung städtischer Kultur, die Entwicklung eines kommerziellen Druck- und Verlagswesens und das Aufkommen umgangssprachlicher Literatur übten einen starken Einfluss auf die Volkskultur aus. Ihr Abstand zur Gelehrtenkultur verringerte sich deutlich. Dazu hatte auch Taizu durch den Aufbau eines landesweiten kommunalen Schulwesens beigetragen. Insgesamt entstanden 551 Schulen, in denen die Grundlagen für eine spätere Teilnahme an den Staatsprüfungen gelegt wurden. Zur neuen Leserschicht gehörte neben Frauen der Oberschicht auch ein wachsender Kreis von Leuten aus der Stadtbevölkerung, die über eine elementare Schulbildung verfügten. Für das einfache Volk der aufblühenden Städte wurden Romane und Bühnenstücke sowie reich illustrierte, praktische Ratgeber für das Alltagsleben gedruckt. Auf diese Weise konnte sich eine breitere Bevölkerungsschicht über die richtige Ausübung konfuzianischer Familienriten, über die notwendigen Inhalte von Kaufverträgen, über Rechentabellen oder Prüfungsinhalte der Staatsexamina informieren. Die Ausweitung der Leserschaft führte zudem zu einer Vereinheitlichung des Wissens im Ming-Reich. Die chinesische Gesellschaft wuchs zusammen und fand zu einem neuen Grad kultureller Integration. In dieser Periode entstanden auch die ersten umfangreichen Romane Chinas, die von Gelehrtenbeamten verfasst wurden. Da sie in einem umgangssprachlichen Stil *(baihua)* geschrieben waren, erschienen sie meist anonym oder unter einem Pseudonym. Die vier berühmtesten Ming-Romane griffen ältere Erzählstoffe auf, verarbeiteten aber auch die neue Philosophie Wang Yangmings mit ihren buddhistischen Elementen und die durch die Debatten am Kaiserhof erfolgte Politisierung der Gelehrtenbeamten. „Die Geschichte der Drei Reiche" *(Sanguo zhi yanyi)* schildert das Schicksal der kriegerischen Helden im Machtkampf dreier Staaten am Ende der Han-Zeit. Bei der „Reise in den Westen" *(Xiyou ji)* handelt es sich um einen phantastischen Bericht über die Pilgertour eines buddhistischen Mönchs, die ihn in Begleitung eines magische Kräfte besitzenden Affen und eines Schweins während der Tang-Zeit nach Indien führt. In den „Räubern vom Liangshan-Moor" *(Shuihui zhuan)* werden die Abenteuer einer songzeitlichen Räuberbande erzählt und im Sittenroman „Der Goldene Lotus" *(Jing Ping Mei)* spiegelt sich das Leben der städtischen Mittelschicht um 1600 wider. Seine Hauptfigur ist das durch Seidenhandel und eine Apotheke zu Reichtum gekommene Oberhaupt der Ximen-Familie. Der Roman wurde von den Zeitgenossen auch als politische Allegorie verstanden. Die moralischen Regelverletzungen der Hauptfigur ließen sich als Missstände im Ming-Reich deuten und die sechs Frauen der Ximen-Familie als die schlechten Minister der Wanli-Periode. Nicht nur kulturelle Blüte spiegelte sich in der Romanliteratur wider, sondern auch der politische Niedergang wurde darin verarbeitet.

Ausbreitung der städtischen Bildung

Große Ming-Romane

Noch unberührt blieb die städtische Gesellschaft des späten 16. und frühen 17. Jahrhundert von neuen kulturellen Einflüssen, die von außen ins chinesische Reich vorstießen: von der Jesuitenmission. 1582/83 gelangte der italienische Jesuit Matteo Ricci (1552–1610) zuerst nach Macau und wurde dann nach Zhaoqing in der Provinz Guangdong zugelassen, wo er sich zunächst dem Studium der chinesischen Sprache und der Klassiker widmete. Als er sich schließlich 1598 in Beijing niederlassen durfte, gewann er durch seine Vermittlung wissenschaft-

Jesuitenmission des Matteo Ricci

licher Kenntnisse das Interesse von Gelehrtenbeamten. Ricci fertigte eine Weltkarte an, übersetzte den euklidischen Kommentar zur Geometrie und schrieb ethische Traktate in chinesischer Sprache. Er wusste sich geschickt in die Machtverhältnisse des kaiserlichen Beamtensystems einzufügen. Eine von ihm vorangetriebene Akkomodation des Christentums an die chinesische Kultur ermöglichte die Diskussion mit den Gelehrten. Auf sie konzentrierte sich der Wirkungskreis der Jesuiten hauptsächlich. Einzelne Konvertiten wie Xu Guangqi (1562–1633) oder Li Zhizhao (1565–1630) entwarfen sogar eigene christlich-chinesische Synthesen. Den Zugang zum Kaiserhof erhielten die Jesuiten, indem sie als Experten der Mathematik, Naturwissenschaft, Technik oder Kunst in den kaiserlichen Dienst traten. Johann Adam Schall von Bell SJ (1591–1666) wurde 1622 sogar zum Direktor des Kaiserlichen Astronomischen Amtes ernannt. Das vielseitige Engagement der Jesuiten setzte sich auch unter der Qing-Dynastie fort. Die Breitenwirkung der Jesuitenmission über kleine Zirkel hinaus ist schwer einzuschätzen. Nach eigenen Angaben des Ordens stieg die Zahl getaufter Chinesen von ca. 2000 um 1610 auf etwa 150000 um 1650.

Johann Adam Schall von Bell

3. AUFSTIEG UND HÖHEPUNKT DES SINO-MANDSCHURISCHEN IMPERIUMS (1644–1799)

Im Jahre 1644 eroberte die Qing-Armee mit 120000 mandschurischen und 60000 mongolischen und chinesischen Soldaten die Hauptstadt Beijing. Damit begann offiziell die Herrschaft der Qing-Dynastie, deren Sturz 1911 gleichzeitig das Ende der chinesischen Kaiserzeit bedeutete. Die Machtübernahme in der chinesischen Hauptstadt stellte nur eine Etappe im langwierigen Prozess mandschurischer Reichsbildung dar. Die Urspünge der Qing-Dynastie gehen auf die staatliche Formierung der Mandschu in den ersten Jahrzehnten des 17. Jahrhunderts zurück. Erst das politische Eingreifen der Qing-Regierung in Tibet am Ende des 18. Jahrhunderts kennzeichnete den Abschluss des mandschurischen Expansions- und Staatsbildungsprozesses.

Reichsbildung bei den Jurchen

Die Jurchen (chin. *nüzhen)*, die Vorfahren der Mandschu, gehörten nicht zu den nomadisierenden Reitervölkern wie die Mongolen, die auf der offenen Steppe lebten und beständig Stammeskriege führten, um ihre Herden zu verteidigen und zu vergrößern. Sie lebten als Jäger, Fischer und Bauern in einem Gebiet östlich der Mongolei und nordöstlich der Großen Mauer. Die Jurchen waren entfernte Verwandte der Tungusen, die Nordchina als Jin-Dynastie (1115–1234) zeitgleich mit der Südlichen Song-Dynastie beherrscht hatten. Bereits zur Ming-Zeit gehörten Jurchen-Stämme zu den Tributvölkern Chinas. Auf der Halbinsel Liaodong an der Südspitze der Mandschurei lebten Jurchen zusammen mit chinesischen Bauern und Städtern. Jurchen traten auch in die Ming-Armee ein oder verkauften an die Chinesen Pelze, Pferde und regionale Produkte wie etwa Ginseng. In ihren Anfängen erinnert die Qing-Geschichte an die der Yuan-Dynastie. Denn auch sie begann mit dem Zusammenschluss verschiedener Stämme unter einem charismatischen Anführer. Im Unterschied zu den Mongolen waren Nurhacis (1559–1616) Jurchen aber schon früh durch die chinesische Kultur beeinflusst worden. Der Jurchenfürst Nurhaci selbst war nominell durch einen Titelverleih in das mingkaiserliche Verteidigungssystem integriert worden, das an der Nordostperipherie aus einer Kette von Wehrdörfern *(weisuo)* bestand. Zu seinem Projekt der Bündelung und Neuorganisation der Jurchen-Kräfte in den 1590er Jahren gehörte die Schaffung einer eigenen Schrift, die sich zunächst an der damaligen innerasiatischen Diplomatiesprache, dem Mongolischen, orientierte. Aus China übernahm er hingegen die Verwaltungspraxis. Er ließ den mingkaiserlichen Gesetzeskodex und andere grundlegende chinesische Bücher in die neue mandschurische Schrift übersetzen. Im Jahre 1609 fühlte sich Nurhaci stark genug, um sich der Ming-Dynastie als Gegenspieler zu offenbaren, indem er ihr seine Tributverpflichtung aufkündigte. Im Jahre 1616 kam es zur formalen Reichsgründung als „Späte Jin-Dynastie", mit der er sich demonstrativ in die Tradition der ersten Jurchendynastie des 11. Jahrhunderts stellte. Sein Herrschaftsgebiet erstreckte sich nach dem Einfall in Liaodong und der Eroberung

Reichsgründer Nurhaci

Das Bannersystem

der Grenzstadt Fushun im Jahre 1618 auch auf chinesisches Territorium. Seine Untertanen ließ Nurhaci in acht Militäreinheiten aufteilen, die sich durch farbige Banner voneinander unterschieden. Das Bannersystem gehört zu den besonderen Merkmalen der Mandschu-Herrschaft, die bis zu ihrem Untergang im Jahre 1911 überlebten. Zu den ursprünglichen acht Bannern kamen in den folgenden Jahren noch acht mongolische und acht chinesische Banner hinzu, die sich aus unterworfenen mongolischen Stämmen und übergelaufenen chinesischen Grenzbeamten, Offizieren und Bauern zusammensetzten. Ein Jahr nach Verlegung seines Regierungssitz nach Shengqing (heute: Shenyang) starb Nurhaci.

Bürokratisierung

Mit der Herrschaft seines achten Sohnes Huang Taiji (reg. 1626–1643) begann der Prozess der Bürokratisierung des Jurchen-Reiches. Es entstand ein funktional differenzierter Regierungsapparat nach chinesischem Vorbild, der mit einer wachsenden Anzahl von Chinesen besetzt wurde. Zum frühen Erfolg der Jurchen-Expansion leisteten die chinesischen Überläufer einen wichtigen Beitrag. Sie übermittelten Kenntnisse von der Waffentechnik bis zur Verwaltungsorganisation und trugen in der Landwirtschaft zur Versorgung des Landes bei. Als Huang Taiji 1635 die Qing-Dynastie ausrief, meldete er damit auch seinen Herrschaftsanspruch auf China an. Dazu gehörte die Umbenennung seines Volkes von dem ethnologisch engen Begriff Jurchen in den Namen „Mandschu“ *(Manzhou)*, durch den sich das Qing-Reich auch für Mongolen und Chinesen öffnete und der multi-ethnische Charakter dieser Reichsbildung zum Ausdruck gebracht wurde. Als Huang Taiji sich 1636 zum Kaiser erheben ließ, nahmen auch 49 mongolische Fürsten aus 16 Stämmen an der Zeremonie teil. Die mandschurischen Herrscher hatten ihre Autorität über die Mongolen gesichert und sich damit eine mongolische Kavallerie zur Eroberung Ming-Chinas zur Seite gestellt. Noch im gleichen Jahr richtete Huang Taiji in seinem Verwaltungsapparat ein Mongolenamt ein, das 1638 in *Lifanyuan* (wörtlich: Amt zur Verwaltung der Barbarenvölker) umbenannt wurde. Die Strategie der Qing für ihr Vielvölkerimperium lautete von Anfang an friedliche Koexistenz durch strikte vollständige Völkertrennung. Das Personal des *Lifanyuan* beschränkte sich daher auf Mandschu und Mongolen, chinesische Bannerleute waren nur für die untersten Dienstleistungen zugelassen. Mit dem Aufbau einer doppelten Herrschaftspraxis über mongolische Nomaden und chinesische Ackerbauern führte die Qing-Dynastie eine neue Reichsstruktur in Ostasien ein. Diese Strategie ermöglichte ihr nicht zuletzt die Eroberung des Ming-Staates. Sie kennzeichnet auch den doppelten Charakter des 17. Jahrhunderts als Übergangsperiode. Denn es war eben nicht nur ein klassischer Dynastiewechsel, der 1644 in Beijing stattfand.

Lifanyuan, das Kolonialamt der Qing

3.1 Das 17. Jahrhundert als Epoche des Übergangs

Der entscheidende Vorteil der Mandschu gegenüber den chinesischen Bauernrebellen, die 1644 unter der Führung Li Zichengs (1606?–1645) die chinesische

Hauptstadt erobert und den letzten Ming-Kaiser zum Freitod veranlasst hatten, lag darin, dass sie bereits außerhalb der Großen Mauer erfolgreich ein Staatswesen aufgebaut hatten. Die Mandschu verfügten zudem nicht nur über einen funktionierenden Militär- und Verwaltungsapparat, sondern hatten mit Hilfe ihrer geschickten Eingliederung der südmongolischen Stämme zugleich die Gefahr eines Zweifrontenkrieges behoben und konnten sich nun ganz der Offensive in China widmen.

Bauernrebellen verwüsten Beijing

Die Ereignisse innerhalb des Ming-Reiches begünstigten ihrerseits die mandschurische Machtübernahme im Sommer 1644. Denn Li Zicheng hatte im Frühjahr mit seinen Truppen Beijing nicht nur erobert, sondern auch ausgeplündert, so dass die Wiederherstellung der kaiserlichen Ordnung eher von der wohlorganisierten Qing-Macht zu erwarten war als von den raubenden Rebellenhorden. So entschied jedenfalls der Ming-General Wu Sangui (1612–1678), dem die Kontrolle des östlichen Abschnitts der Grenzregion an der Großen Mauer anvertraut war. Mit der Unterstützung von Ming-Generälen passierten die mandschurischen Bannertruppen die Große Mauer und schlugen die Rebellen in der Hauptstadt nieder. Freilich hatten die Ming-Generäle um Wu Sangui gehofft, dass sich die Qing-Armee – gemäß der traditionellen Rolle barbarischer Hilfstruppen – dann wieder zurückziehen würde. Die Mandschu ließen jedoch bald erkennen, dass sie das Land selbst regieren wollten. Selbstbewusst präsentierten sie sich der nordchinesischen Bevölkerung als neue Ordnungsmacht, der die Wiederherstellung des himmlischen Mandats als Kaiser von China und damit die legitime Nachfolge der Ming-Dynastie zustand. Noch im gleichen Jahr bestieg der sechsjährige Fulin (1638–1661) als Shunzhi-Kaiser den Drachenthron.

Unterstützung durch Ming-Generäle

Als nächstes galt es, den mandschurischen Herrschaftsanspruch über ganz China durchzusetzen. Die erste Phase der Machteroberung und Herrschaftskonsolidierung im chinesischen Kernland zog sich bis 1683 hin. Die endgültige Vernichtung der Rebellentruppen Li Zichengs, der Kampf gegen die Verfechter einer Ming-Restauration und gegen eigenmächtige chinesische Generäle sowie die ablehnende Haltung vieler Gelehrtenbeamten, die ihre Teilnahme an den Staatsprüfungen und die Übernahme von Regierungsämtern verweigerten, hemmten jahrzehntelang die vollständige Realisierung des Herrschaftsanspruchs der Qing-Dynastie. Dass sie sich schließlich doch durchsetzen konnte, lag nicht zuletzt an der Zersplitterung des Widerstandes.

Ming-Loyalisten

Jeder Dynastiewechsel in der chinesischen Geschichte zog einen Kampf gegen loyale Anhänger des alten Regimes nach sich. Die weitverbreitete Anti-Qing-Stimmung hatte freilich auch eine ethnische Dimension. Denn der Mandschu-Hof ergriff zu Herrschaftsbeginn einige provokative Zwangsmaßnahmen. Die chinesische Bevölkerung der Hauptstadt wurde in eigene Viertel im Süden der Stadt umgesiedelt. Zur Versorgung der Bannerarmee konfiszierte die Qing-Regierung umfangreiches Ackerland, das zwischen dem mandschurischen Adel, Angehörigen des kaiserlichen Clans und Bannerleuten aufgeteilt wurde. Alle Männer im Qing-Reich mussten ohne Ansehen von Rang und Namen ihre Unterwerfung durch das Tragen eines Mandschu-Zopfes unter Beweis stellen. Stieß die Qing-Armee bei ihrer Eroberung Südchinas auf Widerstand, reagierte sie mit Massakern an der Lokalbevölkerung.

Huang Zongxi

Schwierig war es zunächst auch, die Gelehrten zur Übernahme eines Regierungsamtes zu zwingen. Ein berühmtes Beispiel stellt Huang Zongxi (1610–1695) dar, dessen Lebensweg einerseits den Bruch innerhalb dieser Periode widerspiegelt, der andererseits in seinen Schriften jedoch die Einheit des 17. Jahrhunderts zum Ausdruck bringt. Als engagiertes Mitglied der Donglin-Opposition war sein Vater 1626 deren Vernichtung zum Opfer gefallen. Huang Zongxi schloss sich daraufhin einer anderen oppositionellen Gruppe an und beteiligte sich am Widerstand gegen den Eunuchenterror. Dennoch unterstützte er nach dem Sturz der Dynastie mingloyale Freiwilligenverbände seiner Heimatregion in Zhejiang, wo er seit 1649 als Privatgelehrter lebte und Werke über Geschichte, Philosophie, Mathematik und Literatur schrieb. In einer Periode autokratischer Herrschaft erinnerte er an die Pflichten des Herrschers und die Rechte des Volkes. Ungeachtet seiner ablehnenden Haltung gegenüber der Qing-Dynastie wurden seine Werke sehr geschätzt und in die offiziellen Geschichtssammlungen aufgenommen. Der nicht weniger berühmte Gu Yanwu (1613–1682) floh jahrelang vor den Qing-Truppen durch Nordchina und überlebte durch Gelegenheitsarbeiten sowie als Gutsverwalter in Shandong, als Helfer bei der Landkultivierung in Nordshanxi oder als Berater von Kaufleuten beim Aufbau eines Bankensystems. Viele seiner Schriften weisen daher einen starken Praxisbezug auf und behandeln Themen der historischen Geographie, des Steuerwesens, der Wasserregulierung oder der Militärstrategie. Gu Yanwu begründete aber auch eine neue Gelehrtenrichtung, die sich an den hanzeitlichen konfuzianischen Schriften orientierte und daher „Hanxue" (Han-Lehre) genannt wurde, und trat sogar als anerkannter Dichter hervor. Beide Gelehrtenschicksale zeigen, dass man im 17. Jahrhundert selbst im politischen Widerstand privater Zurückgezogenheit zu Ruhm und Ehren gelangen konnte. Diese Generation mingloyaler Gelehrter prägte die Ideenwelt der gesamten frühen Qing-Periode. Ihre Methode rationaler, systematischer Überprüfung der klassischen Texte, „textkritische Studien" *(kaozheng xue)* genannt, fand Unterstützung in der von den Jesuiten vermittelten europäischen Wissenschaftlichkeit dieser Epoche. Intellektuell vorbereitet wurde so bereits die staatliche Initiative, die im 18. Jahrhundert die Edition der großen enzyklopädischen Werke und Spezialstudien anstieß.

Gu Yanwu

Zheng Chenggong und die Eroberung Taiwans

Die Widersprüchlichkeit des 17. Jahrhunderts als einer Epoche zwischen Wandel und Einheit zeigt sich am Schicksal des vehementen Qing-Gegners Zheng Chenggong (1624–1662). Von der Heimatprovinz Fujian aus hatte seine Familie in der späten Ming-Zeit den maritimen Handel mit Japan und Taiwan beherrscht. 1661 vertrieb Zheng Chenggong die holländische Ostindiengesellschaft aus Taiwan, wo sie 1624 einen Stützpunkt eingerichtet hatte. Er wird daher heute noch in China als Nationalheld gefeiert. Gleichzeitig nutzte Zheng die

Insel auch als wirtschaftliche und logistische Basis für seinen militanten Widerstand gegen die Qing-Herrscher. Selbst das kaiserliche Verbot des privaten Seehandels und die Umsiedlung der Küstenbewohner konnten ihm nichts anhaben. Erst als unter Zhengs Nachfolgern Machtkämpfe ausbrachen und die Qing-Regierung auf dem Festland ihre Herrschaft durchgesetzt hatte, gelang es 1683, das Zheng-Regime endgültig zu vernichten und Taiwan dem Qing-Reich anzugliedern. Die Insel wurde als Präfektur der gegenüberliegenden Provinz Fujian zugeordnet, in drei Kreise unterteilt und unter die militärische Kontrolle von 8000 Qing-Soldaten gestellt.

Viele konfuzianische Beamtengelehrten vertrauten darauf, dass sich langfristig die assimilatorische Wirkung der chinesischen Kultur auf die Fremddynastie durchsetzen würde. Das neue Herrscherhaus fand zudem genügend Chinesen, die bereit waren, nach erfolgreicher Teilnahme an den Staatsprüfungen einen Posten in der Qing-Verwaltung zu übernehmen oder am kaiserlichen Großprojekt des offiziellen Geschichtswerks der Ming-Dynastie mitzuarbeiten. In den 1680er Jahren hatte sich die Qing-Dynastie nicht nur militärisch als Nachfolgerin des Kaiserhauses der Ming durchgesetzt.

3.2 Kaiserliche Herrschaft und bürokratische Integration

Gleich zu Beginn ihrer Herrschaft in China verhielten sich die Mandschu nicht – wie vor ihnen die Fremddynastien der Jurchen und der Mongolen – als Eroberer, sondern traten als Restaurations- und Ordnungsmacht chinesischer Art auf. Sie ließen den letzten Ming-Kaiser dem Ritus gemäß bestatten, lernten Chinesisch und nahmen sich chinesische Berater. Der mandschurische Reichsaufbau wurde fortgesetzt, wie er begonnen hatte: in enger Kooperation mit Mongolen und Chinesen. Denn beide Völker wurden gebraucht, um die Qing-Herrschaft über Innerasien und China zu konsolidieren.

Shunzhi-Regierung

Die Regierungszeit des ersten Qing-Kaisers, Shunzhi (1638–1661), der bis 1651 der Regentschaft des Mandschu-Prinzen Dorgon (1612–1650) unterstellt war, stand ganz im Zeichen der Etablierung der mandschurischen Herrschaft im chinesischen Kernland. Die institutionellen Strukturen der Ming-Dynastie wurden prinzipiell beibehalten. Nur bei der personellen Besetzung griff die Qing-Regierung ein, indem sie alle Führungsämter wie die Großsekretäre, Minister, Chefzensoren und Provinzgouverneure mit jeweils einem Mandschu und einem Chinesen doppelt besetzte. Die militärischen Kommandoposten blieben hingegen Mandschu und Mongolen vorbehalten. Da viele Nicht-Chinesen die strengen Kriterien der 1646 wieder aufgenommenen Staatsprüfungen nicht erfüllten, sah sich die Regierung gezwungen, sie sogar ohne *jinshi*-Titel unter dem Vorwand anderer Qualifikationen in Ämter zu berufen. Die Bevölkerung profitierte von der Abschaffung der Sondersteuern und die Beamtenschaft von den strengen Maßregelungen der Eunuchen, die erheblich an Anzahl und Einfluss verloren.

Qing-Beamtenapparat

Ernste ethnische Spannungen ergaben sich aus der landesweiten Verteilung mandschurischer Bannertruppen. Überall wurden Bannergarnisonen errichtet, und in der Region um die Hauptstadt wurde sogar das beste Ackerland zur Versorgung der Bannermitglieder konfisziert. Die Bannerarmee setzte ihre Feldzüge fort und verfolgte die Ming-Loyalisten im Süden, die immer wieder neu auftauchende Ming-Prinzen mobilisierten und für eine Restauration der chinesischen Dynastie kämpften. Keines der Gegenregime der „Southern Ming" konnte sich jedoch halten. Schließlich endete die Odyssee des letzten Thronfolgers 1662 im benachbarten Burma, dessen Herrscher ihn den Qing-Verfolgern unter General Wu Sangui auslieferte. Er wurde auf chinesischem Boden hingerichtet. Damit war das Kaiserhaus der Ming unwiderruflich beseitigt worden – ein Jahr nachdem in der chinesischen Hauptstadt der erste Qing-Kaiser an den Pocken gestorben war.

Ethnische Konflikte

Southern Ming

Mit der Herrschaft des Kangxi-Kaisers (1654–1722) begann 1662 eine Phase der Qing-Dynastie, die mit den Regierungsperioden seines Sohnes Yongzheng (1678–1735, reg. ab 1723) und seines Enkels Qianlong (1711–1799, reg. ab 1736) auch als „High Qing" bezeichnet wird. Wie sein Vater Shunzhi stand Kangxi zunächst unter der diktatorischen Regentschaft eines Mandschu-Prinzen. Dessen Willkürherrschaft beendete er unvermittelt 1669. Er ließ ihn hinrichten und übernahm selbst die Regierung. Kangxi widmete sich zunächst der weiteren politischen Konsolidierung der Qing-Herrschaft. Dass diese keineswegs abgeschlossen war, zeigte der offene Ausbruch der „Rebellion der Drei Feudalfürsten" im Jahre 1673, die seine Autorität noch einmal ernsthaft bedrohte und ihre tieferen Ursachen in der Anomalie der mandschurisch-chinesischen Regierungspraxis hatte. Wu Sangui und zwei weitere verdienstvolle chinesische Generäle waren 1648 mit dem Prinzentitel für die Unterstützung der Qing bei der Machteroberung in China belohnt worden. Wu bekam durch die Heirat seines Sohnes mit einer Mandschu-Prinzessin sogar Zugang zum kaiserlichen Clan, der eigentlich mandschurischen und mongolischen Fürsten vorbehalten war. Die Stellung der drei Generäle als Gouverneure in den Grenzprovinzen Südchinas war durch ihre Aufnahme in den Mandschu-Adel erblich geworden. Diese Anomalie wollte Kangxi nun beseitigen und forderte sie zum Rücktritt auf. Die drei reagierten mit offenem Widerstand. Wu Sangui rief 1674 eine neue Dynastie aus, appellierte an die Ming-Loyalität der Südchinesen und ging in die militärische Offensive. Die Rebellion scheiterte jedoch am Zerfall der Koalition der drei Regionalmachthaber und an der Gegenoffensive der Qing-Armee. 1681 wurde die gesamte südchinesische Peripherie wieder in die reguläre Provinzverwaltung eingeordnet. Die Vermischung mandschurischer und chinesischer Herrschaftselemente hatte sich nicht bewährt.

Kangxi, erster Kaiser der „High-Qing"

Rebellion der Drei Feudalfürsten

Kangxi zeigte sich entschlossen, dem Qing-System die offensichtlich fehlende Kohärenz zu verleihen. Er stärkte die Rolle des Inneren Kabinetts gegenüber dem von Mandschu-Prinzen dominierten Beratungskonzil *(Yizheng chu)* und bemühte sich, die beiden rivalisierenden Fraktionen am Kaiserhof gegeneinander

Institutionelle Reformen

auszuspielen. Um freilich dennoch die Fäden in den Händen zu halten, ließ Kangxi sich ab 1693 in Geheimmemoranden *(zouzhe)* von ebenso geheim ausgewählten Informanten Berichte direkt zukommen und umging auf diese Weise den offiziellen Behördenweg. Daher konnte sich kein Beamter sicher sein, ob er nicht insgeheim beobachtet und ob nicht über ihn berichtet wurde.

Noch befand sich die Qing-Dynastie in der Anpassungsphase, so dass Kangxi sich stärker als seine Nachfolger zu einem doppelten Herrschaftsstil gezwungen sah. Bei seinen jährlichen Besuchen in der mandschurischen Heimat verkörperte er vor seinen Stammesführern den geschickten Krieger und Jäger; in China gab er sich als weiser, tugendhafter Herrscher und richtete in seinem Palast die Südbibliothek *(Nan shufang)* ein, in die anerkannte chinesische Gelehrte als informelle Berater und Lehrer berufen wurden. Auch dem chinesischen Volk wollte er dieses konfuzianische Bild direkt vermitteln. Er unternahm lange Reisen durch sein Reich. Sechsmal besuchte Kangxi zwischen 1684 und 1707 die Jiangnan-Region, um die dortigen Wasserregulierungsprojekte und die Transportrouten zwischen dem Gelben Fluss und dem Yangzi zu inspizieren. Andere Reisen führten ihn zu den Provinzhauptstädten westlich von Beijing, aber auch zum Heimatort des Konfuzius in Shandong und dem nahegelegenen heiligen Berg Taishan. Im Gegensatz zu den Ming-Monarchen, die keine Reichstouren unternommen hatten, stellte sich Kangxi bewusst in die seit Qin Shihuangdi gepflegte Tradition chinesischer Kaiser, die heiligen Berge Chinas aufzusuchen.

Kangxis Reisen

Kangxis weltoffener Geist zeigte sich in seiner Lösung der Jesuitenfragen. Die Jesuiten hatten den Dynastiewechsel zunächst überstanden und sogar ihre Aufnahme in die Shunzhi-Regierung erreicht. Nach 1661 fielen sie aber den Verfolgungen und Repressalien des Kangxi-Regenten anheim und wurden erst wieder rehabilitiert, nachdem der Kaiser selbst die Regierung übernommen hatte. Zahlreiche Jesuiten wurden als Berater und Hofbeamte in seine Regierung aufgenommen. Kangxi gestand ihnen zudem im Toleranzedikt von 1692 Bewegungsfreiheit zu, solange sie die chinesischen Ahnenriten nicht verletzten, was letztlich auch der Akkomodationsempfehlung von Matteo Ricci entsprach und daher auf die Zustimmung der Jesuiten stieß. Dennoch scheiterte die christliche Mission im frühen 18. Jahrhundert am Ritenstreit der Jesuiten mit ihrer Ordensleitung in Rom, die Zugeständnisse ihrer Missionare an die chinesische Kultur ablehnte. Die Jesuiten verloren dadurch ihre heimatliche Anbindung und beschränkten sich auf ihre Rolle als Qing-Bürokraten und Höflinge.

Hofjesuiten

Die Stabilität der Kangxi-Periode beruhte vor allem auf dem ständigen Ausgleich zwischen den rivalisierenden Fraktionen am Kaiserhof. Denn Rivalitäten gab es nicht nur zwischen Chinesen und Mandschu, sondern auch zwischen Süd- und Nordchinesen sowie zwischen den Führern der einzelnen Banner. Obwohl Kangxi grundsätzlich mehr Nordchinesen in hohe Regierungsämter berief, gab er dafür den südchinesischen Gelehrten in seiner Südbibliothek ein umso stärkeres Gewicht. Die Bannerrivalitäten kontrollierte er, indem er keinem der drei privilegierten Banner, die das Bannerpersonal am Kaiserhof stellten und damit über

Spannungen in der Qing-Bürokratie

den größten Einfluss bei der kaiserlichen Familie verfügten, eine Sonderrolle zugestand. Dennoch führte ein Fraktionenkampf am Ende seiner Regierungszeit zur Krise, da Kangxi es versäumt hatte, die Nachfolgefrage zu lösen. Die Mandschu verfügten selbst über keine Regeln wie das Erstgeburtsrecht, so dass Kangxi zunächst aus seinen 20 Söhnen, die das Erwachsenenalter erreichten, einen Kandidaten auswählte, ihn dann aber wieder fallen ließ, als dieser ein Komplott gegen den Vater plante. Da er erst auf dem Totenbett den Namen seines Nachfolgers mitteilte, hatte die Unsicherheit zu ständigen Machtkämpfen zwischen den zahlreichen Prinzen geführt. Diese Atmosphäre ließ Kangxis vierten Sohn, den Yongzheng-Kaiser, der im reifen Alter von 42 Jahren den Kaiserthron einnahm, sein Leben lang äußerst misstrauisch gegenüber dem kaiserlichen Clan bleiben.

Thronfolgestreit

Trotz seiner kurzen Herrschaftszeit gilt Yongzheng als einer der fähigsten Kaiser der Qing-Zeit und gab dem Regierungssystem seine endgültige autokratische Form. Aus Furcht vor weiteren Cliquenkämpfen innerhalb des Mandschu-Adels erklärte er in seinem „Diskurs über Parteien" *(Pengdang lun)* den Willen des Herrschers zum einzigen Maßstab seiner Beamtenschaft und verbot alle Arten von Parteien und Cliquen. Schon zu Regierungsbeginn bestimmte er seinen Nachfolger, hielt aber dessen Name geheim. Kangxis System der Geheimmemoranden ließ Yongzheng ausbauen und die Liste der Informanten erheblich erweitern. Er las täglich zwischen 20 und 60 Memoranden, versah sie mit Kommentaren und Verfügungen. Danach wurden sie dem Urheber zugestellt und schließlich im Palast archiviert. Über 20000 solcher Dokumente sind heute erhalten.

Yongzhengs Autokratie

Um der kaiserlichen Autorität noch mehr Gewicht zu verleihen, verstärkte Yongzheng die Bedeutung der Inneren Höfe, die in ständiger Konkurrenz mit den Außenhöfen der Ministerien und des Zensorats standen. Aus einer kleinen Gruppe engster Berater schuf er den Staatsrat *(Junji chu)*, der ihn zunächst nur bei militärischen Entscheidungen beriet, sich aber bald zum wichtigsten Herrschaftsinstrument des Kaisers entwickelte und das Innere Kabinett an Bedeutung übertraf. In ihn wurden Prinzen, Großsekretäre und hohe Beamte berufen, die gleichzeitig Ministertitel erhielten und damit über Einfluss in beiden Höfen verfügten. Die Rolle des Zensorats schwächte Yongzheng, indem er ihm zwar seine unabhängige Aufsichtsfunktion gegenüber der gesamten Bürokratie beließ, aber seinen Status herabsetzte. Die geheimen Palastmemoranden und der Staatsrat hatten die Funktion von Beratung und kritischer Berichterstattung übernommen. Als Ausgleich für die starke Expansion der Verwaltungsaufgaben bei gleichbleibender Zahl der Verwaltungseinheiten und Beamtenstellen ließ Yongzheng das untergeordnete Personal und die Anzahl der Privatsekretäre der Beamten vermehren. Obgleich der Qing-Kaiser nicht mehr auf der Hut vor Ming-Loyalisten zu sein brauchte, zeigte er sich wachsam gegenüber einer latenten Anti-Qing-Stimmung in der Bevölkerung. Jegliche Anzeichen dafür ließ dieser mit äußerster Härte bestrafen. Ebenso scharf ging Yongzheng gegen korrupte Lokalbeamte vor. Traten hingegen Beamte in den Provinzen durch eine gute Re-

Staatsrat

Korruption

gierung und stabile Verhältnisse in ihrem Verwaltungsbereich hervor, wurden sie vom Kaiser ausgezeichnet – freilich nicht für ihren Dienst am Volke, sondern für die Verteidigung der kaiserlichen Interessen. Yongzheng leitete mit seinem Reformwerk den Übergang der Qing-Dynastie von der Konsolidisierungsphase zur Blütezeit ein. Dieser Prozess war begleitet vom Ausbau der autokratischen Stellung des Kaisers. Da Yongzheng jedoch davon überzeugt war, dass sich die kosmische Ordnung, die seine Herrschaft als Himmelssohn legitimierte, in einer von Gerechtigkeit bestimmten Gesellschaft widerspiegelte, profitierte auch die Bevölkerung von seiner Herrschaft.

Qianlong, letzter Kaiser der Blütezeit

Den größten Gewinn genoss freilich sein Nachfolger. Sein Name war schon zu Beginn der Yongzheng-Periode festgelegt, aber erst mit dem Tod des Monarchen offenbart worden. Daher verlief der Herrscherwechsel reibungslos, und sein vierter Sohn übernahm 1736 den Kaiserthron unter der Regierungsdevise Qianlong. Yongzheng hatte ihn insgeheim sehr gut vorbereiten lassen. Er konnte mit Mandschurisch, Chinesisch, Mongolisch, Uigurisch und Tibetisch alle offiziellen Sprachen seines Imperiums. Qianlong erwies sich nicht nur als geschickter Reiter und Krieger, sondern war auch bestens in der chinesischen Kultur bewandert und trat als Dichter, Kalligraph und Maler hervor. Zudem war er ein leidenschaftlicher Kunst- und Antiquitätensammler, scheute allerdings nicht davor zurück, die Kunstwerke mit eigenen Kommentaren und Stempeln zu versehen.

Wie sein Vater berief Qianlong keine engen Verwandten in Regierungsämter und hielt den kaiserlichen Clan auf Distanz. Eine Ausnahme bildete nur seine Mutter, die spätere Kaiserinwitwe Xiaosheng (1693–1777), die er alle drei Tage aufsuchte und der er an Festtagen besondere Ehrungen zukommen ließ, sowie seine erste Frau, die Xiaoxin-Kaiserin, die schon 1748 verstarb. In Anknüpfung an seinen Großvater unternahm Qianlong sechs Touren in den Süden seines Rei-

Qianlongs Reisen

ches. Auch er kam insgesamt auf über 100 Reisen, die aber äußerst luxuriös gestaltet waren und daher eine hohe finanzielle Belastung für die Lokalbevölkerung entlang der Reiserouten bedeuteten.

Der vierte Qing-Kaiser sah sich nicht mehr dazu verpflichtet – wie noch Kangxi –, für die Dynastie zu werben und die Gesellschaft zu befrieden, sondern sah seine Rolle mehr in der Repräsentation kaiserlicher Machtvollkommenheit. Dazu gehörte der Ausbau der Hauptstadt, deren Paläste, Tempel, Stadtmauern

Architektonische Blütezeit

und Tore restauriert und erweitert wurden. Die qingkaiserlichen Sommerpaläste, der Yuanmingyuan im Norden Beijings und die Palastanlage in Chengde nordöstlich der Großen Mauer, erstrahlten gleichermaßen in neuem Glanz. Selbst die Provinzgouverneure erhielten den Auftrag, die Stadtmauern, Residenzen, Straßen und Kanäle ihrer Region zu erneuern. Wie keiner seiner Vorgänger betrieb Qianlong die physische Demonstration der qingkaiserlichen Imperialherrschaft. In seinem Regierungsstil bemühte Qianlong sich um einen Ausgleich zwischen der integrativen, freimütigen Art seines Großvaters Kangxi und der rigorosen Härte seines Vaters Yongzheng. „Strenge gezügelt durch Milde, Milde in Grenzen gehalten durch Strenge“ – so hieß seine Devise. Die Patronagenetze der bei-

Patronagenetze

den mächtigen Beamten E'ertai (1680–1745) und Zhang Tingyu (1672–1755), die er von seinem Vater übernommen hatte, zerstörte er, indem er sie auf niedrigere Posten versetzte. Schwerer fiel es ihm, die ethnischen Spannungen zu lösen, die sich aus der Cliquenbildung am Kaiserhof ergeben hatten. Obgleich der Mandschure E'ertai und der Chinese Zhang Tingyu mit der jeweils anderen Kultur und Sprache vollkommen vertraut waren, teilten sich ihre Anhänger in ethnische Gruppen auf, die weniger Verständnis für die andere Kultur zeigten. Qianlong selbst verschärfte den Antagonismus durch seinen Versuch, die mandschurische Kultur vor der Assimilation zu retten. War es in der Kangxi-Zeit darum gegangen, die chinesische Elite zu integrieren, so bestand nun das Problem in der Identifizierung der Mandschu mit ihrer eigenen Kultur und deren Rolle im Qing-Imperium. Der Kaiser versuchte ihrem Bedeutungsverlust durch die bevorzugte Ernennung von Mandschu in hohe Regierungsämter entgegenzuwirken, rief dadurch aber den Unwillen der chinesischen Beamtenschaft hervor.

Bedrohung der Mandschu-Kultur

Zur weiteren Verschlechterung der Beamtenmoral trug die Maßnahme bei, die von Yongzheng eingeführten Sondermittel *(yanglian)* für Beamte als Strafmaßnahme oder zur Finanzierung kostspieliger Militärexpeditionen wieder einzuziehen, so dass vor allem die Regierungsvertreter in den Provinzen in Finanznot gerieten. Umso abstoßender wirkte auf sie der ungewöhnliche Aufstieg des jungen Günstlings He Shen (1750–1799), der nach 1780 wachsenden Einfluss auf den alternden Qianlong-Kaiser gewann und von diesem mit hohen Ämtern überhäuft wurde. He Shen nutzte seine nahezu kaiserliche Macht zur Korruption und erzwang überall Gefälligkeiten. Sein Terrorregime der 1790er Jahre verstärkte die Demoralisierung der Bürokratie und des Volkes.

Korruption unter He Shen

In der zweiten Hälfte des 18. Jahrhunderts kam es in verschiedenen Landesteilen wiederholt zu Aufständen. 1774 rebellierten in der Region um Linqing, einer Stadt am Kaiserkanal in Shandong, unzufriedene Bauern, Kulis, Fuhrleute, Marktverkäufer und Treidler unter der Führung Wang Luns (um 1730–1774). Nur ein massiver Militäreinsatz konnte den Aufstand niederschlagen, der zwar kein explizites sozialpolitisches Programm aufwies, jedoch die wachsende Unzufriedenheit auch der Landbevölkerung zum Ausdruck brachte. Der Volksunmut eskalierte erneut 1796–1804 in Aufständen der buddhistischen Weißen-Lotus-Sekte, der sich arme Siedler in den Grenzregionen zwischen den Provinzen Shaanxi, Hubei und Sichuan anschlossen. Ihre Unterdrückung wurde durch die Unfähigkeit und Bestechlichkeit der Qing-Generäle in die Länge gezogen und verschlang das Drei- bis Vierfache der regulären Staatseinnahmen.

Unruhen des späten 18. Jahrhunderts

3.3 Wirtschaftsformen und Konjunkturen

Im Einklang mit konfuzianischen Vorgaben ordnete die frühe Qing-Regierung zunächst eine leichte Belastung, milde Steuern und den landesweiten Aufbau von Getreidespeichern an. Dennoch spiegelten ihre ersten Maßnahmen alles andere als eine Konsolidierungsstrategie wider. Sie führten zu sozialen Protesten und verhinderten die notwendige Erholung der landwirtschaftlichen Produktion. Denn die Shunzhi-Regierung siedelte ihre Bannerarmee auf enteigneten Farmen rund um die Hauptstadt an. Auch die Landsleute in der mandschurischen Heimat wurden zur Umsiedlung nach Nordchina aufgefordert. Der Vertreibung in Nordchina entsprach eine Entvölkerung der Südmandschurei. Da die Bannerbevölkerung von landwirtschaftlicher, handwerklicher und kaufmännischer Arbeit freigestellt war, ließ sie ihr Land von chinesischen Bauern unter sklavenartigen Bedingungen bewirtschaften und fiel zunehmend in eine Art von staatlich sanktioniertem Parasitentum. Fluchtversuche chinesischer Bauern wurden mit äußerster Härte bestraft. Der Vorwand, jemand habe solchen Flüchtlingen Unterschlupf geboten, reichte aus, um chinesische Landbesitzer zu enteignen. Das Verbot, die Ahnengräber auf enteignetem Land zu besuchen, stellte eine schwerwiegende Verletzung der konfuzianischen Riten dar. Um der staatlichen Besteuerung zu entgehen, überließen manche chinesischen Bauern ihre Felder freiwillig benachbarten mandschurischen Landbesitzern. Als der Kangxi-Kaiser es sich zur Aufgabe machte, die Qing-Herrschaft in China von ihren funktionsstörenden mandschurischen Elementen zu reinigen, und die Landenteignungspolitik verbot, schlugen die Chinesen zurück, indem sie sich von den mandschurischen Landbesitzern als Pächter, Geldverleiher und Pfandverleiher anheuern ließen und diese langsam in die Verschuldung trieben. Die Verarmung der in China lebenden Bannerleute wurde zu einem langfristigen sozialen Problem. Für die Kangxi-Regierung hatte jedoch die Befriedung der ländlichen chinesischen Gesellschaft, die immerhin die überwältigende Mehrheit der Untertanen stellte, Priorität. Da er den alten Landregistern von 1568 misstraute, ließ Kangxi das Ackerland in Jiangsu (1676), Zhili (1677), Shandong (1681) und Hubei (1686) neu vermessen und entsprechende Bodensteuern erheben. Es sollte noch bis 1750 dauern, bis wirklich alles Land im Qing-Staat erfasst war. Da die Qing-Regierung zunächst beim Wiederaufbau der Städte und der Wasserregulierungssysteme sowie für die Unterstützung der Militärkräfte auf Arbeitsdienste angewiesen war, wurde diese Verpflichtung noch getrennt eingefordert und erst 1713 monetarisiert und mit der Grundsteuer vereinigt.

Landenteignungen

Landerfassung

In der Einsicht, dass die kaiserliche Autorität auch auf einer gesunden Gesellschaft beruhen musste, setzte Yongzheng die stabilisierenden Maßnahmen seines Vaters fort. Am Gelben Fluss und am Kaiserkanal ließ er die Wasserregulierungsarbeiten regelmäßig kontrollieren und verbesserte die Bewässerungsprojekte in der Provinz Zhili, wo sich auch das meiste Bannerland befand. Die Getreideproduktion bekam absoluten Vorrang. Yongzheng baute die regelmäßigen Berichte über lokale Getreidepreise der späten Kangxi-Zeit zu einem landesweiten Preisberichtssystem aus. Anhand der monatlichen Informationen ließen sich regionale Ernteausfälle erkennen, die Getreideverteilung überwachen sowie die Getreidetribute für Beijing und selbst Importlieferungen lenken. Zu den Regulierungsmaßnahmen, mit denen Yongzheng die zum Teil nachlässig durchgeführ-

Wasserregulierungen

ten Reformen seines Vaters fortsetzte oder radikalisierte, gehörte eine stärkere Integration der südwestlichen Peripherie in die chinesische Provinzverwaltung. Die bisherige Autonomie der Stammeshäuptlinge der zahlreichen einheimischen Völker wurde endgültig aufgehoben. Da die Einführung neuer Agrarprodukte aus Amerika über den internationalen Handelsverkehr die Produktivität auch in unfruchtbareren Bergregionen gesteigert hatte, verfügten inzwischen die von chinesischen Einwanderern in die Berge verdrängten einheimischen Stämme über neue Erwerbsquellen und konnten somit in das reguläre Steuer- und Verwaltungssystem eingeordnet werden. Multiethnische Grenzprovinzen wie Yunnan gewannen dadurch einen einheitlicheren Charakter. Auch die Erschließung von Bodenschätzen ließ sich vorantreiben, wie der umfangreiche Kupferabbau in Yunnan zeigt. Die Qing-Regierung profitierte von den höheren Steuereinnahmen aus diesen Provinzen. Sie war durch die ökonomisch-administrative Integration ihres Reiches auch als politische Autorität stärker präsent als frühere Dynastien.

Integration der Völker im Südwesten

Obwohl Yongzheng sich nicht wie Kangxi persönlich ein Bild von der Situation machte, kontrollierte er über sein Überwachungsnetz der Geheimmemoranden den Verlauf der ökonomischen Projekte. Zwar hatte Yongzheng aus Furcht vor Korruption alle Ergänzungsabgaben und Geschenke für rechtswidrig erklärt, schuf aber dafür einen Ausgleich für die geringe Finanzkapazität in den Lokalverwaltungen, indem er „Bonusgelder zur Förderung von Unbestechlichkeit“ *(yanglian yin)* einführte. Seine Reform des Steuerwesens bestand aus der Zusammenlegung der bisher getrennt erhobenen Grundsteuern *(di)* mit den Arbeitsdiensten der männlichen Bevölkerung *(ding)*. Die Vereinfachung entlastete die Steuerzahler ohne Landbesitz: einfache Landarbeiter, kleine Kaufleute und Handwerker. Qianlong setzte diese Reform fort, indem er 1740 die Registrierung der Bevölkerung von den arbeitsfähigen Männern auf alle Individuen eines Haushaltes ausweiten ließ. Gegen den Widerstand seiner Beamten griff er dabei auf das im 11. Jahrhundert entwickelte *baojia*-System zurück, das bereits von Kangxi wiederbelebt worden war und unterhalb der Ebene der kaiserlichen Bürokratie in den Dorfgemeinschaften zunächst hauptsächlich polizeiliche Aufgaben übernahm. Qianlong machte jeden Leiter eines sog. *pai*, der aus zehn Haushalten bestehenden Grundeinheit, für die Registrierung der Bevölkerung verantwortlich. Durch die Einbindung der *baojia*-Einheiten in die Reichsverwaltung erhoffte sich der Kaiser eine Stärkung der staatlichen Kontrolle auf der untersten Verwaltungsebene, auf die seine Bürokratie eigentlich keinen Einfluss hatte. Funktionierte dieses System, ermöglichte es einen genaueren Zensus und entsprechende Steuerangleichungen.

Steuerreformen

Einbindung des *baojia*-Systems

Wirtschaftsgeographisch bildeten sich im Qing-Reich des 18. Jahrhunderts drei verschiedene Großzonen heraus: (1) der hoch kommerzialisierte Süden, der von einem weitläufigen Pachtsystem großer Clans und Tempelgemeinschaften geprägt war; (2) die Region nördlich des Huai-Flusses mit Liaoning in der Mandschurei, wo Kleinbauern ihre Felder hauptsächlich für ihren Lebensunterhalt bestellten und es kaum Pachtland gab; (3) eine innerasiatische Grenzzone, in der die Nomaden- oder Oasenwirtschaft allmählich agrarisch erschlossen wurde. Diese Aufteilung hielt sich im Grunde bis zur Gründung der Volksrepublik Mitte des 20. Jahrhunderts.

Die Periode etwa zwischen 1725 und 1777 wird als eine Zeit beispiellosen Wohlstands beschrieben. Bevölkerung und Wirtschaft prosperierten. Dank der technologischen Veränderungen und dem hohen Spezialisierungsgrad von Arbeitskraft und Ressourcennutzung, der Dörfer und Städte miteinander verband, hatte sich eine Marktwirtschaft entwickelt. Ihr beständiges Wachstum beruhte auf verschiedenen Formen zunehmender Produktivität, dem blühenden Binnen- und Außenhandel und einem hohen Konsumniveau. Nach dem Vorbild der von den Provinzbehörden eingerichteten öffentlichen Getreidespeicher der Städte begannen Anfang des 18. Jahrhunderts auch Lokalgemeinden, Getreidespeicher einzurichten, so dass es seit den 1730er Jahren ein landesweites Getreidevorratssystem gab, auf das bei Ernteausfällen zurückgegriffen werden konnte. Die darin zur Verfügung gestellten Nahrungsmittel umfassten in den 1780/90er Jahren 5 % bis 10 % der Gesamtproduktion. Obwohl China im 18. Jahrhundert immer wieder von schweren Dürre- und Flutkatastrophen heimgesucht wurde, war die Qing-Regierung in der Lage, betroffenen Kreisen Steuerbefreiung zu gewähren und die Bevölkerung mit den Getreidevorräten zu versorgen. Auch gelang es ihr, eine ernsthafte monetäre Krise zu verhindern, da sie sich durch den steigenden Warenexport auf dem Weltmarkt mit Silber versorgen konnte und den Kupferbedarf durch internen Abbau deckte. Die Steigerung der landwirtschaftlichen Produktion beruhte auf mehreren Faktoren, vor allem weltweiter Klimaerwärmung, neuen Agrartechnologien und territorialer Expansion. Die anfängliche niedrige Besteuerung konnte fortgesetzt werden, da bis in die späte Qianlong-Zeit interne Rebellion und externe Aggression den Staat kaum zu höheren Belastungen zwangen. Selbst als um 1800 Schwierigkeiten bei der Niederschlagung des Weißen-Lotus-Aufstandes und wachsende Korruption in der Qing-Bürokratie eine Wende ankündigten, war die Bevölkerung Chinas besser ernährt, gekleidet und untergebracht und profitierte von einem vielseitigerem Wirtschaftsleben als die Menschen in anderen Gebieten Asiens oder in vielen Teilen Europas.

Öffentliche Getreidespeicher

3.4 Gesellschaft: Hierarchien, Lebensformen und moralische Ordnungen

Ming-loyale Frauen

Die gesellschaftliche Dynamik der frühen Qing-Zeit erfasste auch das Schicksal der Frauen. Auf den Herrschaftswechsel in der Mitte des 17. Jahrhunderts hatten die Frauen der chinesischen Oberschicht mit aktivem Widerstand gegenüber der Fremddynastie reagiert: Zahlreiche mingloyale Kurtisanen und Frauen aus Gelehrten- und Beamtenfamilien nahmen sich aus Verzweiflung das Leben, Mütter berühmter Gelehrter wie Gu Yanwu verpflichteten ihre Söhne auf dem Sterbebett zum Widerstand gegen die Qing, und viele Chinesinnen hielten trotz des durch die Qing ausgesprochenen Verbots an der Tradition des Füßebindens fest. Langfristig verbesserte sich jedoch die physische Situation der Frauen in der Qing-Zeit erheblich. Die seit dem 16. Jahrhundert fortschreitende Vertiefung medizinischer Kenntnisse erhöhte die Überlebenschancen für Mutter und Kind bei der Geburt. Frauen fanden zudem in der medizinischen Behandlung und Pflege neue berufliche Möglichkeiten. Ihr immer wichtiger werdendes Kommunikationsmedium wurde die Literatur. Dichterinnen korrespondierten miteinander oder gründeten eigene Vereinigungen. Der Kreis ihrer Leserinnen nahm dank besserer Bildungsmöglichkeiten für Frauen zu. Innerhalb der streng nach konfuzianischen Hierarchievorstellungen organisierten Familie stieg der weibliche Einfluss. Denn die Kommerzialisierung der Qing-Gesellschaft wertete das von ihnen organisierte häusliche Handwerk auf. Mütter unterwiesen ihre Töchter im Spinnen, Weben und Sticken und ermöglichten den Familien ein zusätzliches Einkommen. Dank der neuen (ökonomischen) Wertschätzung von Töchtern ging die Zahl der Mädchenmorde zurück. Besser gestellte Haushalte beschäftigten sogar zusätzliches Personal für die Heimproduktion, das der Kontrolle der Hausherrin unterstand und ihr Prestige weiter stärkte. Ungeachtet dieses vielseitigen Wandels im Frauenleben des 18. Jahrhunderts, blieb der traditionell patrilinear strukturierte Familienhaushalt in seiner Bedeutung als Grundeinheit der Sozialordnung, des Eigentumsrechts und der ökonomischen Produktion erhalten. Die wachsende Mobilität betraf weiterhin mehr die Männer. Sie zeichnete sich vertikal dadurch aus, dass der gesellschaftliche Status nie erblich war, sondern durch erfolgreiche Teilnahme an Staatsprüfungen immer wieder vom Einzelnen erkämpft werden musste. Der gesellschaftliche Status einer Oberschichtfamilie war folglich ungewisser als in einem auf Erblichkeit von Eigentum und Privilegien beruhenden aristokratischen System. Eine horizontale Mobilität kennzeichnete hingegen die chinesischen Unterschichten der wandernden Händler und Lastenträger, Bootsschlepper und Gelegenheitsarbeiter, Vaganten und umherziehenden Banditen, die sich zum Teil in Geheimgesellschaften und religiösen Sekten organisierten.

Wandel im Alltag der Frauen

Mobilität der Gesellschaft

Die Annahme, dass das 18. Jahrhundert von einer enormen Bevölkerungsexplosion gekennzeichnet worden sei, ist inzwischen widerlegt worden. Denn die Ausgangslage um 1700 war mit bis zu 275 Millionen Menschen eindeutig höher als bisher angenommen; um 1800 war eine Zahl von ca. 360 Millionen erreicht, was einem jährlichen Wachstum von 0,3% entspricht. Freilich kann auch eine kontinuierliche demographische Aufwärtsentwicklung mit einer Periode der Stabilität und des Wachstum einhergehen. Die Zunahme des Ackerlandes und die Veränderungen in der Landwirtschaft, im Handwerk und im Handel spiegelten sich in der Gesellschaft wider. In den Städten fing eine wachsende Zahl von Gilden und Heimatortverbänden die Zuwanderer auf. Überhaupt stellte Migration ein wichtiges Merkmal des 18. Jahrhunderts dar. Dabei handelte es sich ent-

Stetiges Bevölkerungswachstum

Migrationen im 18. Jahrhundert

weder um permanente Umsiedler oder temporäre Wanderer. Wie schon in der Ming-Zeit ließen sich vor allem Kaufleute auf der Suche nach neuen ökonomischen Möglichkeiten in Südostasien nieder. Einige von ihnen kamen wieder nach China zurück, nachdem Qianlong die Außenhandelsbeschränkungen gelockert hatte. Innerhalb des Qing-Reiches dominierten Migrationsbewegungen nach Westen – sowohl in die Südwestprovinzen Sichuan und Yunnan, als auch in die gesamte Nordwestperipherie. Die Einwanderung chinesischer Bauern in den kontinentalen Grenzgebieten war von hoher politischer Brisanz, da langfristige Landerschließungsprojekte eigentlich die goldene Regel qingkaiserlicher Völkertrennung verletzten. Folglich ließ die Qing-Regierung sie am Ende des 18. Jahrhunderts nur sehr zögerlich zu. Im neu eroberten Ostturkestan vermischten sich beide Migrationsformen: Zu temporären politischen Verbannten, Militärkolonisten *(bingtun)*, zivilen Kollektivbauern *(mintun)* und in eigenen Migrantenregistern *(shangji)* aufgeführten Kaufleuten gesellte sich eine steigende Zahl chinesischer Bauern aus dem Kernland: um 1800 bereits etwa 200 000 Menschen.

Chinesische Siedler in den Grenzgebieten

Überall beeinflusste Migration auch die Stadtentwicklung. In den peripheren Gebieten veränderten sich dadurch die gesellschaftlichen Strukturen. Unterstützt wurde diese Entwicklung in der Mongolei und in Tibet durch die kaiserliche Förderung des Lamaismus, aus dessen Klosterzentren mit der Zeit Städte entstanden. An der chinesischen Ostküste war die Migration eng mit einer Kommerzialisierung verbunden. Menschen wanderten vom Land in die wachsenden Städte ab, wo sich das verarbeitende Gewerbe teilweise in Großunternehmen reorganisierte. Gleichzeitig entwickelten sich neue berufliche Strukturen. An der Spitze der städtischen Gesellschaftsordnung standen Monopolkaufleute *(yahang)* mit kaiserlichen Lizenzen für einzelne Handelsgüter in den Hafenzentren, die Umfang und Qualität der Waren kontrollierten und als Mittelsmänner für Verkäufer und Käufer tätig waren. Außerdem zogen sie die staatliche Handelssteuer ein und betrieben oftmals nebenbei Gasthäuser, Restaurants oder Warenlager. Neu waren professionelle Bankiers *(piaozhuang)*, die es den reisenden Kaufleuten in allen wichtigen Handelshäfen ermöglichten, an Banknoten zu kommen. Ihnen entsprachen in der kontinentalen Peripherie die Kaufmanns- und Bankiersfamilien aus der Provinz Shanxi, die den Handel mit den innerasiatischen Völkern monopolisierten. Die Hierarchie setzte sich fort mit einer großen Zahl von Kaufleuten, Handwerkern, Schiffern, Händlern, Geschäftsagenten, die sich in Gilden organisierten. Die Landbevölkerung wurde in den Städten als Verkäufer, Handwerksbedienstete, Lagerarbeiter, Hausdiener, Köche, Soldaten, Kulis und professionelle Bettler aufgefangen.

Migration in Südchina

Die Mobilität dieser Epoche wurde auch durch die wachsende Rolle von Sippen *(zu/zong)* strukturiert, die sich um einen „ersten Vorfahren" *(shizu)* bildeten. Diesem wurde eine Ahnenhalle errichtet, die zugleich als Versammlungszentrum der Sippe diente. Über einen gemeinsamen Namen *(zipai)* sowie eine geschriebene Genealogie *(zupu)* identifizierte sich die Sippe, grenzte ihre Ge-

Chinesische Sippen

meinschaft nach außen ab und strukturierte sich intern. Solche Sippen waren sorgsam konstruierte „kulturelle Erfindungen“, die der Lokalgesellschaft Stabilität boten. Gleichzeitig bildeten sie ein wichtiges Organisationselement der Siedlerbewegungen an die Peripherien und nach Übersee. Die „Mobilitätsverlierer“, entwurzelte Bauern, die in die Städte abwanderten, dort aber keine regelmäßige Arbeit fanden, und die unterbeschäftigte Bevölkerung der Kleinstädte und Kreisorte, schloss sich in eigenen Gemeinschaften *(hui)* zusammen. Im Gegensatz zu religiösen Sekten standen an ihrer Spitze keine Gelehrten, Ärzte, daoistischen Priester oder niedrigere Beamte, sondern illiterate Gelegenheitsarbeiter. Ihre Mitglieder waren entwurzelt, ohne Anbindung an Clan, Gilde oder Dorfgemeinschaft. Ein berühmtes Beispiel ist die 1761 in Fujian gegründete „Himmels- und Erdegesellschaft“ *(Tiandihui)*. Solche Zusammenschlüsse wie auch die traditionellen Sekten bildeten die organisatorische Grundlage für die Rebellionen und Aufstände am Ende der Qianlong-Zeit.

Mobilitätsverlierer

Die ersten Anzeichen des Zerfalls politischer Macht und moralischer Werte spiegeln sich auch in dem großen Roman dieser Epoche wider, dem „Traum der roten Kammer“ *(Hongloumeng)* von Cao Xueqin (1715–1763). Der Autor schildert das Schicksal der wohlhabenden Großfamilie Jia und durchleuchtet auf diese Weise alle Bereiche der Qing-Gesellschaft um die Mitte des 18. Jahrhunderts: von den Familienstrukturen, der Politik, der Wirtschaft, der Religion bis zu Ästhetik und Sexualität. Die Jias nützen ihre Ämter in der Qing-Bürokratie und die familiale Beziehung zum Kaiserhof für ihre lokalen Lebensverhältnisse aus und beugen das Recht zu ihren Gunsten. Dadurch verdirbt aber auch die Familienmoral. Da Erfolge bei den Staatsprüfungen der Familie immer wieder einflussreiche Posten sichern, setzt sich der politische Machtmissbrauch weiter fort. Mit Korruption innerhalb der Bürokratie und Aufständen von unten endete die Blütezeit der „High Qing“ um die Wende zum 19. Jahrhundert.

Traum der Roten Kammer

3.5 Das Qing-Reich als Weltmacht

Im chinesischen Kernland hatte die Qing-Dynastie ihre Herrschaft zunächst militärisch konsolidiert und danach durch politische und ökonomische Reformen stabilisiert. In ihren innerasiatischen Reichsgebieten verliefen dazu parallele Prozesse: die militärische Expansion wurde begleitet von politischen Strategien und ökonomischen Initiativen. Bereits unter der Regierung Huang Taijis in der Mandschurei gab es auf zentralstaatlicher Ebene eine Institution zur Verwaltung der Nicht-Chinesen, das *Lifanyuan*. Bis 1644 war es hauptsächlich für die mongolischen Stämme zuständig. Später kümmerte es sich auch um die Beziehungen zu Tibetern, Turkvölkern und Russen.

Die Mongolen genossen im Qing-Reich eine Sonderstellung, da sie – abgesehen von dem chinesischen General Wu Sangui – als einziges Fremdvolk Heiratsbeziehungen zu den Mandschu eingehen und auch nach 1644 in alle Staatsämter

Mongolen im Qing-Reich

aufsteigen durften. Die Mutter des Shunzhi-Kaisers war eine mongolische Prinzessin gewesen. Die imperiale Expansion der Qing wäre ohne die mongolische Kavallerie niemals möglich gewesen. Eine Wiedervereinigung aller mongolischen Stämme unter einem charismatischen Anführer verhinderte die Regierung durch die Aufteilung der einzelnen Stämme in Banner, denen mit der Zeit territorial festgelegtes Bannerland zugeordnet wurde. Dies unterband eine unkontrollierbare Mobilität der Mongolen. Da die mongolische Oberschicht an der Qing-Herrschaft beteiligt wurde und innerhalb ihrer Banner autonom blieb, fanden sich die meisten Mongolenstämme mit ihrem Schicksal ab. Die Khalkha-Stämme der Nordmongolei wurden in den 1680er Jahren durch ihren Konflikt mit den westmongolischen Dzungaren dem Qing-Kaiser regelrecht in die Arme getrieben. Umso mehr Schwierigkeiten bereitete es allerdings, die Dzungaren selbst der Qing-Autorität zu unterwerfen. Zwischen den 1670er und 1750er Jahren stellten die über weite Teile des modernen Xinjiang herrschenden Dzungaren die gefährlichsten Gegenspieler der Qing-Dynastie in Innerasien dar. Da ihre Khane zudem eine enge Beziehung zum tibetischen Lamaismus pflegten, konnten sie den gesamten Machtanspruch der Mandschu in Innerasien in Frage stellen. Ein möglicher Verlust der mongolischen Kavallerie hätte sogar die Qing-Stabilität in China gefährdet. Hinzu kam der außenpolitische Faktor des aus Qing-Sicht undurchsichtigen Verhältnisses der Dzungarenkhane zu ihrem gleichermaßen expandierenden Nachbarn Russland. Daher ergriff Kangxi 1691 die Offensive und berief eine Versammlung aller anderen mongolischen Stämme in Dolonor nördlich von Beijing ein. Die Khalkha-Stämme schlossen sich nun offiziell dem Qing-Reich an. Dessen Aufforderung an die Dzungaren, endlich einzulenken, beantwortete ihr Khan 1695 mit einem Feldzug ins innermongolische Grenzland vor den Toren Beijings. Kangxi führte die kaiserliche Gegenoffensive persönlich an. Der Dzungarenkhan nahm sich 1697 auf der Flucht das Leben. Seine Nachfolger führten jedoch den Kampf gegen die Qing-Dynastie fort. Erst den Armeen des Qianlong-Kaisers gelang es zwischen 1754 und 1757, das Dzungarenproblem endgültig zu lösen. Nur wenige Dzungaren überlebten deren auch gegen die Zivilbevölkerung gerichteten Vernichtungsfeldzüge, die zur Integration Ostturkestans in das Qing-Imperium führten. Zusammen mit dem von muslimischen Turkvölkern beherrschten Süden Ostturkestans entstand daraus die Region Xinjiang.

Dzungaren

Kangxi-Feldzüge in der Mongolei

Die qingkaiserliche Autorität in Innerasien wurde nicht nur militärisch durch die Instrumentalisierung der mongolischen Kavallerie gestützt. Ein weiteres wichtiges Element bildete der tibetische Lamaismus als nicht nur religiöses Bindeglied zwischen Tibetern und Mongolen. Mongolische Khane hatten 1642 dem 5. Dalai Lama (1617–1682) zur politischen Herrschaft in Tibet verholfen und waren bis zum Einfall der Dzungaren im Jahre 1718 als Regenten an der tibetischen Regierung beteiligt. Auf Einladung Shunzhis war der Dalai Lama 1653 auch nach Beijing gekommen, wo er der kaiserlichen Patronage unterstellt wurde. Schon Kangxi mischte sich in die Bestimmung des nächsten Dalai Lama ein und ließ

Tibetischer Lamaismus

1720 eine ihm genehme Reinkarnation nach Tibet bringen. Aus chinesisch-mandschurischer Sicht war Tibet längst ein Vasall der Qing geworden. Aus tibetischer Sicht handelte es sich hingegen lediglich um ein religiöses Patron-Priester-Verhältnis. In der Realität des 18. Jahrhunderts mussten die Tibeter mehrmals den Einmarsch kaiserlicher Truppen und die politische Intervention der Qing-Kaiser hinnehmen. 1728 griff der Yongzheng-Kaiser in den tibetischen Bürgerkrieg ein und ließ seine Kolonialbeamten (Ambane) als Kontrollinstanzen zurück. Sehr sensibel reagierte die Qing-Regierung auf Tibets Kontakte zur Außenwelt. So zitierte sie den 3. Panchen Lama (1738–1780) 1780 an den Kaiserhof. Dieser sprach nicht nur Hindi und korrespondierte auf Persisch, sondern hielt Kontakt zu katholischen Missionaren in seinem Land sowie zu Vertretern der Britischen East India Company, die sich um Handelsbeziehungen von Indien über den Himalaya nach China bemühten. Er starb noch in China an den Pocken. Als dann 1788 und 1791 die über Nepal regierenden Golkha nach Tibet einfielen, sandte Qianlong seine Armee und interpretierte die beiden Kriege als Beweis für die politische Unfähigkeit des Dalai Lama, um dann seinen beiden Ambanen die Leitung der Regierungsgeschäfte in Tibet zu übertragen. Nachdem die Qing-Regierung seit ihrer ersten Berührung mit den Dalai Lamas in den 1650er Jahren deren theokratische Bedeutung nicht nur akzeptiert, sondern auch bewusst gefördert hatte, wollte sie das Oberhaupt der Tibeter nun auf eine formelle Repräsentation und eine religiöse Autorität reduzieren. Selbst die Auswahl seines Nachfolgers wollte sie mit Hilfe eines von ihr kontrollierten Losverfahrens arrangieren. Allerdings setzten die kaiserlichen Ambane im fernen tibetischen Hochland diesen hohen Anspruch nicht in die Realität um. Tibet blieb bis zum Ende der Dynastie sich selbst überlassen.

Qing-Ambane in Tibet

Golkha-Kriege in Tibet

Qianlongs militärische Bilanz

Selbstbewusst zog Qianlong am Ende seiner Regierungszeit in den „Aufzeichnungen der zehn militärischen Erfolge“ *(Shiquan wugong ji)* von 1792 eine äußerst positive Bilanz und stellte die militärischen Interventionen an der Reichsperipherie als Ausdruck kaiserlicher Allmacht dar. Dabei erwiesen sich die beiden Feldzüge in der Region Jinchuan im Westen Sichuans (1747–1749), wo er sich in Stammeskonflikte einmischte, als kostspielig und aufwändig. Die drei Expeditionen nach Xinjiang, die beiden Dzungarenfeldzüge (1755–1757) und die Kampagne gegen muslimische Aufständische im Süden (1758/59) führten immerhin zur endgültigen Eingliederung Xinjiangs ins Qing-Reich. Mit der Niederschlagung einer Rebellion auf Taiwan 1787/88 bestätigte Qianlong den von seinem Großvater erkämpften Machtanspruch über die Insel. Im Fall der beiden Strafexpeditionen gegen die nepalesischen Golkha in Südtibet (1788, 1790–1792) erschienen die Qing-Truppen beim ersten Konflikt zu spät auf dem Kriegsschauplatz, und erst beim zweiten Mal kam es überhaupt zu Kampfhandlungen. Mit imperialer Rhetorik verstand Qianlong geschickt, über eine eher nominelle Oberherrschaft gegenüber den Völkern der Reichsperipherie hinwegzutäuschen.

Britische Macartney-Mission

In ähnlicher Weise reagierte der Kaiser auf die erste britische Gesandtschaft, die im Sommer 1793 in Beijing eintraf. Qianlong empfing sie als Tributmission und verlangte von ihrem Leiter, Lord Macartney (1737–1806), das obligatorische Ritual des Kotau. Er war nicht bereit, weitere Hafenstädte für den Außenhandel zu öffnen und diplomatische Beziehungen zum britischen König aufzunehmen, sondern berief sich auf das 1760 für den maritimen Handel geschaffene Kanton-System. Seitdem beschränkte sich der gesamte Handelsverkehr auf das ferne Kanton, wo ein kaiserlicher Zollbeamter *(Hoppo)* den von chinesischen Kaufmannsfirmen *(hong)* gegen eine Lizenzgebühr geführten Privathandel mit den Ausländern überwachte. Daher erwiesen sich die Ergebnisse der Macartney-Mission aus britischer Sicht als dürftig und unbefriedigend und aus chinesischer Perspektive sogar als bedeutungslos. Für das westeuropäische China-Bild hatten sie jedoch verheerende Folgen: Rückständigkeit und Zerfall bildeten nunmehr die Kategorien, in die Qing-China eingeordnet wurde. Die Abkehr von der China-Euphorie des frühen 18. Jahrhunderts war eine wichtige Voraussetzung für die Haltung der europäischen Kolonialmächte im darauf folgenden Jahrhundert.

Kanton-Handelssystem

Anders gestalteten sich die Beziehungen des Qing-Reiches zum russischen Nachbarn. Das Zarenreich war gleichzeitig mit der mandschurischen Expansion in Innerasien in die Region vorgestoßen und hatte 1637 – ähnlich dem qingkaiserlichen *Lifanyuan* – ein Kolonialamt für Sibirien eingerichtet, das russische Abenteurer und Kosaken zum weiteren Vormarsch in Nordasien ermutigte. So entstanden entlang ihrer Routen russische Forts. 1666 erreichten Russen erstmals mongolisches Gebiet. Zwei Jahre später wurden in Nerčinsk an der Grenze zur heutigen Mongolei und in Albazin an den westlichen Ufern des Amur-Flusses Forts errichtet und die einheimischen Völker zum Tribut gezwungen. Diese Stämme waren aber bereits der Qing-Dynastie gegenüber tributpflichtig. Da der Kaiserhof zudem ein russisches Bündnis mit seinem gefährlichsten Gegner in Innerasien, den Dzungaren, befürchtete, entschloss sich Kangxi Anfang der 1680er Jahre zunächst zu einer militärischen Reaktion und ordnete die Zerstörung Albazins an.

Das Zarenreich

Nachdem die russische Seite das Fort immer wieder erneuerte, ging der Monarch 1688 zu einer diplomatischen Initiative über, die ein Jahr später im Vertrag von Nerčinsk tatsächlich zum Erfolg führte. Erstmals schloss eine chinesische Regierung mit einer europäischen Macht ein Abkommen. Da die russische Seite auf einen lukrativen China-Handel hoffte, willigte sie in territoriale Zugeständnisse ein. Dafür durfte das Zarenreich in Beijing eine eigene Mission einrichten, zu der ein orthodoxer Priester ebenso gehörte wie eine kleine Anzahl russischer Studenten. Kangxi bekam in diesem Moment vor allem den Rücken frei, um sich auf seinen Krieg gegen seinen Hauptfeind, die Dzungaren, zu konzentrieren. Sein Sohn Yongzheng schuf 1727 mit einem Folgevertrag das Kjachta-System, das den russisch-chinesischen Handel als staatlichen Karawanenhandel in Beijing und in Form eines Grenzhandels auf zwei an der Grenze eingerichteten Märkten institutionalisierte. Zwar kam der Karawanenhandel bereits in den 1750er Jahren zum Erliegen, der Grenzhandel blieb jedoch stabil und verlor erst

Vertrag von Nerčinsk

Kjachta-System

mit der Eröffnung der Transsibirischen Eisenbahn am Ende des 19. Jahrhunderts seine Bedeutung. Wie in Bezug zu den anderen europäischen Mächten beschränkte sich das qingkaiserliche Interesse auf den Handelsaustausch. Ein großer Unterschied bestand allerdings in der institutionellen Zuordnung: Für den kontinentalen Nachbarn Russland war das *Lifanyuan* zuständig, für die vom Meer kommenden Westeuropäer hingegen das Ritenministerium. Ähnlich wie die Völker des eigenen Imperiums, ordnete die Qing-Dynastie die internationale Welt mit differenzierten Instrumentarien in ihr Weltbild ein, an dem sie trotz erster Risse noch bis ins 19. Jahrhundert hinein festhielt.

3.6 Erfassung und Systematisierung des Wissens: Enzyklopädien, Regionalchroniken und Kartenwerke

„Die Wahrheit in den Fakten suchen" *(shishi jiushi)* hieß der Grundsatz der textkritischen Methode *(kaozheng xue)*, mit der die Gelehrten im Jahrhundert des Dynastiewechsels sich von den song- und mingzeitlichen metaphysischen und kosmologischen Ideen abwandten und die Klassikertexte einer quellenkritischen Überprüfung unterzogen. Im 18. Jahrhundert weitete sich die Textkritik zu einer breiten Strömung aus. Ihre Themenfelder betrafen neben den Klassikern auch Philologie, Mathematik, Astronomie und Geographie.

Methode der Textkritik

Die Vertreter der textkritischen Studien waren in privaten Akademien aktiv, die nach einer Verbotsphase zu Beginn der Qing-Zeit von Kangxi wieder zugelassen wurden. Im 18. Jahrhundert wuchs ihre Zahl wieder auf über 3000 Organisationen. Lehre und Forschung in den Akademien entwickelten sich zu einer Alternative zu der offiziellen Beamtenlaufbahn. 1733 ließ Yongzheng auch staatliche Akademien in den Provinzen einrichten, um nicht die Kontrolle über die Gelehrten zu verlieren. Eine andere Methode der Qing-Kaiser zur Kontrolle und Instrumentalisierung der chinesischen Gelehrten bestand in der Finanzierung von Großprojekten. In der Kangxi-Zeit erschienen auf diese Weise ein Wörterbuch des chinesischen Grundwortschatzes *(Kangxi cidian)* und ein Reimwörterbuch *(Peiwen yunfu)*. Ein wichtiger politischer Zweck verband sich mit der Herausgabe der offiziellen Ming-Geschichte. Damit wurde formal das Ende der Ming-Zeit besiegelt und die Aussichtslosigkeit ihrer Restauration demonstriert. Viele Ming-Loyalisten sahen sich gezwungen, durch ihre Mitarbeit an dem Projekt „ihrer" Dynastie einen letzten Dienst zu erweisen. Zudem setzte die Veröffentlichung einer offiziellen Darstellung für die private Geschichtsschreibung Maßstäbe, an denen sie beurteilt werden konnte. Die Mitarbeiter ließ Kangxi 1679 durch eine Spezialprüfung ermitteln. Sie stammten überwiegend aus der Jiangnan-Region: ein Ausdruck der endgültigen Integration der südchinesischen Gelehrtenelite in den Qing-Staat. Da sich die Schreibphase Jahrzehnte hinzog, konnte erst Qianlong im Jahre 1739 die Genehmigung zum Druck dieses Werkes erteilen.

Privatakademien

Enzyklopädische Großprojekte

Die großen Qing-Enzyklopädien

Mit dem Qianlong-Kaiser verbindet sich vor allem die Kompilation der größten Enzyklopädie des 18. Jahrhunderts, der „Sämtlichen Schriften in vier Schatzkammern“ *(Siku quanshu)*. Das Projekt wurde 1773 mit einer Bestandsaufnahme chinesischer Gelehrsamkeit eingeleitet. Zunächst beauftragte der Kaiser ein von ihm einberufenes Herausgeberkomitee mit der Katalogisierung aller Werke des Landes – auch der Bestände aus Privatbibliotheken. Von den erfassten 10 860 Schriften wurden nur 3593 in die Edition aufgenommen. Denn der Materialsichtung und Zensur waren auch 2400 Werke zum Opfer gefallen, die vernichtet wurden. Hunderte Texte wurden zudem in der Abschrift geändert, politisch nicht erwünschte Formulierungen wurden ersetzt. Im *Siku quanshu* lag kulturelle Leistung eng mit literarischer Inquisition zusammen. Da gleichzeitig mit der Auswahl mehr als 7000 Werke nicht erfasst wurden, kann zudem nicht von einer kompletten Sammlung gesprochen werden, sondern vielmehr von einer kanonbildenden Zensur. Ihr fielen alle Äußerungen zum Opfer, die sich als positiv gegenüber der Ming-Dynastie verstehen ließen, sowie Negatives über die Fremdvölker, als unmoralisch interpretierte Unterhaltungsschriften und ebenso militärische Werke chinesischer Autoren.

Dokumentation der Qing-Expansion

Auf militärische Schriften und Informationen über die Völker an der Reichsperipherie wahrte die Dynastie ein Monopol. Das neue Imperium wurde nicht nur militärisch erobert, sondern auch schreibend erfasst. Bei den Feldzügen der Qing-Armeen an der innerasiatischen Peripherie entstanden Tagebücher und Reiseberichte. Die in den eroberten Gebieten stationierten Militärgouverneure und Verwaltungsbeamten stellten landeskundliche Werke zusammen, die ihren Nachfolgern als Handbüchern zur Einarbeitung dienten. Landesweit erreichte die Lokalgeschichtsschreibung im 18. Jahrhundert ihren Höhepunkt. Im chinesischen Kernland erfüllten die Lokalchroniken *(fangzhi)* über Provinzen, Kreise und Städte auf der untersten Verwaltungsebene des Kaiserreiches zudem wichtige gesellschaftliche Funktionen. Da sie wie die Akademien von der Gentry finanziert wurden, ließ sich die lokale Oberschicht wie die Gelehrten-Autoren selbst auf diese Weise für den Staat mobilisieren.

Lokalchroniken

Qingzeitliche Kartographie

Auch die Geographie praktizierten die textkritischen Gelehrten aus freien Stücken; zugleich wurde sie von der Qing-Regierung instrumentalisiert. Mit der kartographischen Erfassung des Imperiums beauftragte Kangxi 1708 die jesuitischen Geographen am Kaiserhof, die mit ihren chinesischen Helfern zu Ortsbesichtigungen ins ganze Reich aufbrachen. Die Kartensammlung wurde in Paris gedruckt und erschien dort 1718. Jean-Baptiste Du Halde (1674–1743) verwendete sie in seiner China-Enzyklopädie und Jean-Baptiste D'Anville (1697–1782) in seinem China-Atlas. Beides waren weit verbreitete Standardwerke der damaligen Chinakunde und machten das Raumbild des Reiches in ganz Europa bekannt. Qianlong ließ den Kangxi-Atlas 1756–1759 überarbeiten und durch die neueroberten Gebiete ergänzen. Die systematische Wissenserfassung des Imperiums gehörte ebenso dazu wie seine militärische Eroberung und politische Kontrolle.

4. DIE QING-DYNASTIE IN DER DEFENSIVE (1799–1895)

Das 19. Jahrhundert stand im Zeichen von zwei eng miteinander verbundenen Prozessen. Das chinesische Kaiserreich wurde zunehmend mit den Großmächten des Westens konfrontiert, die aus ihren Industrialisierungs- und Modernisierungserfolgen den Anspruch ableiteten, die Quelle universaler Zivilisation zu verkörpern. Gleichzeitig erfolgte im Qing-Reich des 19. Jahrhunderts eine Pluralisierung der Akteure. Man hat dies in verschiedener Weise wahrgenommen: als Dezentralisierung der Politik, Fragmentierung der Gesellschaft, Verbreitung rebellischer und systemfeindlicher Umtriebe, Aufstieg neuer sozialer Gruppen usw. Diese Desintegrationsprozesse sind schwer zu beschreiben und noch schwieriger zu bewerten. Einerseits bedeuten sie einen „Niedergang" von dem Zustand einer vergleichsweise rationalen Ordnung, wie er etwa um die Mitte des 18. Jahrhunderts erreicht war. Die *durchschnittlichen* Lebensbedingungen der Bevölkerung in China waren um 1850 vermutlich härter als ein Jahrhundert zuvor. Auf der anderen Seite eröffnete die Pluralisierung im 19. Jahrhundert neue Handlungsfelder und Entwicklungsmöglichkeiten für den Einzelnen, ohne dass aber von einem Trend in Richtung einer „Zivilgesellschaft" die Rede sein kann. Die Geschichte Europas im 19. Jahrhundert läuft in vielfacher Hinsicht auf die Katastrophe von 1914 zu. Das chinesische 19. Jahrhundert endet bereits 1895. Danach beginnt eine lange Phase von Krisen und Versuchen der Neuorientierung, die 1949 noch nicht zu ihrem Ende kamen.

4.1 Dynastischer Niedergang

Noch am Ende des 18. Jahrhunderts, als mit Qianlong der letzte machtvolle Kaiser der mandschurischen Dynastie starb, stellte das Qing-Imperium die einzige verbliebene Großmacht Asiens dar. Es hatte weder auf das eigene Territorium, noch auf den Kranz seiner Tribut- und Vasallenstaaten Angriffe einer dritten Macht zu fürchten. Die traditionellen innerasiatischen Widersacher, besonders die Mongolen, waren als politischer Faktor endgültig ausgeschaltet worden. Japan blieb in selbstgewählter Isolation. Mit dem Zarenreich hatte man sich auf ein langfristig stabiles Gleichgewicht geeinigt. Und die britische Großmacht baute zwar in Indien ihr eigenes Kolonialreich aus, schien aber für China noch keine ernsthafte Bedrohung zu bedeuten. Dennoch führen die Spuren des fortschreitenden Niedergangs der Qing-Dynastie aus dem 19. Jahrhundert in die Blütezeit des 18. Jahrhunderts zurück. Das langfristige Bevölkerungswachstum der „High Qing"-Periode wurde durch Raubbau an den natürlichen Ressourcen aufrechterhalten und löste eine ökologische Krise aus. Denn den Siedlerbewegungen waren in den inneren Peripherien (etwa in neukultivierten Hochländern) der Kernprovinzen und an den äußeren Rändern des Qing-Im-

Chinas internationale Stellung

Ökologische Krise

periums Berglandschaften, Wälder, Wüstenränder, Grassteppen und Seeufer zum Opfer gefallen. Brandrodungen führten zu Bodenerosion und private Eindeichungen zerstörten sensible Mikro-Systeme der Wasserregulierung an Flussläufen. Die Qing-Regierung zeigte sich nicht nur außerstande, den Zerstörungen des ökologischen Gleichgewichts entgegenzuwirken. Sie konnte aufgrund ihrer Finanzschwäche nicht einmal ihre Kontrollpflicht gegenüber dem Makro-Wasserbau erfüllen. Folglich begann die Regulierung der großen Flüsse Yangzi und Huanghe (Gelber Fluss) zu zerfallen und die Häufigkeit und katastrophale Wirkung von Überschwemmungen zuzunehmen. Die ökologischen Zusammenhänge zwischen den Abholzungen am Oberlauf des Huanghe und der Anhebung des Flussbettes an seinem Unterlauf wurden zwar von zeitgenössischen Beobachtern wie dem Gelehrten Wei Yuan (1794–1856) bemerkt – diese Erkenntnisse blieben aber folgenlos.

Finanzkrise des Staates

Die Umweltkrise verschlimmerte sich durch eine Finanzkrise. Diese ging auf die Reichseinigungsfeldzüge des späten 18. Jahrhunderts zurück, bei denen sich Qianlong finanziell übernommen hatte. Die Unterdrückung des Weiße-Lotus-Aufstandes (1796–1804) und kleinerer regionaler Rebellionen hatten den Staatshaushalt zusätzlich belastet. Der Kaiserhof reagierte mit Ad-hoc-Steuererhöhungen und heizte den Unmut in der Bevölkerung damit weiter an. Die strukturellen Mängel des autokratischen Systems zeigten ihre Auswirkungen. Dieses System hatte seit Kangxi auf zwei Säulen beruht: auf dem wohlinformierten und unentwegt eingreifenden Herrscher, der seine Beamten unter strenger Kontrolle hielt, und auf der moralischen „Innenlenkung" des Handelns dieser Beamten durch eine lebendig gehaltene Pflichtethik. Beide Stützen gerieten im 19. Jahrhundert ins Wanken. Die Abfolge der Kaiser nach Qianlong zeigt, teilweise sicher durch biologische Zufälle bedingt, ein Bild nahezu stetig fallender Kompetenz und Einsatzbereitschaft. Der durchschnittliche einzelne Beamte wiederum geriet immer häufiger in einen Widerspruch zwischen unzureichender Führung und Kontrolle von oben und der Zunahme neuartiger Herausforderungen, die mit alten Handlungsmaximen und schwindenden Ressourcen immer schwerer zu bewältigen waren.

Schwächung des Beamtenapparats

Gleichzeitig verschärfte sich der Konkurrenzkampf um die wenigen Posten. Viele erfolgreiche Prüfungsabsolventen mussten sich daher nach alternativen Betätigungsfeldern in Schulen, Akademien, Handel oder Verlagswesen umsehen. Als sich die staatliche Finanznot durch die Bekämpfung der großen Aufstände in der Mitte des 19. Jahrhunderts weiter verschlimmerte, ging die Qing-Regierung dazu über, Ämter zu verkaufen. Auf der mittleren Verwaltungsebene wurden 1840 bereits 29% der Posten auf diese Weise vergeben, nach 1865 stieg ihre Zahl sogar auf die Hälfte an. Die Bürokratie litt zusätzlich immer mehr unter dem Missverhältnis zwischen der niedrig bleibenden Ämterzahl und einer Zunahme ihrer Pflichten. Die Effizienz des Staates sank folglich rasch. Ähnlich wie die späte Ming-Dynastie büßte auch der Qing-Staat seit dem frühen 19. Jahrhundert zunehmend seine Handlungsfähigkeit und Legitimität ein.

Wirtschaftliche Depression

Hinzu kam in den 1830er Jahren eine akute Wirtschaftsdepression, die auf die steigenden Opiumimporte der britischen East India Company und den dadurch ausgelösten enormen Silberverlust zurückging. Seit dem 16. Jahrhundert hatte sich China durch den Export von Tee, Seide und Textilien sehr viel Silber ins Land geholt. Da die Opiumeinfuhr den bisherigen chinesischen Export an Wert bald überstieg, floss das Silber seit dem Ende des 18. Jahrhunderts immer schneller wieder aus dem Land. Der Silberverlust löste eine schwerwiegende deflationäre Krise aus und führte zur Verarmung weiter Bevölkerungskreise vor allem im Süden Chinas.

Auch Anzeichen einer kulturellen Krise wurden am Ende des 18. Jahrhunderts sichtbar. Wie die Behandlung der britischen Gesandtschaft Lord Macartneys durch die Qing-Regierung im Jahre 1793 deutlich gezeigt hatte, bestand in China kein besonderes Interesse am Westen mehr. Im Vergleich zum ersten Jahrhundert der Qing-Herrschaft, als die europäischen Jesuiten ihre vielseitigen Aktivitäten am Kaiserhof entfalten konnten und sich vor allem der Kangxi-Kaiser persönlich für Nachrichten aus Europa interessierte, überwog seit dem späten 18. Jahrhundert ein genereller Verlust an Weltoffenheit und kollektiver Lernbereitschaft. Im Qing-Reich schien kein Interesse mehr daran zu bestehen, sich Wissen über Europa und überhaupt die Außenwelt anzueignen.

4.2 Opiumkriege, Ungleiche Verträge und Treaty Ports

Anfänge des Opiumrauchens in China

Mit Opium hatten die Briten im späten 18. Jahrhundert eine Handelsware entdeckt, deren Bedarf in China immer rascher anstieg. Die Ursprünge des Opiumrauchens liegen im frühen 17. Jahrhundert, als von chinesischen Kaufleuten aus Südostasien zunächst eine Opium-Tabak-Mischung eingeführt wurde. Mit der Zunahme des Opiumgehalts stieg auch die Abhängigkeit der Konsumenten. Zwar hatte bereits Yongzheng im Jahre 1729 ein erstes Opiumverbot erlassen, doch blieb es – wie alle späteren Gegenmaßnahmen der Qing-Regierung bis kurz vor dem Ende der Dynastie – erfolglos. Die Aufhebung des Handelsmonopols der East India Company durch die britische Regierung führte nach 1833 zu einer wahren Schmuggelflut. Der illegale Opiumimport verzehnfachte sich von 1819 bis 1838 auf über 40000 Kisten. Die Fremdsteuerung der Opiumproblematik stellte die chinesische Außenpolitik vor eine neuartige Herausforderung, die sich nicht mehr mit den traditionellen Mitteln des Tributentzugs bewältigen ließ. Daher sahen einige hohe Qing-Beamte in der Legalisierung des Opiumhandels den einzigen Ausweg. Der Daoguang-Kaiser (reg. 1821–1851) hielt jedoch an der Verbotspolitik seiner Vorgänger fest und stimmte den Legalisierungsgegnern unter seinen Beratern zu, die im Opiumhandel eine Vergiftungsstrategie *(duhua zhengce)* sahen und eine strikte Durchsetzung des Verbots forderten.

Opiumschmuggel

Erster Opiumkrieg

Der Erste Opiumkrieg (1840–1842) war die konsequente Folge der defensiven kaiserlichen Politik bei der Behandlung der Opiumfrage. Für Großbritannien, die führende Seemacht und erste Industrienation der Welt, ging es dabei vorrangig um die Öffnung Chinas für den internationalen Handel und für westliche Missionare. Das sich isolierende Qing-Reich sollte in die von europäischen Staatsmännern und Juristen definierte Gemeinschaft „zivilisierter" Nationen integriert und mit sanfter Gewalt in die moderne Welt hineingezogen werden. Zudem versperrten die Gesetze und Bürokraten Chinas hartnäckig den damals potenziell größten Opiummarkt der Welt. Aus der Sicht des britischen Gegners, der im Juni 1840 mit zwanzig Kriegsschiffen und 4000 Mann Besatzung das Qing-Reich angriff, war das Feindbild daher klar umrissen: China wurde vorgeworfen, ein Hort der Barbarei zu sein, eine orientalische Despotie, die sich dem freien Welthandel verweigere und die eigenen Untertanen in Ignoranz und heidnischer Umnachtung gefangen halte.

Als eigentlicher *casus belli* ergab sich die Beschlagnahmung und Vernichtung von Opium, das zum Eigentum der britischen Krone erklärt worden war, durch den kaiserlichen Sonderbeauftragten Lin Zexu (1785–1850). Da das Qing-Reich keine Kriegsflotte besaß, sondern nur über eine Küstensicherung gegen Piratenbanden verfügte, musste sich die Dynastie den englischen Kriegsschiffen bald geschlagen geben. Der erste Opiumkrieg hatte als begrenzte Strafexpedition begonnen, führte aber zu einer machtpolitischen Neugestaltung der internationalen Beziehungen im Fernen Osten. Im Vertrag von Nanjing (1842), mit dem das System der „Ungleichen Verträge" begann, wurden die Abschaffung des chinesischen Handelsmonopols, die Öffnung von fünf Städten (Shanghai, Ningbo, Fuzhou, Amoy [Xiamen] und Kanton) für die Niederlassung von Briten, Handel und die Stationierung von britischen Kanonenbooten sowie die Exterritorialität der Ausländer gegenüber chinesischen Rechtsansprüchen festgeschrieben. Außerdem wurden ein extrem niedriger Importzoll und die Abtretung der Insel Hongkong an Großbritannien bestimmt. Die Meistbegünstigungsklausel sicherte in der Folgezeit auch allen anderen fremden Mächten, die mit China Verträge schlossen, diese neuen Bedingungen zu. Die bisherige Vermittlerschicht, Cohong-Kaufleute in Kanton, wurde dadurch ausgeschaltet und die Kontrolle der Handelsgeschäfte ging auf die ausländischen Konsuln in den Vertragshäfen über. In China wird diesem wichtigen historischen Einschnitt dadurch Rechnung getragen, dass er bis heute als Epochenbezeichnung dient: Er stellte den Beginn der „halbkolonialen, halbfeudalen" Periode der chinesischen Geschichte dar.

Vertrag von Nanjing

Entstehung der Vertragshäfen

Das Qing-Reich befand sich nunmehr in einer eindeutig untergeordneten Position. Zwar ermöglichte das neue Handelssystem, das – freilich nicht von heute auf morgen, aber doch innerhalb der nächsten drei Jahrzehnte – die traditionelle Tributordnung ablöste, die Anfänge technologischer Modernisierung und gab der chinesischen Wirtschaft wichtige Impulse, doch schränkte das in den Verträgen festgelegte Ungleichgewicht die Handlungsfreiheit der Qing-Regierung ein. Die Qing-Dynastie erkannte diese fundamentale Herausforderung des Westens jedoch nicht an, sondern verfiel nach Kriegsende in einen starren Widerstand und verweigerte die Umsetzung der Vertragsbestimmungen von Nanjing. England und Frankreich nahmen 1858 die Ermordung eines französischen Priesters und den sog. Arrow-Zwischenfall, bei dem ein kleines unter britischer Flagge segelndes Handelsschiff aus Hongkong von der chinesischen Polizei aufgebracht und seine Besatzung inhaftiert wurde, zum Anlass für einen erneuten Militärschlag. Dieser Konflikt wird auch der zweite Opiumkrieg genannt. In dessen Folge wurde das System der ausländischen Privilegien erheblich ausgebaut. China musste auch Kowloon, also die Festlandspitze Hongkongs, an Großbritannien abtreten und elf weitere Häfen für den Außenhandel öffnen. Opium wurde in die chinesischen Zolltarife aufgenommen und damit faktisch legalisiert. Die Exterritorialität wurde auf Zivilprozesse ausgedehnt, sofern ein Ausländer angeklagt war. Damit wurden alle in China lebenden Ausländer der chinesischen Justiz entzogen. Sie erhielten zudem die Erlaubnis, mit einem Pass überall in China zu reisen, während zugleich die Missionsfreiheit landesweit eingeführt wurde. Außerdem musste sich die kaiserliche Regierung endgültig bereit erklären, den Ausländern die Einrichtung diplomatischer Vertretungen in der Hauptstadt zu gestatten. Deren Betreuung wurde dem neu eingerichteten Außenamt *(Zongli yamen)* übertragen. Eine weitere institutionelle Innovation stellte das Kaiserliche Seezollamt dar, das als gemeinsame sino-ausländische Behörde des chinesischen Staates der Überwachung und Erhebung der Einfuhrzölle dienen sollte und mit Sir Robert Hart (1835–1911, im Amt: 1863–1908) von einem Ausländer geleitet wurde. Von chinesischer Seite wurden die Verträge, die der Qing-Regierung gewaltsam aufgezwungen worden waren, als „ungleich" bezeichnet. Dennoch stellt das Vertragssystem eher einen Kompromiss dar als ein rein westliches Diktat. Schon das Kanton-System des 18. Jahrhunderts hatte die Einrichtung von ausländischen Kaufmannsenklaven gekannt.

Zweiter Opiumkrieg

Chinas erstes Außenministerium

Seezollamt

Hinzu kam, dass die Entwicklung einer hybriden Mischkultur, wie sie nun in Hongkong und einigen anderen Hafenstädten zu entstehen begann, auf den maritimen Rand des chinesischen Imperiums beschränkt blieb. Bis 1895 wurde kein einziges größeres Gebiet des Qing-Staates kolonialer Herrschaft unterworfen. Nur in dem 1841 an Großbritannien abgetretenen Hongkong und in Shanghai übten Europäer die Kontrolle über eine chinesische Bevölkerung aus. Die unter dem Schutz ausländischer Rechtssprechung stehenden Treaty Ports entwickelten sich zu Gesellschaften neuen Typs, in denen nicht mehr nur die traditionellen Grund besitzenden Honoratiorenfamilien dominierten. Die Ausländer beherrschten zwar die Stadtverwaltungen, aber im wirtschaftlichen und kulturellen Bereich wurden neue soziale Gruppen aktiv, die sich auf die europäische Kultur und die Praktiken des modernen Kapitalismus einließen.

Gründung Hongkongs

Jenseits der Treaty Ports konnte freilich jahrzehntelang kaum von einer „Öffnung" Chinas gesprochen werden. Selbst zu den Großstädten der inneren Provinzen fanden die geistigen Einflüsse des Westens erst zaghaft Zugang. Denn im traditionellen Machtzentrum, am Kaiserhof, gab man sich weiterhin sinozentrisch und im alten Tributdenken verhaftet. Dazu gehörte die Illusion, man könne gegenüber den Europäern die traditionellen Methoden der Beschwichtigung aggressiver Barbaren anwenden. Folglich wurde auch an der generellen Vernachlässigung der Küstenverteidigung gegenüber der Sicherung der kontinentalen Peripherie festgehalten. Hinzu kam, dass die Qing-Regierung ihre Aufmerksamkeit in den 1850er Jahren auf die Taiping-Rebellion konzentrieren musste, die viel gefährlicher erschien als die europäischen Kriegsschiffe an den Küsten.

4.3 Die Aufstände der Jahrhundertmitte

Ursachen des Taiping-Aufstandes

Vorübergehend erweckte die große Volksbewegung, die das utopische Ziel eines „Himmlischen Reichs des ewigen Friedens" *(Taiping tianguo)* anstrebte, den Eindruck, einen alternativen Weg für die Erneuerung Chinas aufzuzeigen. Ihre Ursprünge lagen in der sozialökonomischen Krise Südchinas, die von den Umständen der „Öffnung" hervorgerufen worden war. Die Verlagerung des Schwerpunkts des Außenhandels von Kanton auf den 1843 geöffneten Hafen Shanghai hatte zu einer hohen Arbeitslosigkeit unter Bootsleuten, Packern und Lastträgern geführt. Die Qing-Regierung versuchte, den daraus resultierenden Einkommensausfall der Südprovinzen durch höhere Steuern zu kompensieren.

Hong Xiuquan, der Himmelskönig

Vor diesem Hintergrund gelang es dem charismatischen Gründer der Taiping-Bewegung, Hong Xiuquan (1814–1864), Anhänger für seine Visionen einer neuen Weltordnung zu gewinnen. Mit seinem starken Sendungsbewusstsein und großen Organisationstalent verband er einen christlichen Egalitarismus, einen chinesischen Messianismus und einen sich erstmals artikulierenden Anti-Mandschu-Nationalismus, der über eine nostalgische Loyalität gegenüber der Ming-Dynastie hinausreichte. Von seiner prophetischen Erwählung als „Gottes chinesischer Sohn" überzeugt, scharte Hong Xiuquan als Wanderprediger in der relativ rückständigen Provinz Guangxi innerhalb kürzester Zeit zehntausende Anhänger um sich. Anders als die traditionellen Bauernaufstände verfügte die Taiping-Bewegung über eine breite gesellschaftliche Basis und fand ihren stärksten Rückhalt sogar in großen Städten. Sie stürzte das Qing-Reich im Grunde in einen Bürgerkrieg. Mit dem ersten Aufstand und Kämpfen gegen die lokalen Qing-Behörden im Süden Guangxis begann im Juni 1850 die Eskalation. Im folgenden Jahr erklärte Hong Xiuquan sich zum König des „Himmlischen Reiches des Großen Friedens" und nahm den Kampf gegen die Qing-Dynastie auf. Die Organisation der Feldzüge überließ er den von ihm ernannten fünf weiteren Königen und konzentrierte sich ganz auf seine spirituelle Autorität. Die Massenheere der Taiping eroberten eine Stadt Südchinas nach der anderen. Überall entlud sich ihre revolutionäre Wut gegen die lokale Oberschicht. 1853 wurde in Nanjing, der frühen Hauptstadt der Ming-Dynastie, das Hauptquartier eingerichtet.

Taiping-Programm

In der zweiten Phase der mittleren Jahre (1853–1859) gelang es der Taiping-Gegenregierung jedoch nicht, ihr Programm in die Tat umzusetzen. Dieses bestand aus einer einzigartigen, aber auch widersprüchlichen Mischung sozialer Revolution, kollektiver Heilssuche und eines gegen die Mandschu gerichteten Fremdenhasses. Es enthielt ebenso Elemente eines urkommunistischen Gleichheitsdenkens wie auch Pläne zu einer Modernisierung Chinas nach westlichem Vorbild. Nachdem die Taiping-Armeen zunächst auf dem Vormarsch nach Norden die Qing-Dynastie an den Rand des militärischen Zusammenbruchs getrieben hatten, wurde ihr Vorstoß 1856 am unteren Yangzi gestoppt. Die dortigen Provinzeliten organisierten einen sehr schlagkräftigen Widerstand, bei dem sie (allerdings nicht in entscheidender Weise) von den europäischen Mächten unterstützt wurden, die eine schwache Qing-Dynastie dem undurchsichtigen Taiping-Regime vorzogen. Gleichzeitig zerstörten die Machtkämpfe innerhalb der Taiping-Führung, die schon bald nach der Reichsgründung in Nanjing ausgebrochen waren, die Bewegung auch von innen her. Ihnen fielen 1856 einer der Unterkönige und 20000 seiner Anhänger zum Opfer. Vergeblich versuchte 1859 Hong Rengan, der Cousin des immer weltfremder werdenden, geisteskranken Himmelskönigs, nach der Stagnation der letzten Jahre der Bewegung noch einen neuen Aufschwung zu verleihen. Da er jedoch über keine eigene Machtbasis verfügte, scheiterten seine Ansätze zur Zentralisierung und Rationalisierung des Taiping-Staates. In der dritten Phase der letzten Jahre (1860–1864) zog sich die Schlinge der Provinzarmeen unter Führung Zeng Guofans zu. Mitte 1862 begann die Einkesselung der Aufständischen in Nanjing, das im Juli 1864 gestürmt werden konnte.

Machtkämpfe im Taiping-Reich

Vernichtung der Taiping-Bewegung

Die extreme Grausamkeit, mit der die Taiping-Bewegung schließlich vernichtet wurde, zeigt die bürgerkriegsähnlichen Ausmaße des Konflikts, der nur mit dem vollständigen Sieg einer der beiden Parteien enden konnte. So gut wie keine Spuren überlebten von der Taiping-Gegenkultur. Die Rebellion und ihre brutale Bekämpfung hinterließen weite Teile Süd- und Mittelchinas – neben den Schauplätzen des amerikanischen Bürgerkriegs – als größtes Schlachtfeld des 19. Jahrhunderts. Einige der verwüsteten Regionen brauchten Jahrzehnte, um sich wieder zu erholen. Vor allem in den Provinzen am unteren Yangzi waren beträchtliche Teile der Oberschicht ausgelöscht worden. Nur Shanghai, das in jener Zeit zahlreiche Flüchtlinge aufnahm, ging gestärkt aus diesem Konflikt hervor und stieg in den folgenden Jahrzehnten zur unumstrittenen Metropole auf dem chinesischen Festland auf.

Nian-Aufstand

Im Gegensatz zur Taiping-Rebellion stand der fast gleichzeitige Nian-Aufstand deutlich in der Tradition der chinesischen Bauernaufstände. Es gab weder eine klare religiöse Bindung oder politische Ideologie, noch feste strategische Ziele oder eine einheitliche Führung. Das Kerngebiet der Nian-Banden befand sich in der Grenzregion zwischen den Provinzen Shandong, Jiangsu, Henan und Anhui. Ihre Anhängerschaft setzte sich vor allem aus armen Bauern zusammen. Die Qing-Behörden wurden erstmals 1851 auf die Nian-Rebellen aufmerksam, nachdem schwere Überschwemmungen im nördlichen Jiangsu ihnen einen starken Zulauf beschert hatten. Achtzehn Nian-Gruppen schlossen sich daraufhin unter einem gemeinsamen Oberhaupt zusammen und organisierten ihre Kampftruppen in fünf Bannern, die Mitglieder mit gleichem Familiennamen zusammenfassten.

Mit 30 000 bis 50 000 Mann störten die Nian-Banner die Nachschublinien der Qing-Armee aus Beijing für den Kampf gegen die Taiping in Nanjing und unternahmen Raubzüge durch die Regionen nördlich des Huai-Flusses. Die mit Mauern, Kanonen und Gräben geschützten dörflichen Stützpunkte der Nian und die zu Wehrsiedlungen ausgebauten Ortschaften der friedlichen Bevölkerung militarisierten die gesamte Region. Nur wenigen Dörfern gelang es, einen Friedensvertrag mit den Nian-Rebellen zu schließen oder sie sich durch Schutzgelder fern zu halten. Erst der mongolische Qing-General Senggelinqin (?-1865) meldete 1860 dem Kaiserhof einen ersten Sieg über die Nian-Rebellen. Gegen die Guerilla-Taktik der Nian konnte die Qing-Armee allerdings wenig ausrichten. 1865 fielen ihr selbst die Truppen des erfolgreichen Mongolengenerals zum Opfer. Nach ihm scheiterte sogar der Generalgouverneur Zeng Guofan (1811–1872), dem kurz zuvor die Rückeroberung der Taiping-Hauptstadt Nanjing gelungen war. Erst ein gemeinsames Vorgehen Zengs mit Li Hongzhang (1823–1901) führte nach einem langwierigen Zermürbungskrieg zur endgültigen Vernichtung der zersplitterten Nian-Rebellen. Nicht zuletzt profitierten die Elitetruppen der beiden Provinzgouverneure von der modernen Bewaffnung (Gewehre, Artillerie, Kanonenboote), die sie den Ausländern abgekauft hatten.

Als noch schwieriger erwies sich die Bewältigung der Moslemaufstände, da diese in sehr viel weiter auseinander liegenden Regionen des Qing-Imperiums gleichzeitig mit den Taiping- und Nian-Rebellionen ausbrachen und unterschiedliche Ursachen hatten. Konflikte zwischen chinesischen Einwanderern und einheimischen Muslimen um die begehrten Gold- und Silberminen bildeten 1855 den Ausgangspunkt für die Aufstände in Yunnan. Die erdrückenden Bodensteuern und die zahlreichen Sonderabgaben boten den unmittelbaren Anlass für den Ausbruch von Unruhen, in deren Verlauf die Muslime die Stadt Dali eroberten und dort 1864 in Anlehnung an die Taiping in Zentralchina ein „Himmlisches Reich des befriedeten Südens“ *(Pingnan guo)* ausriefen. Erst 1873 gelang es lokalen Qing-Generälen, die muslimischen Streitkräfte aufzusplitten und ihren Anführer hinzurichten. Von der fernen südwestlichen Peripherie aus fehlte es den Muslimen Yunnans nicht zuletzt auch an Verbindungen mit Zentren der anderen Aufständischen, die zudem andere Hintergründe und Motive hatten. So gingen die Moslemunruhen in den Nordwestprovinzen Gansu und Shaanxi auf die aggressiven Rivalitäten zwischen lokalen Sufi-Bruderschaften zurück.

Muslimische Aufstände in Yunnan

Moslemunruhen im Nordwesten

Der Sufismus hatte sich seit dem 17. Jahrhundert von Zentralasien her in mehreren Wellen unter den Muslimen Chinas verbreitet. Die neuen Bruderschaften entstanden in Konkurrenz zu bereits bestehenden Bruderschaften und zum Islam der lokalen Moscheen. Ihre Mitglieder waren geprägt von langen Initiationsreisen zu berühmten Stätten islamischer Gelehrsamkeit in Zentralasien

Sufi-Bruderschaften

und im Mittleren Osten. Die Sufi-Führungspositionen wurden von der dritten Generation an weiter vererbt und bildeten eigene heilige Abstammungslinien, die sich über den Frondienst der Anhängerschaft auch zu wirtschaftlich-territorialen Einheiten entwickelten. Kämpfe zwischen den Bruderschaften hatten schon im 18. Jahrhundert zum Eingreifen des Qianlong-Kaisers geführt, der den Anführer der „Neuen Lehre" *(xin jiao)* enthaupten ließ und dessen bereits gut integrierte Gegner, die als Anhänger der „Alten Lehre" *(lao jiao)* bezeichnet wurden, anerkannte. Auch die großen Aufstände des 19. Jahrhunderts wurden durch lokale kleinere Konflikte ausgelöst. Sie verschärften sich durch die brutale Unterdrückung der Qing-Regierung, die damit Zuo Zongtang (1812–1885), einen ihrer Elitegeneräle, beauftragte, der den Hauptstützpunkt der Aufständischen so lange belagern ließ, bis ihr Anführer 1871 aufgab. Er und seine Familie wurden mit 80 Anhängern hingerichtet. Tausende muslimische Kaufleute, Frauen und Kinder wurden umgesiedelt oder ins Exil in der nördlichen Mandschurei verbannt. Die Anhänger der „Neuen Lehre" zogen sich in den Untergrund zurück.

Feldzüge gegen die Muslime

Einen anderen Weg wählten die Ihwan (Brüder, chin. *yihewani)*, die sich zu einer antisufischen Bewegung zusammenschlossen. Sie reinigten einerseits den chinesischen Islam von allen vom Koran abweichenden Praktiken wie der Ämtererblichkeit und dem Gräberkult, zeigten sich aber dennoch bereit, mit den politischen Machthabern Chinas zu kooperieren. Dafür kam es zu Konflikten mit den Sufi-Bruderschaften in der Region. Umso leichter konnten Moslemaufstände in den chinesischen Provinzen auch auf die ferne Unruheregion Xinjiang überspringen. Dort begannen 1864 chinesische Muslime, Tunganen genannt, in den Oasenstädten gegen die Qing-Herrschaft zu rebellieren. Auch die Turkvölker schlossen sich ihren Aktionen an, doch waren die Aufstände spontan und unkoordiniert. Der Islam blieb das einzige Bindeglied zwischen den verschiedenen sozialen, religiösen und ethnischen Gruppen Xinjiangs. Religiöse Führer übernahmen zwar die Leitung der Aufstände, verstrickten sich jedoch selbst in Machtkämpfen. Erst Yakub Beg (1820–1877), einem General aus dem benachbarten Khanat Khokand, gelang 1867 die Einigung aller Anti-Qing-Kräfte der Region. Als Außenseiter ohne religiöses oder säkulares Charisma konnte er sich aber nur auf seinen militärischen Machtapparat und eine stark zentralisierte Herrschaftsstruktur verlassen. Seine diplomatischen Erfolge nutzte er, um sich Legitimität zu verschaffen. 1872 schloss Yakub Beg ein Handelsabkommen mit dem Zarenreich ab, 1874 folgte ein Vertrag mit Großbritannien. Zudem sicherte ihm das ottomanische Reich seine militärische Unterstützung zu. Sein Versuch, die Qing-Regierung gleichfalls zu einer diplomatischen Lösung zu bewegen, scheiterte allerdings.

Yakub Begs Reich

Die Rückeroberung Xinjiangs durch Zuo Zongtangs Truppen vereinfachte sich durch Yakub Begs plötzlichen Tod im Jahre 1877. Die Qing-Regierung zog aus den Ereignissen den Schluss, dass Xinjiang nicht mehr nur durch Militärgouverneure und lokale Begs zu beherrschen sei, und integrierte die Region 1881 ins

Xinjiang als Provinz

chinesische Provinzsystem. Dadurch wurden einer wachsenden Siedlerbewegung aus dem Kernland die Tore geöffnet. Hilfreich für die Qing-Seite war auch hier, dass sich ähnlich wie im chinesischen Nordwesten unter den Muslimen Xinjiangs eine neue geistige Strömung durchsetzte, die sich kritisch gegenüber religiöser Mystik gab und auf eine Reform der traditionellen muslimischen Gesellschaft drängte.

Bedeutung der Provinzgouverneure

In der Abwehr der Aufstände von Taiping, Nian und Muslimen hatte der qingkaiserliche Zentralstaat noch einmal seine ganzen militärischen Kräfte mobilisiert. Nicht nur Qing-Truppen waren an der Vernichtung der Rebellen beteiligt gewesen; Provinzgouverneure wie Zuo Zongtang und Li Hongzhang hatten Privatarmeen aufgestellt, und große Teile der ländlichen Gentry hatten in den betroffenen Regionen Lokalmilizen organisiert. Es handelte sich folglich nicht mehr nur um traditionelle Bauernaufstände, sondern um Bürgerkriege, die auf allen Seiten mit ungewöhnlicher Grausamkeit und einem neuartigen ideologischem Fanatismus geführt wurden. Die von den Kämpfen betroffenen Gebiete am Yangzi und im Nordwesten erholten sich nur langsam von den Verwüstungen; manchen von ihnen gelang dies nie. Die menschlichen Opfer der Rebellionen und ihrer Niederschlagung lassen sich kaum schätzen.

Die Qing-Regierung zog regional sehr unterschiedliche Konsequenzen: Da sie die kontinentale Peripherie als wichtigen Lebensnerv ihres Imperiums betrachtete, verstärkte sie hier ihre Kontrolle. In den Küstenregionen Chinas hingegen übernahm die Lokalgesellschaft die Initiative. Reiche Familien waren vor den Taiping nach Shanghai geflohen. Dort entstanden unter den Bedingungen der Treaty-Port-Strukturen neue kommerzielle Netze. Die städtischen Zentren entwickelten sich zunehmend unabhängig von den ländlichen Gebieten, deren Militarisierung die Zersplitterung Chinas in regionale Großeinheiten rivalisierender Kriegsherren nach dem Zusammenbruch dynastischer Herrschaft im frühen 20. Jahrhundert vorbereitete.

4.4 Einbindung in den Weltmarkt

Treaty-Port-Kultur

Die sichtbarste Wirkung der „Öffnung“ Chinas bestand in der wachsenden Kluft zwischen den westlich beeinflussten Küstengebieten, dem „blauen China“, und einem „gelben China“ des Binnenlandes und der kontinentalen Peripherie. Die ausländische Präsenz während der zweiten Hälfte des 19. Jahrhunderts förderte diese Entwicklung. Nicht nur in der britischen Kronkolonie Hongkong, sondern auch in Shanghais International Settlement und der Französischen Konzession sowie in den anderen ausländischen Enklaven in chinesischen Großstädten (wie Tianjin im Norden und Hankou am mittleren Yangzi) bildete sich ein gemischt chinesisch-ausländischer Handelskapitalismus. Die großen Treaty Ports und Hongkong stellten Wachstumspole und Mittelpunkte einer maritimen Zivilisation dar, die sich im Schutz der Ausländer offen von der konfuzianisch-autokratischen Orthodoxie der Hauptstadt abwandte.

Nicht nur die Rebellionen der Jahrhundertmitte hatten viele Kaufleute und Angehörige der Gentry vom Lande in die sicheren Treaty Ports getrieben, sondern auch Hoffnungen auf Profite vom Außenhandel. Denn die ausländischen Investoren führten dort – zunächst allerdings in bescheidenem Maße – moderne Technologie ein, stellten Kapital zur Verfügung und schufen eine unternehmerfreundliche Umgebung. In den Treaty Ports unterstand die neue Generation chinesischer Kaufleute nicht mehr in solch direkter Weise der staatlichen Kontrolle wie die für den Außenhandel verantwortlichen Cohong-Kaufleute in Kanton vor den Opiumkriegen. Gestützt auf die traditionellen sozialen Institutionen der einflussreichen Gilden *(gongsuo)* und Landsmannschaften *(huiguan)*, bauten sie selbstständige, leistungsfähige Handelsnetze auf. Ihre Unternehmen verbreiteten die ausländischen Waren von den Vertragshäfen aus im Inland. Strukturen einer interregionalen Kommerzialisierung bestanden bereits seit dem 16. Jahrhundert. Nach 1850 orientierte sich auch die ländliche Produktion im chinesischen Hinterland zunehmend am internationalen Markt. Der Staatshaushalt profitierte ebenso von diesem Handelsaufschwung. Über die Hälfte der Steuereinnahmen der 1890er Jahre stammte von Handelssteuern des kaiserlichen Seezollamts und einer neuen Transitsteuer, *likin* genannt. Dampfschifffahrt und Eisenbahnverkehr beschleunigten den landesweiten Prozess der Kommerzialisierung.

Migration nach Übersee

Einen wichtigen Beitrag zur Integration Chinas in den Weltmarkt leisteten die Auslandschinesen. Die Zerstörungen durch die Rebellionen hatten nicht nur die Landbevölkerung in die Städte getrieben; viele Chinesen suchten auch nach einer Zukunft in Übersee. Vor allem aus Südostchina setzte nach 1850 eine umfangreiche Emigration nach Südostasien ein. Bauern, Fischer und Händler gründeten in der Fremde eigene Siedlungsgemeinschaften, in denen sie ihre heimatlichen Beziehungen und Dialekte aufrechterhielten. Die Kolonialmächte in Südostasien boten Beschäftigung im Bergbau, auf Plantagen, beim Schiffstransport und als Steuereintreiber und Verwalter für den kolonialen Monopolhandel wie etwa dem holländischen Opiumgeschäft in Indonesien. 1873 eröffnete die Qing-Regierung in Singapur ein Konsulat, um die Emigration besser unter Kontrolle halten zu können. Staatliche chinesische Eingriffe erfolgten auch in Bezug auf die Chinesen, die nach Lateinamerika auswanderten. Allein 100 000 Chinesen waren zwischen 1840 und 1875 nach Peru aufgebrochen und arbeiteten dort – ähnlich wie auf Kuba und in Hawaii – unter katastrophalen Lebensbedingungen in den Plantagen. 1873 setzte das kaiserliche Außenamt eine Untersuchungskommission ein, die die kriminellen Anwerbepraktiken des Kulihandels in China enthüllte.

Kulihandel

Zur Immigration in die Vereinigten Staaten lockte zunächst 1848/49 der kalifornische Goldrausch. Von der Westküste aus verbreiteten sich die chinesischen Einwanderer in den 1880er Jahren bis zur Ostküste. Wie in anderen Ländern waren sie auch hier gut organisiert. Neuankömmlinge wurden sofort in Untergruppen der sechs rivalisierenden Vereinigungen eingegliedert, die die Kontrolle über alle Chinesen ausübten und in Verbindung zu Geheimgesellschaften standen. Ethnische Spannungen mit der weißen Bevölkerung entluden sich 1871 erstmals gewaltsam. Um die gleiche Zeit, als im Massaker von Tianjin Franzosen und Russen Opfer von fremdenfeindlichen, antichristlichen Chinesen wurden, starben durch einen weißen Mob in Chinatown von Los Angeles chinesische Männer, Frauen und Kinder. Die Qing-Regierung hatte schon 1868 den ehemaligen amerikanischen Gesandten Anson Burlingame zur Vermittlung in seine Heimat geschickt. Er erreichte, dass die amerikanische Regierung trotz des Widerstandes in der Bevölkerung den Chinesen das Recht auf Einwanderung garantierte. Die Qing-Regierung eröffnete daraufhin 1878 eine Botschaft in den USA. Doch schon in den 1880er Jahren schränkten wiederholt Restriktionen die chinesische Einwanderung immer stärker ein. In den folgenden Jahren verschärfte sich der chinesenfeindliche Ton in der amerikanischen Politik. Die Integration Chinas in die Staatenwelt erwies sich als nicht unproblematisch. Sogar Japan, das in westlichen Augen ein viel höheres Ansehen genoss, hatte mit ähnlichen Befürchtungen vor einer „gelben Gefahr“ zu kämpfen.

Antichinesische Ausschreitungen

4.5 Westlicher Kultureinfluss und christliche Mission

Nicht nur im ökonomischen Bereich gab es Gewinner und Verlierer des Öffnungsprozesses, sondern ebenso in der kulturellen Begegnungssituation zwischen China und dem Westen. Im städtischen Umfeld der Vertragshäfen entwickelte sich unter dem Einfluss westlicher Ideen und im Kontakt mit Diplomaten, Journalisten, Missionaren und Unternehmern ein neues soziales Milieu. Wer es dorthin schaffte, konnte die neuen Chancen nutzen. In der Treaty-Port-Gesellschaft boten die erste, noch vom Ausland finanzierte moderne Presse Chinas sowie ausländische Schulen, Universitäten, Krankenhäuser und Fabriken neue Berufsmöglichkeiten. Nach dem Vorbild ausländischer Zeitungen *(Canton Register* seit 1827, *China Mail* seit 1845, *North China Herald* seit 1850) erschienen in den 1870er Jahren die ersten chinesischsprachigen Tageszeitungen wie etwa die 1872 in Shanghai gegründete *Shenbao* (Berichts-Zeitung). Bis zum Ende des Jahrhunderts stieg ihre Zahl auf fast 200. Sie erschienen größtenteils in ausländischen Verlagen oder standen zumindest unter ausländischem Einfluss. Ihre umfassende Informationsverbreitung ermutigte die Leser auch zur politischen Diskussion. Die öffentliche Meinung ließ sich nicht mehr auf private Gelehrtennetzwerke und bürokratische Kanäle beschränken; vielmehr entstand eine breite, an politischen Fragen interessierte Öffentlichkeit. Gleichzeitig erschloss die moderne Presse neue Themenfelder und berichtete beispielsweise über öffentliche Aktivitäten der Lokalelite oder sie bezog Stellung für die Gentry in deren Konflikten mit der kaiserlichen Bürokratie. Bereits in den 1880er Jahren forderten erste Stimmen in Zeitungen die Einführung von Parlamenten. Der rechtliche Schutz

Entstehung einer modernen Presse

der internationalen Konzessionen bildete die Grundlage für die Entstehung dieser frühen städtischen Öffentlichkeit.

Einen weit über ihren eigentlichen Verkündigungsauftrag hinaus gehenden Einfluss übten die westlichen Missionare aus. Sie veröffentlichten seit den 1830er Jahren neben Bibelübersetzungen und christlichen Schriften auch Werke über westliche Politik, Geschichte und Kultur. In den Missionsschulen lernten junge Chinesen auch Mathematik, Geographie, Musik und Englisch und wurden auf berufliche Möglichkeiten in den Vertragshäfen vorbereitet. Mit finanzieller Unterstützung ausländischer Philanthropen und einheimischer Kaufleute begannen Missionsärzte in den 1860er Jahren mit der Einrichtung von Krankenhäusern. Dennoch gab es noch eine andere Seite der missionarischen Präsenz, die vor allem von der ländlichen Bevölkerung als Bedrohung wahrgenommen wurde. Im agrarischen Hinterland riefen die Missionare mit ihrer fremden Religion und ihren ungewohnten Gesellschaftsvorstellungen zunehmend gewaltsamen Widerstand hervor. Abgesehen von einzelnen Forschungsreisenden – wie dem deutschen Geographen Ferdinand von Richthofen (1833–1905) –, drangen im 19. Jahrhundert die katholischen und protestantischen Missionare auch bis in die entlegenen Regionen des Qing-Reiches vor. Nicht nur das Auftreten einzelner Missionare, die hochmütig, aggressiv und verständnislos gegen das chinesische „Heidentum" zu Felde zogen, stiftete Unruhe unter der Bevölkerung, sondern auch die Folgen ihres Eindringens in die traditionelle Dorfstruktur. Da die Missionare zum Landerwerb berechtigt waren, richteten sie sich langfristig in den Dorfgemeinschaften ein und übertrugen dabei den eigenen exterritorialen Schutz mit seinen rechtlichen Privilegien auf ihre Konvertiten. Die dörfliche Gesellschaft spaltete sich in Christen und Nicht-Christen. Auf diese Weise provozierten die Missionare dieser Epoche, willentlich oder unbewusst, Hunderte von „Missionszwischenfällen" *(jiao'an)*, in denen die westlichen Schutzmächte auf Seiten der Missionare in deren Konflikte mit den chinesischen Behörden und Untertanen eingriffen. Ihre großen Verdienste um medizinische Versorgung, Hungerhilfe, Erziehungsreform und die chinesisch-westliche Kulturbegegnung konnten nicht verhindern, dass die westliche Mission immer mehr als Speerspitze der ausländischen Invasion Chinas empfunden wurde. Gerade diese Widersprüchlichkeit erwies sich als charakteristisch für die Kulturbegegnung Chinas mit dem Westen im Verlauf des 19. Jahrhunderts.

Ausländische Missionare

Konflikte mit den Missionaren

Antichristliche Ausschreitungen

4.6 Reformversuche und neue Formen des Politischen

Die Niederschlagung der Aufstandsbewegungen der Jahrhundertmitte schien zunächst das qingkaiserliche Ancien régime politisch gestärkt zu haben. Nach 1864 wurde China weiterhin von einer kleinen Schicht hoher Beamter regiert, die durch die Staatsprüfungen rekrutiert worden waren. Um ihr Ansehen bei der Bevölkerung zu stärken, verkündete die Qing-Regierung einerseits ihre Rückkehr auf den in den klassischen konfuzianischen Schriften beschriebenen Pfad der herrscherlichen Tugenden und setzte andererseits auf eine neue Strategie im Umgang mit den westlichen Großmächten. Ihr Bemühen um einen friedlichen Ausgleich mit dem Westen wurde erleichtert durch die Haltung der Großmächte, die nach 1860 ihre kolonialen Ambitionen in Ostasien etwas zurückhielten und sich zunächst auf den Freihandelsimperialismus in den Treaty Ports beschränkten, der sich nun festere institutionelle Strukturen schuf. Zum Ausbau des Systems der Ungleichen Verträge gehörte vor allem die Einrichtung einer gemischten sino-europäischen Behörde, des einflussreichen Kaiserlichen Seezollamtes *(Haiguan, Imperial Maritim Customs).*

Tongzhi-Restauration

Zur Stabilisierung der bestehenden dynastischen Ordnung sollte gleichzeitig eine Strategie der Selbststärkung *(ziqiang)* beitragen, die auf eine technologische Modernisierung Chinas und die Abwehr des Westens mit dessen eigenen Mitteln setzte. Bei der Verwirklichung dieses Programms fehlte es jedoch in dieser Epoche an starken Herrschergestalten, die eine Kontrolle über die differenziert aufgebaute, stets für Korruption und Indolenz anfällige Bürokratie übernehmen konnten und gleichzeitig aus den Erfahrungen mit den gewaltigen Rebellionen Konsequenzen für die Dynastie zogen. Die tatsächliche monarchische Gewalt lag zwischen 1861 und 1908 bei der Kaiserinwitwe Cixi (1835–1908), die eine sehr persönliche Machtpolitik verfolgte. Viel Energie verwendete sie darauf, ihrer prekären Stellung innerhalb des kaiserlichen Mandschu-Clans Stabilität zu verleihen. Eingeleitet wurde die Politik der Selbststärkung 1861 durch Prinz Gong Yixin (1833–1898), den eigentlichen Architekten des ersten Modernisierungsprogramms Chinas. Als Prinzregent, Leiter des Staatsrates und des Außenamtes verfügte er über die notwendige Autorität und Verwaltungserfahrung, um vorsichtig Reformen durchzusetzen. Zwischen 1865 und 1867 wurden mit dem Jiangnan-Arsenal von Shanghai und den Arsenalen von Nanjing, Fuzhou und Tianjin die wichtigsten Modernisierungsprojekte gegründet. In den meisten Provinzstädten entstanden Waffenfabriken, die von Qing-Beamten geleitet wurden. Die Gründung von drei Sprachenschulen in Beijing (1862), Shanghai (1863) und Kanton (1864) ermöglichte die Übersetzung wissenschaftlicher Werke ins Chinesische. Als die Reformer 1867 die Aufnahme einer naturwissenschaftlichen Ausbildung in das kaiserliche Staatsprüfungssystem forderten, stießen sie jedoch auf heftigen Widerstand der konservativen Hofkreise. Diese begrüßten zwar die technologische Modernisierung Chinas als einen nützlichen Effekt *(yong)*, beharrten aber auf der konfuzianischen Kultur als unumstößliche Grundlage *(ti)* des Staates. Unterstützt von den konservativen Hofbeamten entzog Cixi dem Prinzen schließlich 1884 seine Machtstellung und versetzte damit auch der Selbststärkungspolitik einen schweren Schlag. Statt für weitere Modernisierungsprojekte von Armee und Marine verwendete die Kaiserinwitwe die Staatsgelder für den Ausbau des Sommerpalastes im Nordwesten von Beijing.

Selbststärkungsbewegung

Kaiserinwitwe Cixi

„Reformprinz" Gong

Tiyong-Formel

Die Initiative lag nun ganz bei den reformwilligen Provinzgouverneuren, mit deren Hilfe sich die Dynastie zuvor von den Aufständischen befreit hatte. Sie

Staatliche Unternehmensinitiativen

gründeten zivile Unternehmen, um ihr Militärbudget zu erhöhen. Diese Projekte wurden von Kaufleuten unter Kontrolle von Beamten geführt *(guandu shangban)*. Auf diese Weise entstanden die China Merchants' Steam Navigation Co. (1872), die Kohleminen von Kaiping (1878) und ca. 30 weitere Bergwerke sowie Textilfabriken, ein Postsystem (1878) und ein Telegraphennetz (1879). Aber auch ihnen ließ Cixi, die immer um ihre autokratische Macht bangte, keine freie Hand. So widersetzte sie sich in den 1870er Jahren dem Vorschlag von Li Hongzhang (1823–1901), dem wichtigsten Staatsmann Chinas in der zweiten Hälfte des 19. Jahrhunderts, den staatlichen Eisenbahnbau aufzunehmen. Indem sie die Reformbeamten gegeneinander ausspielte und sie ständig ihre Posten wechseln ließ, behielt die Kaiserinwitwe gegenüber den tatkräftigen Provinzgouverneuren um Li Hongzhang, Zuo Zongtang, Zeng Guofan und Zhang Zhidong weiterhin die Zügel in der Hand und verhinderte auch die Entstehung eines einheitlichen, landesweiten Modernisierungsprogramms. So blieb es bei zahlreichen Einzelprojekten, in denen eine partielle Übernahme westlicher Errungenschaften *(yangwu)* erfolgte. Vom Aufbau einer modernen staatlichen Rüstungs- und Werftindustrie erhofften sich die Initiatoren ein Ende der militärischen Schwäche des Landes. Einige Erfolge wurden bei der Verbreitung von Dampfschiff, Telegraph und Eisenbahn, im mechanisierten Bergbau und bei den Anfängen einer chinesischen Eisen- und Stahlindustrie erzielt. Doch fehlte dieser ersten zaghaften Modernisierung „von oben" ein den ganzen Staat planmäßig erfassendes Reformkonzept wie es in Japan nach 1868 umgesetzt wurde. Nicht nur die Kaiserinwitwe, sondern auch die konservativen Vertreter innerhalb der mächtigen Staatsbürokratie zeigten sich keineswegs dazu bereit, mehr als nur ein oberflächliches technisches Wissen vom Westen zu übernehmen. Die Reformanstrengungen blieben daher regional begrenzt und brachen ab, sobald ihr jeweiliger Initiator als Folge der Ämterrotation innerhalb der kaiserlichen Bürokratie auf einen anderen Posten versetzt wurde. Da es dem späten Qing-Staat, der keine effektive Besteuerung des Agrarsektors zu organisieren verstand, ohnehin an Finanzkraft mangelte und ein privates Bankenwesen noch nicht entwickelt war, verfügten die kostspieligen Projekte zudem über ungenügende finanzielle Grundlagen.

Hindernisse der Modernisierung

5. CHINA IM REVOLUTIONÄREN UMBRUCH (1895–1927)

Der Chinesisch-Japanische Krieg von 1894/95 stellt eine Epochenwende der chinesischen Neuzeit dar und markiert den tiefsten Einschnitt des 19. Jahrhunderts. Das Scheitern der Selbststärkungsbemühungen hatte sich bereits 1885 in der Niederlage im Krieg gegen die indochinesische Kolonialmacht Frankreich angedeutet und wurde 1895 endgültig offenbar. Die chinesische Niederlage gegen Japan kam für die Chinesen ebenso wie für die Japaner und die westliche Öffentlichkeit überraschend. Sie führte zu einer verschärften Krisenwahrnehmung in der chinesischen Elite und zu unterschiedlichen Versuchen, die Krise reformerisch und revolutionär zu bewältigen; eine neue Phase der chinesischen Geschichte begann.

1895 als Wendejahr

Nachdem die territoriale Integrität des Qing-Imperiums trotz des Eindringens des Westens in den Opiumkriegen mehr als ein halbes Jahrhundert lang im Wesentlichen bewahrt werden konnte, zeigte sich der Qing-Staat nach 1895 dem Zugriff der europäischen Großmächte und Japans weithin schutzlos ausgeliefert und verlor wichtige Teile seiner Peripherie. Dennoch gelang es der Qing-Regierung bis zu ihrem Sturz im Oktober 1911, das Reich in seinen chinesischen Kernprovinzen notdürftig zusammenzuhalten.

5.1 Chinas stürmische Jahrhundertwende (1895–1905)

Ursachen der Niederlage 1894/95

Kaum jemand hatte erwartet, dass in einem Konflikt um die Oberhoheit über Korea das kleine Inselreich Japan die kontinentale Imperialmacht China besiegen würde. Die Kaiserinwitwe Cixi erkannte die Notwendigkeit für den Aufbau einer modernen Kriegsmarine nicht und beschäftigte sich lieber mit dem Bau ihres schiffsförmigen Marmorpalastes in der kaiserlichen Sommerresidenz. Der unter dem Befehl von Li Hongzhang geschaffenen Nordmeerflotte fehlten die militärischen Ressourcen, um den schlagkräftigen japanischen Truppen effektiven Widerstand entgegenstellen zu können. Die kaiserliche Staatsführung erschien völlig desorientiert. Selbst der listige alte Li Hongzhang stand ratlos vor den Trümmern seiner Selbststärkungs- und Modernisierungspolitik. Japans Sieg erfolgte nicht nur auf militärischer Ebene, sondern im Konflikt um Korea war auch die traditionelle Tributpraxis Chinas erschüttert worden. Damit war die Selbststärkungsstrategie gescheitert, die auf „westliches Wissen in der praktischen Anwendung und chinesisches Wissen in der Substanz“ *(xixue wei yong, zhongxue wei ti)* gesetzt hatte. Es genügte eben nicht, sich nur militärisches Material und Know-how aus dem Westen zu beschaffen, ohne gleichzeitig – wie es in Japan seit der Meiji-Revolution von 1868 geschehen war – den Grad der Selbstmobilisierung, Ressourcennutzung und staatlichen Durchorganisation der Gesellschaft entscheidend zu steigern. Das Qing-Reich ging aus dem ersten mo-

Scheitern der *tiyong*-Strategie

dernen Krieg Ostasiens noch weiter geschwächt hervor. Japan hingegen signalisierte der Welt seinen gelungenen Aufstieg zur modernen Großmacht und den Auftakt zu einer verschärften Phase der Kolonialpolitik in China.

Sun Yatsen, Chinas erster Revolutionär

Im Qing-Reich suchten neue Kräfte außerhalb der kaiserlichen Bürokratie nach Wegen aus der Staatskrise. Sun Yatsen (1866–1925) hatte noch Li Hongzhang seine Dienste angeboten, war aber abgewiesen worden und begann seine Karriere als erster chinesischer Berufsrevolutionär. Sun stammte aus einer Bauernfamilie in Guangdong und war während seines Medizinstudiums in den Missionsschulen Hongkongs mit westlichen Ideen von Demokratie und Republikanismus in Berührung gekommen. Er begann seine Laufbahn als Organisator und Agitator, indem er unter den Auslandschinesen um Unterstützung für seinen antimandschurischen Widerstand warb und von Japan aus eine Reihe von Verschwörungen und Putschversuchen startete, die jedoch alle fehlschlugen.

Kang Youwei/ Hundert Tage der Reform

Als erfolgreicher erwies sich zunächst eine Initiative von Mitgliedern der im ganzen Land geachteten Gelehrtenelite. In der Hauptstadt traten im Frühjahr 1895 die brillantesten Gelehrten des Reiches zur Teilnahme an den Palastprüfungen an. Zwei von ihnen verfassten dabei ein langes Reformmanifest. Tatsächlich gelang es Kang Youwei (1858–1927) und seinem Schüler Liang Qichao (1873–1929), ihre Schrift an der konservativen Hofbürokratie vorbei dem 22-jährigen Guangxu-Kaiser zu unterbreiten. Da Guangxu bestrebt war, sich aus dem übermächtigen Schatten seiner Tante Cixi zu befreien, ergriff er mutig die Initiative und ging auf die Reformvorschläge ein.

Reformprogramm

Kang Youwei, der persönlichen Zugang zum Kaiser erhielt, schlug zusammen mit Liang Qichao Maßnahmen vor, die in Gelehrtenkreisen auch schon vor 1895 diskutiert worden waren. Sie empfahlen eine moderne Armee nach westlichem Vorbild, eine eigenständige Industrie, ein staatliches Bankensystem, ein Eisenbahnnetz unter nationaler Kontrolle, ein modernes Postwesen, eine systematische Förderung und technische Modernisierung der Landwirtschaft sowie die gezielte Instrumentalisierung der Auslandschinesen für die wirtschaftliche Entwicklung. Zur Umsetzung dieser Vorschläge ließ der Kaiser Kang Youwei im Frühjahr 1898 eine Reihe von Reformedikten erarbeiten, die zwischen Juni und September erlassen wurden und Kang Youweis Initiative ihren Namen gaben: Reform der Hundert Tage. Die Maßnahmen sahen zudem die Erweiterung des für die Weitergabe der konfuzianischen Tradition wichtigen Erziehungs- und Prüfungswesens um westliches Wissen vor sowie einen entschiedenen Kampf gegen die Korruption im Staatsapparat.

Cixis Schlag gegen den Reformversuch

Am 19. September 1898 erfolgte der Gegenschlag der konservativen Hofkreise um die Kaiserinwitwe. Guangxu wurde unter lebenslangen Hausarrest gestellt; sechs seiner Berater wurden sofort hingerichtet. Kang Youwei und Liang Qichao konnten unter britischem Schutz ins Ausland fliehen. Cixi hatte die reformerische Antwort auf die neue Lage Chinas nach 1895 mit einem machttaktischen Schlag beendet.

Bäuerliche Abwehrreaktionen gegen Missionare

Ganz anders reagierten die Dörfer Nordchinas auf die ausländische Präsenz. Das Hauptproblem der Bauern bestand dort während der zweiten Hälfte des 19. Jahrhunderts nicht so sehr in einer harten Ausbeutung durch Grundbesitzer, denn die meisten Bauern waren selbstwirtschaftende Eigentümer auf winzigen Parzellen. Auch trieb der Qing-Staat die ländliche Bevölkerung nicht durch überhöhte Steuern zur Rebellion, wie es in der Vergangenheit immer wieder geschehen war. Vielmehr verschärfte das Auftreten der Missionare, die ihre Konvertiten unter den Schutz der Exterritorialitätsrechte stellten und eine Art Staat im Staate bildeten, die durch Flut- und Dürrekatastrophen von 1898 hervorgerufene Krisenlage. Hinzu kam, dass die Überbevölkerung bei stagnierender Agrartechnik immer mehr Menschen zwang, unter immer höherem Arbeitseinsatz von kaum noch durch Neulanderschließung vermehrbarem Boden zu leben. Die demographischen Verluste infolge der Aufstände der Jahrhundertmitte und die Auswanderung aus den dicht besiedelten nordchinesischen Provinzen in die leeren Regionen der Mandschurei hatten nur vorübergehend das prekäre Verhältnis von Menschenzahl und natürlichen Lebensgrundlagen entspannt.

Formierung der Boxerbewegung

Die Konflikte nahmen zu, als die deutsche Besetzung des Hafens Qingdao und seines Hinterlandes in der Provinz Shandong dem aggressiven Vorgehen der Missionare Auftrieb gab und die Präsenz ausländischer Truppen sie zu einem noch willkürlicheren Vorgehen ermutigte. Immer mehr junge Chinesen schlossen sich zu Kampfgruppen zusammen. Mit Hilfe eines magisch inspirierten Faustkampfes sollten die bösen Mächte gebannt und die eigene Unverwundbarkeit im Kampf mit den Ausländern gewährleistet werden. Unter der Parole „Unterstützt die Qing, vertreibt die fremden Teufel“ verbreiteten sich seit Ende 1899 die Boxergruppen über große Teile Nordchinas.

Ausbruch des Boxeraufstandes

Nachdem ein britischer Missionar als erster Ausländer Anfang 1900 den Boxern zum Opfer gefallen war, forderten die Großmächte von der Qing-Regierung die entschlossene Unterdrückung der Bewegung. Im Mai unterbrachen Boxerverbände die Eisenbahnverbindung zwischen Beijing und der Küste. Die Ausländer in der Hauptstadt waren isoliert. Sie zogen sich ins Gesandtschaftsviertel und in zwei Kirchen zurück, die daraufhin von Boxern und regulären Qing-Truppen belagert wurden. Ab diesem Zeitpunkt muss von einem Boxer*krieg* gesprochen werden. Nach der Ermordung des deutschen Gesandten erklärte Cixi den Großmächten offiziell den Krieg. Am 14. August 1900 gelang einem Entsatzheer aus acht Nationen die Befreiung der etwa tausend eingeschlossenen Ausländer. Die Stadt wurde mit Plünderungen und Zerstörungen großen Stils bestraft. In Beijing und den benachbarten Provinzen gingen die europäischen Truppen mit summarischer Justiz gegen alle Chinesen vor, die sie für „Boxer“ oder deren Sympathisanten hielten. Die Boxerereignisse konzentrierten sich im Norden und der größte Teil des Landes blieb ruhig. Der Boxeraufstand war keine nationale Volkserhebung.

Internationalisierung zum Boxerkrieg

Die Kaiserinwitwe war noch rechtzeitig aus Beijing geflohen und überließ es ihren zurückgebliebenen Würdenträgern, sich von den Ausländern drakonische

Boxer-Folgen

Straf- und Sühnebedingungen diktieren zu lassen. Schwerwiegende langfristige Folgen hatte die damals astronomisch hohe „Boxer-Entschädigung" von 67,5 Millionen Pfund Sterling, die auf die acht Mächte verteilt wurde und innerhalb von 39 Jahren zu zahlen war. Zwischen 1902 und 1910 musste die Qing-Regierung etwa die Hälfte ihres Budgets für diese Boxer-Zahlungen verwenden und griff zu drastischen Steuererhöhungen. Obwohl China den Tiefpunkt seiner internationalen Stellung erreicht hatte, zeigte niemand Interesse daran, die chinesischen Kernprovinzen in Kolonien umzuwandeln. Freilich verhielt sich fortan das diplomatische Korps in der chinesischen Hauptstadt als eine Art Über-Regierung, gegen dessen Entscheidungen die Qing-Dynastie im Zweifelsfall nichts ausrichten konnte.

5.2 Späte Reformen und antidynastischer Umsturz (1905–1912)

Zumindest Großbritannien und die USA hofften weiterhin auf die Durchsetzung von Reformkräften innerhalb der Qing-Regierung. Daher begrüßten sie das nach 1905 von der Dynastie eingeleitete Reformprogramm. Ausgerechnet die Kaiserinwitwe Cixi, die selbst den Reformversuch von 1898 gewaltsam unterbunden hatte, ließ sich nach dem „Boxerschock" durch Reformbefürworter wie den erfahrenen Provinzgouverneur Zhang Zhidong (1837–1909) von der Notwendigkeit noch radikalerer Veränderungen überzeugen. Nach der Jahrhundertwende waren die Persönlichkeiten an der Spitze des chinesischen Staates zu durchgreifenden Reformen bereit, die wesentliche Strukturelemente der alten Ordnung zur Disposition stellten. Die wichtigste Maßnahme dieser „Neuen Politik" *(xin zheng)* war die Abschaffung der seit Jahrhunderten kontinuierlich praktizierten Staatsprüfungen. Damit veränderte sich der Charakter des Qing-Staates. Denn der Regierungsdienst war nun nicht länger ein Monopol der Gelehrtenelite, die sich viele Jahre lang in den klassischen Schriften des Konfuzianismus schulen musste. Dadurch zerbrach freilich auch die zentralisierte Verwaltungsstruktur, die das Qing-Reich zusammengehalten hatte. Die altehrwürdigen kaiserlichen Hofämter verwandelten sich in moderne Ministerien.

„Neue Politik"

Gleichzeitig stieg die Zahl der Auslandsstudenten. Die meisten gingen nach Japan, wo sie durch japanische Übersetzungen auch mit politischen Ideen aus dem Westen vertraut gemacht wurden. Umgekehrt holte die Qing-Regierung japanische Experten als Berater für die Bildungs- und Militärreformen ins Land. Nach preußischem oder japanischem Vorbild entstanden in einigen Provinzen schlagkräftige Armeen. Handelskammern wurden eingerichtet und damit erstmals Formen einer modernen, über die Gilden hinausweisenden Selbstorganisation der Kaufmannschaft legalisiert. Eines der erfolgreichsten Reformprogramme ging gegen Anbau, Vertrieb und Konsum der Volksdroge Opium vor. Am Vorabend der Revolution von 1911 hatte China damit eines der zentralen sozial- und gesundheitspolitischen Probleme aus eigener Kraft gelöst; allerdings

Auslandsstudenten und internationale Berater

fiel diese erstaunliche Errungenschaft den politischen Wirren der frühen Republikzeit zum Opfer.

Im Gegensatz zu den früheren Reformen der Selbststärkungsperiode wurde die „Neue Politik“ von der Qing-Regierung auf höchster Ebene eingeleitet und auf gesamtstaatlicher Ebene koordiniert. Es war ein nationales Projekt und blieb nicht nur auf die Initiative Einzelner beschränkt.

Verfassungspläne

Im Jahre 1906 versprach die Kaiserinwitwe sogar die Ausarbeitung einer Verfassung. Nach ihrem Tod im Jahre 1908 ging die Initiative dazu auf die Provinzebene über. Im Oktober 1909 bildeten sich überall Provinzversammlungen. Obwohl in diesen ersten Parlamenten Chinas weiterhin die gebildeten und wohlhabenden Schichten dominierten, signalisierten sie doch einen tiefgreifenden Bruch mit der politischen Tradition. Erstmals räumte der Staat der nicht-bürokratischen Elite des Landes ein formelles Mitspracherecht ein. Die Qing-Dynastie schien auf dem Weg zur konstitutionellen Monarchie zu sein. Kaum ein Jahrzehnt nach dem Boxerfiasko hatte sich die Stimmung im Lande vollkommen geändert. Politik wurde öffentlich diskutiert, Intellektuelle suchten nach einer nationalen Identität und nach brauchbaren Modellen aus dem Westen. Nationalismus prägte das weitere außenpolitische Vorgehen. Unermüdlich bemühte sich die Qing-Regierung bei den Verhandlungen über neue Anleihen und Eisenbahnprojekte, bessere Bedingungen herauszuhandeln. Tatsächlich gelang es unter Mithilfe provinzialer Eliten, einige der abgetretenen Bergbau- und Bahnkonzessionen wieder zurückzukaufen.

Antiamerikanische Boykotte

Gleichzeitig entwickelten sich 1905 mit dem Boykott amerikanischer Waren neue Formen des breiten gesellschaftlichen Protests. Der Boykott war als Reaktion auf abermals verschärfte amerikanische Einwanderungsbestimmungen von traditionellen Gilden und modernen Handelskammern in China und sogar weltweit unter den Auslandschinesen organisiert worden. Er führte immerhin zu einem gemäßigteren Verhalten der amerikanischen Behörden. Die Bedeutung des Boykotts liegt in seinen Agitationsformen: Massenkundgebungen, Spruchbänder, die Beteiligung der Presse usw. Der chinesische Nationalismus gab sich nun zivilisierter und vorsichtiger als zur Jahrhundertwende, aber in der Sache umso entschiedener.

Antijapanische Boykotte

1908 nahmen chinesische Kaufleute die nachgiebige Haltung der Qing-Regierung gegenüber einem japanischen Ultimatum zum Anlass, um ihren japanischen Konkurrenten mit einem neunmonatigen antijapanischen Boykott zu schaden. Die städtische Massenbewegung hatte sich als ein politisches Instrument etabliert.

Dennoch wäre es 1911 vermutlich nicht zu der Revolution, die zum Sturz der Qing-Dynastie führte, gekommen, wenn sich nicht das in den Reformen neu organisierte Militär von der Dynastie entfernt hätte.

Die „Neue Armee“

Seit 1901 baute die Qing-Regierung eine „Neue Armee“ *(xinjian lujun)* auf. In jeder Provinz wurde eine lokale Kriegsbehörde eingerichtet und dem Provinzgouverneur unterstellt. Die zentralstaatliche Kontrolle dieser Einheiten erfolgte durch eine Kommission für die Neuordnung der Armee in der Hauptstadt, die über eine eigene Truppenstärke von 450 000 Mann verfügte. Auch das Kriegsministerium wurde 1906 umorganisiert und seine Leitung 1910 einem in Deutschland ausgebildeten Mandschu-Offizier übertragen. Divisionen der Neuen Armee wurden an strategisch wichtigen Punkten landesweit stationiert und ersetzten nach und nach die traditionellen qingkaiserlichen Bannertruppen. Die nach europäischen und japanischen Vorbildern aufgebaute Neue Armee unterschied sich von den Privatarmeen der konfuzianischen Provinzgouverneure der zweiten Hälfte des 19. Jahrhunderts, die aus einem lokalen Bauernheer bestanden hatten, das seinem General persönlich loyal war. Es gab nun erstmals eine Schicht von Berufsoffizieren, die ein professionelles Selbstverständnis in deutlicher Abgrenzung von der sie umgebenden zivilen Gesellschaft entwickelten. Auch wenn nun Hierarchien und Kommandostrukturen europäisch-japanischen Typs eingeführt wurden, blieben dennoch Cliquen und Führer-Gefolgschaftsverhältnisse innerhalb des Militärs von großer Bedeutung.

Die Neuen Armeen genossen bei den regionalen Oberschichten ein weitaus höheres Prestige als die traditionellen Truppen jeglicher Spielart. Vor allem nach dem Ende des Prüfungssystems wurde eine militärische Karriere auch für Söhne aus wohlhabenden und einflussreichen Familien zu einer attraktiven beruflichen Option. Obwohl die Neuen Armeen ihre Entstehung der Machtsicherung der Qing-Dynastie verdankten, waren sie stärker als alles frühere Militär in der Gesellschaft der einzelnen Provinzen verwurzelt. Zudem fanden viele Offiziere Gefallen an dem sich nun verbreitenden patriotischen Denken. Als daher der Kaiserhof seine Politik der Zentralisierung verschärfte und vor allem versuchte, im ganzen Land die Eisenbahnen unter zentralstaatliche Kontrolle zu bringen, traf er auf den Widerstand provinzialer Eliten und der ihnen verbundenen Militärkräfte. An eine Sezession vom Zentrum dachte niemand, aber immer zahlreicher wurden diejenigen, die mehr Autonomie auf der Provinzebene befürworteten. Gleichzeitig gelang es Sun Yatsens revolutionärer Bewegung, Anhänger in den Reihen der Neuen Armeen zu gewinnen. Es ist jedoch fraglich, ob die meisten Offiziere 1911 die Revolution wirklich aus prinzipiellen Überlegungen unterstützten.

Einflüsse Japans

Die Ereignisse dieses Jahres trafen die Qing-Dynastie zu einem Zeitpunkt, als sie sich eigentlich auf einem erfolgreichen Weg aus der Krise zu befinden schien. Der Anstoß zum Umsturz kam aus Japan, wo im radikalisierten Exilmilieu von Tokyo und Yokohama seit 1897 die Gegner der Qing-Herrschaft ihre Grundideen des chinesischen Nationalismus und Republikanismus entwickelten.

Sun Yatsens Schwurbund

1905 hatte Sun Yatsen hier zusammen mit mehreren Hundert Vertretern aus 17 Provinzen den Chinesischen Revolutionären Schwurbund *(Zhongguo geming tongmenghui)* gegründet, die erste politische Organisation, die sich zu revolutionären Zielen bekannte und ganz China im Blick hatte. Seine heterogene Zusammensetzung reichte von Anarchisten und antimandschurischen Nationalisten bis zu westlich orientierten Revolutionären. Finanziert wurde der Schwurbund vor allem von Auslandschinesen, zu denen Sun Yatsen enge Kontakte pflegte. Da im Qing-Reich jedem aktiven Regimekritiker die Todesstrafe drohte, agierte Sun

Yatsen zunächst konspirativ und verband sich mit auslandschinesischen Finanzleuten und antimandschurischen Geheimgesellschaften.

Militärrevolte im Oktober 1911

Am Militäraufstand von 1911, der die Qing-Dynastie zu Fall brachte, war der Schwurbund allerdings nur am Rande beteiligt. Den unmittelbaren Anstoß gab eine unbeabsichtigte Explosion beim subversiven Bombenbau im Oktober 1911. Dadurch wurde die Qing-Polizei auf die antidynastischen Aktivitäten innerhalb der Armee aufmerksam. Die enttarnte Gruppe trat daraufhin die Flucht nach vorne an und löste eine allgemeine Meuterei in Hubei aus. Eine unerwartete Kettenreaktion unter den Neuen Armeen mehrerer anderer Provinzen folgte. Sun Yatsen verfügte bereits über eine starke Unterstützung in Militärkreisen und weit über sie hinaus. Die Dynastie befand sich hingegen in der Defensive, da Cixi und Guangxu bereits 1908 gestorben waren und mit dem Xuantong-Kaiser (1906–1967) nur ein fünfjähriges Kind auf dem Drachenthron saß. Es war vor allem der konstitutionellen Bewegung in den Provinzen zuzuschreiben, dass erstmals in der chinesischen Geschichte der Gedanke, auf einen Kaiser verzichten zu können, denkbar wurde. Ihr Einfluss hatte sich 1909 durch die Gründung der Provinzversammlungen erhöht und 1910 sogar zur Eröffnung einer solchen Versammlung in der Hauptstadt geführt. Durch die Zentralisierungsbestrebungen der kaiserlichen Regierung sahen die Provinzeliten ihre eigenen Partikularinteressen gefährdet und kündigten dem Kind-Kaiser ihre Gefolgschaft auf. So kam es zu Zweckbündnissen zwischen den Offizieren der regionalen Neuen Armeen, den zivilen Honoratioren in den Provinzlandtagen und den revolutionären Agitatoren, die nun aus dem Untergrund auftauchten.

Einfluss der Provinzen

Eine Provinz nach der anderen erklärte gegenüber der Qing-Dynastie ihre Unabhängigkeit. Am 8. November 1911 trat eine Provisorische Nationalversammlung in Beijing zusammen und wählte den Qing-Würdenträger Yuan Shikai zum Premierminister. Die neue Republik wurde am 1. Januar 1912 ins Leben gerufen. Kurze Zeit später dankte die Qing-Dynastie offiziell ab. Provisorischer Präsident wurde zunächst Sun Yatsen, der aber dieses Amt bald an Yuan Shikai abtrat. Yuan bereitete dem Traum von einer parlamentarischen Entwicklung in China jedoch bald ein herbes Ende. Er ließ Sun Yatsens engsten Vertrauten ermorden und seine Organisation, die inzwischen in Guomindang (Nationale Volkspartei, GMD, Kuomintang) umbenannt worden war, verbieten. Die Verfassung von 1912 wurde durch eine autoritärere Version ersetzt, an deren Ausarbeitung der amerikanische Jurist Frank J. Goodnow mitgewirkt hatte, ein späterer Präsident der Johns-Hopkins-Universität in Baltimore. Die Presse wurde der Zensur unterstellt und die sich formierende Frauenbewegung verboten. Auf allen Verwaltungsebenen wurden die gewählten Versammlungen abgeschafft. Zahlreiche Provinzen wurden von Yuan Shikais Truppen besetzt und verloren ihre 1911 errungene Autonomie. Die liberale Phase der chinesischen Republik war unwiderruflich zu Ende.

Republikgründung

Yuan Shikai

Neue Diktatur

Yuans Leitbild bestand aus einer bürokratischen Ordnung innerhalb eines zentralisierten Herrschaftssystems. Dazu griff er auf reformorientierte Beamte der späten Qing-Dynastie und seine japanische Beraterschaft zurück, die er schon in seiner Provinzverwaltung als Gouverneur von Zhili verwendet hatte. Bereits 1908 arbeiteten 174 (von landesweit 555) Japaner für ihn. Yuan Shikais Machtstellung beruhte auf seiner Kontrolle über das Militär, wenngleich er es – wie im alten Qing-Imperium – wieder der zivilen Oberhoheit unterstellen wollte. Was ihm aus der Sicht des großen Reformers und Modernisierers Liang Qichao, der sich nach anfänglicher Mitarbeit in Yuans Regierung 1915 wieder zurückzog, fehlte, war eine Vision für Chinas Zukunft. Zwar gelang es seiner Diktatur der Jahre 1913 bis 1915, das Land noch einmal zu einigen, es mangelte Yuan Shikai aber an militärischer Stärke und administrativem Geschick, um China dauerhaft zusammenhalten zu können. Als Yuan Shikai im darauf folgenden Jahr tatsächlich eine eigene Dynastie ausrief, versagten ihm selbst seine Militärführer ihre Gefolgschaft. Die Provinzen rebellierten abermals gegen das Zentrum. Im Dezember 1915 setzte sich von Yunnan aus eine nationale Verteidigungsbewegung gegen Yuans Monarchie in Gang.

Scheitern Yuan Shikais

Hinzu kamen außenpolitische Hindernisse, die einer Stabilisierung der Lage im Wege standen: Die westlichen Großmächte und Großbanken hatten die Wirren des Machtwechsels genutzt, um China einige besonders unvorteilhafte Anleihen aufzuerlegen. Auch Japan ging zu einer immer aggressiveren Strategie über und riss 1914 nach Kriegsausbruch das deutsche Pachtgebiet in Shandong an sich. 1915 versuchte es die Gunst des Krieges zu nutzen, um Yuan Shikai eine Art von Protektoratsvertrag (die „21 Forderungen“) zu diktieren, den nur der Einspruch der übrigen Mächte mildern konnte.

Außenpolitische Konstellationen

21 Forderungen Japans

Nach Yuan Shikais Tod im Sommer 1916 gewannen erneut Dezentralisierungstendenzen die Oberhand. Nominell galt China noch als geeintes Staatswesen, zerfiel aber de facto im militärischen Partikularismus zahlreicher Kriegsherren (Warlords, *junfa*). Das Jahr 1911 hatte dem antimandschurischen Nationalismus zum Sieg verholfen und zum Untergang der dynastischen Ordnung geführt. Dies war nach den Maßstäben der Zeit eine erstaunliche Entwicklung, denn ausgerechnet das Land mit der längsten monarchischen Tradition Eurasiens beseitigte sein Ancien régime vor allen anderen. Trotz dieser außerordentlichen verfassungsgeschichtlichen und symbolischen Bedeutung des Geschehens von 1911/12 darf nicht übersehen werden, wie begrenzt die Wirkung der Revolution auf anderen Gebieten war. Die Abhängigkeit von den ausländischen Mächten blieb bestehen und die langfristigen, im späten 19. Jahrhundert in Gang gekommenen Wandlungsprozesse in Wirtschaft und Gesellschaft setzten sich auch nach der Revolution kaum verändert fort.

Warlords

5.3 Alter Imperialismus und neue internationale Strukturen

Mit seiner Niederlage gegenüber Japan von 1895 verlor China die Reste seines internationalen Prestiges. Die sino-westliche Balance nach 1860 war zerbrochen.

Selbstbewusst enthüllten die Großmächte, die in anderen Weltgegenden bereits offen imperialistisch auftraten, ihre wachsende Begehrlichkeit. Das neu in den Kreis der Großmächte eingetretene Japan machte 1895 mit der Annexion Taiwans, das bis 1945 japanische Kolonie bleiben sollte, den Anfang. Seine immens hohen Kriegsentschädigungsforderungen ließen sich nur über den internationalen Kapitalmarkt finanzieren. Die nun rasch aufeinander folgenden ausländischen Anleihen wurden zu für China ungünstigen Konditionen gewährt. Immer neue Posten der kaiserlichen Staatseinnahmen wurden dafür verpfändet.

Gebietsabtretungen an die Kolonialmächte

Weitere Gebietsabtretungen folgten: die Erweiterung Hongkongs um das festländische Kowloon, die deutsche Übernahme Qingdaos und seiner Umgebung in Shandong, die Aneignung von Marinestützpunkten und Eisenbahnkonzessionen durch das Zarenreich in der Mandschurei. Die bevölkerungsreichen Provinzen des chinesischen Kernlandes gerieten allerdings nicht unter ausländische Kontrolle. Wie das Treaty-System vor 1895, so benötigte auch der neue Imperialismus der Jahrhundertwende ein geeintes China mit einer hinreichend aktionsfähigen Zentralgewalt. Nur sie war imstande, die Nutzung des gesamten chinesischen Marktes („open door") zu gewährleisten – ein Ziel, das die liberalkapitalistischen Mächte Großbritannien und die USA (eingeschränkt auch Deutschland) nachdrücklicher verfolgten als Russland und Japan. Aus diesem Grund fanden radikale Anti-Qing-Kräfte bei ausländischen Regierungen nicht jene Unterstützung, die sie sich erhofft hatten.

Gegen das schon vor 1895 besonders aggressive russische Zarenreich konnte sich die Qing-Dynastie außerhalb der Mandschurei bis zum Schluss gut behaupten und ihren eigenen internen Kolonialismus an der innerasiatischen Peripherie verteidigen. Die traditionelle Sicherung der kontinentalen Grenzen des Imperiums hatte weiterhin Vorrang gegenüber einer Abwehr der Seemächte.

Japanischer Imperialismus

Russlands Niederlage im Krieg gegen Japan von 1905 besiegelte das Ende der kolonialen Ambitionen des gefährlichsten kontinentalen Nachbarn. Japan übernahm die russischen Positionen im Süden der Mandschurei und baute sie in der Folgezeit zielstrebig zu seinem wichtigsten Stützpunkt auf dem asiatischen Kontinent aus. Insgesamt blieben die territorialen Verluste Chinas nach 1895 dennoch gering. Kolonisiert wurden langfristig nur dünn besiedelte und administrativ schwach integrierte periphere Gebiete wie Taiwan und die Mandschurei. Zwischen 1909 und 1914 folgte die faktische Auflösung des kontinentalasiatischen Tributgürtels, die China auf das Kernland reduzierte und die Ergebnisse der militärischen Reichsbildung des 18. Jahrhunderts weitgehend rückgängig machte. 1910 annektierte Japan das seit langem zwischen China, Russland und dem Inselreich umstrittene Korea. In Tibet reduzierte sich der chinesische Einfluss auf ein Minimum. 1912 erklärte die Äußere Mongolei ihre Unabhängigkeit unter russischem Protektorat. In der Inneren Mongolei wuchs von der Südmandschurei her der japanische Einfluss.

Wirtschaftliche Durchdringung

Als folgenschwer erwies sich die Intensivierung der wirtschaftlichen Durchdringung. Das Treaty-System und die Infrastruktur der Handelshäfen wurden nach 1895 nicht abgeschafft, sondern einfach erweitert und an die Bedürfnisse des steigenden Kapitalexports angepasst. Durch die Zwangsschuldenverwaltung, bei der ausländische Großbanken über die Einnahmen des Seezollamtes verfügten, griffen die fremden Mächte nicht nur direkt in den chinesischen Staatshaushalt ein, sondern verfügten auch über ein Instrument zur politischen Einflussnahme. Denn den Zollüberschuss erhielt jene politisch-militärische Gruppierung, die von den Schuldnermächten jeweils als legitime Regierung Chinas anerkannt wurde. Ein Großteil der in Nord-Süd-Trassen durch das Land gelegten Eisenbahnen wurde mit ausländischem Kapital finanziert; im Unterschied zu den Eisenbahnen in der Mandschurei und in Yunnan blieben diese Linien aber in chinesischem Besitz. Multinationale Konzerne aus den USA und Europa verkauften im ganzen Land westliche Konsumgüter im Direktvertrieb, ohne auf die etablierten einheimischen Handelsnetze angewiesen zu sein. Seit 1895 durften Ausländer in den Vertragshäfen Fabriken betreiben; neben der britischen und japanischen wuchs aber auch die chinesische Leichtindustrie in Shanghai und anderen Großstädten. Der wirtschaftliche Einfluss der Ausländer intensivierte sich seit der Jahrhundertwende auf nahezu allen Gebieten, traf aber überall auf chinesische Gegenkräfte. Die offene Arroganz der Großmächte und der internationalen Hochfinanz gegenüber den Chinesen schürte das aufkeimende nationale Bewusstsein.

Antiimperialistischer Patriotismus

Nicht nur die Strukturen der Einbindung Chinas in das internationale System änderten sich nach 1895, sondern auch die Reaktionen einer politisch aktiveren städtischen Öffentlichkeit. Ein Gefühl tiefer nationaler Gefährdung griff um sich. Beeinflusst von Ideen des westlichen Sozialdarwinismus sahen manche sogar die Existenz der chinesischen Zivilisation bedroht. Auch auf internationaler Ebene schienen die Schwachen den Starken zu unterliegen. Daher musste endlich gehandelt und das drohende Unheil von China abgewehrt werden.

5.4 Neue gesellschaftliche Kräfte: „Kriegsherren“, Intellektuelle, Bourgeoisie und Proletariat

Herrschaft der Warlords

Die nach 1916 hervortretenden Warlords sicherten sich ihre regionale Macht mit Hilfe ihnen persönlich ergebener Armeen. Im Gegensatz zu den Befehlshabern regionaler Streitkräfte im 19. Jahrhundert ordneten sie sich keiner zentralen Staatsmacht unter, sondern bekämpften sich gegenseitig in rivalisierenden Koalitionen und Cliquen. Vor allem in Nordchina kontrollierten Warlords auch großräumige Territorien von mehreren Provinzen. Yan Xishan (1883–1960) herrschte zwischen 1917 und 1949 als Militärgouverneur in Shanxi über eine ganze Provinz. Im Süden hingegen zerfielen einige Provinzen zu Mosaiken einzelner Herrschaftsbereiche. Gleichzeitig gab es mobile Kriegsherren wie den „christlichen Warlord“ Feng Yuxiang (1882–1948) oder den konfuzianisch gebildeten Wu Peifu (1874–1939), die ihre Macht niemals länger über ein bestimmtes Gebiet ausübten, sondern sich mit wechselnden politischen Kräften verbündeten. Etwa ein Dutzend großer Warlords und mehrere Hundert kleine quasi-autonome Militärführer rivalisierten miteinander, ohne dass eine übergeordnete Zentralinstanz zwischen ihnen vermitteln oder über sie die Kontrolle ausüben konnte.

Herrschaftsstil der Kriegsherren

Die meisten Warlords strebten keine dauerhafte Militärregierung an und kein einziger wollte sein Herrschaftsgebiet in einen souveränen Staat verwandeln. Schon in den letzten Jahren der Qing-Dynastie hatten sich Militärführer mit den lokalen Eliten der Provinzen verbündet, aus deren Familien viele von ihnen stammten. Erst die Ereignisse von 1911 hatten den Einsatz militärischer Gewalt für politische Ziele aufgewertet und eine Umgewichtung in Gang gesetzt. Die Brutalisierung der Innenpolitik unter der Diktatur Yuan Shikais und die zunehmenden Spannungen zwischen dem Zentralstaat und den Provinzen trieben die Militärs geradezu in ihre Schlüsselrolle hinein: Mit militärischen Mitteln verlagerten sie das politische Gewicht von Beijing auf die Provinzen. Die Mehrzahl der Warlord-Regime verhielt sich parasitär und beutete die von ihnen kontrollierten Territorien rücksichtslos aus. Durch willkürliche Sondersteuern, Beschlagnahmung von Arbeitstieren und Zwangsrekrutierung von Bauernsöhnen trugen sie zu einer landesweiten Wirtschaftskrise bei, die sich in den zwanziger Jahren in großen Hungersnöten äußerte. Missbrauch und Zerstörung der Infrastruktur, vor allem im Bereich des Transportwesens, beeinträchtigten auch den modernen Sektor der Industrie. Doch setzten manche Warlord-Cliquen ihr kolossales Vermögen zum Teil auch in diesem Bereich ein. Sie investierten im Bergbau und im Bankenwesen und ermöglichten in wenigen Fällen sogar einen regionalen Industrialisierungsschub. Als besonders fatal erwies sich der Anstieg der Gewalt in der chinesischen Gesellschaft insgesamt. Die Auseinandersetzungen zwischen rivalisierenden Kriegsherren wurden in blutigen Feldschlachten ausgetragen. Mit der Zeit entwickelten sich die großen Armeen der Warlords, deren Truppenstärke 1925 insgesamt ungefähr zwei Millionen Mann betrug, zu verwahrlosten Massenheeren, in deren Einflussbereich die Grenzen zwischen Ordnung und Chaos nicht mehr zu erkennen waren. Der Übergang zu lokalen paramilitärischen Banditenbanden war fließend.

Negative Folgen der Warlordherrschaft

Schicksal der Zentralregierung

In Beijing bestand die Zentralregierung der Chinesischen Republik nominell auch nach 1916 fort. Sie beschränkte sich jedoch auf ihre Funktion als Kabinett für den jeweils die Hauptstadt kontrollierenden Militärführer und als außenpolitische Vertretung gegenüber den ausländischen Mächten. Demjenigen, der sie kontrollierte, standen zusätzliche Staatseinkünfte und die wegen Chinas geringer Kreditwürdigkeit kaum nutzbare Option internationaler Anleihen zur Verfügung. Da das Militär in China im Gegensatz zur zivilen kaiserlichen Bürokratie niemals zentral organisiert gewesen war, gelang es keinem der mächtigen Kriegsherren an kaiserliche Strukturen anzuknüpfen, um China horizontal zusammenzuhalten.

Eine weitgehende Wiedervereinigung Chinas setzte erst zwischen 1926 und 1936 Chiang Kaishek mit seiner von sowjetischen und später deutschen Militärberatern hervorragend ausgebildeten Armee durch. Dabei wurden einzelne Kriegsherren mit ihren Truppen einfach in das Nanjing-Regime Chiang Kaisheks inkorporiert, manchmal nach, manchmal ohne militärische Niederlagen. Zuweilen sicherten auch Bestechungsgelder die Annäherung von Warlords an Chiang Kaishek. Nach 1928 überlebten Reste der früheren Warlordherrschaft im neuen Militarismus des Guomindang-Systems. Einige Provinzen entzogen sich noch bis zum Ende der Republikzeit zentralstaatlicher Kontrolle.

Zu den neuen gesellschaftlichen Kräften, die Chinas Geschichte während der ersten Hälfte des 20. Jahrhunderts prägten, gehörte neben den Kriegsherren ein besonderer chinesischer Typus des modernen Intellektuellen. Seit Mitte des 19. Jahrhunderts hatten sich die Möglichkeiten für die Gebildeten allmählich erweitert. In den Vertragshäfen entstand mit der modernen Presse das Berufsbild des Journalisten, wie ihn Wang Tao (1828–1897) besonders wirkungsvoll verkörperte. Er trat gleichzeitig als Übersetzer westlicher Werke hervor, eine Tätigkeit, die ebenfalls ein neues Betätigungsfeld für die chinesischen Gebildeten bot. Protestantische Missionare hatten durch die Gründung von Verlagshäusern und chinesischsprachigen Presseorganen die Übermittlung und Verbreitung westlichen Wissens in Gang gesetzt. Die Publikation von über 400 ausländischen Werken allein zwischen 1843 und 1860 wäre ohne das Engagement chinesischer Journalisten und Übersetzer undenkbar gewesen.

Frühe Intellektuelle

Wang Tao, der Journalist

Auch die Selbststärkungsprojekte nach 1860 betrieben Übersetzungsbüros. 1862 wurde in Beijing mit der Übersetzerschule *(Tongwenguan)* die erste moderne staatliche Schule Chinas gegründet. Die kaiserlichen Institutionen dieser Periode konzentrierten sich jedoch auf die Vermittlung technischen und militärischen Wissens aus dem Westen. Erst im Jahre 1901 begann eine umfassende Erziehungsreform nach preußisch-japanischem Vorbild. Ihr Leitgedanke bestand nicht in der Kultivierung der Persönlichkeit als Vorbereitung für eine Beamtenkarriere, als vielmehr in der Erziehung möglichst vieler zu verantwortungsvollen Staatsbürgern. 1904 legte eine landesweite Schulordnung die Schulbildung von der Vorschule bis zum Postgraduiertenstudium fest. Zwar dominierten in den Lehrplänen noch immer Klassikerstudien, aber auch moderne Fächer wie Sport, Naturwissenschaften und Arithmetik wurden eingeführt. Dass die Umsetzung der Reformen bei den Provinzregierungen lag, brachte bei der Elementarerziehung regional unterschiedliche Erfolge. Eine allgemeine Elementarschulpflicht wurde vor 1949 nicht verwirklicht.

Erziehungsreformen

Im Bereich der Hochschulbildung war das Auslandsstudium zunächst besonders attraktiv. 1896 begannen die ersten Chinesen ein Studium in Japan, auf dem Höhepunkt der Studentenmigration im Jahre 1906 waren es 9000, die gleichzeitig in Japan studierten. Mit der Verschärfung des japanischen Imperialismus in China wandte sich der Hauptstrom der Studenten den Vereinigten Staaten zu, die seit 1908 den Restbetrag ihrer Boxer-Entschädigung für Stipendien an chinesische Studenten verwendeten. Von den 21 000 Chinesen, die bis 1953 an amerikanischen Universitäten studierten, übernahmen viele nach ihrer Rückkehr

Auslandsstudenten

wichtige Funktionen in Politik, Wirtschaft und Kultur. In China gab es vor 1949 kein einheitliches Universitätssystem. Staatliche Hochschulen existierten neben privaten Institutionen, die teilweise Missionsgründungen waren oder – wie im Falle der Qinghua-Universität in Beijing – von Boxer-Entschädigungszahlungen finanziert wurden. Dozenten und Studenten bildeten gemeinsam den Kern der modernen chinesischen Intellektuellenschicht. Mit deren Entwicklung wurde ein bis dahin unbekanntes Phänomen in die chinesische Gesellschaft eingeführt: In Schulen, Studiengruppen, Universitäten, politischen Vereinigungen und Zeitschriftenredaktionen formierte sich eine jugendliche Gegenkultur zum altehrwürdigen konfuzianischen Gelehrtentum, wie es noch viele aus der ersten Professorengeneration erlebt hatten. Waren noch im 19. Jahrhundert die wichtigen Reformimpulse von älteren Gelehrten ausgegangen und war Kang Youwei 1898 mit seinen vierzig Jahren als besonders jung erschienen, so ging die Initiative im frühen 20. Jahrhundert auf die „Neue Jugend" *(Xin qingnian)* über, nach der eine 1915 gegründete, überaus einflussreiche Zeitschrift benannt wurde.

Jugendliche Gegenkultur

Sehr viel schwieriger lässt sich der moderne Begriff der Bourgeoisie für die chinesische Gesellschaft fassen. Neue gesellschaftliche Formen entwickelten sich in der zweiten Hälfte des 19. Jahrhunderts zwar nicht nur unter direktem ausländischem Einfluss in Hongkong und Shanghai, sondern auch in vielen großen Städten des Landesinneren, doch viel langsamer und unauffälliger. Da die stärkere Integration Chinas in den Weltmarkt auch die landesweite Kommerzialisierung vorantrieb, stiegen zunehmend Mitglieder der traditionellen Gentry in internationale Handelsgeschäfte ein. Umgekehrt legte die städtische Kaufmannsschicht Teile ihres Vermögens in Landbesitz an. Der alte Gegensatz zwischen einer vornehmen ländlichen Oberschicht und den von ihnen verachteten Kaufleuten hatte sich aufgelöst. Eine integrierte Gentry-Kaufmannsschicht verteidigte immer selbstbewusster ihre regionalen Interessen gegenüber der herrschenden Bürokratie. Im Kreise der städtischen Honoratioren vereinten sich die gebildeten und wirtschaftlichen Eliten des Landes.

Unternehmerisches Bürgertum

Chinas Industrialisierung des späten 19. Jahrhunderts lag zunächst in den Händen der Bürokraten der Selbststärkungsprojekte und der Kompradore, die als halbselbstständige Geschäftsführer oder Handelsvermittler im Dienste ausländischer Firmen zu Vermögen kamen, das sie teilweise neu investierten. Ein industrielles und finanzielles Unternehmertum entstand jedoch erst nach dem Zusammenbruch der Monarchie von 1911 – und auch dann nur beschränkt zunächst auf Shanghai, später auf die anderen Großstädte. Im Gegensatz zu ihren Vorläufern, den städtischen Kaufleuten und der Lokalelite der späten Kaiserzeit, hatte die unternehmerische Bourgeoisie keinen Bezug mehr zum Landleben. Ihre Aktivitäten konzentrierten sich auf die Industrie, die Banken sowie das Handels- und Transportwesen. Sie standen der westlichen Kultur näher als die Kompradore des 19. Jahrhunderts. Vom chinesischen Staat hingegen wollte die Bourgeoisie nur in Ruhe gelassen werden. Ihre Erwartungen an eine staatliche Zentralmacht konzentrierten sich auf die Einhaltung der Ordnung, die Schaffung eines bürgerlichen Rechts, die Beseitigung von Binnenzöllen, die Vereinheitlichung von Maßen, Gewichten und des Geldverkehrs sowie auf die Eindämmung der Korruption.

Der spätkaiserliche Patriotismus der Lokaleliten verwandelte sich bei der Bourgeoisie des frühen 20. Jahrhunderts in einen politischen, aber – im Gegensatz zu dem der Intellektuellen – sich gemäßigt äußernden Nationalismus. Dazu gehörte auch ihre Teilnahme an den großen Boykottaktionen der Epoche. Ihr reguläres Aktivitätsfeld stellten die Handelskammern, Industrieverbände, Anwaltskammern und Bankiersvereinigungen dar, in denen noch die klassischen Werte herkunftsmäßiger Solidarität eine wichtige Rolle spielten. Wirtschaftliche Modernisierung bedeutete nicht, dass alle bewährten traditionellen Organisationsstrukturen vernichtet wurden. Sie wurden vielmehr mit westlichen Rationalitätsprinzipien verbunden.

Goldenes Zeitalter der Bourgeoisie

Chinas Bourgeoisie erlebte in den Jahren zwischen 1914 und 1922 ein „goldenes Zeitalter" (Marie-Claire Bergère). Sie nutzte die Ablenkung der europäischen Ökonomien durch den Ersten Weltkrieg, um vor allem in der Leichtindustrie eigene Unternehmen zu gründen, war aber sogar in diesem Bereich langfristig der ausländischen Konkurrenz nicht gewachsen. Beim Aufbau einer chinesischen Schwerindustrie, die 1890 mit der Gründung des Hanyeping-Eisenwerks durch Zhang Zhidong begonnen hatte, spielte die chinesische Privatwirtschaft keine Rolle. Mit der Nanjinger Nationalregierung geriet sie nach etwa 1932 zunehmend in Konflikt und konnte nur in Shanghai ihre lokale Machtstellung bis 1937 bewahren. Ihr politisch-wirtschaftlicher Zusammenbruch erfolgte nicht erst 1949 mit dem Sieg der Kommunisten, sondern bereits während des antijapanischen Krieges aufgrund der japanischen Besetzung wirtschaftlicher Schlüsselregionen entlang Chinas Küsten und einer dramatischen Inflation der Jahre 1947/48. Die chinesische Bourgeoisie überlebte danach nur außerhalb Chinas: im britischen Hongkong und unter den Auslandschinesen.

Frühe chinesische Arbeiterschaft

Die Anfänge einer chinesischen Arbeiterschaft gehen bereits auf die letzten Jahrzehnte des Kaiserreichs zurück, ihr Anteil an der Bevölkerung blieb jedoch in der Republikzeit sehr gering. Für das Jahr 1933 wird die Arbeiterschaft auf 2,3 Millionen Menschen geschätzt – 0,5 % der damaligen Gesamtbevölkerung. Geographisch konzentrierte sie sich auf frühindustrielle Zentren wie die großen Schiffswerften von Shanghai, Hongkong und Fuzhou, die Dampfschifffahrt entlang der Küste und auf dem Yangzi, den Bau und den Betrieb der neuen Eisenbahnen sowie die Rüstungsfabriken. Zur Arbeiterschaft in einem weiteren Sinne gehörten ebenso die Beschäftigten in kaum mechanisierten Arbeitsbereichen: Hauspersonal, Bauarbeiter, Lastenträger, Schiffsschlepper und Rikschakulis. Sie waren in traditionellen Gilden und Landsmannschaften organisiert, auf die Geheimgesellschaften (wie die Triade) einen großen Einfluss ausübten. Vor allem die Textilindustrie der Städte bot auch Frauen vom Land neue Erwerbsmöglichkeiten. Ihre ökonomische Selbstständigkeit nutzten die Arbeiterinnen der Textil- und Seidenfabriken, um sich gegen die traditionelle Zwangsheirat zu wehren.

Arbeiterinnen

Viele Arbeiterinnen zogen ein Leben in schwesterschaftlichen Organisationen der konfuzianischen Familienordnung vor.

Fabrikarbeiter

Eine moderne Fabrikarbeiterschaft entwickelte sich erst um die Jahrhundertwende, nachdem 1895 im chinesisch-japanischen Friedensvertrag von Shimonoseki den Industrienationen das Recht zugestanden wurde, in China eigene Unternehmen aufzubauen. Im mechanisierten Kohlebergbau Nordchinas und in der Leichtindustrie der größeren Vertragshäfen entstand so ein Industrieproletariat. In ausländischen Unternehmen stellten Ausländer oftmals die Vorarbeiter; chinesische Arbeitsvermittler lieferten Kulis zu Niedriglöhnen. Ethnische Hierarchien der Herkunft spielten eine wichtige Rolle. Innerhalb der chinesischen Arbeiterschaft gelang vor allem denjenigen, die aus den hochentwickelten Südostprovinzen stammten, der Aufstieg, während Arbeiter aus rückständigeren, armen Regionen in schlecht bezahlten und niedrigqualifizierten Beschäftigungsverhältnissen eingesetzt wurden. Zudem waren besonders Arbeiter in Shanghai und in den Bergwerken der Willkür von Kontraktoren *(baogong)* ausgeliefert, die sich ihre Arbeitsvermittlung und Haftung gegenüber den Arbeitgebern – oftmals geradezu ausbeuterisch – bezahlen ließen.

Arbeiterproteste

Die ersten Arbeiterproteste waren primär patriotisch motiviert und entstanden in den weltmarktorientierten Sektoren der chinesischen Wirtschaft. So streikten während des Französisch-Chinesischen Krieges von 1884/85 in Hongkong die Hafenarbeiter, und auch an den antiamerikanischen Boykotts von 1905 waren Arbeiter beteiligt. Die ersten Arbeiterverbände, wie der 1909 gegründete Verein zum Studium der Maschinenlehre von Guangdong, waren noch stark vom traditionellen Gildenwesen geprägt. Sie waren nach Berufszweigen organisiert und nahmen sowohl Arbeiter, als auch Unternehmer auf. Ihre vornehmliche Aufgabe sahen die Arbeiterverbände in der beruflichen Weiterbildung. Die Ablenkung der westlichen Großmächte vom chinesischen Markt während des Ersten Weltkriegs ermöglichte der jungen einheimischen Industrie einen profitablen Aufschwung und führte zu einem Wachstum der Arbeiterschaft. Ihre gewerkschaftliche Mobilisierung in den frühen 1920er Jahren ist auf verschiedene Faktoren zurückzuführen: Mit der Gründung der Kommunistischen Partei im Jahre 1921 in Shanghai entstanden auch Pläne zur Gründung einer Arbeiterbewegung. Der 1922 beginnende Konjunkturrückgang schürte die Unzufriedenheit unter der chinesischen Arbeiterschaft. Eine von militanten kommunistischen Studentenkadern organisierte Arbeiterbewegung rief während der zwanziger Jahre in Shanghai drei große Streikwellen hervor (1919, 1925 und 1927). Chiang Kaisheks Gewaltstreich im Zuge seines Nordfeldzugs von 1927 zwang den 1925 in Kanton gegründeten Allchinesischen Gewerkschaftsverband jedoch in den Untergrund.

5.5 Kulturelle und politische Optionen jenseits der Tradition

Die Idee der „Aufklärung“ *(qimeng)* als einer radikalen kritischen Neubewertung der Tradition entwickelte sich aus dem Gefühl nationaler Bedrohung nach 1895. Im Gegensatz zu den staatskonformen Reformern um Kang Youwei, die den Konfuzianismus als reformorientierte, modernisierungsfähige Lehre darstellten und die notwendigen Reformen ganz in die Tradition des Konfuzianismus einreihten, machten die Vertreter einer Aufklärungsstrategie für China gerade das konfuzianische Erbe für die Hilflosigkeit des Landes verantwortlich. Seit 1915 artikulierten sich solche radikaleren Stimmen vor allem in der von Chen Duxiu in Shanghai gegründeten Zeitschrift „Neue Jugend“ *(Xin qingnian).* 1919 kam die Zeitschrift „Neue Welle“ *(Xin chao)* hinzu, das Sprachrohr der Studentenschaft der Beijing-Universität. Die lose Koalition von Studenten, Professoren und Intellektuellen außerhalb der Universität teilte die Überzeugung, dass die „feudale Tradition“ für Chinas Krise verantwortlich sei, erst an zweiter Stelle die fremden Aggressoren, sei es in Gestalt der mandschurischen Dynastie oder des Imperialismus.

Neue Kulturbewegung

Nachdem unter den späten Qing-Reformen die Auflösung der traditionellen Institutionen begonnen hatte und 1911 die dynastische Ordnung beseitigt worden war, griff die Neue Kulturbewegung nun die klassische Hochkultur Chinas in ihrer Gesamtheit an. Die chinesischen Aufklärer verurteilten die Unterwerfung unter die unangreifbaren Autoritäten von Vätern, Staatsbürokratie und Gelehrtenelite. Es reichte ihnen nicht aus, gesellschaftliche Institutionen zu reformieren. Vielmehr mussten die menschlichen Verhaltensweisen geändert werden. Umso wichtiger wurde die Generation der Jugend, die durch pädagogische Maßnahmen und durch Einsicht zu „Neuen Menschen“ gebildet werden sollte. Daher galt es, das traditionelle Familiensystem aufzulösen, die Frauen zu emanzipieren, das Bildungswesen für breitere Schichten zu öffnen und die nur für eine kleine Elite zugängliche klassische Schriftsprache durch eine dem ganzen Volk verständliche Umgangssprache zu ersetzen.

Generationenkonflikt

Bildungsreform

Hatte in der ersten Phase der Kulturbewegung (1915–1919) die Abrechnung mit der chinesischen Tradition im Mittelpunkt gestanden, so führten die Ereignisse vom 4. Mai 1919 in eine zweite, bis 1923 andauernde aktive Phase, in der sich die Bewegung politisierte. Die Suche nach politischen Lösungen begann: Anarchismus, Gildensozialismus, Demokratiekonzepte und schließlich auch der Marxismus dominierten die Debatten dieser Jahre. Unmittelbar ausgelöst wurde die Vierte-Mai-Bewegung, als die Friedenskonferenz von Versailles die japanischen Ansprüche auf das Erbe des deutschen Kolonialismus in Shandong bestätigte. China hatte zwar durch seinen Eintritt in den Ersten Weltkrieg Sitz und Stimme bei den Verhandlungen der Siegermächte errungen, diese lehnten jedoch die Aufhebung der 21 Forderungen Japans von 1915 ebenso ab wie die Abkehr vom informellen Imperialismus des Treaty-Port-Systems. Die Studentenpro-

Vielfalt politischer Konzepte

Nationale Demonstrationen

teste vor dem Tor des Himmlischen Friedens in Beijing brachten die Sorge der jungen Generation um die Existenz und Unabhängigkeit der chinesischen Nation zum Ausdruck. Ihre politischen Ziele waren die Rückgewinnung Shandongs, das Ende der Warlord-Regime sowie die Absetzung projapanischer Politiker; zu ihren Mitteln gehörte der Aufruf zum Boykott japanischer Waren. Auch die Forderungen der Neuen Kulturbewegung wurden in den landesweiten Demonstrationen auf die Straße getragen. Aktive Unterstützung erhielten die Studenten von der Presse und der Kaufmannsschicht. Auf Massenverhaftungen in Beijing reagierten Studenten, Kaufleute und Arbeiter in Shanghai mit einem Generalstreik. Die Regierung lenkte ein: Die verhafteten Studenten wurden freigelassen, einige Minister verloren ihre Posten und die Delegation in Versailles wurde angewiesen, den Vertrag nicht zu unterzeichnen.

In der Vierten-Mai-Bewegung kamen neuartige Formen von Politik zum Vorschein. Es gab nicht mehr wie im traditionellen China nur die Alternative zwischen Elitenpolitik am Hofe und Bauernrevolten; 1919 bildete sich erstmals eine breite Allianz verschiedener Gesellschaftsschichten. Das Zeitalter städtischer Massenpolitik hatte begonnen. Zudem trat die neue Schicht der Intellektuellen organisiert als Kollektiv auf. Sie hatte gelernt, dass sie Bündnispartner brauchte, denen sie sich verständlich machen musste, und daher zu neuartigen Agitations- und Kommunikationsmitteln wie Demonstrationen, Spruchbändern, öffentlichen Reden, offenen Briefen, Flugblättern, kleinen Debattiergruppen und Straßentheatern gegriffen. Der chinesische Nationalismus verwandelte sich von einer geistigen Haltung zur politischen Kraft, und die Aktionen der Straße schufen ein nationales Zusammengehörigkeitsgefühl. Dennoch lag der größte Erfolg der Vierten-Mai-Bewegung nicht in der Politik, die sich in ganz andere Richtungen entwickelte, als es die Studenten erhofft hatten, sondern in einer Sprach- und Literaturreform. 1920 wurde an den Schulen die Umgangssprache offiziell eingeführt. Eine umfangreiche „Neue Literatur“ im umgangssprachlichen Stil begann zu erscheinen.

Sprach- und Literaturreform

Zu den Nachwirkungen der Kulturbewegung gehörte auch das Projekt der „Altertumszweifler“ *(yigu pai)* um den Historiker Gu Jiegang, die sich mit kritischen geschichtswissenschaftlichen Methoden um eine Trennung von Mythos und Geschichte bemühten. Sie verwiesen große Teile der üblichen Auffassung vom chinesischen Altertum, die zum konfuzianischen Weltbild gehörte, in den Bereich des Fiktiven. In ihrer Wissenschaftsgläubigkeit unterstützten die chinesischen Aufklärer auch den Wissenschaftstransfer aus dem Westen, den die Missionsuniversitäten und die zurückkehrenden Auslandsstudenten angestoßen hatten. Die 1914 in den USA gegründete Chinesische Gesellschaft der Wissenschaften *(Zhongguo kexue she)* wurde 1918 nach China verlegt. Die aufklärerischen Intellektuellen verzichteten darauf, die chinesische „Substanz“ höher zu bewerten als die westliche. In ihrer kosmopolitischen Grundhaltung zeigten sie sich bereit, Anregungen und Ideen aus der ganzen Welt aufzunehmen. Den latenten Widerspruch zwischen einer Befürwortung philosophisch-wissenschaft-

Gu Jiegangs „Altertumszweifler“

Wissenschaftstransfer

licher Verwestlichung und der Kritik an der quasi-kolonialen Präsenz der ausländischen Mächte in China konnten auch sie nicht lösen.

Als die „Rettung des Vaterlandes" *(jiuguo)* angesichts des japanischen Imperialismus immer dringlicher wurde, mussten sich die Aufklärer von ihren Gegnern sogar als unpatriotisch verurteilen lassen. Ihnen wurde vorgeworfen, durch ihre westliche Ausrichtung das nationale Erbe zu zerstören. Selbst innerhalb der Vierten-Mai-Bewegung gab es sehr unterschiedliche Vorstellungen über die zukünftige politische Ordnung in China. Chen Duxiu (1879–1942) gehörte 1921 zu den Mitgründern der Kommunistischen Partei, Hu Shi (1891–1962) vertrat ein liberal-demokratisches Konzept, und der frühere Anarchist Wu Zhihui (1864–1953) trat ebenso wie der Erziehungs- und Wissenschaftsrefomer Cai Yuanpei (1868–1940) dem antikommunistischen Flügel der Guomindang bei. Der anfängliche Optimismus der jungen aufgeklärten Intellektuellen, China durch eine umfassende kulturelle Erneuerung retten zu können, wich in den Städten einem breiten Gefühl der Ohnmacht und einer antiimperialistischen Aggressivität.

5.6 Mobilisierung im städtischen Raum (1919–1927)

Antiimperialistischer Nationalismus

Der Nationalismus führte fast alle politischen Strömungen der ersten Hälfte des 20. Jahrhunderts zusammen. In seiner antiimperialistischen Prägung kam er bereits in den frühen Boykotten zum Ausdruck. Liang Qichao, der große Reformer der Jahrhundertwende, hatte seinen Beitrag zu einer konstruktiven Nationsbildung allerdings noch an ein autoritäres System gebunden, das innere Ordnung und erfolgreiche Abwehr nach außen garantierte. Ökonomisch signalisierte der Antiimperialismus des frühen 20. Jahrhunderts den Widerstand gegen die Unterdrückung eines armen und rückständigen China durch den internationalen Kapitalismus. Mit Hilfe von Lenins Imperialismustheorie ließ er sich in den globalen Kampf einordnen. Nach den Massenprotesten vom Mai 1919 entlud sich die antiimperialistische Agitation erneut 1925 in Shanghai. Dort kam es im Frühjahr zu einer nationalen Mobilisierung bisher ungekannten Ausmaßes. Sie begann im Februar mit einer vierwöchigen Streikwelle in den japanischen Baumwollfabriken als Reaktion auf Entlassungen und brutale Methoden der japanischen Vorarbeiter. Die aggressive Politik des Stadtrats der Internationalen Niederlassung, der eine territoriale Ausweitung seines Einflussgebietes sowie eine Gebühren- und Abgabenerhöhung plante und darüber hinaus den Chinesen den Zugang zur Börse erschweren wollte, führte dazu, dass sich die ausländerfeindliche Stimmung der Arbeiterschaft schnell auf die gesamte Stadtbevölkerung ausweitete.

Shanghaier Streikwelle von 1925

Am 15. Mai eskalierten die Streiks, als japanische Vorarbeiter auf chinesische Demonstranten schossen und einen jungen Arbeiter töteten. Als am 30. Mai die britische Polizei das Feuer gegen Demonstranten eröffnete, die eine Freilassung

Eskalation am 30. Mai 1925

ihrer inhaftierten Gesinnungsgenossen forderten, wurden weitere dreizehn junge Menschen getötet. Es folgten landesweite Proteste gegen das System der imperialistischen Bevormundung Chinas. In Kanton fielen am 23. Juni 1925 Chinesen und ein Ausländer den Auseinandersetzungen zum Opfer; dies löste in Kanton und Hongkong einen 16-monatigen Arbeiterstreik aus. Zu den besonderen Merkmalen der Protestbewegung von 1925 gehörten ihr landesweites Ausmaß und ihre breite soziale Basis, die Studenten, Arbeiter und Geschäftswelt zusammenführte. Deren gemeinsamer Generalstreik im Juni lähmte alle ausländischen Aktivitäten in Shanghai und führte zu einer Art von Wirtschaftskrieg. Die von Ausländern dominierte Stadtregierung der Internationalen Niederlassung wusste sich allerdings zu wehren, indem sie ihr Elektrizitätsmonopol über die gesamte Stadt ausnützte, um den chinesischen Firmen außerhalb der Niederlassung den Strom abzustellen.

An der formellen Lösung des Konflikts waren schließlich auch das chinesische Außenministerium in Beijing sowie die Regierungen in London, Paris und Washington beteiligt. Die Protestbewegung erzielte dabei nur einen bescheidenen Erfolg: Die für die Eskalation am 30. Mai verantwortlichen Polizeioffiziere wurden entlassen; die Shanghaier Großbourgeoisie erhielt drei Sitze im Stadtrat, und der Mixed Court der Stadt wurde bis Ende 1926 aufgelöst. Die Zusage der Großmächte im November 1925, China seine Zollhoheit bis Januar 1929 zurückzugeben, änderte an den Grundstrukturen des ausländischen Vertragssystems jedoch wenig. Einen moralischen Riss hatte es allerdings zumindest durch das Gutachten des amerikanischen Richters E. Finley Johnson erhalten, das die juristische Unhaltbarkeit der ausländischen Position in Shanghai nachwies. Erstmals mussten sich die Ausländer nun die Frage stellen, wie lange ihr imperialistisches Privilegiensystem noch überleben konnte.

Folgen für die Internationale Niederlassung

Innenpolitisch hatten die Ereignisse vom Mai 1925 aus der chinesischen Arbeiterbewegung eine kampfesmutige Organisation unter der Leitung kommunistischer Aktivisten gemacht. Die Kommunisten hatten von der Protestbewegung profitiert. Sie hatten ihre Mitgliederzahl im Verlauf des Jahres 1925 von erst 295 auf 10000 mehr als verdreißigfachen können. 1926 folgte ein Jahr harter Arbeitskämpfe im industriellen Sektor. Die chinesische Gesellschaft war von unten her in Bewegung geraten. Chinas Arbeiter schienen auf dem Weg zu einem nationalen Staatsbürgerbewusstsein einen wichtigen Schritt vorangekommen zu sein.

Aufschwung für die Kommunisten

Dennoch fehlte in dieser Periode ein unerlässliches Element, um das Ziel des politischen Nationalismus, die moderne Nationalstaatsbildung, zu verwirklichen: ein leistungsfähiger Zentralstaat, der die notwendige horizontale und vertikale Integration des politischen Systems vorantrieb. Zumindest diese zentralstaatliche Zielsetzung verfolgte die nationalrevolutionäre Bewegung der Guomindang. Ihr politisches Programm für die Modernisierung Chinas schuf Sun Yatsen mit seinen 1924 in Kanton in ihrer letzten Version veröffentlichten „Drei Volksprinzipien" *(sanmin zhuyi)*. Als Vermächtnis an seine Guomindang-Partei

Schwäche des Zentralstaates

Drei Volksprinzipien Sun Yatsens

gewannen die Prinzipien bald einen kanonischen Status. Sun Yatsen führte in ihnen drei verschiedene Denkrichtungen zusammen: Seinen Ausgangspunkt bildete ein ethnischer Nationsbegriff *(minzu zhuyi)*, der sich von der Grundzelle der Familie her durch die Besinnung auf eine nationale chinesische Essenz aufbaute. Das erste Ziel der Wiederherstellung hanchinesischer Souveränität hatte sich mit dem Sturz der Qing-Dynastie 1911 erfüllt. Als konservativer Modernisierer bestand Sun Yatsen – wie die Qing-Bürokraten des späten 19. Jahrhunderts – weiterhin auf der Bewahrung eines kulturellen chinesischen Kerns und einer nur instrumentellen Übernahme westlicher Wissenschaft und Technik.

Erstes Volksprinzip: ethnischer Nationalismus

Zweites Volksprinzip: demokratischere Strukturen

Suns zweites Volksprinzip, das mit „Demokratie" *(minquan zhuyi)* übersetzt wird, ordnete die Freiheit des Einzelnen dem Gesamtwohl der Nation unter. Suns Denken war etatistisch. Die in den 1920er Jahren viel diskutierten Ideen eines Föderalismus der chinesischen Provinzen lehnte er entschieden ab und schwor seine Partei auf einen vom starken Zentrum aus regierten Gesamtstaat ein. Dieses Ziel sollte nach der militärischen Eroberung der Macht und einer Übergangsperiode der Vormundschaftsregierung *(xunzheng)* erreicht werden. Erst nach einer Umsetzung der lokalen Selbstverwaltung in allen Provinzen ließ sich mit dem Aufbau einer konstitutionellen Regierung *(xianzheng)* auf zentralstaatlicher Ebene beginnen. Ein liberaler Verfassungsstaat war in dieser Lehre nicht vorgesehen. Folglich konnten sich die späteren diktatorischen Regime der GMD und KPCh problemlos auf Sun Yatsen berufen.

Dritttes Volksprinzip: Volkswohlfahrt

Aufgrund von Sun Yatsens schwieriger Lage zwischen sowjetischen Beratern, konservativen GMD-Vertretern und kommunistischen Verbündeten blieb sein drittes Volksprinzip, die Volkswohlfahrt *(minsheng zhuyi)*, 1924 undeutlich. Den revolutionären Klassenkampf lehnte er ab und setzte auf eine evolutionäre Entwicklung der Produktivkräfte, unterstützte darin einen langfristig planenden Staat. Die verschiedenen Richtungen innerhalb der Guomindang beriefen sich gerne auf die autoritären Aspekte von Suns Lehre. Dies gilt sowohl für die Neo-Traditionalisten als auch für die faschistischen Strömungen, die den Charakter der GMD als politischer Bewegung hervorhoben, sowie für eine elitär-technokratische Fraktion, die einer Planwirtschaft und einer von Experten geführten Modernisierungsdiktatur den Vorzug gab.

Militärakademie von Whampoa

Sun Yatsen zog aus Chinas Militarisierung und Fragmentierung nach 1916 die Schlussfolgerung, dass das Warlord-System nur mit seinen eigenen Mitteln bekämpft werden könne. Er nutzte das 1923 mit der Sowjetunion geschlossene Bündnis und errichtete 1924 in seinem Stützpunkt Kanton mit Hilfe von sowjetischen Beratern die Militärakademie von Whampoa, an der eine schlagkräftige, moderne Elitearmee aufgebaut werden sollte. Ihr Kommandant, General Chiang Kaishek (1887–1975), entwickelte sich nach Sun Yatsens Tod zur führenden Gestalt der nationalen Revolution.

Nordfeldzug

Im Juli 1926 begann Chiang den berühmten Nordfeldzug, der im Juni 1928 mit dem Einmarsch der Nationalen Revolutionsarmee in Beijing offiziell beendet wurde. Damit kam es nicht nur zur militärischen Einigung: Chiang Kaishek setzte sich gleichzeitig auch gegen seine Machtkonkurrenten durch. Im April 1927 kündigte er die erste Einheitsfront mit den Kommunisten auf, die von der Guomindang auf Druck der Komintern 1924 eingegangen worden war. Damals hatte die Komintern in der Absicht, ihren Kampf gegen den westlichen Imperialismus auch in die kolonisierten Ländern zu tragen, die Guomindang in eine leninistische Kaderpartei umgewandelt, ihr beim Aufbau einer eigenen Armee geholfen und sie von der Organisation einer Massenbewegung im Bündnis mit der KPCh überzeugt. Chiang Kaishek lehnte aber eine von den Kommunisten und einem linken GMD-Flügel betriebene antiimperialistische und sozialrevolutionäre Radikalisierung seiner Partei ab. Unter dem stillschweigenden Wohlwollen der ausländischen Mächte und der Stadtregierung in der internationalen Niederlassung Shanghais schloss er den militärischen Flügel der GMD in einem Augenblicksbündnis mit der Shanghaier Großbourgeoisie, dem organisierten Gangstertum und Warlords zusammen, um die kommunistische Bewegung von ihrem organisatorischen Zentrum in Shanghai her systematisch zu vernichten. Da die Kommunistische Partei über kein eigenes Militär verfügte, war sie Chiangs Terror hilflos ausgeliefert. Im Shanghaier Massaker vom 12. April 1927 wurde der städtischen Bewegung des Kommunismus ein vernichtender Schlag versetzt. Die Partei musste sich ins ländliche Hinterland zurückziehen und eine vollkommen neue Strategie der Machteroberung entwickeln. Chiang Kaishek erklärte am 18. April Nanjing zur neuen chinesischen Hauptstadt und bildete eine Nationalregierung. Eine zehnjährige Phase des Bürgerkrieges begann.

Ende der ersten Einheitsfront

Vernichtung des städtischen Kommunismus

6. CHINA IM KRIEG (1927–1949)

6.1 Militärherrschaft und bürokratische Reform der Nanjing-Regierung (1927–1937)

Im Gegensatz zum Staatsmann Sun Yatsen, für den das Militär nur ein Instrument zur Erreichung seiner politischen Ziele gewesen war, blieb Chiang Kaishek ganz ein Mann des Militärs. Dennoch gelang es ihm nicht, sich zwischen 1928 und 1937 als mächtiger Militärdiktator landesweit durchzusetzen. Sein Einfluss erstreckte sich hauptsächlich auf die Yangzi-Region, weitere Teile Zentralchinas sowie einige Küstenstädte. Regionen, die von diesem Kerngebiet weiter entfernt lagen – vor allem an der zentralasiatischen Peripherie – entzogen sich ganz seiner Kontrolle. Bereits 1913 hatte China die Unabhängigkeit der Äußeren Mongolei unter russischem Protektorat anerkennen müssen. In der verbliebenen Inneren Mongolei erschwerten lokale mongolische Autonomiebewegungen, junge Revolutionäre, konservative Bannerfürsten und Räuberbanden die Umsetzung einer administrativen Aufteilung und Integration in verschiedene chinesische Provinzen. In Tibet hatte sich der 13. Dalai Lama (1876–1933) 1913 von China unabhängig erklärt, fand aber international keine Anerkennung. Im Gegensatz zur Äußeren Mongolei fehlte zwar die tatkräftige Unterstützung einer dritten Macht, dennoch gelang es keinem chinesischen Regime dieser Periode, Tibet unter chinesische Kontrolle zu bekommen. Als die Guomindang-Regierung 1934 eine Mission nach Tibet sandte, um es wieder China zu unterstellen, lehnte Lhasa den chinesischen Herrschaftsanspruch ab, gestand Nanjing aber – ebenso wie den Briten – eine konsularische Vertretung zu. Die Region blieb sich selbst überlassen und wurde erst in den 1950er Jahren von den kommunistischen Machthabern in Beijing gewaltsam in den chinesischen Staatsverband integriert. In Xinjiang hingegen konnte sich der noch von der Qing-Dynastie eingesetzte Provinzgouverneur bis zu seiner Ermordung im Jahre 1928 an der Macht halten. Während der dreißiger Jahre erfolgten mehrere antichinesische Rebellionen. In der Region konkurrierten Turkvölker, chinesische Muslime *(Hui)*, die chinesische Provinzregierung und Sowjetrussen um politische Macht und natürliche Ressourcen. Mit Unterstützung der Sowjetarmee führte ein Aufstand in der Ili-Region 1944–1949 zur Gründung einer unabhängigen Republik Ostturkestan. Xinjiang blieb zersplittert und faktisch vom Guomindang-Staat unabhängig.

Diktatur Chiang Kaisheks

Unabhängigkeit der Äußeren Mongolei

De-facto-Unabhängigkeit Tibets

Xinjiang in der Republikzeit

Offiziell hatte im Oktober 1928 mit der Verkündung des Organisationsgesetzes der Nationalregierung, in dem die Grundlagen des Staatsaufbaus geregelt wurden, die zweite Phase der Revolution, die der Vormundschaftsregierung, begonnen. Erstmals existierte in China ein Parteistaat. Ein Zentralisierungsprozess begann, der sich in der Gründung einer Reihe von Partei- und Regierungsorganen niederschlug, die alle mit dem Wort „zentral" *(zhongyang)* bezeichnet wurden. So gab es das Zentrale Parteibüro *(Zhongyang dangbu)*, das über ein Zen-

Vormundschaftsregierung

trales Tagesblatt *(Zhongyang ribao)* mit China und der Welt kommunizierte; Studenten besuchten in Nanjing die Zentraluniversität *(Zhongyang daxue)* und Wissenschaftler des Zentralen Forschungsinstituts *(Zhongyang yanjiuyuan)* berieten die Regierung. Auch die Guomindang hatte die leninistischen Prinzipien des demokratischen Zentralismus übernommen, nach denen die Parteiführung eine landesweite Hierarchie von Parteiorganisationen kontrollierte. Hohe Parteifunktionäre verfügten gleichzeitig über hohe Regierungsämter und garantierten dadurch die Parteikontrolle des Guomindang-Staates. Mit Hilfe einer strengen Zensur des gesamten kulturellen Lebens sollte nicht nur der Staat, sondern auch die chinesische Gesellschaft „parteiisiert" *(danghua)* werden. Der Zentrale Politische Rat *(Zhongyang zhengzhi huiyi)* bestimmte die Regierungspolitik. Präsident und Staatsrat *(Guowu huiyi)* leiteten die Regierung, die sich aus fünf Gewalten zusammensetzte: Exekutive, Legislative, Justiz, Kontrollamt und Prüfungsamt.

Wirtschaftsstrategie der GMD

In ihrer Wirtschaftsstrategie verfolgte Chiangs Nationalregierung eine planorientierte Lenkung der Schlüsselindustrien. Mit dem Vierjahresplan von 1933–1936 sollte die Position des Staates im Wirtschaftsleben gestärkt werden. Den Schwerpunkt bildeten die Rüstungsindustrie und die ihr zugeordneten Industriezweige. Sie wurden 1935 von der direkt Chiang Kaishek unterstellten Nationalen Ressourcenkommission kontrolliert. Dieser gelang es allerdings nicht, ihre Wirtschaftsplanung landesweit durchzusetzen – zumal gleichzeitig einzelne Provinzmachthaber ihre eigenen Entwicklungsprojekte verfolgten und sich nicht nach den zentralen Planvorgaben richteten. Leicht- und Lebensmittelindustrie sowie der gesamte privatwirtschaftliche Bereich erhielten kaum staatliche Förderung. 1935 führte eine Währungsreform zur faktischen Verstaatlichung der chinesischen Großbanken. Die Nanjing-Regierung machte sich vom Ausland unabhängig, indem sie eine von der Zentralbank gestaltete Währung einführte. Zu den infrastrukturellen Maßnahmen der Guomindang-Regierung gehörte der Ausbau des Straßen- und Eisenbahnnetzes. Der Massenmobilisierung, die die Kommunisten vorangetrieben hatten, setzte Chiang Kaishek entschlossen ein Ende. Er unterstellte die Gewerkschaften der Guomindang-Kontrolle und verbot die Bauernverbände ebenso wie die Frauenvereinigungen.

GMD und die Landwirtschaft

Im landwirtschaftlichen Bereich erfolgte kein grundlegender Wandel. Die dringend notwendige Landreform blieb aus. Eine Gesetzesinitiative aus dem Jahr 1930 trat zwar 1936 offiziell in Kraft, erwies sich aber als wirkungslos. Da die Nanjinger Zentralregierung den Provinzen die Eintreibung der Grundsteuern überlassen hatte, fehlte ihr dazu auch die Autorität. Nur in einzelnen Regionen entwickelten sich durch Privatinitiative experimentelle Projekte eines ländlichen Wiederaufbaus.

Private ländliche Wiederaufbauprojekte

James Y. C. Yen (1893–1990) gründete im Geiste eines christlich-sozialen Liberalismus zwischen 1926 und 1937 in einem Landkreis der Provinz Hebei „Schulen des Volkes" mit einem praktischen Lehrangebot. Der Philosoph Liang Shuming (1893–1988) rief in Shandong ein Institut für ländlichen Wiederaufbau ins Leben, das von der Nanjing-Regierung anerkannt wurde.

Zwar plädierte er in seinem philosophischen Werk über die „Kulturen des Ostens und des Westens und ihre Philosophien“ *(Dongxi wenhua jiqi zhexue)* für eine teilweise Verwestlichung Chinas, um dann langfristig die Weltkultur mit chinesischer Spiritualität zu durchdringen, doch setzte er in der Ausbildung der ländlichen Jugend auf die Bewahrung konfuzianischer Werte und Methoden. Territorial weiter verbreitet waren ländliche Kooperativen. Sie wurden nach 1927 auf Initiative der Provinzregierungen besonders in Hebei, Zhejiang und Jiangsu ins Leben gerufen, konnten jedoch die dramatische Lage der chinesischen Bauern kaum verbessern.

Instrumentalisierung des *baojia*-Systems

Die Militarisierung auf dem Lande bewirkte den Rückgriff auf das traditionelle *baojia*-System lokaler Selbstverwaltung. Im Mai 1928 ordnete Chiang Kaishek eine Haushalts- und Bodenregistrierung und die Aufstellung von Dorfmilizen an. Die *baojia*-Einheiten sollten dabei als Grundlage für den Militärdienst der Landbevölkerung dienen und eine zentralstaatliche Kontrolle der Lokalgesellschaft ermöglichen. Die Umsetzung dieses Konzepts verlief allerdings nur schleppend. Zur weiteren Brutalisierung der ländlichen Gesellschaft trug die Tatsache bei, dass die traditionellen Gentry-Familien in die Städte abgewandert waren und die Dörfer von Vertretern der Pachtagenturen tyrannisiert wurden. Korruption, Erpressung, Missachtung alter Bräuche, Schmuggel und willkürliche Abgabenforderungen belasteten das Verhältnis zwischen Bauern und Lokalelite. Die Bauern litten nicht nur unter staatlicher Gewalt, sondern ebenso unter den Folgen von Naturkatastrophen und Seuchen. 1931 kosteten Überschwemmungen am Yangzi etwa 420000 Menschen das Leben; die Beulenpest tötete 1947 30000 Menschen in der Mandschurei.

Stellung Chiang Kaisheks

Chiang Kaisheks Guomindang-Regierung reagierte auf die Not der Bauernschaft überhaupt nicht, sondern konzentrierte sich ganz auf ihre internen Machtkämpfe und den Krieg gegen „kommunistische Banditen“ *(gongfei)* und japanische Imperialisten. Obwohl Chiang Kaishek die Staats-, Partei- und Militärführung auf sich vereinigte, konnte er nicht als uneingeschränkter Diktator herrschen, sondern musste sich ständig mit starken Interessengruppen und rivalisierenden Cliquen innerhalb der Partei auseinandersetzen. Er erwies sich dabei als machtbewusster Taktiker und spielte die unterschiedlichen Gruppierungen geschickt gegeneinander aus. Der linke Flügel der Guomindang, der zunächst in den lokalen Parteibüros überlebt hatte und sich immer wieder gegen die Politik der Zentralregierung stellte, wurde systematisch ausgeschaltet.

Neues-Leben-Bewegung

1934 erreichte die konservative Wende, zu der rechte Gruppierungen wie der faschistisch orientierte Geheimverband der „Blauhemden“ *(Lanyishe)* beitrugen, in der antikommunistischen „Neues-Leben-Bewegung“ *(Xin shenghuo yundong)* ihren Höhepunkt. Die Guomindang-Regierung interpretierte die Drei Volksprinzipien Sun Yatsens neu, indem sie stärker die chinesische Tradition hervorhob. Es wurde versucht, die traditionellen Werte der konfuzianischen Sozialethik in ein Erziehungsprogramm zu integrieren, das individuelle Selbstdisziplin, Verantwortlichkeit für die Gruppe und Loyalität gegenüber der Nation in den Mittelpunkt stellte und zur Schaffung nationalbewusster Staatsbürger dienen sollte. Die Militarisierung der Gesellschaft wurde bis in die Familie hineingetragen und die Frauen ermahnt, selbst ihre Haushaltsführung der nationalen Rettung zu verschreiben – indem sie beispielsweise nur einheimische Produkte verwendeten. Fast hundert Regeln wurden aufgestellt, die dem Einzelnen vorschrieben, wie er den neuen Lebensstil umsetzen sollte. Gleichzeitig ging die Regierung entschlossen gegen die sich radikalisierende akademische Jugend vor. Antijapanische Studentenproteste wurden gewaltsam unterdrückt. Universitäten, höhere Schulen und die Medien wurden zensiert, reglementiert und diszipliniert. Der Geheimdienst verfolgte jegliche politische Opposition. Chiang räumte der „Befriedung" im Innern und dem Aufbau eines modernen Nationalstaates Priorität ein und versuchte, die staatliche Autorität auch in bisher autonome Bereiche auszudehnen. Dies rief den Widerstand lokaler Eliten und Militärmachthaber hervor.

Selbst in den von Nanjing kontrollierten Gebieten fielen immer wieder einzelne Bündnispartner – wie 1930 Feng Yuxiang und Yan Xishan im Nordwesten oder 1933 die Machthaber der Provinz Fujian – von Chiang Kaishek ab. Im Dezember 1936 wurde Chiang Kaishek von seinen Generälen Zhang Xueliang und Yang Hucheng in Xi'an unter Hausarrest gestellt, um ihn zum Kampf gegen Japan und zur Zusammenarbeit mit der KP zu zwingen, für die als Vermittler der Politkommissar der Roten Armee, Zhou Enlai (1898–1976) in Xi'an erschien. Der Zwischenfall endete mit der Freilassung Chiang Kaisheks und der Festnahme Zhang Xueliangs. Kommunisten und Nationalisten zeigten sich zu einer Neuauflage der Einheitsfront bereit, zu der vor allem die Komintern drängte, da ein Krieg gegen Japan aus sowjetischer Sicht nur unter Führung Chiang Kaisheks denkbar schien.

Xi'an-Zwischenfall

6.2 Kommunisten im Untergrund und ländlichen Rückzug

Die erste Einheitsfront mit der Guomindang hatte es der Kommunistischen Partei ermöglicht, sich landesweit zu etablieren. Der Bruch Chiang Kaisheks mit seinem kommunistischen Bündnispartner führte zu einer Umkehr der Verhältnisse. Die Kommunisten wurden in den Untergrund gedrängt. Für die Kommunistische Partei begann eine neue Phase. Die Gründergeneration um den ersten Generalsekretär Chen Duxiu hatte größtenteils aus jungen studentischen Aktivisten der Vierten-Mai-Bewegung bestanden, die ihre bolschewistische Ausrichtung durch Komintern-Direktiven erhalten hatten. Unter der programmatischen Hegemonie Moskaus in den zwanziger Jahren blieb wenig Spielraum für originäre chinesische Akzente. Mit Hilfe der sowjetischen Berater hatte sich die junge Partei ganz an der orthodoxen marxistischen Leitlinie orientiert und auf die revolutionäre Führung des Industrieproletariats in den Städten gesetzt. Der antikommunistische Terror Chiang Kaisheks vertrieb die kommunistischen Aktivis-

Kommunistischer Rückzug auf das Land

ten aus den Städten und zwang sie zum Rückzug auf das Land. Die aus Shanghai geflohenen Kommunisten ließen sich in dem entlegenen Grenzgebiet zwischen den Provinzen Hunan und Jiangxi nieder. Hatten sich die kommunistischen Kader bisher in den Städten hauptsächlich um Bildungseinrichtungen organisiert, so nutzte die Kommunistische Partei auf dem Land zunächst familiale Beziehungsnetze. Die zunehmend in die dörfliche Selbstverwaltung integrierten Parteikader bemühten sich, die Bevölkerung durch praktische Hilfsmaßnahmen wie der Senkung von Pachtraten und Alphabetisierungskampagnen für die KP zu gewinnen.

Hervortreten Mao Zedongs

In dieser Phase des ländlichen Rückzugs trat Mao Zedong (1893–1976) hervor. Er gehörte im Juli 1921 zu den Gründungsmitgliedern der Partei und organisierte in den darauf folgenden Jahren als Parteisekretär seiner Heimatprovinz Hunan lokale Arbeiterverbände. Mao zog schon 1925 aus seinen Erfahrungen im ländlichen Hunan den Schluss, dass das revolutionäre Potenzial Chinas nicht bei den Arbeitern in den Städten, sondern bei der bäuerlichen Bevölkerung auf dem Land liege. Bereits im September 1926 hatte er die Bauernfrage zur zentralen Frage der nationalen Revolution erklärt. Gemeinsam mit Zhu De (1885–1976), einem ehemaligen General der Warlord-Armee von Yunnan, gründete er im April 1928 das erste kommunistische Basisgebiet auf dem Land und die ersten Einheiten der Roten Armee. Reguläre Verbände und Partisanengruppen sollten in einem „Volkskrieg“ *(renmin zhanzheng)* eingesetzt werden, mit dem Mao die Macht über ganz China erobern wollte.

Gründung der Roten Armee

Als 1931 in Shanghai der kommunistische Parteisekretär dem GMD-Terror zum Opfer fiel, zog schließlich auch die Parteizentrale ins Hinterland von Jiangxi. Noch im gleichen Jahr rief Mao Zedong, der inzwischen vor Chiangs Truppen weiter ostwärts ins Grenzgebiet zwischen Jiangxi und Fujian zurückgewichen war, in dem Ort Ruijin die Chinesische Sowjetrepublik aus. Dort ließ sich Anfang 1933 auch die Shanghaier Parteizentrale nieder. Nach einer von der städtischen Intelligenz geführten Gründungsphase erfolgte die Wiedergeburt der KPCh also in den ländlichen Basisgebieten, die im Verlauf der dreißiger Jahre auch in anderen Provinzen entstanden.

Chinesische Sowjetrepublik

Durch ihre räumlich-soziale Umorientierung wurden die Kommunisten gezwungen, sich mit einer der dringlichsten Fragen Chinas, den gesellschaftlichen Verhältnisse auf den Dörfern, auseinander zu setzen. Bereits Mitte der zwanziger Jahre hatte die Partei zur Bildung von Bauernvereinen aufgerufen, um sie zum Widerstand gegen Grundherren und andere Mitglieder der Lokalelite zu mobilisieren. Ein Vorläufer der kommunistischen Bauernbewegung war bereits 1922 von Peng Pai (1896–1929) in seiner Heimatregion in der Provinz Guangdong ins Leben gerufen worden. Peng Pai stammte aus einer reichen Grundbesitzerfamilie und schloss sich während seines Studiums in Japan der revolutionären Bewegung an. Sein Weltbild ersetzte den traditionellen Konfuzianismus durch einen intellektuellen Radikalismus. Enttäuscht von der politischen Folgenlosigkeit der Vierten-Mai-Bewegung, wandte er sich der Mobilisierung der Bauern zu. Die

Kommunisten und die Landfrage

Peng Pais Hailufeng-Sowjet

von ihm gegründeten Bauernverbände boten ihren Mitgliedern viele praktische Vorteile. Sie vermittelten in Streitfällen und boten Schutz gegen geldgierige Kaufleute und Pachteintreiber. Es wurde eine elementare Schulbildung eingeführt und eine medizinische Versorgung der Dorfbevölkerung gewährleistet. Gleichzeitig wurden die Bauern aber auch zu Aufständen gegen die Grundherren angestachelt. Im Jahre 1927 rief Peng Pai eine Sowjetregierung aus. Ihr roter Terror forderte mindestens 5000 Todesopfer. Im Frühjahr 1928 begann der konterrevolutionäre Gegenschlag. Brutale Strafaktionen zogen sich bis 1933 hin. Peng Pai fiel ihnen bereits 1929 zum Opfer. Seine Hailufeng-Bewegung blieb ein isoliertes, revolutionäres Experiment, das angesichts der damaligen Machtverhältnisse zum Scheitern verurteilt war.

Mao Zedong wählte einen anderen Weg. Wie aus seinem „Bericht über die Untersuchung der Bauernbewegung von Hunan“ von 1927 hervorgeht, hatte Mao erkannt, dass die chinesische Bauernschaft keineswegs eine einheitliche Schicht mit gemeinsamen Interessen darstellte. Er unterschied zwischen drei Gruppen: den reichen, mittleren und armen Bauern. Dabei mischten sich Kriterien der objektiven sozio-ökonomischen Lage und der subjektiven politischen Einstellung. Mit Hilfe dieser flexiblen Kategorisierung konnten je nach den besonderen lokalen Umständen Freunde, Feinde und momentan geduldete Bündnispartner der KP identifiziert werden. Mao war klar, dass eine radikale Landreform, die nicht nur den Grundherren, sondern auch den „reichen“ Bauern (die Land mit Unterstützung fremder Arbeitskräfte selbst bewirtschafteten) ihren Besitz wegnahm, zunächst nicht möglich war. Je stärker die kommunistische Bewegung von außen bedroht war, desto mehr war sie auf die Unterstützung eines möglichst großen Teils der dörflichen Bevölkerung angewiesen.

Maos Konzept der Bauernschaft

Viele Mitglieder aus der ersten Generation von ländlichen Parteikadern waren lokal verwurzelt. Die Weisungen der Komintern und die marxistisch-leninistische Ideologie blieben diesen Leuten eher fremd. Daher versuchte die Parteiführung vom Zentralsowjet in Jiangxi aus, die lokalen Kader durch politische Erziehung auf die Parteilinie einzuschwören oder sie allmählich zu ersetzen. Grundsätzlich zielte die kommunistische Strategie in den ländlichen Basisgebieten auf eine Verbesserung der Lebensbedingungen einer Mehrheit der Bauern. Im Verfassungsentwurf des Jiangxi-Sowjets wurde 1931 die Emanzipation der Frauen festgeschrieben. Im gleichen Jahr verbot ein Ehegesetz arrangierte Heiraten und Brautkauf; Scheidungen wurden erleichtert. Obwohl sich diese Maßnahmen in der Praxis noch nicht gleich umsetzen ließen, schuf die KP damit erstmals einen rechtlichen Rahmen zur Gleichstellung der Frau in der chinesischen Gesellschaft.

Landreform im Zentralsowjet

Kommunistische Frauenrechte

Um eine erneute kommunistische Machtbildung zu verhindern, begann Chiang Kaishek Ende 1930 mit seinen Vernichtungsfeldzügen gegen den Jiangxi-Sowjet. Erst der fünfte Aufmarsch der GMD-Truppen zeitigte im Oktober 1934 Erfolge. Durch eine Strategie der Einkreisung, die von deutschen Militärberatern ersonnen worden war, zwang Chiang die Kommunisten zur Aufgabe

Vernichtungsfeldzüge der GMD-Truppen

Lange Marsch (1934–1936)

ihres Basisgebietes in Jiangxi. Damit begann der legendäre „Lange Marsch", der im Grunde eine improvisierte Fluchtbewegung aus mehreren Basisgebieten heraus darstellte. Eigentlich handelte es sich um verschiedene Märsche; besondere Beachtung fanden die Aktionen der Truppen des ehemaligen Zentralsowjets, zu denen auch die Parteiführung zählte. Die Gesamtzahl der Soldaten belief sich auf ungefähr 180 000 Mann, von denen weniger als 60 000 den neuen Stützpunkt in der Provinz Shaanxi erreichten. Nach der Rückeroberung der kommunistischen Basisgebiete durch die GMD-Truppen wurden die vorrevolutionären Herrschafts- und Eigentumsverhältnisse weitgehend wiederhergestellt und wirkliche oder vermeintliche Sympathisanten der KP hart bestraft. Die in Südchina zurückgebliebenen etwa 42 000 Guerilla-Kämpfer der Roten Armee konnten nur überleben, sofern sie sich unauffällig in örtliche Sippschaften, Geheimgesellschaften und *baojia*-Strukturen integrierten. Die verbliebenen Stützpunkte waren klein, verstreut und nicht länger staatlich organisiert. Frauen spielten in ihnen eine relativ große Rolle, da sich viele Männer an den Evakuierungsmärschen beteiligt hatten.

Aufstieg Maos

Das knappe Überleben der Roten Armee und der Parteiführung durch den Langen Marsch wird heute in China als Sieg und wichtige Etappe auf dem Weg zur kommunistischen Machteroberung dargestellt. Dabei war diese Zeit von Macht- und ideologischen Richtungskämpfen begleitet, in denen Moskau zum letzten Mal Einfluss auf die Strategie des chinesischen Kommunismus zu nehmen versuchte. Von diesen Auseinandersetzungen profitierte vor allem Mao Zedong, dessen Aufstieg zum unumstrittenen KP-Führer allerdings mehrere Etappen durchlief. Erst seit Beginn der vierziger Jahre war Mao die Nummer Eins der Partei. 1943 erhielt er den Vorsitz im Politbüro.

Hauptstützpunkt Yan'an

Nach dem Ende des Langen Marsches sammelten Partei und Rote Armee in ihrem neuen Hauptstützpunkt um das Städtchen Yan'an ihre Kräfte. Die neue Basis im Nordwesten (offiziell Shaanxi-Gansu-Ningxia-Basisgebiet genannt) war so gut gewählt, dass sie bis 1947 dem Druck sämtlicher Gegner standhielt und nach Beginn des Krieges mit Japan 1937 zu einem Refugium von Zehntausenden von Kriegsflüchtlingen aus den umkämpften Ostprovinzen wurde. Vor allem die Studenten, Lehrer, Journalisten und andere Intellektuelle unter ihnen fühlten sich von dem patriotischen Idealismus angezogen, den die KP in ihrer Yan'an-Ära (1936–1947) ausstrahlte. Hier entstand der Legitimierungsmythos der chinesischen Revolution: die Idee einer sozial gerechten, mit immer neuer Verbesserung voranschreitenden Gesellschaftsordnung. Der Mythos von Yan'an beruhte auch auf der erfolgreichen Überwindung der physischen Hindernisse in diesem abgeschiedenen bäuerlichen Niemandsland, wo die ökologischen Bedingungen besonders hart und die Menschen ständig Dürre und Hunger ausgesetzt waren.

Yan'an wurde auch, wie zuvor Jiangxi, zu einem Laboratorium der Führungstechniken der Partei. Angesichts der ständig eintreffenden Flüchtlinge sah sich die Parteispitze vor dem Problem, die Kontrolle nicht zu verlieren. Sie ach-

Berichtigungskampagnen

tete nun stärker denn je auf ideologische Reinheit. Als wichtiges Mittel bediente sie sich seit 1942 der Berichtigungskampagnen, mit deren Hilfe alle Parteikader und Intellektuellen auf eine einheitliche Parteilinie gebracht werden sollten. Erreicht wurde dies durch Methoden der Indoktrinierung, der öffentlichen Beschuldigung, der Selbstkritik und des öffentliches Geständnisses. Dem entsprach auf dem Lande die Methode des Klassenkampfes. Sie wurde allerdings in Yan'an zurückhaltender praktiziert als zuvor in Jiangxi und nach 1946 während des Bürgerkrieges. Aber auch in Yan'an wurden zumindest Pacht- und Steuerreduzierungen mit Hilfe von Einschüchterungskampagnen gegen Grundherren erreicht.

Gründung von Bauernvereinen

In Yan'an und einigen kleineren Basisgebieten, die sich im Verlauf des Krieges in Nord- und Zentralchina herausbildeten, wandte die KPCh im Wesentlichen ein einheitliches Verfahren an, um die Unterstützung der Bauern zu gewinnen. Zunächst unterwiesen Parteikader die Bauern beim Aufbau von Bauernvereinen, die sich zu Gegenpolen in den dörflichen Herrschaftsstrukturen entwickelten. Danach wurden Frauen- und Arbeiterorganisationen gegründet, in einigen Gebieten später auch Konsumenten- und Produzentenkooperativen. Die kommunistische Bewegung konnte die Kriegszeit nutzen, um in ihren ländlichen Stützpunkten Strategien der Staatsbildung zu entwickeln und auszuprobieren. Sie alle teilten die gleiche Grundstruktur aus einer zentralisierten politischen und militärischen Herrschaft, die Übernahme örtlicher politischer Organe durch Parteikader sowie die Zusammenarbeit mit vorhandenen Militäreinheiten und Massenorganisationen. Geschickt passte sich die kommunistische Bewegung in den einzelnen Regionen den unterschiedlichen natürlichen, gesellschaftlichen, wirtschaftlichen und politischen Voraussetzungen an.

Zweite Einheitsfront

Zu Beginn der Yan'an-Periode wurden die kommunistischen Territorien durch eine vorübergehende Entspannung des Verhältnisses zur GMD entlastet. Diese Entspannung war durch den Xi'an-Zwischenfall eingeleitet worden und wurde nach dem Beginn der japanischen Invasion im Juli 1937 in einer Zweiten Einheitsfront formalisiert. Die Rote Armee wurde als Achte Armee und Neue Vierte Armee in die nationalen Streitkräfte integriert und damit zumindest nominell dem Oberbefehl Chiang Kaisheks unterstellt. Obwohl diese Zweite Einheitsfront formal erst mit der japanischen Kapitulation beendet wurde, hielt de facto nur der Druck der Komintern die beiden erbitterten Gegner nach außen hin zusammen. Im Süden der Provinz Anhui griffen 1941 GMD-Einheiten die Neue Vierte Armee offen an und fügten ihr große Verluste zu. Damit war die militärische Zusammenarbeit faktisch beendet.

Sinisierung des Marxismus

Im Jahre 1941 verkündete Mao Zedong einen eigenen chinesischen Marxismus und die ideologische Emanzipation von der sowjetischen Bevormundung. Mao verfasste nun philosophische Schriften und erhob Anspruch auf den Rang eines führenden Theoretikers der kommunistischen Weltbewegung. Seine wichtigsten Beiträge zur „Sinisierung des Marxismus" lagen allerdings weniger auf dem Gebiet der reinen Theorie, als in der Ausarbeitung von Strategien zur Verteidigung und Expansion der kommunistischen Macht. Dazu gehörten vor allem Überlegungen zum Partisanenkrieg, zur Schaffung einer breiten Anhängerschaft für die Partei unter Bedingungen einer „Neuen Demokratie“ sowie die Ausarbeitung des Organisationsprinzips der „Massenlinie“, das die Beteiligung der Massen an der Durchsetzung des politischen Programms vorsah. Ohne ein tiefsinniger marxistischer Theoretiker zu sein, verhalf er mit diesen drei Prinzipien dem Kommunismus in China zum Sieg.

Letztlich war es der Krieg gegen Japan, der den Kommunismus in China rettete. Die Parteiführung stabilisierte sich, die Bewegung insgesamt gewann an Stärke. Sie war bei Kriegsende zu einem gefestigten Gegenstaat geworden. Aus einer kleinen Gruppe von weniger als 60000 Flüchtlingen zu Beginn der Yan'an-Ära war 1945 eine Partei mit ca. 2,7 Millionen Mitgliedern geworden. In den größten Basisgebieten der kommunistischen Bewegung lebten insgesamt 100 Millionen Menschen. Gleichzeitig verfügte die Rote Armee über eine Million kampferprobter Soldaten.

6.3 Die japanische Kontinentalpolitik und der Aufbau des Marionettenstaates „Mandschukuo“ (1931–1937)

Bereits am Ende des chinesisch-japanischen Krieges von 1894/95 hatte Japan versucht, sich die Halbinsel Liaodong im Süden der Mandschurei als Kolonialgebiet zu sichern. Der Widerstand Russlands, Frankreichs und Deutschlands verhinderte dies. Nach dem Sieg über Russland von 1905 übernahm Japan das russische Pachtgebiet in Liaodong, die Eisenbahn südlich von Changchun (South Manchurian Railway) sowie den ressourcenreichen Landstreifen entlang der Bahn. Mit Hilfe der von Russland erworbenen Schienentechnologie und dem Erlös aus Finanzgeschäften rief die japanische Regierung im November 1906 die Südmandschurische Eisenbahngesellschaft ins Leben. Die in der Bahnzone stationierten japanischen Schutztruppen, seit April 1919 Kwantung-Armee genannt, wurden zu einer schlagkräftigen Kolonialtruppe auf dem Kontinent.

Südmandschurische Eisenbahngesellschaft

Am 18. September 1931 täuschten Mitglieder der Kwantung-Armee einen Sprengstoffanschlag auf die Bahnlinie vor, um unter dem Vorwand der Rebellenbekämpfung mit der Okkupation der gesamten Mandschurei zu beginnen. Die von diesem „Mukden-Zwischenfall“ überraschte Regierung in Tokyo erklärte den unverzüglich beginnenden Truppenaufmarsch durch die Notwendigkeit, den Frieden in der Region wiederherstellen zu müssen. Am 1. März 1932 wurde ein neuer Staat, Mandschukuo (Manzhouguo), gegründet. Als Marionettenoberhaupt wurde der letzte Qing-Kaiser Puyi eingesetzt und zwei Jahre später zum Kaiser erhoben.

Mukden-Zwischenfall (1931)

Gründung Mandschukuos

Als der Völkerbund das japanische Vorgehen missbilligte, trat Japan aus dem Völkerbund aus. Nur Deutschland und Italien gewährten dem japanischen Marionettenstaat Mandschukuo die völkerrechtliche Anerkennung. Trotz der Fiktion von Autonomie wurde Mandschukuo de facto wie eine japanische Kolonie behandelt. Jedem Minister und Provinzgouverneur wurde ein japanischer Vizebeamter zugeordnet. Der Oberbefehlshaber der Kwantung-Armee war gleichzeitig auch Botschafter seines Landes in Mandschukuo. Ihm unterstand die Leitung des Pachtgebietes. Daneben behielt die Südmandschurische Eisenbahngesellschaft ein eigenes ziviles Gewicht. Die Mandschurei wurde weiterhin als Pufferzone gegenüber Russland gesehen. Gleichzeitig wurde die Schwerindustrie in dieser Zone ausgebaut, die den Ressourcenmangel der japanischen Inseln ausgleichen sollte. Eine planwirtschaftliche Entwicklungsstrategie erzielte tatsächlich während der zweiten Hälfte der dreißiger Jahre außerordentliche Wachstumsraten. Hinzu kam die teils freiwillige, teils administrativ erzwungene Ansiedlung japanischer Bauern aus den übervölkerten Gebieten des Inselstaates. An das riesige Mandschukuo hefteten sich Utopien, dort einen Kolonialismus neuen Typs errichten zu können, ein „total empire" (Louise Young) als Ausdruck japanischer Modernität.

Japans „total empire"

6.4 Japans Krieg in China (1937–1945)

Von der Mandschurei aus betrieb die Kwantung-Armee seit 1932 die schleichende Unterwanderung und Destabilisierung Nordchinas und der Inneren Mongolei. Mitte 1935 musste Chiang Kaisheks Nationalregierung die Provinz Hebei mit Beijing (damals Beiping genannt) den Japanern überlassen. Als am 7. Juli 1937 lokale chinesische Truppen an der Marco-Polo-Brücke *(Lugouqiao)* nahe Beijing eine neuerliche japanische Provokation mit eigenem Feuer erwiderten, entstand aus diesem ungeplanten Scharmützel der Chinesisch-Japanische Krieg, den man in Japan „China-Zwischenfall" und in China „Antijapanischen Widerstandskrieg" nennt. In breiter Front stießen die japanischen Truppen entlang der Küste nach Süden vor. Chiang Kaishek schickte Anfang August Eliteeinheiten, um die Invasion vor Shanghai zu stoppen. Diese von deutschen Offizieren ausgebildeten Truppen vermochten der japanischen Kriegsmaschinerie jedoch nicht Stand zu halten und wurden fast vollständig vernichtet.

Kriegsbeginn vor Beijing

Japan hatte auf die Zurückhaltung der anderen Großmächte gehofft. Tatsächlich gelang es dem „Freien China" der Nationalregierung, die internationale Stimmung für sich zu gewinnen, doch blieb konkrete Hilfe aus. Zunächst war nur die Sowjetunion bereit, Chiang Kaishek materiell und mit begrenzten Kampfeinsätzen aus der Luft zu unterstützen. Bis 1941 stand China gegen Japan allein. Auf die Eroberung Shanghais folgte der Fall der ehemaligen nationalchinesischen Hauptstadt Nanjing. Nach der Einnahme der von Kampftruppen und Regierungsbehörden geräumten Großstadt am 12. Dezember 1937 fielen dort in den folgenden sieben Wochen vermutlich über 200 000 Menschen einem unvorstellbar grausamen Dauermassaker an der Zivilbevölkerung und an Kriegsgefangenen zum Opfer. Die Untaten wurden von einer entfesselten japanischen Sol-

Internationale Haltung

Nanjing-Massaker

dateska begangen und hätten ohne die stillschweigende Duldung des japanischen Oberkommandos ihr schreckliches Ausmaß nicht erreichen können.

Die Nationalregierung hatte sich zu dieser Zeit nach Chongqing in der Provinz Sichuan zurückgezogen und mobilisierte die schlagkräftigsten unter den ihr verbliebenen Verbänden zum Kampf um Wuhan. Weder die zentralchinesische Metropole noch Kanton, die wichtigste Großstadt im Süden, ließen sich halten. Beide fielen im September 1938 den Japanern in die Hände. Damit endete die Blitzkriegphase der japanischen Invasion. Der japanische Vormarsch hatte die Isolierung der industriellen Basis in den Küstenregionen vom chinesischen Hinterland erreicht. Die von Chiang Kaishek angeordnete Zerstörung der Deiche des Huanghe, die Tausende von Zivilisten tötete und zu einer katastrophalen Hungersnot in der Region führte, hemmte den Vormarsch der Japaner, ohne ihn stoppen zu können. Alle wichtigen Schlachten der ersten Kriegsjahre endeten mit Niederlagen der GMD-Truppen. Auch im weiteren Verlauf des Krieges vermochte die nationalchinesische Armee den Japanern kaum ernsthaften Widerstand entgegenzusetzen. Nur wenig erfolgreicher verliefen die Aktionen der Roten Armee. Ihre Achte Feldarmee errang im September 1938 den ersten chinesischen Sieg seit Kriegsbeginn und stellte sich in der dreimonatigen „Schlacht der Hundert Regimenter" den Japanern entgegen. Vor allem in Nordchina waren hinter den japanischen Linien die berühmten kommunistischen Guerilla-Kämpfer aktiv. Ihnen gelang es nicht, die Japaner nennenswert zurückzudrängen, doch banden sie viele japanische Kräfte und trugen dazu bei, dass sich die japanische Kontrolle auf die Großstädte und die strategisch wichtigen Eisenbahnlinien beschränkte. In ihren Besatzungsgebieten entlang der Küste herrschten die Japaner mit Hilfe von Marionettenverwaltungen. Allerdings scheiterte die „Große Politik" der Kollaboration: Chiang Kaishek ließ sich nicht zu einem Separatfrieden bewegen und eine von Japan inaugurierte Kollaborationsregierung blieb ineffektiv.

Militärische Niederlagen der chinesischen Armeen

Japans Marionettenregime

Der japanische Angriff auf Pearl Harbor am 7. Dezember 1941 hatte eine doppelte Wirkung: Einerseits wurde China noch stärker von der Außenwelt abgeschnitten, andererseits verband sich der chinesisch-japanische mit dem neuen japanisch-amerikanischen Krieg. Die Frontlinie des Zweiten Weltkrieges verlief nun mitten durch China. Trotz amerikanischer Versuche, die Leistungsfähigkeit des GMD-Militärs zu steigern, lag der wichtigste Kriegsbeitrag Chinas weniger in der Offensive, als darin, einen großen Teil der japanischen Militärmacht zu binden und vorübergehend Flugplätze für amerikanische Bombereinsätze gegen Japan zur Verfügung zu stellen. Nationalchina wurde auf Betreiben Präsident Roosevelts symbolisch in den Kreis der alliierten Führungsmächte aufgenommen – eine Tatsache, der es nach 1945 seinen Dauersitz im UN-Sicherheitsrat verdankt. Ansonsten beschränkte sich der politische Gewinn aus dem Krieg auf das 1943 wirksam werdende Ende der ohnehin längst obsoleten „Ungleichen Verträge".

Pearl Harbor

Kriegsende von außen

1942 demonstrierte eine große Offensive die Stärke der japanischen Position, auch wenn Japan die in Nord-, Zentral- und Südchina eroberten Gebiete niemals zu einem geschlossenen Territorium verbinden konnte und die wirtschaftliche Ausbeutung der Mandschurei und Nordchinas ins Stocken geriet. Der Krieg endete schließlich nicht aufgrund der Kämpfe in China, sondern als Folge des japanischen Zusammenbruchs nach den Atombombenabwürfen auf Hiroshima und Nagasaki im August 1945. Vermutlich hat der Krieg zwischen 1937 und 1945 15 bis 20 Millionen Chinesen das Leben gekostet. Kein anderes Land der Welt außer der Sowjetunion hat im Zweiten Weltkrieg mehr gelitten als China.

6.5 Bürgerkrieg (1945–1949) im internationalen Vakuum

Die Kommunisten zogen aus dem Anhui-Zwischenfall von 1941 die Schlussfolgerung, dass sie den antijapanischen Krieg als Vorbereitungsphase für ihren unausweichlich bevorstehenden Kampf gegen das Guomindang-Regime nutzen mussten. Sie bauten ihre Yan'an-Basis sowie zahlreiche Stützpunkte in Nordchina hinter den japanischen Frontlinien aus. Immer wieder stellte die brutale „Drei-Alles-Strategie" der Japaner (alle töten, alles plündern, alles verbrennen) die Fähigkeit der kommunistischen Partisanen in Frage, die Lokalbevölkerung vor Repressalien zu schützen. Dennoch gelang es der Kaiserlichen Armee nicht, die dezentral operierenden Guerilla-Truppen dauerhaft von ihrer zivilen Umgebung, in der sie sich Mao Zedong zufolge „wie Fische im Wasser" bewegen sollten, zu isolieren. Der Guerilla-Kampf wurde zur Schule einer ganzen Führungsgeneration der Partei, als deren wichtigster Vertreter später Deng Xiaoping (1904–1997) hervortreten sollte.

Kommunistische Expansion hinter den Frontlinien

Guerilla-Kampf gegen die Japaner

Prestigegewinne der Kommunisten

Prestige gewannen die kommunistischen Kader im Vergleich zu den GMD-Beamten durch ihre strikte Sparpolitik, die Vermeidung von Korruption und ihre bescheidene Lebensführung. Auch hatte der Krieg den Kommunisten viele Heimatlose in die Arme getrieben. Folglich waren bei Kriegsende überdurchschnittlich viele arme Bauern Mitglieder in Armee und Partei. Diese Verschiebung in der sozialen Trägerschaft verstärkte die Tendenzen in der Parteiführung, nunmehr den ländlichen „Klassenkampf" zu intensivieren. Angesichts der zunehmend selbstbewussten Bauernschaft und der erstarkenden kommunistischen Macht geriet die lokale Elite, als Bündnispartner an Bedeutung verlierend, immer mehr in Bedrängnis.

Verhalten der Sowjetunion

Amerikanische Hilfe für Chiang Kaishek

Im Herbst 1945 hatte sich die internationale Konstellation dramatisch verändert. Die einzigen Großmächte, die noch über Einfluss in China verfügten, waren die USA und die UdSSR. Die Sowjetunion hatte Japan noch kurz vor Kriegsende den Krieg erklärt und war in die Nordmandschurei eingerückt. Trotz der nicht unbedingt herzlichen Beziehungen zwischen den beiden kommunistischen Parteien halfen die sowjetischen Truppen der Roten Armee, indem sie ihr japanische Waffen- und Munitionslager überließen. Bei weitem umfangreicher war die amerikanische Unterstützung der GMD-Armee. Durch eine US-Luftbrücke wurden nationalchinesische Truppen in den Norden transportiert. Die Japaner wurden aufgefordert, ihre Waffen nur an Nationalchinesen auszuliefern. Insgesamt verfügte die GMD nach Kriegsende noch über eine Armee von 3,5 Millionen Mann und kontrollierte die reichsten und fruchtbarsten Provinzen Chinas sowie alle großen Städte des Landes. Dennoch befand sich Chiang Kaishek am Vorabend des Bürgerkrieges keineswegs in einer günstigeren Lage als die kommunistische Seite. Im Gegensatz zu den Kommunisten in Yan'an hatte das nationalchinesische Regime sein Rückzugsgebiet in Sichuan in den wirtschaftlichen Ruin getrieben. Misswirtschaft, Korruption und eine für Gehaltsempfänger ruinöse Inflation dehnten sich auf alle von der GMD kontrollierten Gebiete des Landes aus. Besonders in den Städten des Ostens, die nun wieder von GMD-Behörden regiert wurden, wurden die Einwohner zunehmend demoralisiert. Jede Alternative schien erträglicher zu sein als eine fortgesetzte GMD-Herrschaft.

Misswirtschaft der Nationalchinesen

Die amerikanische Regierung hoffte noch auf einen Kompromiss und vermittelte im August 1945 ein Gespräch zwischen Mao Zedong und Chiang Kaishek. Chiang setzte kurz darauf seine Truppen in Richtung Mandschurei in Bewegung. Dennoch gelang es den Kommunisten, sich im Nordosten festzusetzen und sich mit Harbin erstmals seit 1927 wieder eine städtische Basis zu erobern. Zwar versuchte der amerikanische Unterhändler General George C. Marshall (1880–1959) beide Seiten noch einmal zu einem Waffenstillstand zu überreden, aber Chiang Kaishek zeigte sich nicht kooperationsbereit. Er bestand auf einer militärischen Lösung des Machtkampfes mit den Kommunisten und unterlief die von amerikanischer Seite forcierten Planungen für Verfassung, Nationalversammlung und Truppenreduzierung. Anfang 1947 zogen sich die USA erfolglos von ihrer Vermittlerrolle zurück.

Militärischer Aufmarsch in der Mandschurei

Scheitern der US-Vermittlung

Nach anfänglichen militärischen Erfolgen verlor die Nationalregierung 1948 zunehmend an Boden. Die Volksbefreiungsarmee – wie sich die Streitkräfte der Kommunisten seit Juli 1947 nannten – musste zwar in den großen Schlachten des Bürgerkrieges auch schwere Verluste hinnehmen, verfügte aber über eine bessere Kampfmoral. Gerade diese fehlte den GMD-Soldaten. Die GMD fand es immer schwieriger, Ressourcen aller Art für sich zu nutzen. Ganz anders erging es den Kommunisten: Sie übten sich in Harbin in der städtischen Kommunalverwaltung und wurden von dort aus auch auf dem Lande aktiv. 12 000 Kader wurden in die Dörfer geschickt, um dort die Masse der landlosen Bauern gegen die Grundherren zu mobilisieren, die in der Mandschurei durchschnittlich über viel größeren Besitz verfügten als in anderen Teilen Chinas. Die Nutznießer der Landrevolution stellten den Kommunisten Lebensmittel sowie Arbeits- und Militärdienst bereit. Diese Art von freiwilliger Unterstützung fehlte der GMD-Armee.

Vorteile der Kommunisten

Zwischen November 1948 und Januar 1949 wurden in den Entscheidungsschlachten auf beiden Seiten jeweils eine halbe Million Soldaten ins Feld geschickt. Die Kommunisten konnten darüber hinaus für logistische Hilfe auf etwa zwei Millionen Bauern zurückgreifen. Mit militärischem Geschick gelang es der Volksbefreiungsarmee, die GMD-Truppen endgültig zu besiegen. Nacheinander

Militärische Entscheidung

fielen die großen Städte ohne ernsthaften Widerstand in die Hände der Kommunisten, am 25. Mai auch die Metropole Shanghai, aus der die KPCh 22 Jahre zuvor vertrieben worden war. Am 1. Oktober 1949 rief Mao Zedong vom Tor des Himmlischen Friedens in Beijing die Volksrepublik China aus. Mitte Dezember floh Chiang Kaishek auf die Insel Taiwan.

Gründung der Volksrepublik China

II. Grundprobleme und Tendenzen der Forschung

1. HISTORISCHE CHINAFORSCHUNG

1.1 Epochen, Orte und Institutionen der historischen Chinaforschung

Einzelne Forschungsbeiträge lassen sich nur dann angemessen bewerten, wenn man Ort, Zeit und Zusammenhang ihres Entstehens kennt. Forschungen zur chinesischen Geschichte seit dem 13. Jahrhundert werden auf vier Kontinenten betrieben, vor allem in China selbst, in Japan und den USA. Die ältesten Untersuchungen, denen heute noch Gültigkeit zugesprochen wird, stammen aus dem frühen 20. Jahrhundert. Seit etwa 1980 hat die Geschichtsforschung in der VR China einen großen quantitativen Aufschwung genommen, viele neue Themen erschlossen und sich zugleich historiographischen Verfahrensweisen und Theorien aus dem Westen zugewandt. Im Westen wiederum, besonders in den USA, hat sich in den letzten beiden Jahrzehnte des 20. Jahrhunderts eine kulturwissenschaftliche „Wende" bemerkbar gemacht. Sie hat viele wertvolle neue Erkenntnisse gebracht, zunächst aber auch das Themenspektrum verengt: Sozial- und Wirtschaftsgeschichte und die Geschichte der internationalen Beziehungen fanden weniger Anklang als in den 1970er Jahren. Dies hat sich im Zuge des Aufschwungs der Globalgeschichte wieder geändert. Der Ort der Forschung sind die China (sowohl in der VRCh als auch auf Taiwan) Akademien sowie historische Abteilungen an den Universitäten, in den westlichen Ländern oft Einrichtungen für „Chinese Studies" oder „Sinologie" mit einem umfassenden landeskundlichen Ansatz, der auf dem Studium sowohl der modernen als auch der klassischen Schriftsprache beruht. Nahezu ausnahmslos werden in den Titeln, welche die Bibliographie im Teil III dieses Buches verzeichnet, Quellen in chinesischer Sprache zugrunde gelegt. Die überwältigende Schriftlichkeit der chinesischen Tradition, die niemals unterbrochen wurde, macht dies ebenso möglich wie unabdingbar. China besitzt eine historiographische Tradition, die nach Alter und Umfang der europäischen ebenbürtig ist. Die chinesische Geschichte ist in ungewöhnlich hohem Maße durch Schriftquellen dokumentiert. Eine früh entwickelte Drucktechnologie hat dies begünstigt. Die großen Quellensammlungen der Kaiserzeit werden heute immer noch benutzt. Nur Arbeiten zur Perzeption

Sinologie

Chinesische Quellen

Chinas im Ausland (Abschnitt 10.1 der Bibliographie) oder zur Politik anderer Staaten gegenüber China können auf einheimisches Material verzichten. Die historische Chinaforschung arbeitet in einem höheren Maße – und zeitlich weiter zurückgehend – mit indigenen Quellen als viele andere Teilbereiche der sogenannten „Außereuropäischen Geschichte".

Bis heute gibt es keine umfassende Geschichte der historischen Chinaforschung. Einen konzisen Überblick bietet HARRIET ZURNDORFER in der Einleitung zu ihrem grundlegenden bibliographischen Forschungshandbuch [2.1: 4–44; 165]. Auf eine didaktische, normative Instrumentalisierung der imperialen Historiographie durch spätere Generationen verweisen ON-CHO NG und Q. EDWARD WANG [2.6]. Moderne Geschichtsforschung setzt eine quellenkritische Wende voraus. Eine solche Wende, das Äquivalent zur kritischen Sichtung der europäischen Überlieferung, die im frühen 19. Jahrhundert begann, wurde in China ein Jahrhundert später durch große Gelehrtenpersönlichkeiten wie Liang Qichao (1873–1929), Wang Guowei (1877–1927) und Gu Jiegang (1893–1980) eingeleitet. Sie griffen Impulse der historistischen Geschichtswissenschaft des Westens auf, verbanden sie mit einheimischen quellen- und mythenkritischen Traditionen und reagierten auf beides mit dem politischen Willen, die Geltungsansprüche der chinesischen Zivilisation auf Eminenz in der modernen Welt auf eine rational unanfechtbare Grundlage zu stellen [Q. E. WANG als beste Darstellung der historiographischen Revolution, bes. 51–99; daneben 2.6: A. SCHNEIDER; L. SCHNEIDER; DABRINGHAUS, Kap.1; TZE-KI HON/ROBERT J. CULP]. Damit war die Notwendigkeit verbunden, an den neu entstehenden Universitäten und Akademien Institutionen der Forschung aufzubauen [über den wichtigsten Organisator früher Geschichtsforschung, Fu Sinian, vgl. 8.13: WANG FANSEN].

Quellenkritik und moderne Geschichtsforschung

Die chinesischen Historiker hatten allerdings nur wenig Zeit, um hohen Maßstäben von Wissenschaftlichkeit gerecht zu werden. Zwischen 1937 und 1949 war unter den Bedingungen von Krieg und Bürgerkrieg an eine ungestörte Forschung nicht zu denken.

Marxistische Geschichtsforschung in der VR China

Nach 1949 teilte sich die chinesische Geschichtsschreibung in eine volkrepublikanische und eine taiwanesische Sphäre. In der VR China erhielten marxistische Ansätze, wie sie bereits in den 1930er Jahren auf zum Teil hohem theoretischem Niveau diskutiert worden waren [2.6: DIRLIK; LEUTNER; 8.6: KNIGHT], orthodoxen Rang. Dahinter stand neben dem Bestreben der Partei, eine unruhige Intelligenzia unter Kontrolle zu halten, die Suche einerseits nach einer für den neuen Staat „nützlichen" Vergangenheit, die nationale Größe ebenso wie die Legitimität der KPCh als Vollenderin einer jahrhundertelangen Geschichte von Volksaufständen zu Geltung und Anschauung brachte, andererseits das Bemühen, China mittels der universalhistorischen Schemata des Historischen Materialismus in den Hauptstrom der Weltgeschichte einzugliedern. Daher wurde auch in China nach „Feudalismus", Ansätzen von „Kapitalismus", den Trägern einer „bürgerlichen" Revolution (usw.) gesucht. Nicht alle Themen waren politisch gleichermaßen brisant. Einige der besten Historiker zogen sich auf ideologisch weniger hoch aufgeladene Felder zurück. Gab es zwischen (etwa) 1949 und 1962, vor allem um 1956–57, durchaus noch Spielräume für qualitätsvolle Forschung, etwa auf einem Gebiet wie der Wirtschaftsgeschichte, das um diese Zeit wertvolle Quelleneditionen hervorbrachte, so gingen die Reste unbefangener Geschichtsstudien unter dem Spätmaoismus (ca. 1962 bis 1976) in Propaganda und Verfolgung unter. Nicht zufällig begann die „Kulturrevolution" im November 1965 mit einem polemischen Angriff auf den berühmten Yuan/Ming-Historiker Wu Han. Erst mit dem Jahr 1978, als sich innerhalb der Machtelite die Gruppe um Deng Xiaoping durchsetzte, begann eine Wiedergeburt der Geschichtswissenschaft in der VRCh.

„Kulturrevolution"

Seither läßt sich deren Entwicklung durch die Jahrgänge der Zeitschriften *Lishi yanjiu* („Historische Forschung", seit 1954) und *Zhongguoshi yanjiu dongtai* („Tendenzen in der Forschung zur Chinesischen Geschichte", seit 1978) sowie durch das seit 1981 kontinuierlich erscheinende „Jahrbuch der chinesischen Geschichtswissenschaft" (*Zhongguo lishixue nianjian*) gut verfolgen. Trotz einer noch nicht verschwundenen Konformität durch staatliche Gängelung, die sich besonders bei heiklen Themen wie der Geschichte der Kommunistischen Partei bemerkbar macht, produziert die Historikerschaft der VRCh heute in allen Epochen und Teilbereichen der chinesischen Geschichte Arbeiten auf mitunter hohem Niveau. Was chinesischen Historikern gegenüber ihren westlichen Kollegen oft noch an theoretischem Raffinement (das auch im Westen keineswegs selbstverständlich ist) fehlt, gleichen sie durch ihre nicht selten überlegene Kenntnis der Quellen aus. Ein Forschungsbericht über die chinesische Sozialgeschichtsschreibung seit den 1980er Jahren [2.5: MIN JIE] deckt Felder ab, die auch westlichen Historikern selbstverständlich sind: soziale Schichtung, städtische Gesellschaft, Bevölkerung, Frauen, Heirat und Familie, Sitten und Alltag – mit der charakteristischen Ergänzung: Hungersnöte und Katastrophenhilfe.

Chinesische Geschichtszeitschriften

Themen

Auf manchen Gebieten ist die chinesische Forschung der westlichen überlegen. Um nur Beispiele aus der späten Neuzeit zu nennen: Über die sowohl für den imperialistischen Einfluß in China als auch für die Modernisierung des Landes sehr wichtigen Eisenbahnen gibt es neben dem wenig überzeugenden Buch von RALPH HUENEMANN [8.10] nichts, das sich mit den besten Arbeiten aus Taiwan und der VRCh vergleichen ließe [8.10: LI ZHANCAI; ZHANG RUIDE]. Gleiches gilt für der Untersuchung der wirtschaftlichen und sozialen Folgen (und Ursachen) von Naturkatastrophen, ein Gebiet, auf dem etwa XIA MINGFANG konkurrenzlose Forschungsarbeit geleistet hat [3.3]. Die ungemein materialreichen Handbücher und Datensammlungen, die chinesische Wirtschaftshistoriker in den 1950er Jahren und dann wieder seit den frühen 1980er Jahren veröffentlicht haben [z.B. 1700 Seiten über 1840–94 bei 7.6: YAN ZHONGPING; 2300 Seiten über 1895–1927 bei 8.10: *Wang Jingyu*, von diesem Altmeister auch ein Standardwerk zur ökonomischen Invasion durch den westlichen Kapitalismus in 7.6], sind unerschöpfliche Reservoirs für die – im Westen vorübergehend durch den Boom der Kulturgeschichte in den Hintergrund gedrängte – wirtschaftshistorische Analyse.

Leistungen der chinesischen Forschung

Editionen

Zu den wichtigsten Leistungen der chinesischen Geschichtswissenschaft seit 1949 gehören vielbändige, oft mit großer Akribie erstellte Editionen von Archivmaterial, die inzwischen zu fast allen Großereignissen und Standardthemen der neueren chinesischen Geschichte vorliegen. Zunehmend wird dabei auch Material aus regionalen Archiven zugänglich gemacht. Werkausgaben historischer Persönlichkeiten treten ergänzend hinzu und unterstützen die fortgeführte Tradition der Biographik, die vor allem in der Form datenreicher und interpretationsarmer Lebenschroniken (*nianpu*) gepflegt wird.

Taiwanesische Geschichtsforschung

Auf Taiwan setzte die diktatorisch regierende Guomindang nach 1948 eine dem Festland spiegelbildliche Orthodoxie durch. Selbstverständlich war dort jede Spur von Marxismus verpönt; traditionelle Formen der Geschichtsschreibung wurden mit deutlicher Betonung gepflegt; und die Zeitgeschichte war aus ähnlichen Gründen wie auf dem Kontinent ein Minenfeld. Einige Jahre früher als in der VRCh begann in Taiwan eine geistige Liberalisierung. Seit den späten 1960er Jahren fand die taiwanesische Forschung, konzentriert vor allem an der Academia Sinica, auf manchen Gebieten Anschluß an das Weltniveau. Heute profitieren taiwanesische Historiker davon, dass von ihnen nicht länger erwartet wird, mit bescheidenen Mitteln eine vollständige nicht-marxistische Alternativversion der chinesischen Nationalgeschichte anzubieten. Sie dürfen sich auf solche Gebiete spezialisieren (etwa die Beziehungen Chinas zum maritimen Asien), auf denen sie Spitzenleistungen zu erbringen vermögen. Sowohl in der VRCh als auch in Taiwan wird überwiegend in chinesischer Sprache publiziert; nur weniges wird übersetzt (etwa in der Zeitschrift „Studies in Modern Chinese History", seit 2001). Dies hat zur Folge, dass manche Leistung chinesischer Historiker im Ausland ungewürdigt bleibt. Oft beruhen westliche Forschungen auf den nicht immer hinreichend sichtbaren Pionierarbeiten chinesischer Experten. Englischsprachige Abstracts finden sich heute in fast allen maßgebenden Zeitschriften und können der ersten Orientierung dienen; mehrere chinesische Zeitschriften werden laufend in „Historical Abstracts" referiert. Neuerdings ist unter jüngeren chinesischen Historikern ein großes Interesse an Theorie zu beobachten: von den soziologischen und kulturgeschichtlichen Klassikern bis zum Konstruktivismus der Postmoderne [ein repräsentatives Sammelwerk ist 2.5: YANG NIANQUN u.a.]. Immer mehr ausländische Literatur wird übersetzt.

Westliche Chinahistorie

Die *westliche* Chinahistorie ist durch ein quantitatives und in vieler Hinsicht auch qualitatives Übergewicht der USA gekennzeichnet. Haben in der Yuan- und Ming-Forschung einige französische, niederländische und deutsche Sinologen die im ersten Drittel des 20. Jahrhunderts begründeten wissenschaftlichen Traditionen Europas mit großer Resonanz fortsetzen können (in Deutschland vor allem HERBERT FRANKE und WOLFGANG FRANKE), so ist für die Qing-Periode und die Zeit der Republik die Dominanz amerikanischer Autoren erdrückend. Bestenfalls einige französische Spezialisten haben sich auf diesen Gebieten ein weltweites Ansehen erworben. Eine deutsche Qing- und Republikforschung als organisiertes „Feld" mit eigener Infrastruktur und disziplinärer Identität existiert nicht. Die Ergebnisse der russischen Qing-Forschung, wichtig vor allem zu Aufstandsbewegungen und internationalen Beziehungen, werden international wenig rezipiert. Der mit Abstand bedeutendste europäische Beitrag aus der 2. Hälfte des 20. Jahrhunderts zur Geschichte Chinas ist das von JOSEPH NEEDHAM (1900–1995) in Cambridge teils geschriebene, teils in Zusammenarbeit mit Mitautoren aus mehreren Ländern organisierte gigantische Werk *Science and Civilisation in China* [3.2.2] – eine unerschöpfliche Fundgrube für nahezu alle Aspekte (bis auf die politikhistorischen) der Geschichte des chinesischen Kaiserreiches [vgl. dazu 2.5: R. FINLAY].

Needhams *Science and Civilisation in China*

Amerikanische Forschung

Die nach 1945 unübersehbare Präponderanz der USA in der neueren Chinaforschung hat verschiedene Ursachen: die Existenz der größten chinawissenschaftlichen Bibliotheken (Library of Congress, Harvard-Yenching Institute, Stanford University u.v.a.m.) außerhalb Ostasiens; das durch zahlreiche missionarische Familienkontakte geförderte Interesse an der chinesischen Geschichte des 19. und frühen 20. Jahrhunderts; das spätestens im Zweiten Weltkrieg unverkennbare Auftreten der USA als pazifischer Macht; die Tätigkeit zahlreicher Gelehrter chinesischer Herkunft (oft Flüchtlinge vor Krieg, Bürgerkrieg und Revolution, heute Exponenten eines massiven „brain drain" hochbegabter Nachwuchshistoriker) an den führenden Universitäten; schließlich das jahrzehntelange Wirken JOHN K. FAIRBANKS (1907–1991) als akademischer Lehrer in Harvard und Wissenschaftsorganisator großen Stils. Diese Faktoren erklären, warum sich heute ein Forschungsbericht über chinesische Geschichte seit dem 13. Jahrhundert überwiegend auf englischsprachige Literatur einlassen muss. (Dazu gehören auch Arbeiten, die in Australien entstanden, einem aufstrebenden Zentrum der Ost- und Südostasienforschung.)

Fairbank-Schule

Fairbank und andere Pioniere definierten in den 1950er Jahren die Ansprüche, die an eine anspruchsvolle Chinahistorie zu stellen seien. Sie gelten im wesentlichen noch heute: Verwendung chinesischsprachiger Quellen im größtmöglichen Umfang, ergänzende Heranziehung westlicher Quellen (vor allem diplomatischer Archive), methodische Orientierung weniger an der Philologie als an fortgeschrittenen Ansätzen der allgemeinen Geschichtswissenschaft, Aufnahme von Anregungen aus sozialwissenschaftlichen Fächern (bei Fairbank selbst war dies die soziologische Modernisierungstheorie) und ein nicht-antiquarischer Bezug auf die chinesische Gegenwart. Das gleichzeitig in den amerikanischen *humanities* aufkommende Prinzip der *area studies*, bei denen der Geschichte neben den Sozialwissenschaften eine zentrale Rolle zukam, trug ergänzend dazu bei, der historischen Chinaforschung in den USA neben ihrer philologisch-geistesgeschichtlichen Verankerung eine zweite Fundierung in den Sozialwissenschaften zu verschaffen. Eine Sonderrolle in der internationalen Forschungslandschaft nehmen Persönlichkeiten wie TSUEN-HSUIN TSIEN ein, der über sechs Jahrzehnte in den USA gewirkt hat – die meiste Zeit davon an der University of Chicago [2.6]. Tsiens Essaysammlung über Themen der chinesischen Kultur behandelt Quellenkunde, Forscherbiographien und chinesisch-westlichen Kulturaustausch.

Japanische Forschung

Neben der chinesischen und amerikanischen Chinaforschung ist die japanische seit dem späten 19. Jahrhundert die wichtigste der Welt. Sie wird im vorliegenden Band nicht referiert. Zu einem der wohl einflußreichsten japanischen Chinahistorikern, NAITÔ KONAN (1866–1934) liegt eine Monographie von JOSHUA A. FOGEL [10.1: Politics and Sinology] vor, der sich auch in vielen anderen Publikationen mit der japanischen Chinahistorie und überhaupt den chinesisch-japanischen Kulturbeziehungen beschäftigt hat [Dazu auch: 10.1: ETO SHINKICHI, Selected Works]. Einen Einblick in die Interessenschwerpunkte der japanischen Forschung vermitteln KAMACHI u.a. und J. T. WIXTED [2.1].

1.2 Quellen und Hilfsmittel

Quellenkunde

Eine detaillierte Einführung in die chinahistorische Quellenkunde erübrigt sich, da vorzügliche Forschungshilfen existieren. In einem von DONALD D. LESLIE u.a. herausgebenen Sammelband [1.1] werden die verschiedensten Quellentypen von den offiziellen Dynastiegeschichten über Rechtsquellen, Jesuitenberichte und Zeitungen bis zu Quellen in mandschurischer oder arabischer Sprache vorgestellt. Die meisten der Kapitel sind deshalb besonders aufschlußreich, weil sie weniger die Quellen bibliographisch verzeichnen als den spezifischen Aussagewert der einzelnen Quellentypen herausstellen. Umfassend und auf dem Stand der späten 1990er Jahre nennt und erörtert ein tausendseitiger *research guide* von ENDYMION WILKINSON [1.1] die Quellen bis zum Ende der Kaiserzeit. Er ist zu ergänzen durch HARRIET ZURNDORFERS schon erwähnte kommentierte Bibliographie von Nachschlagewerken [2.1]. Eine originelle Verbindung aus Forschungshandbuch für die Republikzeit und Einführung in die spezielle Dokumentensprache dieser Periode ist WILLIAM C. KIRBY u.a.: State and Economy [1.1]. Über die sehr reichhaltige regional- und lokalgeschichtliche Überlieferung der Kaiserzeit unterrichtet TIMOTHY BROOK [1.1], über die westlichsprachige Presse in den Vertragshäfen des 19. Jahrhunderts KING / CLARKE [1.1]. Dennoch werden selten chinesische Quellen in Übersetzungen zugänglich gemacht. Ein gelungenes Beispiel ist das Werk von PHILIP J. IVANHOE. Er erschließt dem westlichen Leser die Gedankenwelt des qingzeitlichen Historikers Zhang Xuecheng in einer Auswahl von übersetzten und kommentierten Essays und Briefen [1.4]. Für das 20. Jahrhundert liegt immerhin ein von R. KEITH SCHOPPA mit Quellen zusammengestellter geschichtlicher Überblick vor [1.5].

Archivquellen

Die Arbeit westlicher Forscher in chinesischen Archiven begann – von wenigen Ausnahmen abgesehen – in den 1970er Jahren. Eine der ersten überzeugenden Monographien auf solcher Basis war SUSAN NAQUINS Studie über den „Aufstand der Acht Trigramme" im Jahre 1813 [7.2]. Seither haben sich neben den beiden Staatsarchiven in Beijing (für die Ming- und Qing-Periode) und Nanjing (für die Republikzeit) vor allem Lokalarchive als besonders ergiebig erwiesen. So gelang es beispielsweise, aus Gerichtsakten ein ganz neues Bild der alltäglichen

Rechtspraxis der späten Qing-Zeit zu gewinnen [etwa bei 3.2.1: K. BERNHARDT / P. C. C. HUANG]. Die chinesische Archivszene haben YE WA und JOSEPH W. ESHERICK benutzerfreundlich beschrieben [1.1]. Informativ und hilfreich ist das Historische Lexikon zur Kommunistischen Partei von LAWRENCE R. SULLIVAN [2.2].

Nachschlagewerke

An erster Stelle unter den für den Alltagsgebrauch unentbehrlichen Nachschlagewerken ist das *Grosse China-Lexikon* von BRUNHILD STAIGER [2.2] zu nennen, das selten enttäuscht. Unter den englischsprachigen China-Lexika ist PERKINS [2.2] am leichtesten zu benutzen. Für Kurzinformationen über die wichtigsten Personen, Ereignisse, Organisationen, Vereinbarungen und Orte im modernen China (1800–1949) eignet sich ein von JAMES Z. GAO zusammengestelltes Lexikon [2.2].

Biographische Lexika

Nur über die wenigsten Persönlichkeiten der chinesischen Geschichte findet man in den üblichen Lexika hinreichend ausführliche und verläßliche Auskünfte. Diese Lücke füllen Spezialwerke, die selbst kollaborative Forschungsleistungen hohen Ranges darstellen, durchweg aus den sehr reichen chinesischen biographischen Quellen geschöpft: für die Ming-Zeit GOODRICH / FANG [2.3], für Persönlichkeiten der Qing-Zeit, die vor 1912 verstarben, HUMMEL [2.3], für die Republikzeit das inzwischen stark revisionsbedürftige Werk von BOORMAN / HOWARD [2.3], das entstand, als zahlreiche der beschriebenen Personen noch am Leben waren. Kommunistische Spitzenkader der Revolutionsgeneration verzeichnen KLEIN / CLARK [2.3] und auf neuerem Stand BARTKE [2.3]. Von WOLFGANG BARTKE, dem besten deutschen Kenner chinesischer zeitgeschichtlicher Biographik, stammt auch ein nützliches Taschenbuch über wichtige Personen des 20. Jahrhunderts [2.3: Die großen Chinesen]. Das in Mikrofiche-Form verfügbare „Das Chinesische Biographische Archiv“ des Saur-Verlages enthält zusätzlich Angaben vor allem über die zahlreichen in China aktiven Ausländer.

Chronologie

Für die Zeit vor 1842 ist man auf Chronologien in chinesischer Sprache angewiesen. Auf mehreren chinesischen Werken beruht die 700seitige tagesgenaue Chronologie, die COLIN MACKERRAS und seine Mitarbeiter für die Zeit von 1842 bis 1980 kompiliert haben – eines der wichtigsten Arbeitsinstrumente für diesen Zeitabschnitt [2.4]. In den meisten allgemeinen Atlanten zur Weltgeschichte ist China gut repräsentiert. Heutige Ortsnamen identifiziert man in korrekter Pinyin-Umschrift im „Times Atlas of China“ [2.4], im Original in *Zhongguo zonghe dituji* (Atlas von China), Beijing 1990. Ein wirklich erstklassiger historischer Atlas fehlt noch; maßgebend in China war lange das achtbändige Werk des Shanghaier Geographen TAN QIXIANG [2.4]. HARLEY / WOODWARD [2.4] behandeln die Geschichte der kartographischen Sichtbarmachung des chinesischen Raumes. Den engen Zusammenhang zwischen Kartographie, Kultur und Kosmologie verdeutlicht RICHARD J. SMITH für die späte Kaiserzeit [2.4]. In diesen Jahrhunderten stellte sich auch ein Wandel der geographischen Identität durch die territoriale Expansion Qing-Chinas ein [2.4: YONGTAO DU / JEFF KYONG-MCCLAIN].

Atlanten

1.3 Vermittlung: Chinesische Geschichte in westlichsprachigen Quellen

Chinesische Geschichte in der Lehre

Chinesische Geschichte kommt in der akademischen Lehre des Faches Geschichtswissenschaft selten vor. Umgekehrt nimmt Geschichte auch in der sinologischen Ausbildung nicht immer eine zentrale Stellung ein; sie konkurriert mit vielen anderen Aspekten Chinas, die im Studium berücksichtigt werden wollen. Chinesische Geschichte ist nicht leicht lehrbar, aber sie sollte nicht aus praktisch-technischen Gründen von geschichtswissenschaftlichen Lehrprogrammen ausgeschlossen werden. Darin, die Sprache der Quellen nicht zu beherrschen, unterscheiden sich Anfänger nicht wesentlich von Studierenden ohne Altgriechisch in Proseminaren der Alten Geschichte oder von Rußlandinteressierten, die ohne Russischkenntnisse Lehrveranstaltungen der Osteuropäischen Geschichte besuchen. Auch Sinologiestudenten können oft erst in höheren Semestern kompetent mit Quellen umgehen. Zweck dieses Abschnitts ist es, die „Schwellenangst" gegenüber chinesischer Geschichte zu senken. Es wird sich zeigen, dass nicht nur eine sehr reiche Forschungsliteratur zur Verfügung steht, sondern auch ein breites Angebot an Einführungstexten sowie ein beträchtlicher und weiter wachsender Bestand an Quellen (sowohl Übersetzungen als auch Originalen) in westlichen Sprachen, vor allem auf Englisch.

Grundwissen und Einführungslektüre

Voraussetzung für gelingende Lehre sind brauchbare Materialien. In den 1990er Jahren hat ein Team angesehener amerikanischer Asienhistoriker um Ainslie T. Embree und Carol Gluck von der Columbia University ein umfassendes Lehrwerk zur Geschichte Asiens erarbeitet, das auch zahlreiche gute Texte über China enthält [3.5]. Keith Schoppa hat sich Gedanken über das nötige Grundwissen zur chinesischen Geschichte seit 1780 gemacht und diesen Kanon zu einem kombinierten Lehr- und Nachschlagewerk ausgearbeitet [1.1]. In deutscher Sprache gibt es nichts Vergleichbares. Anthologien übersetzter Quellen liegen nur in englischer Sprache vor: eine als Begleitband zu Jonathan Spence' Buch „Chinas Weg in die Moderne" [3.1] gedachte Sammlung [1.2: Cheng Pei-Kai u.a.] beginnt im späten 17. Jahrhundert und dokumentiert die Standardthemen der chinesischen Neuzeit. Sie überschneidet sich nicht mit Patricia Ebreys klug durchdachter Zusammenstellung von Dokumenten zur Kultur- und Alltagsgeschichte aller chinesischer Epochen [1.2]. Ein Klassiker sind die in revidierter 2. Auflage erschienenen beiden Bände *Sources of Chinese Tradition*, die viele der Schlüsseltexte der chinesischen Geistesgeschichte zugänglich machen [1.2]. Dem starken Interesse an Gender-Themen entsprechen Stevenson/Cuncun Wu mit ihrer Sammlung von Quellen aus der gesamten Kaiserzeit zur Homosexualität [1.2]. Als Quellenanthologie zu Chinas moderner Auseinandersetzung mit dem Westen ist eine ein halbes Jahrhundert alte Aufsatzsammlung von Teng Ssu-yü und John K. Fairbank [1.4] nie übertroffen worden. Für die Geschichte der KPCh wird sich ein stattlicher Band, den Tony Saich herausgegeben hat [1.5], einen ähnlichen Rang sichern. Ergänzend konsultiere man Quellensammlungen zu den sowjetischen Militärbera-

Westliche Quellensammlungen

tern [8.5: WILBUR/J. LIEN-YING – mit einer Einleitung, die die beste monographische Darstellung des Themas ist] und zur Militärgeschichte der KPCh [1.5: MEYER].

Zu den auch in Übersetzung besonders gut faßbaren Großereignissen der älteren chinesischen Geschichte gehören die Mandschu-Eroberung der 1640er Jahre [chinesische Quellen in STRUVE, mandschurisch-mongolische Quellen in 1.4: DI COSMO / DALIZHABU BAO, und erstmals ein Alltagsbericht aus der Phase der Eroberungsfeldzüge durch das Tagebuch eines Mandschu-Offiziers in DZENGSEO; zu den Berichten europäischer Zeugen über diese im Abendland stark beachtete „Revolution" [vgl. 10.1: LACH, Teilbd. 3, 1663–76], der Opiumkrieg [1.4: WALEY] und der Taiping-Aufstand [Hunderte wichtiger chinesischer Dokumente in 1.4: MICHAEL/CHANG, Bde. 2–3; ergänzend das lange Geständnis eines Taiping-Führers in 1.4: CURWEN, sowie verstreute westliche Berichte in CLARKE/GREGORY]. Einzigartige Einblicke in Innenleben und Denkwelt der chinesischen Staatsbürokratie ermöglicht PIERRE DURANDS Übersetzung der zahlreichen Dokumente, die auf chinesischer Seite zwischen 1792 und 1796 im Zusammenhang mit Lord Macartneys Gesandtschaftsreise entstanden [6.7; ergänzend 1.4: CRANMER-BYNG – mit einer kommentierten Bibliographie weiterer Quellen; sowie als eine der schönsten deutschen Reisequellen des 18. Jahrhunderts: HÜTTNER]. Auszüge aus fünfzig chinesischen Reiseberichten des 4. bis 19. Jahrhunderts hat RICHARD E. STRASSBERG übersetzt und eingehend kommentiert [1.2]. FU LO-SHUS Sammlung bietet den besten Zugang zu den chinesisch-russischen Beziehungen der hohen Qing-Zeit [1.4]. Qing-Quellen

Die Schriften der politischen Protagonisten des 20. Jahrhunderts (und die vieler weniger prominenter Akteure) liegen in chinesischen Ausgaben vor. Leider ist wenig daraus übersetzt worden. Den besten Zugang zu SUN YATSEN vermittelt immer noch eine in der DDR erschienene Auswahl seiner Schriften [1.5], die nicht zu stark von dem Bestreben geprägt ist, die „sozialistische" Spätphase des Revolutionsführers einseitig herauszustellen. Sie beginnt mit dem Brief, den der junge Arzt, der soeben seine medizinische zugunsten einer politischen Karriere aufgegeben hatte, 1894 an den Vizekönig Li Hongzhang schrieb, um ihn zu Reformen des Reiches aufzufordern, und endet mit dem berühmten Testament vom März 1925, in dem Sun seine Nachfolger zu fortgesetzten revolutionären Anstrengungen aufrief. Eine politisch ganz anders inspirierte, dabei ebenso sorgfältig gemachte Anthologie stammt von JULIE LEE WEI u.a. [1.5]. Hier liegt, der Guomindang-Nähe der Herausgeber entsprechend, der Akzent auf der Zeit *vor* 1923, als Sun die Hoffnung auf die Westmächte aufgab und ein Bündnis mit der Sowjetunion einging. MAO ZEDONGS Schriften wurden seit den 1950er Jahren weltweit in offiziösen Versionen verbreitet. Diese vierbändigen „Ausgewählten Werke" [1.5], als Schulungsmaterial gedacht und für Forschungszwecke eigentlich unbrauchbar, können immer noch als Einstieg dienen. Wissenschaftlich maßgeblich ist aber inzwischen die vollständige und mustergültig kommentierte Standardedition des großen Mao-Kenners STUART R. SCHRAM [1.5]. Die kritische Sun Yatsen-Schriften Mao-Schriften

Ausgabe von Maos Schriften aus der Zeit vor 1949 im chinesischen Original wurde 1983 zehnbändig in Tokyo herausgebracht. Die chinesische Mao-Pflege hat seither noch manchen Text des Revolutionsführers zutage gefördert. Grundlegend dokumentiert sind die wichtigsten Stationen der politischen, kulturellen und ökonomischen Entwicklung der Jahre 1919 bis 1949 in dem Quellenband von ALAN LAWRANCE [1.5]. LYDIA LIU, REBECCA KARL und DOROTHY KO setzen zentrale Quellentexte über die Anfänge des chinesischen Feminismus in einen theoretischen Kontext [1.5].

Bildquellen

Bildmaterial zu allen in diesem Grundriß behandelten Perioden ist in großem Umfang verfügbar, einführend etwa bei EBREYS historischer Gesamtdarstellung [3.1] sowie in zahlreichen Bildbänden und Ausstellungskatalogen, die sich hier nicht auflisten lassen. Seit etwa 1860 sind in China Photographien gemacht worden, oft von großer Eindringlichkeit wie diejenigen von John Thomson [1.4: SPENCE / CHIN ist eine gute und auch verstörende Sammlung].

Westliche Reisende

Seit Marco Polo haben *westliche* Reisende ihren europäischen Lesern China immer wieder anschaulich gemacht – Material, das den Zugang von den chinesischen Quellen her ergänzen sollte. Einen Eindruck vom immensen Umfang dieser Berichterstattung vermittelt das enzyklopädische Werk des verstorbenen DONALD F. LACH, das nur bis zum Ende des 17. Jahrhunderts vorgedrungen ist [10.1]. Den besten Einstieg ermöglichen Anthologien wie die von BOOTHROYD / DÉTRIE [1.2]. Als historischer Überblick über die gesamte Zeit seit den frühen Reisenden entlang der Seidenstrasse bis zu den heutigen ausländischen Investoren eignet sich STOCKWELL [3.2.4]. Der Mythos eines unerschöpflich großen chinesischen Marktes verbindet die westlichen Berichte aus allen Jahrhunderten. Für die Herrschaftszeit der Mongolen hat ROSSABI die wichtigsten Autoren zusammengestellt [1.3]. Ihre Berichte heben die eurasische Dimension des mongolischen Imperiums hervor. Auf die Wahrnehmung des einzelnen Reisenden legt WILLEM VAN RUYSBROECK besonders wert [1.3]. In der Debatte um den Realitätsbezug in Marco Polos (1254–1324) China-Bericht treten HANS ULRICH VOGEL und sein Oxforder Kollege STEPHEN G. HAW für die Zuverlässigkeit des Dokuments ein und belegen dies mit Übereinstimmungen in den chinesischen Quellenfunden [4.2]. Marco Polo gehörte zu der ersten Generation europäischer Reisender in China, deren Berichte und Erinnerungen die frühsten direkten Kontakte zwischen Europa und Ostasien beschrieben. Die heutige Globalisierungsforschung schließt aus der kulturellen Transferleistung des mongolischen Weltreichs auf eine wichtige Frühphase der Globalisierung. Niemand hat China am Vorabend seiner frühen Modernisierung eindringlicher beschrieben als der distanzierte preußische Geograph FERDINAND VON RICHTHOFEN [1.4, bes. die Bde. 1–3]. Von Reisenden im engeren Sinne sind solche Ausländer zu unterscheiden, die Jahrzehnte ihres Lebens in China verbrachten und daher besonders

Jesuitenquellen

erfahrungshaltig berichten konnten. Dazu gehörten zahlreiche der Jesuitenmissionare [klassische landeskundliche Beschreibungen etwa bei 1.3: GALLAGHER; 1.4: LECOMTE, sowie in der großen China-Enzyklopädie der Jesuiten DU HALDE], der einzigartige SIR ROBERT HART, der jahrzehntelang als Generalinspekteur des Seezollamtes eine Spitzenposition im chinesischen Staatsdienst innehatte [seine Briefe, seine frühen Tagebücher – die späteren harren noch der sehr schwierigen Entzifferung – in 1.4] sowie verschiedene kenntnisreiche Angehörige von Harts Behörde, allen voran der auch als Historiker wichtige Amerikaner H. B. MORSE [1.4], von dem noch der junge John K. Fairbank wichtige Anregungen empfing und dessen Biographie Fairbanks letztes Buch war.

Sir Robert Hart, kaiserlicher Beamter

Spätestens seit dem Boxeraufstand von 1900, einem der ersten globalen Medienereignisse und zugleich Anlaß für eine blühende Memoirenliteratur, herrscht dann kein Mangel mehr an zeitgenössischen Berichten westlicher Augenzeugen, unter denen Journalisten eine immer größere Rolle spielten [vgl. 10.1: MACKINNON/FRIESEN]. Keiner dieser Berichte war einflußreicher als EDGAR SNOWS 1937 erschienene Schilderung seines Besuchs bei Mao Zedong und den anderen Überlebenden des Langen Marsches [1.5]. Unter den zahlreichen westlichen Reportagen aus dem nicht-kommunistischen China des Zweiten Weltkriegs ragt die von GRAHAM PECK hervor [1.5], die die desolaten Verhältnisse in den Guomindang-Gebieten beschreibt. Eindringlich und genau zur kommunistischen Landrevolution der späten vierziger, aber mit übergroßer Toleranz für die Gewaltsamkeit der Vorgänge geschrieben, ist der Bericht eines amerikanischen Agrarfachmanns [1.5: HINTON]. Filmdokumente gibt es seit der frühen Republikzeit.

Reportagen

2. GRUNDMUSTER DER INTERPRETATION

2.1 PERIODISIERUNGEN

Historische Zäsuren

Dynastiengeschichtsschreibung

Auf den ersten Blick scheint es nichts Einfacheres als die Periodisierung der chinesischen Geschichte seit der Song-Zeit zu geben. Durch fünf tiefe herrschaftsgeschichtliche Zäsuren – 1279, 1368, 1644, 1912 und 1949 – läßt sie sich, so scheint es, in eine Abfolge politischer Systemzustände zerlegen. Dies ist das auf die frühe Han-Zeit (ca. 100 v. Chr.) zurückgehende Schema der chinesischen Dynastiegeschichtsschreibung. Noch die *Cambridge History of China* [3.1] benutzt es; in China trägt es seit dem Auftauchen von Alternativen im frühen 20. Jahrhundert eine deutlich kulturkonservative Note. Probleme tauchen in mehrfacher Hinsicht auf: Erstens ist die der Einteilung in Herrscherhäuser korrespondierte *Fein*periodisierung nach den Regierungsperioden individueller Monarchen offensichtlich unbefriedigend. Zweitens haben Historiker in Japan, im Westen sowie vom Marxismus und seinen universalhistorischen Schemata beeinflußte chinesische Autoren die Frage nach der Übertragbarkeit westlicher Epochenkategorien („Mittelalter", „Feudalepoche", „Neuzeit", „Moderne", usw.) und damit nach der Einordnung Chinas in eine von Europa aus entworfene Universalgeschichte gestellt. Der neuseeländische Historiker SAMUEL ADSHEAD hat sogar den geschickten Trick verwendet, ein vollkommen europazentriertes Periodenschema zugrunde zu legen und die Geschichte von Chinas Außenkontakten in dieses Schema gleichsam hineinzugießen [3.5]. Der dadurch erzielte paradoxe Effekt kommt einer Dezentrierung gleich: Das gewohnte okzidentale Epochenraster wird mit ungewohntem Material gefüllt, das zu ihm in einer gewissen Spannung steht. Damit wird aber zugleich auf die bereits 1955 von EDWIN PULLEYBLANK geforderte wechselseitige „Übersetzung" chinesischer und westlicher „concepts and systems of concepts" verzichtet [3.4]. Drittens hat sich es – wie in anderen historiographischen Zusammenhängen auch – als heuristisch fruchtbar erwiesen, danach zu fragen, welche sozio-ökonomischen Kontinuitäten unterhalb der politischen Epochenbrüche gefunden werden können.

Periodisierungsmodelle

Liang Qichao

Es mag hier genügen, die in der Gegenwart für die historiographische Praxis bedeutsamsten Periodisierungsvorschläge anzusprechen. Schon im alten China finden sich Ansätze zu einem Drei-Zeitalter-Modell, die um 1900 wieder aufgegriffen und fortschrittsoptimistisch umgedeutet wurden [2.6: ACHIM MITTAG: 142–146]. Kurz zuvor war Ähnliches bereits in Japan vorgeschlagen worden. Der Begründer der modernen chinesischen Geschichtswissenschaft, Liang Qichao, benutzte das Schema, um eine Analogie zwischen China und dem Westen herzustellen, den er aber zunehmend kritisch beurteilte [2.6: TANG XIAOBING, 180ff.]: Die Neuorientierungen in der chinesischen Gelehrsamkeit während des Übergangs von Ming zu Qing entsprächen mit geringer Zeitversetzung der europäischen Renaissance. In anderem Zusammenhang postulierte Liang ein „langes" Mittelalter, das von der Gründung des Kaiserreiches im 3. Jahrhundert v. Chr. bis zum Ende der Qianlong-Ära in den 1790er Jahren reichte. Das hat wenig Zustimmung gefunden. Viel einflußreicher war die Auffassung, die seit 1921 der führende japanische Sinologe Naitō Konan vertrat: Ein chinesisches „Mittelalter" reiche vom 4. Jahrhundert bis zum Beginn der Song-Zeit 960. Daran schließe sich von ca. 960 bis 1368 die erste Phase der „Neuzeit" an, der bis 1911 eine zweite folge [10.1: FOGEL, Politics and Sinology, 200]. In der deutschsprachigen Chinaliteratur hat WOLFRAM EBERHARD eine ähnliche Auffassung popularisiert. Er läßt eine chinesische „Neuzeit" resolut mit dem Jahre 906 beginnen, sechs Jahrhunderte vor der für Europa üblichen gleichnamigen Epochenschwelle [3.1: 236]. Die Naitō-These von der Modernität der Song-Zeit im Vergleich zur gleichzeitigen christlichen, islamischen und indischen Welt findet weiterhin viel Interesse und Unterstützung. Auch Wang Hui, einer der international renommiertesten chinesischen Denker der Gegenwart, beginnt seine Analyse der Entstehung des modernen chinesischen Denkens in der Song-Zeit [3.2.3]. Er folgt damit einer Denkrichtung in China, die von einer – bereits im chinesischen Kaiserreich beginnenden – indigenen Modernisierung ausgeht, erkennt aber gleichzeitig die globalen Einflüsse seit dem 16. Jahrhundert an. Wang Hui beschreibt die Wandlungsprozesse seit der Song-Zeit als neuzeitliche Moderne. Deren Grundelemente wie Kapitalismus und nationalstaatliche Ordnung führt er auf die europäische Expansion zurück. Jedoch hat sich bislang eine Bezeichnung des gesamten Milleniums seit dem 10. Jahrhundert als chinesische Neuzeit nicht durchgesetzt. Der Begriff des „Mittelalters" wird heute selten auf die Zeit *nach* etwa 600 n. Chr. angewandt. Während die Mongolen ein wichtiger Faktor in der europäischen und mittelöstlichen Geschichte des Mittelalters waren und zunehmend auch in der europäischen Mediävistik zur Kennnis genommen werden, belegt man ihre eigene Dynastie in China kaum je mit dem Begriff des Mittelalters. Auch die für Europa inzwischen konventionelle Kategorie der „Frühen Neuzeit", die zur Charakterisierung Japans zwischen etwa 1600 und 1850 üblich zu werden beginnt, hat unter Chinahistorikern bisher wenig Anklang gefunden (früh schon 3.2.3: SCHMIDT-GLINTZER). Lohnende Vergleiche mit Europa, Japan und etwa auch dem Osmanischen Reich lassen sich in diesem Zeitrahmen denken (z. B. 5.6: MILLER/LOUIS). Dort, wo der Begriff benutzt wird, ist seine chronologische Zuordnung einstweilen noch instabil: Nur die Song-Zeit? Oder die Periode des Übergangs von Ming zu Qing (in einem engen Sinne etwa 1550–1720)? Oder das 15. bis 18. Jahrhundert, ein Zeitraum, der sich im Wesentlichen mit der Herrschaftszeit der letzten beiden Dynastien Ming und Qing deckt und der in der Forschung zunehmend als Einheit betrachtet wird [3.1: J. A. G. ROBERTS, bes. Kap. 4, sowie die Werke in 3.5]? Mehr als „Frühe Neuzeit" hat sich bisher die vage Epochenkategorie „late imperial China" verbreitet, die auch das 19. Jahrhundert einschließt. Eine einflußreiche Zeitschrift trägt sie im Titel.

Naitō Konan

„Neuzeit"

Frühe Neuzeit

Zahlreiche Studien haben in den letzten Jahren so etwas wie ein spätklassisches Zeitalter der chinesischen Zivilisation, etwa von der Mitte der Ming- bis zur Mitte des Qing-Periode reichend (ca. 1500 bis 1800), zu identifizieren versucht. Der Ursprung dieser Idee ist in dem Paradox zu finden, dass China ausgerechnet unter der „Fremddynastie" der Mandschuren eine zumindest imperialpolitische und wirtschaftliche „Blütezeit", erlebte. Die sozialökonomischen Strukturen der Ming-Zeit setzten sich im Wesentlichen unter der nachfolgenden Dynastie fort. Da dies exakt der üblichen Demarkierung der *europäischen* Frühen Neuzeit entspricht, bildet die Ming-Qing-Periode eine hervorragende Grundlage für „interkulturelle" Vergleiche [etwa 3.5: DUINDAM und DUINDAM/DABRINGHAUS].

Umstritten ist, wann man diese Großepoche enden lassen soll. Zwei Ansichten wetteifern miteinander:

1790er Jahre als Wende

(1) Die 1790er Jahre (oder das letzte Viertel des 19. Jahrhunderts – auf ein paar Jahre kommt es bei Makroperiodisierungen nicht an) seien in einem doppelten Sinne eine Wendezeit gewesen: durch den Beginn des politischen Niedergangs der Qing-Dynastie nach dem Ende der Herrschaft des großen Autokraten Qianlong (1795, *de facto* 1799) ebenso wie durch eine sich untereinander hochsteigernde Kumulation wirtschaftlicher, ökologischer und gesellschaftlicher Krisen [so vor allem P.-É. WILL in 8.1: M.-C. BERGÈRE, 25–31].

1894/95 als Epochenjahr

(2) Der Einfluss der imperialistischen Mächte und überhaupt der Außenwelt sei vor dem Chinesisch-Japanischen Krieg von 1894/95 nicht tiefgreifend genug gewesen, um die aus der Qing-Zeit überkommenen Ordnungen grundlegend umzugestalten. Chinas Frühe Neuzeit habe gewissermaßen fast bis zum Ende der Kaiserzeit gedauert. Erst 1895 sei das Land unsanft in die Moderne katapultiert worden [etwa 6.4: ROWE, Domestic Interregional Trade].

1840 als historische Schnittstelle

(3) Der „Einbruch" des Westens durch den Opiumkrieg habe 1840 ein neues Zeitalter wirtschaftlicher und kultureller Außenorientierung und Abhängigkeit eingeleitet. Damit beginne die „moderne" Geschichte Chinas (*jindaishi*), die durch eine „halbfeudale – halbkoloniale" Gesellschaftsformation gekennzeichnet sei. Dies ist der 1939 von Mao Zedong in seiner Schrift „Die chinesische Revolution und die Kommunistische Partei Chinas" [1.5: Bd. 2, 353–388] kanonisierte Standpunkt der sino-marxistischen Geschichtsschreibung, die dann mit der Vierte-Mai-Bewegung 1919 die „Gegenwartsgeschichte" (*xiandaishi*, bis 1949) folgen sieht. An dieser Periodisierung wird von chinesischen Autoren auch heute noch festgehalten.

„High Qing"

Wägt man die verschiedenen Argumente ab, die jeweils für diese Positionen angeführt werden, dann läßt sich schlußfolgern: „High Qing", die Zeit etwa zwischen 1680 und 1800, sollte (im Einklang mit führenden Autoritäten) in der Tat als eine distinkte historische Periode gewertet werden. GILBERT ROZMAN setzt die zeitliche Grenze etwas später und spricht von „China's long eighteenth century (from about 1680 to 1850)" [in 3.5: East Asian Region, 63]. WILLIAM T. ROWE sieht das halbe Jahrhundert zwischen etwa 1725 und 1775, das die Chinesen „die

Zeit des Wohlstands“ (*shengshi*) nennen, als Epoche von „the empire's highest attainment of material and political success“ [6.1: 1].

Gegen Ende des 18. Jahrhunderts kam es dann zu einer *montée des problèmes* (Pierre-Étienne Will), die insofern eine finale Krise des Systems darstellte, als diese Probleme innerhalb des institutionellen Rahmens des Kaiserreichs *niemals* gelöst werden würden. Allerdings bestand dieser Rahmen immerhin ein weiteres Jahrhundert fort. Erst 1895 wurde zum Ausgangspunkt einer verschärften Krisenwahrnehmung in der chinesischen Elite und von Versuchen reformerischer und revolutionärer Krisenbewältigung, die dann bald den Systemrahmen sprengten. Insofern ist es in der Tat ratsam, dem chinesischen 19. Jahrhundert (ca. 1800–1895) einen eigenen Epochencharakter zuzusprechen [etwa 3.1: Vogelsang, 440–492].

19. Jahrhundert als Epoche

Die Binnenperiodisierung der krisenhaften Übergangszeit zwischen 1895 und 1949 wird durch politische Zäsuren kleinschrittig vorgegeben, mehr denn jemals seit 1644 auch durch schroffe Interventionen von außen: die Mandschureikrise von 1931, die japanische Invasion von 1937, den Zusammenbruch Japans im Pazifik 1945, usw. Da die Staatsform der Republik eine dünne Hülle blieb, ist es kaum mehr als eine konventionelle Floskel, von „Republican China“ zu sprechen. Die Periodisierungsdiskussion hat diesen Zeitraum noch nicht erfaßt. Westliche Autoren wählen zunehmend die späte Qing- und die frühe Republikzeit als einen zusammenhängenden Untersuchungszeitraum [z.B. 8.1: Huters]. Dass das Jahr 1949 den bedeutendsten Einschnitt in der chinesischen Geschichte des 20. Jahrhunderts markiert, steht schließlich außer Frage. Paul A. Cohen hat aber auf die Gemengelage von Diskontinuität und Kontinuität um dieses Datum herum hingewiesen und darauf aufmerksam gemacht, dass manches an der Politik der KPCh in der Ära nach Mao Zedong, also in den 1980er Jahren, Ähnlichkeiten mit der Nanjing-Dekade (1927–1937) zeige und dass einige gesellschaftliche Erscheinungen der Republikzeit erneut (gewiß in modifizierter Form) aufträten; die entscheidende Frage sei, wie überhaupt in chinesischen wie westlichen Augen die Auffassung von 1949 als einem „totalen“ Epochenbruch auftreten konnte [in 8.1: Cohen, Reflections 32f.].

Periodisierung der ersten Hälfte des 20. Jahrhunderts

2.2 Raumstrukturen: Zentralität und Dezentralität

Seit der Errichtung der Yuan-Dynastie im Jahre 1279 hat China niemals wieder territorialen Zerfall und politische Fragmentierung von jenem Ausmaß erlebt, das vor dem 13. Jahrhundert periodisch immer wieder auftrat. Das Einheitsreich der Han-Chinesen wurde vorübergehend geschwächt, zwischen 1937 und 1945 sogar durch einen Angriffskrieg zerrissen, bestand aber fort. Setzt man voraus, dass China eher mit Europa als ganzem als mit einem der europäischen Länder verglichen werden muss, dann erkennt man die Vorzüge, die die Geographie dem Historiker bietet: Das chinesische Reich veränderte seinen Umfang und seine äu-

Territoriale Einheit

Konstante Raumordnung

ßeren Konturen von Epoche zu Epoche. Seine innere Raumordnung blieb aber in den Grundzügen dieselbe, seit sich in der Yuan-Zeit (1260–1368) die heute noch geltenden Provinzgrenzen herausbildeten. Weder waren seither Chinas Außengrenzen schwierig zu ermitteln (ebenfalls im Unterschied zu Europa), noch gab es große Veränderungen in der politischen Geographie des chinesischen Kernlandes (*neidi*, „China proper“: das Gebiet südlich der Großen Mauer) festzustellen. Dies, gemeinsam mit der hohen Beharrungskraft des Staatsapparates und der ungewöhnlichen kulturellen Homogenität der Chinesen, verleitet zu vorschnellen Verallgemeinerungen über China als ganzes.

Verräumlichung der Idee von „China“

Diesem Problem hat sich die Forschung auf zweifache Weise gestellt. Erstens befaßt sie sich – ein neuer Trend – mit der Geschichte der Verräumlichung der Idee von „China“. Die ältere Literatur hatte fast klischeeartig die Vorstellung wiederholt, die chinesische „Ökumene“ (ein Begriff aus der Geschichtsphilosophie Arnold Toynbees) sei ein territiorial unverwurzeltes Konzept politischer Untertanenschaft und hochkultureller Universalitätsansprüche. „China“ sei aufgefaßt worden als *tianxia*: „alles, was unter dem Himmel ist“. Dies ist keineswegs falsch, bedarf aber der Relativierung. Vor allem die chinesische Forschung hat neuerdings die große Bedeutung der (historischen) Geographie mindestens seit der Qing-Zeit nachweisen können. Die Vermessung und kartographische Aufnahme des Reiches, die im frühen 18. Jahrhundert im kaiserlichen Auftrag von Jesuiten und einheimischen Gelehrten vorgenommen wurde, entspricht nach Aufwand und Ergebnis ähnlichen Unternehmungen im Zarenreich und in Britisch-Indien [2.4: Smith]. In allen drei Fällen ging es darum, die Außengrenzen und die Binnengliederung der beherrschten Territorien zu ermitteln, ihre topographische Beschaffenheit darzustellen und ihre natürlichen Ressourcen zu verzeichnen [6.2: Hostetler, 51–80]. Die Kartographie war in der Qing-Ordnung des Wissens eng mit ethnographischer Beschreibung verbunden. Vor allem die nicht-hanchinesischen Völker, die im Zuge der sino-mandschurischen Reichsbildung neu unter kaiserliche Kontrolle gekommen waren, wurden zu Gegenständen deskriptiver, klassifizierender und bildlicher Darstellung [ebd., Kap. 3–7; zu Tibet 6.2: Dabringhaus: 116–123].

Makroregionen

Zweitens hat bereits die ältere Wirtschaftsgeographie auf die Herausbildung ökonomischer Schwerpunktgebiete und die Verschiebung solcher dynamischer Kernregionen im Laufe der Zeit hingewiesen. Wichtige Grundlagen hat hier bereits 1936 Ji Chaoding [Chi Ch'ao-ting: Key Economic Areas in Chinese History] gelegt. Seine Anregungen sowie die „Theorie des zentralen Orte“ des deutschen Geographen Walter Christaller aufgreifend, entwickelte G. William Skinner eine räumliche Analyse nach „Makroregionen“ (am zugänglichsten in 3.4: Marketing and Social Structure 7–16, Cities and the Hierarchies 74–77; vgl. auch OGG, Bd. 26, S. 95). Dies sind „physiographic units“, also begrenzte Landschaften im Sinne der physischen Geographie, die nach dem Kriterium von Flußsystemen und Entwässerung voneinander abgegrenzt werden. Auf diese Weise unterschied Skinner in „agrarian China“, also jenem Teil des

Reiches, in dem Chinesen seßhaften Ackerbau trieben, acht „Makroregionen“: Nordchina, Nordwestchina, den Oberen Yangzi-Raum (mit der Provinz Sichuan), den Mittleren Yangzi-Raum, den Unteren Yangzi-Raum, die südöstliche Küstenregion (einschließlich Taiwan), Lingnan (ungefähr die Provinzen Guangdong und Guangzhou mit der Insel Hainan) sowie „Yun-Gui“ (die Provinzen Yunnan und Guizhou). Hinzu kommt als neunte Region außerhalb von *neidi* die Mandschurei. Innerhalb jeder dieser Regionen identifizierte Skinner Zonen demographischer, kommunikativer und ökonomischer Verdichtung: „regional cores“. Diese Kernzonen sind zugleich Knotenpunkte städtischer Konzentration und Gebiete mit relativ niedrigen Transportkosten. Auf eine komplexe Weise verband SKINNER Gesichtspunkte der physischen Geographie mit solchen der Humangeographie. Sein Raumbild ist im Detail nicht unkritisiert geblieben, hat sich aber als überaus fruchtbar erwiesen und übt bis heute großen Einfluß auf die Geschichtsschreibung aus. Nach der Skinnerschen Wende wagt es kaum ein Wirtschafts- und Sozialhistoriker noch, Verallgemeinerungen über China als ganzes zu formulieren. Auch die Provinz ist als Untersuchungseinheit fragwürdig geworden, während die „Makroregionen“ inzwischen die Profilierung distinkter „regional societies“ erlauben [so für das „lange“ 18. Jahrhundert 6.4: NAQUIN/RAWSKI]. Allerdings haben, ebenfalls mit guten Argumenten, insbesondere chinesische Wirtschaftshistoriker, vor allem WU CHENGMING [5.6: XUDIXIN/WU CHENGMING], darauf hingewiesen, dass bereits im 19. Jahrhundert über die Grenzen zwischen Makroregionen hinweg ein nationaler Markt entstand, der sich während der politischen Wirren des frühen 20. Jahrhunderts konsoldierte.

Zwei weitere von SKINNERS Theoremen haben die Forschung in hohem Maße bereichert: sein Konzept hierarchisch geordneter Marktsysteme, das zu der Forderung führte, nicht das isolierte Dorf, sondern die lokale Marktregion zum zentralen Fokus agrargeschichtlicher Untersuchungen zu machen, sowie die Idee langer Wellen der Öffnung und Schließung in den sozialökonomischen Systemen Chinas [beide 3.4]. SKINNERS theoretische Entwürfe sind nicht empiriefern konstruiert, sondern beruhen stets auf penibelster Forschung aus den wirtschafts- und sozialgeschichtlichen Quellen, insbesondere den für China so wichtigen Lokalbeschreibungen (*fangzhi*). SKINNER ist zugleich der bahnbrechende Historiker von Chinas Urbanisierung [3.2.1]. Neben ihm hat GILBERT ROZMAN auf verwandter konzeptioneller Grundlage den chinesischen Urbanisierungsprozeß einer formalen und komparativen Untersuchung unterzogen [3.5: Urban Networks]. In einem neueren Aufsatz, der die chinesische und japanische Urbanisierung mit der europäischen vergleicht, kommt er zu dem Ergebnis, China habe – wie Europa, aber anders als Japan – bis ins späte 19. Jahrhundert eine nur locker integrierte Pluralität städtischer Systeme bewahrt. Der absolute Umfang der Stadtbevölkerung sei bis ca. 1800 in Europa geringer gewesen als in Ostasien. Allerdings habe im neuzeitlichen China eine fein abstufte Hierarchie der Städtegrößen gefehlt: China blieb ein Land, in dem zwischen Dörfern bzw. Skinner-

Marktregionen und lange Wellen

Urbanisierung

schen Marktregionen und *sehr großen* Städten eine mittlere Ebene relativ schwach ausgeprägt gewesen sei [ROZMAN, in: A. v.D. WOUDE u.a., Hg., Urbanization in History, Oxford 1990, 69, 71].

2.3 EINZIGARTIGKEIT UND VERGLEICHBARKEIT

Jede Geschichtsschreibung ist der Gefahr ausgesetzt, Besonderheit mit Einzigartigkeit zu verwechseln und aus der Feststellung markanter Merkmale den Schluß zu ziehen, es handele sich um einen „Sonderweg", der sich mit anderen Formen und Pfaden nicht gleichsetzen lasse. Dem können systematische Vergleiche entgegenwirken. Im chinesischen Fall sind sie besonders nützlich, da für keine andere „National"-Geschichte eine ähnlich weitgehende Exzeptionalität in Anspruch genommen wurde. Vergleiche sind vor allem in fünf Hinsichten unternommen worden.

China im Historischen Vergleich

Erstens kann schon eine Geschichtsschreibung, die China als Teil Ostasiens [am besten 3.5: SCHIROKAUER] oder des nicht-islamischen Asien insgesamt [systematisch und gut fundiert: 3.5: MURPHEY] betrachtet, dabei helfen, chinesische Besonderheiten und ihre Tragweite kontrastiv zu ermessen. Die Sammelkategorie „Ostasien" ist ein westliches Konstrukt aus dem späten 19. Jahrhundert (damals hieß es zumeist in geopolitischer Sicht „Ferner Osten"). Es kann dazu verleiten, voreilig Gemeinsamkeiten zwischen China, Japan und Korea zu vermuten. Vergleiche können die Ausstrahlung von Kulturelementen vor allem von China aus zeigen (etwa der Ideologie und Praxis bürokratischer Herrschaft nach Vietnam, so vorbildlich WOODSIDE [6.3]), zugleich aber auch auf fundamentale Unterschiede in sozialer Organisation und kulturellem Selbstverständnis hinweisen. So hat der Soziologe FUKUTAKE TADASHI [3.5] die ländlichen Sozialordnungen in China, Japan und Indien verglichen, GILBERT ROZMAN die verschiedenen „nationalen" Spielarten von Konfuzianismus voneinander abgegrenzt [3.5: East Asian Region; vgl. auch 3.5: TU WEI-MING; sowie den brillanten Aufsatz 3.5: WOODSIDE, Territorial Order and Collective Identity] und der Politologe LUCIAN W. PYE in zahlreichen Arbeiten kulturell spezifische Haltungen zu Macht und Autorität in den unterschiedlichen Zivilisationen des modernen Asien nebeneinander gestellt [3.5].

Begriff „Ostasien"

Zweitens kann die chinesische Geschichte nicht nur in einem „ostasiatischen", sondern auch in einem kontinental-„eurasischen" Rahmen gesehen werden. Die neuzeitliche chinesische Geschichtsschreibung hat diese Perspektive niemals vernachlässigt und auch der russischen Sinologie war sie selbstverständlich. Europäische Beobachter während der Frühen Neuzeit, besonders nach der Mandschu-Eroberung der 1640er Jahre, sahen einen engen Zusammenhang zwischen China und „La Tartarie", also Zentralasien. Nach der Öffnung Ostasiens vom Meer aus herrschte zunächst eine maritime Blickrichtung vor. Neuerdings hat sich aber auch die westliche Literatur der Kategorie „Eurasien" wieder angenä-

China und Zentralasien

hert [3.4: SCHMIDT-GLINTZER]. Der Südostasienhistoriker VICTOR LIEBERMAN und einige Mitautoren haben eine Forschungsperspektive für eine gesamteurasische frühe Neuzeit entworfen [Beyond Binary Histories, 1999]. R. BIN WONG rückt China in einen euro-asiatischen Vergleichs- und Beziehungsrahmen [3.5: China Transformed; The Search]. JACK GOLDSTONE registriert im frühneuzeitlichen Eurasien nahezu simultane politische Systemkrisen von ähnlichen Erscheinungsformen und fragt nach tieferliegenden gemeinsamen Ursachen [3.5: Revolution and Rebellion].

Eurasien

Drittens läßt sich China im Lichte von kulturübergreifenden allgemeinen Theorien betrachten, eine Sichtweise, die den Vergleich zumindest vorbereitet. Der Anthropologe ERIC J. WOLF hat (zu einseitig) die chinesische Revolution des 20. Jahrhunderts als einen unter mehreren „Bauernkriegen" der Epoche gedeutet [3.5]. THEDA SKOCPOL hat sie als eine der drei „Großen Revolutionen" der Neuzeit mit der französischen und der russischen verglichen und dabei insbesondere auf die jeweilige Rolle des Staates und der internationalen Umstände aufmerksam gemacht [3.5]. FRANCESCA BRAY, eine der besten Kennerinnen der chinesischen Agrargeschichte [vgl. ihren Band dazu innerhalb von NEEDHAMS großem Werk: Chinese and Civilization, Bd. VI/2, 1984 in 3.2.3] analysiert China (insbesondere das Yangzi-Delta) als eine unter mehreren Ausprägungen des Typus „Reiswirtschaft" [3.5]. SUI-WAI CHEUNG schränkt jedoch ein, dass eine landesweite Integration des Reismarktes von der staatlichen Intervention abhing [6.4].

China im Revolutionsvergleich

Viertens erhält die Beschäftigung mit Chinas Geschichte dann nicht nur für speziell Chinainteressierte eine besondere Bedeutung, wenn es um unterschiedliche Entwicklungswege in die Moderne geht. Lange bevor das Schlagwort von den „multiple modernities" aufkam, hat der Soziologe BARRINGTON MOORE die chinesische Bauernrevolution als einen solchen Weg vergleichend herausgestellt. Obwohl in Details anfechtbar, bleibt sein schon klassisches Werk *Soziale Ursprünge und Demokratie und Diktatur* [3.5] einer der inspirierendsten Versuche, China in die Weltgeschichte des 19. und 20. Jahrhunderts einzufügen.

Chinesische Modernität im Vergleich

Fünftens hat mindestens seit MAX WEBERS Studien zu China die Faszination der Frage nur vorübergehend nachgelassen, warum trotz mancher günstiger Voraussetzungen nicht in China, sondern in England der Durchbruch zu industriellem Kapitalismus und wirtschaftlichem Wachstum gelang. Zu diesem Problem des verlorenen Vorsprungs haben neuerdings vor allem KENNETH POMERANZ und PEER VRIES [beide 3.5] bemerkenswerte Beiträge vorgelegt.

2.4 GESAMTDARSTELLUNGEN UND IHRE „MASTER NARRATIVES"

Wer sich der Geschichte Chinas von außen nähert, wird auf Bücher angewiesen sein, welche die chinesische Geschichte insgesamt, einzelne ihrer Großepochen oder thematische Felder im Längsschnitt durch die Jahrhunderte in synthetisierendem Zugriff behandeln. Solche Gesamtdarstellungen sind nicht bloß Lehrtexte und Übungen in Popularisierung und Kompression, sondern zugleich auch Visitenkarten der Forschung, die sonst abseits der Öffentlichkeit im Verborgenen blüht, und Anlässe, Zusammenhänge aufzuzeigen, die sich aus der bloßen Addition des Spezialwissens aus Monographien nicht ergeben. Jede solcher Gesamtdarstellungen bezieht sich, wie explizit oder verborgen auch immer, auf ein allgemeineres Deutungsschema oder „master narrative". Diese Deutungsschemata wiederum unterscheiden sich darin, wie sie einige zentrale Fragen der Interpretation beantworten, zum Beispiel:

„Meistererzählungen"

- Welches Gewicht wird physischer Reproduktion und materieller Kultur, welches geistigen Entwicklungen beigemessen?
- Wie „internalistisch" oder „chinazentriert" oder gar „han-zentriert" ist die Darstellung, wie stark stellt sie China in größere geographische und kulturelle Zusammenhänge?
- Wie sehr wird der neuzeitliche Geschichtsprozeß als konfliktreiche „Revolution", wie sehr als eher ruhige „Evolution" verstanden?
- In welchem Maße wird eine westlich geprägte Beschreibungssprache verwendet (wenn man z.B. von „Gentry" oder „Bourgeoisie" spricht), wie weit „ethnologisch" auf indigene Begriffe zurückgegriffen (z.B. „*baojia*-System") [Erläuterung solcher „Selbstbeschreibungen" bei 6.3: P. SANTANGELO]?

Gesamtdarstellungen sind aber nicht bloß mehr oder weniger intelligente „Konstruktionen", sondern müssen, um akzeptabel zu sein, die Forschung zugrunde legen und kritisch sichten.

Klassiker der Geschichtsschreibung über China

Zu den unverwüstlichen Klassikern gehören WOLFRAM EBERHARDS „Geschichte Chinas" [3.1] mit dem Modell einer spezifisch chinesischen „Gentry-Gesellschaft" und MARK ELVINS genialischer Jugendstreich „The Pattern of the Chinese Past" mit der aus der Entwicklungsökonomie übernommenen, durch japanische Forschungsergebnisse untermauerten wirtschaftsgeschichtlichen These von einer Selbstblockade des spätkaiserlichen China zwischen demographischem Wachstum und technologischer Stagnation („high-level equilibrium trap") [3.4].

Eine sehr elementare, allerdings durch den hohen Rang der Autorin geadelte Einführung in die Gesamtperiode vom 13. bis zum 20. Jahrhundert ist EBREY [3.1], ein ins Detail gehendes, dabei sorgsam konstruiertes und stets die Breite der historischen Erfahrung durchdenkendes und darstellendes Meisterwerk JACQUES GERNETS „Die chinesische Welt" [3.1]. Es wird dort schwächer, wo das Interesse des Autors nachläßt, etwa um die Mitte des 19. Jahrhunderts. JOHN K. FAIRBANKS späte Synthese „China: A New History" [3.1], beginnt zeitlich mit dem 18. Jahrhundert. Wo FAIRBANK rasch zur Analyse übergeht, verweilt JONATHAN SPENCE in seinem wissenschaftlich ebenbürtigen, aber breiter ausgeführten Werk „Chinas Weg in die Moderne", das mit dem Beginn der Qing-Zeit einsetzt, länger bei der Beschreibung [beide 3.1]. Es ist das heute maßgebende Lehrbuch der chinesischen Geschichte seit der Mitte des 17. Jahrhunderts. Den gleichen Zeitraum behandelt noch ausführlicher und mit einem kräftigen Ak-

Jacques Gernet

John K. Fairbank

Jonathan Spence

zent auf der politischen Geschichte das immer wieder aktualisierte, vor allem in den vorzüglichen Kapitelbibliographien revidierte Werk von IMMANUEL C. Y. HSÜ: „The Rise of Modern China" [3.1], dessen Stärke in der Behandlung des 19. Jahrhunderts liegt. Eine politische Geschichtsschreibung weniger der Ereignisse als der Herrschaftsstile und der sich modifizierenden politischen Ordnung ist FREDERIC W. MOTES monumentales Werk „Imperial China 900–1800" [3.1], die Lebensbilanz eines unvergleichlichen Kenners der Quellen. Die Gesamtdarstellungen der letzten Jahre [3.1: CROSSLEY; ROSSABI; VOGELSANG; WEIERS] teilen eine Abkehr vom Bild des monolithischen chinesischen Einheitsreiches. Sie betonen die Vielfalt der Kulturen in China und die ständige Metamorphose ihrer Grenzen. Kohärenz sehen sie allein in den ordnungsstiftenden Prinzipien wie Bürokratie, Konfuzianismus oder später auch Nationalismus. Vor allem PAMELA CROSSLEY zeigt, wie fruchtbar eine Vermeidung der Fixierung auf das (Macht-)Zentrum sein kann, indem sie ihr Narrativ durch Essays über Querschnittsthemen (Frauen, Religionen, Ethnien) unterbricht. Ein „neues Verständnis von chinesischer Geschichte" legt NAOMI STANDEN der von ihr herausgegebenen Essaysammlung [3.1], die ein „regionalisiertes", bzw. „lokalisiertes" Bild Chinas zeichnen. CHO-YUN HSU greift in seiner kulturgeschichtlichen Synthese – eines der wenigen übersetzten chinesischen Werke – die Kritik am traditionellen Sinozentrismus auf, hält aber weiterhin an der Deutung eines chinesischen „self" im Gegensatz zu anderen Kulturen als „others" fest. Chinas Multikulturalität beschränkt sich aus seiner Sicht auf die Integration von äußeren Einflüssen [3.1].

Immanuel C. Y. Hsü

Nicht alle Dynastien und Teilepochen sind mit Gesamtdarstellungen gut bedient. TIMOTHY BROOK fasst die vier Jahrhunderte der Yuan- und Ming-Zeit zusammen. Er ignoriert die von der chinesischen und westlichen Geschichtsschreibung vollzogene Zäsur des Dynastiewechsels von 1368 und betont das Verbindende und die Kontinuität dieser Epoche. Dabei argumentiert er auch mit umwelthistorischen Faktoren wie dem Klimawandel [4.2]. Dagegen ordnen THOMAS ALLSEN und MORRIS ROSSABI die Yuan-Dyanstie in einen gesamtasiatischen Zusammenhang ein [beide 4.1]. Während ALLSEN sich besonders für die interkulturelle Vermittlung auf Gebieten der Gelehrsamkeit wie Medizin, Astronomie oder Drucktechnik interessiert [4.1: 189 u.ä.], beschreibt ROSSABI den besonderen Charakter der mongolischen Reichsbildung. JOHN W. DARDESS, ein profunder Kenner der Ming-Dynastie, hat mit seinem Überblickswerk über das letzte hanchinesische Kaiserhaus der Geschichte einen neuen Standard gesetzt [5.1: Ming China]. Am Beispiel der gewaltsamen Kolonisierung Guizhous zeigt JOHN E. HERMAN, dass sich die Ming-Herrscher keineswegs immer auf defensive Strategien zurückzogen [3.2.1]. Die beste Einführung in die *späte* Qing-Periode stammt immer noch von FREDERIC WAKEMAN [7.1]. Auf neuerem Forschungsstand hat RICHARD J. SMITH die letzte Dynastie nicht chronologisch, sondern in systematischer Gliederung und mit scharfem kulturhistorisch-anthropologischen Blick dargestellt: als eine eigene Epoche in der Entwicklung der chi-

Werke über Dynastien und Teilepochen

nesischen Zivilisation [6.1]. Er betont eher die Einheit die Epoche und ihrer Grundstrukturen als die Unterschiede zwischen „hoher“ und „später“ Qing-Zeit. Auch WILLAM T. ROWE hebt die Eigenständigkeit der Dynastie hervor, bezieht sie aber – in Anlehnung an die Debatte um die *New Qing History* – auf ihren Charakter als „multinational, universal empire of a distinctively early modern Eurasian type“ [6.1: S. 284]. NAQUIN / RAWSKI [6.4] veranschaulichen am Beispiel des 18. Jahrhunderts die Vielfalt der regionalen Lebensformen im chinesischen Kernland. Auf einer eigenen russischen Forschungstradition, die nicht ganz ignoriert werden sollte, beruht TIKHVINSKY [3.1].

Republikzeit

Für die Zeit von 1895 bis 1949 setzt ein französisch-deutsches Sammelwerk Maßstäbe [8.1: BERGÈRE u.a., darin besonders die Kapitel von WILL, BIANCO und BERGÈRE]. Als anspruchsvolle Deutungsalternative lese man die China betreffenden Kapitel in einem von MERLE GOLDMAN und ANDREW GORDON herausgegebenen Sammelwerk [3.1: Kap. 2, 6–8] sowie die durchweg anregenden Beiträge in LIEBERTHAL u.a. [3.1]. Die Dramatik des revolutionären Geschehens hat der gelehrte *littérateur* JONATHAN SPENCE [8.1] fast so gut eingefangen wie – für einen viel kürzeren Zeitabschnitt – der trotzkistische Journalist HAROLD R. ISAACS [8.5]. RANA MITTER [8.1] nimmt auf originelle Weise die Einheit von Chinas revolutionärem Jahrhundert seit 1919 in den Blick.

Pointierte *interpretierende* Darstellungen eines komplexen Wandlungsprozesses zwischen Modernisierung und Revolution sind LUCIEN BIANCO [8.1: Les origines de la révolution chinoise; die 3. Auflage von 1997 ist maßgebend, eine deutsche Übersetzung aus dem Jahre 1969 – „Der Weg zu Mao“ – unbrauchbar] und JÜRGEN OSTERHAMMEL [8.1], eine primär sozialgeschichtliche Deutung als Ergänzung zur „externen“ Darstellung desselben Autors [3.2.1]. RANA MITTERS „very short introduction“ gliedert die Geschichte der letzten zweihundert Jahre nach ihrem Verhältnis zu den Zuschreibungen „modern“ und „neu“ [3.1].

ELIZABETH J. PERRY hat in einer langen Reihe eindrücklicher Fallstudien die Kontinuitäten ländlichen und städtischen Protests seit etwa 1850 herausgearbeitet [3.2.1; 3.4]. Neueste Forschungsansätze zur Revolution stellt ein Sammelband von JEFFREY WASSERSTROM vor [8.1: Twentieth-Century China]. Wenige Historiker der Republikzeit werden dem Warlord-Guomindang-China und dem China der KPCh *gleichermaßen* gerecht. Es kann zum Beispiel geschehen, dass eine Gesamtdarstellung der Republik durch einen Warlord-Spezialisten die Dynamik der kommunistischen Revolution vollkommen verfehlt [so 8.1: J. E. SHERIDAN]. Wie die Militärgeschichte als zentrale Dimension der Republikzeit integrierend wirken kann, hat hingegen DREYER [8.1] gezeigt.

In der chinesischen Literatur sind Geschichten historischer Teilbereiche über mehrere Jahrhunderte und Dynastien hinweg keine Seltenheit; bei westlichen Historikern findet man sie weniger häufig. Die Kontinuitäten gesellschaftlicher Evolution seit dem 18. Jahrhundert unterhalb der turbulenten Ereignisse untersuchen GILBERT ROZMAN u.a. mit einem flexibel gehandhabten modernisierungstheoretischen Ansatz [3.1]. JÜRGEN OSTERHAMMEL [2.5] skizziert, wie eine

„Gesellschaftsgeschichte" des neuzeitlichen China aussehen *könnte*. Ein straff strukturierter, aber nicht zu technischer und zu zahlengläubiger wirtschaftsgeschichtlicher Längsschnitt ist EASTMAN [3.2.2]. PERKINS [3.2.4] interessiert sich eher für demographische und ökonomische Quantitäten als für Strukturen. Weniger ein abgeklärtes Handbuch zur Demographie als die Erläuterung einer eigenen These ist LEE / WANG [3.2.4]. HO PING-TIS „Studies on the Population of China" von 1959 [3.2.1] bleiben wichtig als Dokument einer der Wirtschafts-und Sozialgeschichte nahen Bevölkerungsforschung – ein Ansatz, der der heute vorherrschenden theoretisch modellierenden Demographie fremd ist. PATRICIA M. THORNTON erzählt die moderne Geschichte Chinas aus der Perspektive der normativen Staatsbildung [3.2.1]. Ihre Beispiele stammen aus drei verschiedenen Phasen: der Regierungszeit des Yongzheng-Kaisers (1723–1735), dem Nanjing-Jahrzehnt (1927–1937) und der kommunistischen Herrschaft Anfang der 1960er Jahre. Im Vergleich wird deutlich, dass vor allem die Lokaleliten zu leiden hatten, wenn die Staatsbildung von oben an den Realitäten vor Ort scheiterte. Das ambivalente Verhältnis von Kontinuität und Wandel zeigt sich in der Geschichte der Mode. ANTONIA FINNANE verbindet dabei Chinas Modernisierung und Internationalisierung mit den Veränderungen in der Kleidung seit der späten Kaiserzeit [3.2.4].

Wirtschaftsgeschichte

Die Umweltgeschichte Chinas ist ein junges Gebiet, das auch in China selbst gepflegt wird – besonders als Geschichte von Naturkatastrophen [3.3: CAO SHUJI; CHEN YEXIN; XIA MINGFANG] und in Bezug auf das Verhältnis zwischen Umwelt und Gesellschaft [3.3: WANG JIANGE; WANG LIHUA]. Auf westlicher Seite nahm sich MARK ELVIN als einer der ersten diesem Themenbereich an [3.3]. Nach einem kühnen Interpretationsrahmen in der *longue durée* und einem äußerst gehaltvollen Sammelband mit präzisen Fallstudien hat Elvin im Jahre 2004 sein *opus magnum* zur chinesischen Umweltgeschichte vorgelegt, keine Enzyklopädie oder Zusammenstellung des gegenwärtigen Wissens, sondern eine sehr persönliche Synthese, in der die Analyse dicht an den (vorzugsweise klassischen) Quellen erarbeitet wird [3.3]. Das Buch ist zugleich ein Essay über die Geschichte des Verhältnisses der Chinesen zur Natur, eine Betrachtung über die Spezifik des Lokalen und eine Abhandlung über rationale Kalküle der Ressourcennutzung. Lehrreich sind daneben die eigenen Fallanalysen, die der Südchinaexperte ROBERT B. MARKS zu einem Band zusammengestellt hat [3.3]. 2012 veröffentlichte er eine erste „Meistererzählung" zur Umweltgeschichte Chinas [3.3]. VAN SLYKES skizziert knapp die Geschichte der Flußlandschaft am Yangzi [3.3] und wird dem wichtigen Thema kaum gerecht. Ein umweltgeschichtliches Pionierwerk ist IWO AMELUNG mit seiner Studie zu Überschwemmungskatastrophen im 19. Jahrhundert an Chinas zweiten großen Strom, dem Gelben Fluss gelungen [3.3]. R. A. DODGENS Interesse am Gelben Fluss gilt der zentralen Frage der Wasserregulierung [3.3]. B. BRILL beschreibt das Verhältnis zwischen Fluss und Gesellschaft am Beispiel des Qinhuai-Flusses [3.3]. Den Einfluss von Überfischung und den daraus resultierenden Fischereikriegen auf die Umwelt analysiert MICAH S. MUS-

Umweltgeschichte

COLINO [3.3]. Die westliche Forschung interessiert sich außerdem für Katastrophen wie die ständig auftretenden Hungersnöte in Nordchina: LILIAN M. LI verfolgt in einer Langzeitstudie seit dem späten 17. Jahrhundert den Zusammenhang von Staat, Markt und Umweltkrisen [3.3]; KATHRYN EDGERTON-TARPLEY konzentriert ihre eindrückliche Studie auf den „incredible famine of 1877–1878", dem 13 Mio. Menschen zum Opfer fielen [3.3]. P. FULLER beschreibt die lokalen Hilfsaktionen Anfang der 1920er Jahre [3.3]. W.C. SUMMERS erkennt im Kontext der „Großen Mandschurischen Plage" von 1910/1911 eine Geopolitik von Epidemien [3.3].

Erziehungs- und Ideengeschichte

Eine materialreiche Geschichte chinesischer Erziehung hat THOMAS C. LEE vorgelegt [3.2.2]; ergänzend wichtig bleiben die Sammelbände von ELMAN / WOODSIDE für 1600–1900 [3.2.2] und HAYHOE / BASTID für das 19. und 20. Jahrhundert [8.13]. Eine vorzüglich gelungene Mischung aus Ideengeschichte und Geschichte des öffentlichen Engagements von Intellektuellen zwischen etwa 1660 und 1937 stammt von JEROME B. GRIEDER [3.2.3]. Die sich seit dem 18. Jahrhundert verändernde Stellung Chinas in seiner internationalen politischen und wirtschaftlichen Umwelt beschreibt ausführlich OSTERHAMMEL [3.2.1; ein ähnlicher Ansatz später bei 3.2.1: JOANA WALEY-COHEN]. HELWIG SCHMIDT-GLINTZER zeigt in knappen Strichen die Metamorphosen des Reichszusammenhangs auf [3.1: bes. 165ff.]. HUNT [3.2.1] besticht – wie alles von diesem Autor – durch scharfsinnige Analyse. Den besten Überblick über die Themenvielfalt der chinesischen Militärgeschichte seit 1600 gibt ein von KENNETH SWOPE herausgegebener Sammelband [3.2.1]. Zu einer Reevaluierung der Bedeutung des Militärs im kaiserlichen China führt die Lektüre des von NICOLA DI COSMO herausgegebenen Sammelbands über die Militärkultur [3.2.1]. Sowohl die Strukturen im Militär wie auch sein Einfluss in Staat und Gesellschaft lassen die enge Verpflechtung von zivilen und militärischen Bereich in der chinesischen Geschichte erkennen. Sie war keineswegs erst eine Besonderheit des 20. Jahrhunderts. KAI FILIPIAK geht – zumindest in der Ming-Zeit – von einer Dominanz des Zivilen über das Militärische aus [5.2]. PETER WORTHING bietet einen chronologischen Gang durch die wesentlichen Kriegsereignisse der letzten vier Jahrhunderte [3.2.1]. BRUCE A. ELLEMAN lässt seine Militärgeschichte erst im 19. Jahrhundert beginnen, liefert dabei aber eine detaillierte Synthese der westlichsprachigen Literatur [3.2.1]. Während sich ein von GRAFF / HIGHAM herausgegebener Sammelband auf Überblicke beschränkt [3.2.1], belegen die von VAN DE VEN zusammengestellten Beiträge das in Chinas Militärgeschichte bereits erreichte hohe Forschungsniveau [3.2.1].

Außenbeziehungen

Militärgeschichte

„Cambridge History of China"

Über aller Literatur thront himalayagleich die von JOHN K. FAIRBANK in Cambridge,Mass. und DENIS C. TWITCHETT in Cambridge, England, initiierte und herausgegebene „Cambridge History of China" [3.1], eine Serie mit nur seltenem Höhenverlust an Niveau. Die Bibliographie im letzten Teil des vorliegenden Grundrisses erfaßt nur die relevanten Einzelbände, nicht aber individuelle Artikel. Von 17 geplanten Bänden liegen (beim Stand von 2015) 14 vor. Sie bilden den

Referenzkosmos der historischen Chinaforschung. So schnell bewegt sich allerdings die Forschung, dass viele Bände bereits Alterungsspuren erkennen lassen.

2.5 Geschlechtergeschichte

Forscherinnen

Schon in der Gründergeneration der neueren westlichen Chinahistorie stammten einige der wegweisenden Beiträge von Historikerinnen wie Mary C. Wright, E-tu Zen Sun oder Marie-Claire Bergère. Keine von ihnen hat sich jedoch mit Frauen-Themen beschäftigt. Umgekehrt ist „Frau und Familie" seit den ersten Missionaren und Reisenden ein alter Gegenstand der männlichen Chinabeobachtung. Heute haben sich diese Linien gekreuzt. Wissenschaftlerinnen nehmen in mehreren Ländern eine außerordentlich starke Position in der Forschung ein. Wenige von ihnen haben sich ausschließlich auf Frauen-Themen spezialisiert, viele verfolgen solche Themen aber ständig weiter, Themen, die auch gelegentlich von Männern bearbeitet werden [literarisch besonders spektakulär bei 6.4: Jonathan D. Spence]. In China war das Studium weiblicher Vergangenheiten schon früh für das Programm der nationalen Erneuerung durch gesellschaftliche Modernisierung zentral. Die erste Geschichte chinesischer Frauen erschien bereits 1912, verfaßt von dem Anti-Mandschu-Revolutionär Xu Tianxiao [vgl. 5.3: Dorothy Ko, 1]. Es ist wenig sinnvoll, ein separates Gebiet der Frauengeschichte streng abzugrenzen. Die Dimension weiblicher Erfahrungen und weiblicher Lebensentwürfe ist inzwischen ubiquitär und läßt, sofern eine schriftliche Überlieferung existiert, kaum einen Bereich unberührt.

Frauenforschung und Modernisierung

Den besten Einstieg in die Vielfalt der Aspekte über die Epochen hinweg ermöglichen ein Aufsatz von Patricia Ebrey [in 3.1: Ropp, 197–223] sowie eine Anthologie von 18 aus dem Chinesischen übersetzten Quellentexten zu „gender", die aus dem 8. bis 19. Jahrhundert stammen [1.2: Susan Mann/Cheng Yu-Yin]. In die Mannigfaltigkeit der Forschung führen die besseren unter mittlerweile zahlreichen Sammelbänden ein. Dazu zählen eine Sammlung, die Harriet T. Zurndorfer herausgegeben hat [3.2.1] und, zeitlich im 18. Jahrhundert daran anschließend und die Gegenwart erreichend, ein Band von Christina K. Gilmartin u.a. [3.2.2], der Beiträge aus den USA und aus China kombiniert. Wilt Idema und Beata Grant vermitteln in einer Anthologie von über 900 Seiten ein eindrucksvolles Bild von der literarischen Kreativität der Frauen im kaiserlichen China [3.2.2]. Wie Literatur als Form weiblichen Protests gegen die japanischen Besatzung im Zweiten Weltkrieg genutzt wurde, zeigt Nicole Huang [8.8].

Maskulinität

Neuerdings entsteht aus der zusätzlichen Beachtung von „masculinities" eine wahrhafte „gender history" [Brownell/Wasserstrom; dazu auch Hinsch, beide 3.2.2]. So wird etwa die „normative Maskulinität" der Qing-Rechtsordnung untersucht [Matthew H. Sommer in 3.2.2: Brownell/Wasserstrom, 67–92; vgl. auch 7.6: Sommer] oder der marginale („liminal") Status männlicher Rebellen und Banditen darauf befragt, welche „gender experience" sich in der Fremdzuschreibung damit verbindet [D. OWNBY in 3.2.2: BROWNELL/WASSERSTROM, 226–250]. MICHAEL W. HUANG charakterisiert die späte Ming-Dynastie als ein „goldenes Zeitalter" der Männerfreundschaft [5.6]. CRAIG CLUNAS zeigt am Beispiel des sozialen Netzwerks eines berühmten mingzeitlichen Künstlers allerdings die weitaus offenere Bedeutung dieses Begriffs in der chinesischen Kultur, die nicht immer klar zwischen sozialen und sexuellen Beziehungen trennt [5.3: Elegant Debts]. Epochenübergreifend ist die Quellenanthologie zur Homosexualität von MARK STEVENSON und CUNCUN WU [1.2]. Die Erforschung eines anderen Randgruppenphänomens, der Prostitution (vor allem im Shanghai der Republikzeit), durch GAIL HERSHATTER [8.12: Dangerous Pleasures 2: Boltes de Shanghai] und CHRISTIAN HENRIOT [8.12] verknüpft Geschlechtergeschichte mit einem ebenfalls lebhaften sozialgeschichtlichen Interesse an der städtischen Unterwelt.

Prostitution

Weibliche Lebenswelten im Längsschnitt

In der chinabezogenen „gender history" gibt es bereits einige „große Würfe", Bücher, die ein Thema im Längsschnitt über Jahrhunderte hinweg verfolgen. FRANCESCA BRAY beschreibt in dem ehrgeizigsten dieser Werke [3.2.2] die Lebenswelt von Frauen aller sozialen Lagen etwa zwischen 1100 und 1800. Ihr geht es darum, wie weibliche Körper, Rollen und Selbstwahrnehmungen im Schnittfeld materieller Lebensumstände und fortwirkender orthodoxer Normen gestaltet wurden. Arbeit, die Reproduktion der Familie und die Organisation des Hauses werden vor allem auf der Grundlage einer breit erfaßten Forschungsliteratur diskutiert. BRAY führt den Begriff „gynotechnics" ein: „sets of technologies that produce ideas about women and about gender" [3.2.2: 380], wobei „Technologie" wiederum nicht als unabhängige Variable, sondern als kulturelle Ausdrucksform gesehen wird. Für die späte Kaiserzeit arbeitet sie stärker den Wandel heraus; ähnlich argumentiert DARIA BERG in ihrer Studie über das wachsende literarische Engagement von Frauen, das auch deren Stellung in der Gesellschaft veränderte [beide in 5.6]. KATHRYN BERNHARDT beschreibt in einem eleganten Buch über ein Jahrtausend hinweg die sich wandelnden rechtlichen Regelungen der Erbberechtigung von Töchtern, Witwen und Konkubinen [3.2.2]. Den allgemeinen Aspekt von Frauenrechten nimmt LOUISE P. EDWARDS systematisch in den Blick [3.2.2]. Auch das schwierige Thema der Tötung von Mädchen nach der Geburt wird von der Forschung reflektiert [D. E. MUNGELLO in 3.2.2]. CHARLOTTE FURTH blickt in einer Serie systematisch miteinander verbundener Fallstudien auf die chinesische Medizingeschichte zwischen Song und Ming „from a position on its feminist margins" [3.2.2: 301]. Frauen treten hier ebenso als Patientinnen und Objekte männlicher Diskurse wie als Heilerinnen in Erscheinung.

Epochendarstellungen

Andere Autorinnen erfassen durch die Konzentration auf kürzere Zeiträume eine größere Vielfalt simultaner Frauenrollen: so VICTORIA CASS [5.3] für die Ming-Zeit und SUSAN MANN für ein „langes" 18. Jahrhundert („High Qing"). Manns historiographische Strategie ist es, Frauen nicht in einem Reservat

„Frauengeschichte" zu isolieren, sondern „by introducing women into conventional historical frameworks [to] destroy the framework itself" [6.4: 8]. In der Darstellung behält Susan Mann die Unterschiede zwischen chinesischen und westlichen Frauenrollen im Auge, ohne in Exotisierung zu verfallen. Gegen ein Klischee vom einförmigen „alten China" betont sie den Eigencharakter der Qing-Periode auch unter geschlechtergeschichtlichem Gesichtspunkt. Einen wichtigen Beitrag von Journalistinnen zur schillernden Übergangsperiode von den späten 1890er Jahren bis in die 1930er Jahre sieht MA YUXIN [8.10]. Die frühen Printmedien gaben Frauen erstmals eine öffentliche Stimme.

Ein differenziertes Bild ergibt sich zudem aus Familienstudien. JOSEPH W. ESHERICK hat dies für die Familie Ye untersucht, deren Geschichte er vom 14. Jahrhundert bis zur Kulturrevolution nachzeichnet [3.2.2]. Den kürzeren Zeitraum einer Generation erfassen SHERMAN COCHRAN und ANDREW HSIEH in Bezug auf die Shanghaier Unternehmerdynastie Liu, die sie von 1895 bis 1949 verfolgen. Ihre Hauptquelle ist der umfangreiche Briefwechsel des Patriarchen Liu Hongsheng mit seiner Frau und ihren zwölf Kindern [3.2.2]. Besonders einflußreich ist DOROTHY KOS Studie über literarisch aktive Frauen eines „kurzen" 17. Jahrhunderts (ca. 1570–1630) geworden [5.3]. KO zeigt, wie Urbanisierung, Kommerzialisierung und die Verbreitung des Buchdrucks in der Ming-Zeit den Frauen der gelehrten Elite in der hochentwickelten Region Jiangnan neue Äußerungs- und Entfaltungsmöglichkeiten eröffneten, die energisch genutzt wurden. Umfangreich ist die Beschäftigung von W. IDEMA mit den Literatinnen [3.2.2]. Der Wandel im Verhältnis zwischen innerem/privatem und äußerem/öffentlichem Raum von Frauen steht im Mittelpunkt der Beiträge in „Gender in Motion" [GOODMAN/LARSON in 3.2.2]. Ihre Aussagen beschränken sich freilich auf die jungen „modernen" Frauen der städtischen Zentren. Die Welt der ländlichen Frauen Chinas hat GAIL HERSHATTER im Blick [3.2.2].

Frauen und Literatur

Frauen der Revolutionszeit

Im 20. Jahrhundert haben Frauen eine aktive Rolle in allen Aufbruchs- und Protestbewegungen gespielt, keineswegs allein, wie es lange schien, in der KPCh und jenen rebellischen Organisationen, die diese als Vorgänger akzeptierte: Taiping, Boxer, usw. Nach ersten Ansätzen in der späten Qing-Zeit bildete sich während der Bewegung für Neue Kultur ein ausgedehnter feminisischer Diskurs heraus [WANG ZHENG in 8.5: 35ff.]. Ein früher Vertreter des Feminismus war übrigens der Reformgelehrte KANG YOUWEI, der in seinem 1902 abgeschlossenen utopischen Werk *Datong shu* (dt.: *Ta T'ung Shu*, Düsseldorf 1974, 149ff.) für die völlige Gleichstellung der Geschlechter und die Befreiung der Frauen aus patriarchalischen Zwängen eintrat. PAUL J. BAILEY führt die radikalen Gender-Diskurse der Vierten-Mai-Ära daher auf Quellen aus der späten Qing-Zeit zurück. Als „modernizing conservative" bezeichnet er die Integration von Frauen ins öffentliche Bildungswesen im frühen 20. Jahrhundert [8.13]. Eine wachsende Rolle spielten Frauen im Journalismus. Sie gründeten eigene Zeitungen und Zeitschriften und engagierten sich in der Frauenrechtsbewegung. YUXIN MA zeigt, wie Journalistinnen den sich formierenden öffentlichen Raum nutzten, um Leserinnen und Zuhörerinnen zu mobilisieren. Sie verstanden ihr Engagement als Beitrag zum Aufbau einer modernen Nation [8.10]. CHRISTINA K. GILMARTIN [8.5] betont, dass niemals im 20. Jahrhundert ein energischerer Versuch gemacht wurde, Geschlechterbeziehungen zu verändern, als im frühen Kommunismus der zwanziger Jahre, und dies im Widerstand feministischer Bestrebungen gegen den „Patriarchalismus" vieler Männer. Der Versuch scheiterte nicht an seinen inneren Widersprüchen, sondern am politischen Debakel von 1927. Selbst Fortschritte in der Verrechtlichung von Heiratsbeziehungen litten in der Republikzeit unter den beharrenden Kräften einer patriarchalischen Gesellschaft und der Armut. Daher spricht MARGARET KUO weiterhin von einer „intolerable cruelty" im Genderverhältnis [8.10]. Die westliche Wahrnehmung chinesischer Frauen wurde in der ersten Hälfte des 20. Jahrhunderts von niemandem so stark geprägt wie von der Literaturnobelpreisträgerin des Jahres 1938, der Amerikanerin Pearl S. Buck. Mögen ihre weltweit verbreiteten Romane (vor allem *The Good Earth*, 1931) auch sentimental überzeichnet sein: Sie kannte China gut und wußte, wovon sie schrieb. Eine besondere Rolle in den chinesisch-amerikanischen Beziehungen vor 1949 spielte Soong May-ling oder „Madame Chiang Kaishek", wie sie in der westlichen Literatur gerne genannt wird. HANNAH PAKULA bezeichnet sie in Anlehnung an die Biographien königlicher Europäerinnen wie Queen Victorias Tochter Frederike und der rumänischen Königin Marie als „The Last Empress" [8.1], überbewertet aber Soongs tatsächlichen Einfluss. Verdienst dieser umfangreichen Biographie ist es, die starke Prägung der USA im Leben von Madame Chiang Kaishek zu verdeutlichen.

Pearl S. Buck

Verwandtschaft

Aus einer etwas älteren Tradition als derjenigen der Frauen- und Geschlechtergeschichte stammt schließlich die eher anthropologische, soziologische und demographische Literatur, die sich mit Verwandtschaftsverhältnissen in der Geschichte Chinas befaßt [einführend 3.2.2: EBREY/WATSON]. Wichtige neue Arbeiten sind der Adoption [6.7: WALTNER] und der Entwicklung von Familienidealen während der Republikzeit [8.10: *Glosser*] gewidmet. In diesen Zusammenhang gehört auch das Problem von Trauer und Trauerritualen – Praktiken, die der Staat stets besonders wichtig nahm. Dazu hat vor allem NORMAN KUTCHER [6.7] gearbeitet.

3. DIE EVOLUTION DES STAATES

Hinter der Ereignisgeschichte der Haupt- und Staats*aktionen*, die große Teile nicht nur der älteren europäischen, sondern auch der klassischen chinesischen Historiographie bestimmt, wird schon früh die Frage nach dem Wesen chinesischer Staatlichkeit und dem Muster ihrer Evolution deutlich (einführend zum Folgenden JACK L. DULL in 3.1: ROPP, 55–86; 3.1: F. W. MOTE, 47–106; 3.2.1: STUART R. SCHRAM]. Die bürokratische Verfaßtheit des chinesischen Gemeinwesens fiel den ersten neuzeitlichen Beobachtern im 16. Jahrhundert ebenso auf wie die Eigenart einer monarchischen Herrschaftsform, bei welcher der Kaiser zwar nicht durch Adel und Stände eingeschränkt war, aber doch auch nicht in völliger Willkür als allmächtiger Despot schalten und walten konnte. In dieser ambivalenten Bewertung waren sich die Chinakenner der Frühen Neuzeit, an erster Stelle die mit China eng vertrauten Jesuiten, im Wesentlichen einig. Ihr im Großen und Ganzen positives Urteil lebt fort in einer bis heute anzutreffenden Bewunderung für die staatsbildende Leistung des alten China, die überhaupt erst die langandauernde Stabilität der politischen Ordnungen möglich gemacht habe.

Europäische Bewunderung

Die *spätere* Beurteilung des kaiserlich-chinesischen Staates schwankte zwischen zwei Extremen. Einigen Autoren fiel die Schwäche des Staates auf, der nur lose auf einem Archipel semiautonomer Dorfgemeinschaften ruhe. Das politische System Chinas sei, so schrieb 1908 der amerikanische Gelehrte und frühere Zollbeamte HOSEA B. MORSE in einem einflussreichen Werk, „autocratic rule superposed on a democracy" [1.4: The Trade and Administration 46]. Der Staat sei nichts als eine verhältnismäßg ineffiziente Polizei- und Besteuerungsagentur, die auf lokaler Ebene kaum in Erscheinung trete und keine Perspektiven für die Zukunft des Landes entwickle. Bereits im 18. Jahrhundert hatte der französische Wirtschaftstheoretiker FRANÇOIS QUESNAY Ähnliches gesagt, nur mit positiver Wertung: Der weise chinesische Staat halte sich zurück, um die Entfaltung „natürlicher" privater Kräfte zu ermöglichen. Andere Kommentatoren hingegen betrachteten China als die volle Ausprägung einer „orientalischen Despotie" (so KARL AUGUST WITTFOGEL, Oriental Despotism, 1957, das meistgescholtene Werk der Chinaliteratur) und sahen in der frühen und hohen Kaiserzeit bereits den Totalitarismus der kommunistischen Parteidiktatur vorbereitet. Die Vorstellung eines Gegensatzes zwischen einem freiheitlichen Europa und einem despotischen Asien geht in der europäischen Geistesgeschichte auf den ideologischen Antagonismus zwischen Hellenen und Persern zurück. Unabhängig davon findet sie sich aber auch bei den chinesischen Kritikern der Qing-Dynastie um die Jahrhundertwende, die Chinas nationale politische Tradition als eine des Despotismus (*quanzhi zhuyi*) definierten und gleichzeitig verdammten und mit ihren eigenen Reformvorschlägen diesen Zustand zu überwinden suchten. Die Kyoto-Schule der japanischen Sinologie sah das spätkaiserliche China als ein

Minimaler Staat oder orientalische Despotie?

„absolutistisches" System mit strukturellen Parallelen zum französischen Ancien Régime (vgl. zu den unterschiedlichen Staatsinterpretationen 2.5: ROWE 260–270; 5.6: PERDUE, 2–9).

Vermittelnde Positionen

Der These vom starken und derjenigen vom schwachen Staat ist gemeinsam, dass sie als ihren Urteilsmaßstab das Verhältnis des „Staates" zur „Gesellschaft" verwenden, eine europäische Unterscheidung, deren Übertragbarkeit auf andere Verhältnisse diskutiert werden müßte. Gemeinsam ist ihnen außerdem die Betonung des vormodernen oder gar archaischen Charakters des chinesischen Staates im späten Kaiserreich.

Die Forschung der vergangenen Jahrzehnte hat keine der beiden Extrempositionen im vollen Umfang bestätigen können. Für die Despotiethese spricht das starke Argument, dass nach 1949 recht unvermittelt eine für Verhältnisse der „Dritten Welt" außergewöhnlich durchsetzungsfähige Staatsmacht auf den Plan trat, für die es traditionale Grundlagen geben *musste*. Bis heute haben sich liberale politische Tendenzen auf dem chinesischen Festland niemals entfalten können. Allerdings hat die Despotiethese der empirischen Überprüfung schlecht standgehalten. Einige wichtige Forschungsarbeiten von WITTFOGEL-Schülern werden dadurch in ihrem Wert eingeschränkt, dass das Bild eines chinesischen Totalitarismus *avant la lettre* zu dogmatisch vorausgesetzt wurde und den Blick für Abweichendes verstellte [so vor allem das für die Details ländlicher Sozialkontrolle immer noch maßgebende Werk 7.6: HSIAO KUNG-CHUAN]. Die „Minimal-government"-These hat sich für das 19. Jahrhundert besser bestätigen lassen. Dass sich etwa die Extraktionskapazität, also die Fähigkeit auf regelmäßiger Basis Steuern einzuziehen, des Ming- und Qing-Staates im Rahmen des vormodern Üblichen hielt, die Chinesen also ein nach modernen Maßstäben leicht besteuertes Volk waren, steht außer Frage [etwa bei 3.2.4: MANN, 16]. Doch darf die These nicht ohne weiteres in früheren Epochen zurückprojiziert werden; „minimal" war der Staatsinterventionismus nach den Maßstäben erst des 20. Jahrhunderts. Auch beruht sie auf einem zu simplen Verständnis von „local government" und dem Zusammenspiel zwischen den unteren Rängen der Bürokratie und lokalen Eliten. Die neuere Forschung untersucht konkrete Staats*funktionen*, fragt nach den sozialen Trägern von Staatlichkeit und interessiert sich für die kulturelle Konstruktion von Herrschaft und Räumen des Politischen. Sie vermeidet die Festlegung auf Extrempositionen, die zwar weiterhin der Hypothesenbildung dienen können, aber an und für sich nicht länger haltbar sind.

„Minimal-government"-These

3.1 Das autokratisch-bürokratische System des Kaiserreiches

Monarchie unter den Yuan-Kaisern

WOLFRAM EBERHARD lässt den chinesischen Absolutismus bereits mit der Mongolenherrschaft beginnen [3.1: 282]. Die neuere Forschung hebt dagegen die beschränkte Autorität der Yuan-Kaiser hervor. Zwar stärkte Khubilai die Kontrollmacht des kaiserlichen Zensorats, dennoch gelang es nicht, die institutionelle Zentralisierung in der Regierungspraxis landesweit umzusetzen [4.2: LANGLOIS, 51]. Die Mongolenkhane vermochten es folglich nicht, ihren Status als Eroberer abzulegen und sich mit dem Wesen des chinesischen Kaisertums zu identifzieren [EBD., 9]. Statt autokratischer Zentralisierung prägte ein Prozeß der Dezentralisierung die mongolische Regierungsperiode. Dieser Prozeß vollzog sich auf verschiedenen Ebenen. HIDEHIRO OKADA zeigt dies am Beispiel der Herausgabe von verschiedenen offiziellen Dynastiengeschichten: Nicht nur die Annalen der chinesischen Vorgänger-Dynastie der Song, sondern auch die Geschichte der Herrscherhäuser der Liao- und Jin-Dynastie wurden am Yuan-Kaiserhof zusammengestellt [4.1: AMITAI-PREISS/MORGAN, 263]. ELIZABETH ENDICOTT-WEST weist die Dezentralisierung des Herrschaftssystems am Beispiel der Lokalverwaltung nach. Sie beschreibt die Umwandlung militärischer Eroberungsposten in zivile Beamtenämter [4.2]. Da die mongolische Eroberung Chinas zu einer Binnenmigration vom Norden in die südlichen Landesteile geführt hatte, trug die Yuan-Herrschaft langfristig zur Stärkung eines territorial einheitlichen Charakters des chinesischen Staates bei [4.2: SMITH, 124; 3.2.1: DARDESS]. Davon profitierten die späteren Kaiser beim Aufbau ihrer autokratischen Herrschaftsstrukturen. Dies galt besonders für den Dynastiegründer Ming Taizu (reg. 1368–98), der durch seinen despotischen Herrschaftsstil berühmt wurde. JOHN W. DARDESS erklärt seine besondere Härte mit Taizus Bemühen, sich von seinen mongolischen Vorgängern abzugrenzen. Er bezeichnet die Ming-Monarchie als „Wasserscheide" in der Geschichte Chinas. Niemals zuvor habe eine han-chinesische Dynastie so viel Territorium kontrolliert und sich mit Hilfe eines zentralisierten autokratischen Machtapparates zu einem ähnlich umfassenden Erneuerungsprogramm entschlossen [5.1: Confucianism and Autocracy, 133]. Die einzelnen Ming-Kaiser trugen allerdings immer weniger dazu bei [5.1: Ming China, 59].

Dezentralisierungstendenzen der Mongolenzeit

Despot Ming Taizu

Eunuchen

Ein wichtiges Mittel despotischer Herrschaft gegenüber der Beamtenelite stellte die kaiserliche Instrumentalisierung des Eunuchenapparates dar. Die Eunuchen verfügten über einen direkten Zugang zum Kaiser und mussten sich nicht dem üblichen Karriereweg der Staatsprüfungen unterziehen. Daher gelten sie als wichtigstes Symbol mingzeitlicher Despotie. HENRY SHI-SHAN TSAI bezeichnet die Eunuchen sogar als „dritten Zweig der Ming-Verwaltung" und schlimmste Form menschlicher Ausbeutung [5.2: 222]. Dass es überhaupt dazu gekommen ist, lag aus der Sicht JOHN W. DARDESS aber auch an der Unfähigkeit der konfuzianischen Beamtenelite, in den ersten Jahrzehnten der Ming-Herrschaft Taizus despotische Tendenzen zu korrigieren [5.1: Confucianism and Autocracy, 289]. In seinem autokratischen Streben ging der Dynastiegründer sogar so weit, die Bauernschaft, die Schicht aus der er selbst stammte, für seinen persönlichen Kontrollapparat zu instrumentalisieren und sie an der Überwachung der Lokalbeamten zu beteiligen. Daher charakterisiert ihn EDWARD L. FARMER als einen „kaiserlichen Populisten" [5.2: 101–105]. Auch die chinesische Forschung zeichnet ein sehr negatives Bild von Ming Taizu [5.2: WU HAN]. Ihre

Vollendung erreichte die kaiserliche Despotie aus der Sicht von HENRY SHIH-SHAN TSAI aber erst mit Taizus Enkel Yongle. [5.2: Perpetual Happiness]. Die mingkaiserliche Gesetzgebung stellte jedoch kein irrationales, säkulares Instrument der Unterdrückung dar, sondern wurde, wie JIANG YONGLIN argumentiert, kosmologisch begründet und sollte einen erzieherischen Zweck erfüllen [5.2]. Unterlaufen wurde die kaiserliche Autokratie nicht zuletzt von der lokalen Oberschicht der Gentry. HARRY MILLER sieht in der Durchsetzung von Privilegien wie der Steuerbefreiung eine Stärkung der Gentry-Position [5.2]. Dazu gehörte ebenso ihre vermehrte Einbindung in den Prozess der Kommerzialisierung in der späten Ming-Zeit. Der interregionale Handel entwickelte sich zu einem Betätigungsfeld der Gentry [6.4: CYNTHIA BROKAW]. Daraus entstand die neue soziale Gruppe der „Gentry-Kaufleute“ (*shishang*) [5.3: XU MIN]. Zur Relativierung des autokratischen Charakters der Ming-Dynastie in der neueren Forschung trägt auch die Studie von SARA SCHNEEWIND über eine Episode aus dem Jahr 1372 bei, die den regen Austausch zwischen dem kaiserlichen Zentrum und den Regionen von Produkten, Personen und Schriften belegt; auch eine weitere Arbeit der Autorin über die Entwicklung kommunaler Schulen in der Ming-Zeit stützt diesen Ansatz [beide 5.1]. Denn die Initiative zum Bau von Kommunalschulen ging vermehrt von der Lokalgesellschaft aus. Auch die Vielfalt von Zeugnissen visueller und materieller Kultur der Ming-Zeit, die CRAIG CLUNAS beschreibt, sprechen für einen wachsenden Regionalismus [5.3]. Die kulturellen Spielräume am Beispiel der Theater- und Druckkunst beschreibt LI-LING HSIAO [5.5]. Sie erreichten in der Herrschaftszeit des Wanli-Kaisers (1573–1619) ihren Höhepunkt. Die enge Beziehung zwischen Kunst und Buchkultur bestätigt auch eine Studie von J. P. PARK [5.3]. Beide Autoren betonen den hohen Wert von „Freizeitgestaltung“ in dieser Periode.

In der 1420 vollendeten neuen Hauptstadt Beijing spiegelte sich wiederum das imperiale Selbstbewusstsein der frühen Ming-Kaiser wider [3.2.1: ZHU JIANFEI]. Dem starken Kontrollbedürfnis der Monarchen entsprach ihr maritimes Handelsverbot, das erst 1567 aufgehoben wurde [5.4: LI KANGYING]. Gleichzeitig investierte der Yongle-Kaiser – wie nie zuvor in der chinesischen Geschichte – in die maritime Expedition. EDWARD L. DREYER beschreibt die sieben Reisen des Admirals Zheng He nach Südostasien und bis an die Ostküsten Afrikas überzeugend als einen Versuch, Chinas Tributraum zu vergrößern [5.4]. Intern gewann der kaiserliche Handlungsraum durch die Übertragung regionaler Herrschaftsbereiche auf die Prinzen an Reichweite. RICHARD G. WANG illustriert am Beispiel des Ming-Prinzen Zhu Quan (1378–1448) die enge Verbindung zwischen dem Herrscherhaus und dem Daoismus [5.5]. Mit ihrer Patronage des Daoismus stärkten die Ming-Kaiser die Religion auch auf lokaler Ebene.

Neben der Frühphase der Ming-Dynastie hat sich ihre späte Herrschaftszeit seit der zweiten Hälfte des 16. Jahrhunderts zu einem Forschungsschwerpunkt entwickelt: JOHN W. DARDESS zeigt mit seiner Biographie des Großsekretärs Zhu Jie, wie ein Spitzenbeamter trotz der Eunuchenmacht einflussreich agieren konnte [5.2: A Political Life]. Zu dessen Erfolgen gehörte die Landesverteidigung. Sie betraf im letzten Jahrzehnt des 16. Jahrhunderts auch den militärischen Konflikt mit Japan. KENNETH M. SWOPE hat dazu ein Standardwerk geschrieben, in dem er den japanischen Einfall in Korea und Chinas scharfe erfolgreiche Gegenreaktion als „First Great East Asian War“ bezeichnet [zum Kontext der Diplomatie CSABA OLAH, beide 5.4]. Eine generelle Analyse des Einflusses von kriegerischen Konflikten auf die Ming-Herrschaft bietet KAI FILIPIAK [5.2]. Die Studien von Zheng Hes Expeditionen und dem Krieg mit Japan unterstützen die Revision des bisherigen Geschichtsbilds durch TIMOTHY BROOKS, der die Ming-Dynastie nicht mehr als nach innen gewandt beschreibt, sondern ihre außenpolitische Erfolge hervorhebt [4.2]. Von einer wachsenden „Strategie der Abgrenzung“ ist LEO K. SHIN überzeugt und baut darauf seine Darstellung der Ming-Expansion in der Grenzprovinz Guangxi auf [5.2]. Er sieht in der Demarkisierung und Kategorisierung der „nicht-chinesischen“ Bevölkerung einen Vorläufer der volksrepublikanischen Minderheitenpolitik. Gewaltsame Konflikte gab es nicht nur mit externen Gegnern wie den Japanern und den Mongolen, sondern auch im Verhältnis zwischen Staat und Gentry [5.2: MILLER]. Gerade die Gentry gewann in der späten Ming-Zeit an Selbstbewusstsein. JOANNA HANDLIN SMITH erzählt darüber eine „Geschichte von unten“ [5.3]. Ihre Studie über die Wohltätigkeitsvereine der späten Ming-Zeit zeigt, wie die Lokalelite zunächst staatliche Politik ergänzte, sich aber im Zuge des Zerfalls der Zentralmacht immer mehr zur Übernahme staatlicher Aufgaben gezwungen sah.

Rolle der Qing-Kaiser

Für den Zeitraum zwischen der Etablierung der Ming-Dynastie 1368 und dem Ende der Periode der drei großen Qing-Kaiser 1795 funktionierte die kaiserliche Institution im Wesentlichen erfolgreich. Die Mandschu-Eroberung, deren Verlauf FREDERIC WAKEMAN in einem zweibändigen Standardwerk gültig beschrieben hat [6.2; daneben CROSSLEY in 6.1: CHC, 310–359; Quellen bei 1.4: STRUVE; zahlreiche ergänzende Aspekte bei 6.2: SPENCE/WILLS], unterbrach die Entwicklung des Kaisertums nur unwesentlich. Die Mandschuren setzten dem chinesischen Monarchiemodell keine grundsätzliche andere Alternative entgegen. Es wäre aber falsch, umgekehrt einem alten Klischee zu folgen und den mandschurischen „Barbaren“ zu unterstellen, sie seien gegen ihre Absichten von einer „überlegenen“ Zivilisation absorbiert worden. Dagegen spricht zweierlei: Zum einen hatten sich die Mandschuren unter ihrem weitblickenden Fürsten Nurhaci bereits seit etwa 1618 durch eine teilweise Sinisierung (*man han ronghe*) ihrer eigenen Institutionen, also eine strategisch betriebene Akkulturation, auf die Machtübernahme in China vorbereitet [vgl. LINKE und LIU XIAOMING, beide 6.2; GERTRAUDE ROTH LI in 6.1: CHC, 9–72], zum anderen pflegten die Qing-Kaiser bewußt den sino-mandschurischen *Doppel*charakter ihrer dynastischen Ordnung und legten Wert auf die mandschurisch-nordasiatische Komponente. Die Stabilität des chinesischen Kaisertums in der Ming- und Qingzeit übertraf sogar die des ebenfalls langlebigen osmanischen Sultanats, denn es kam niemals zur Schwächung und Instrumentalisierung der Kaisermacht durch militärische

Partielle Sinisierung

Kräfte außerhalb des Hofes. Kein Kaiser der Epoche wurde zur Marionette von Prätorianer- oder Janitscharentruppen. Auch fehlte die für Europa charakteristische Herausforderung durch einen widerspenstigen oder offen frondierenden Adel oder ein politische Ziele verfolgendes Bürgertum. Das System beruhte auf einer Interessenharmonie und einem immer wieder erneuerten Ausgleich zwischen dem Thron und der grundbesitzenden Lokalelite („gentry"). Dieser Ausgleich musste nicht (wie in Europa) immer wieder neu ausgehandelt und ausbalanciert werden. Er fand im institutionellen Raum der Bürokratie statt, der der Gentry formalisierte und einigermaßen berechenbare Aufstiegschancen bot, während der Kaiser dafür sorgte, die Ämterzuteilung, die Weisungsbefugnis und die Kontrollgewalt über die Bürokratie in den eigenen Händen zu behalten.

Interessenausgleich am Mandschu-Hof

Die Kaiser der frühen und hohen Qing-Zeit haben dank einer ausführlichen Berichterstattung der Jesuiten das europäische Bild vom chinesischen Kaisertum so stark geprägt wie niemand sonst. Sie sind auch in der Literatur besonders gut sichtbar. Ausführlich und auf neuestem Stand unterrichten die entsprechenden Kapitel in Band 9/1 der *Cambridge History of China* über die Herrschaftsperioden der Kaiser Kangxi [Spence in 6.1: CHC, 120–182], Yongzheng [Zelin in 6.1: CHC, 183–229] und Qianlong [Woodside in 6.1: CHC, 230–309; 6.3: Elliott]. Vor allem Kangxi und sein Enkel Qianlong kümmerten sich sorgsam um das Bild, das sie ihren Untertanen boten. Jonathan Spence hat solche Imagepflege und imperiale Repräsentation für den Kangxi-Kaiser [in 6.3: Ts'ao Yin and the K'ang-hsi Emperor, 124–165] untersucht und sogar das literarische Experiment einer semi-fiktiven Selbstbeschreibung des Herrschers gewagt [6.3: Emperor of China].Harold L. Kahn hat in einer Weise, die schon 1971 die Fragen der heutigen „neuen Politikgeschichte" stellte, die Bilderwelt beschrieben, mit der sich der Qianlong-Kaiser umgab, und die Vielfalt der Rollen, in die er zu schlüpfen vermochte [6.3]. Eine dieser Rollen war die eines Schöngeists und unermüdlichen Poeten, der keinen Anlaß verstreichen ließ, ohne ihn durch ein Gedicht zu verewigen – insgesamt etwa 40000 [6.3: Gimm]. „Des Kaisers Bildung", so urteilt einer seiner neueren Biographen, „der sog. ‚großen Tradition' chinesischer Kultur zugehörig, übertraf vermutlich die aller seiner Vorgänger an Universalität" [ebd., 19; 6.3: Elliott, 107–124]. Die letzten Jahre der Qianlong-Ära waren allerdings durch den in der Geschichtsschreibung generell negativ beurteilten Einfluß des Favoriten He Shen überschattet [6.3: Feng Youzhe; 6.3: Guo Chengkang/Cheng Chongde, 153–175, beide in 6.3].

Kangxi-Kaiser

Qianlong-Kaiser

Trotz der Kürze seiner Regierungszeit (1723–1735) hat der Yongzheng-Kaiser das besondere Interesse der Forschung gefunden. Alle drei Kaiser der hohen Qing-Zeit waren aktive Selbstherrscher, die zusätzlich zu einem hohen zeremoniellen Aufwand enorme tägliche Arbeitspensen bewältigten [6.3: Silas H. L. Wu, Emperors at Work]. Keiner aber kümmerte sich mehr um Details der Staatsverwaltung als Yongzheng [6.3: Ders., Communication and Imperial Control]. Huang Pei charakterisiert ihn als einen der erfolgreichsten autokratischen Herr-

Yongzheng-Kaiser

scher Chinas. Dabei stützte sich Yongzheng auf zwei wichtige Instrumente: die Geheimen Palastmemoranden und den Staatsrat. Durch die Geheimmemoranden ließ sich der Monarch – unter Umgehung des offiziellen Schriftverkehrs der kaiserlichen Bürokratie – über Ereignisse in den Provinzen informieren [6.3]. Wie nützlich solche informellen Wege sein konnten, hat JONATHAN SPENCE am Beispiel der Verfolgung eines Anti-Qing-Komplotts anschaulich gezeigt [6.3: Treason by the Book]. Ein großer Moment in der Geschichte der Qing-Dynastie war der Versuch des Yongzheng-Kaisers, den unterfinanzierten Provinzen des Reiches eine eigene fiskalische Grundlage zu verschaffen, die es ihnen ermöglichen würde, angemessene Beamtengehälter zu zahlen, öffentliche Arbeiten durchzuführen und die Bauern von einer Vielzahl willkürlicher und unberechenbarer Zusatzabgaben zu entlasten. Trotz des Einsatzes einer Spezialtruppe hochkompetenter Bürokraten scheiterte dieser ehrgeizige Reformversuch am Widerstand lokaler Interessen. Der kaiserliche Staat war einfallsreich genug, um eine fiskalische Rationalisierung großen Ausmaßes zu planen, aber selbst auf dem Höhepunkt seiner Macht zu schwach, um sie durchzusetzen. [6.3: ZELIN]. Steuerreformen ähnlichen Umfangs wurden vor 1911 nie wieder gewagt.

Schwäche der Monarchie

Das Institutionengefüge der Ming-Zeit wurde unter den Qing weiter ausdifferenziert. Im 18. Jahrhundert erreichte die chinesische Bürokratie den Höhepunkt ihrer inneren Komplexität; die äußeren Formen blieben dann bis zum Ende der Monarchie gewahrt. Ältere Handbücher (die sich selbst vorwiegend auf chinesische Manuale stützen) sind zur Beschreibung des Systems immer noch nützlich, vor allem diejenigen von HSIEH PAO CHAO [6.3], der damit 1923 an der Johns Hopkins University in Baltimore promoviert wurde, und H. S. BRUNNERT und V. V. HAGELSTROM, zwei russische Gelehrte mit reicher Chinaerfahrung [7.7]. Die konziseste Darstellung der formalen Organisationsstrukturen der Ming- und Qing-Zeit findet sich bei CHARLES O. HUCKER [2.2: 70–96]. Die beste neuere Analyse der obersten Staatsorgane stammt von BEATRICE S. BARTLETT, die dabei die Transformation des Inneren Hofes zwischen 1723 und 1820 als thematisches Zentrum wählt [6.3].

Zentrale Staatsorgane

THOMAS A. METZGER hat in einer intellektuellen *tour de force* in Anlehnung an sozialwissenschaftliche Organisationstheorien den „law-making process" innerhalb der Qing-Bürokratie erörtert und dabei vor allem den normativen Hintergrund bürokratischen Verhaltens, die Kommunikation innerhalb der Bürokratie und die Beaufsichtigung und Disziplinierung der Beamten beachtet [6.3]. Metzger hat vor allem die unlösbare Spannung zwischen einem extrem hohen Beamtenethos und einer als egoistisch und korrupt wahrgenommenen Umwelt herausgestellt. Nicht zuletzt wegen der Abstraktheit der Darstellung hat sein Buch nicht die ihm gebührende Wirkung gefunden. Faszinierend ist ALEXANDER B. WOODSIDES Untersuchung des Imports chinesischer bürokratischer Strukturen durch den Tributstaat Vietnam und der Modifikationen, die eine solche Anverwandlung erforderlich machte [6.3]. Wer dem „weberianischen" Bild des Qing-Staates als einer in hohem Maße rationalen Anstalt mißtraut, wird in

Bürokratie

Staatliche Irrationalität

PHILIP A. KUHNS brillianter, aus den Archiven geschöpfter Erzählung von einer sogar den Qianlong-Kaiser erfassenden, von Teile der Bürokratie geschürten Hexerei-Panik und reichsweiten Menschenjagd im Jahre 1768 Bestätigung finden [6.3]. Auch war eine problemlose Thronsukzession nicht sichergestellt: Die Suche nach einem Nachfolger für Kangxi war ein sich über Jahre hinziehendes Drama ohne rationale Lösung.

Lokalbeamte

Über die Tätigkeiten der Beamten auf den niedrigsten Ränge der Territorialverwaltung, in erster Linie der Bezirksmagistrate (*zhixian*), die in ihren städtischen Amtssitzen (*yamen*) den Kontakt mit den örtlichen Honoratioren pflegten, als Richter und Steuereinnehmer amtierten und zugleich ständig der Maßregelung durch vorgesetzte Behörden gewärtig sein mussten, hat bereits 1962 CH'Ü T'UNG-TSU [6.3] das Wichtigste gesagt. Hatte CH'Ü den Distriktbeamten als Typus in seinem Handlungsrahmen und in der Spannung zwischen den widersprüchlichen Erwartungen, die an ihn gerichtet waren, porträtiert, so ergänzte JOHN R. WATT dies später durch das Studium von Karrieremustern und von wechselnden Rekrutierungs- und Ernennungsstrategien der Zentralregierung [6.3] und KRISTIN STAPLETON durch die genaue Betrachtung eines einzelnen Praxisfeldes in einer genau untersuchten Provinz [6.3]. R. KENT GUY schreibt den Provinzgouverneuren eine Schlüsselrolle als „Mittelsmänner“ zwischen Zentrum und Peripherien im expandierenden Qing-Imperium zu [6.3: Qing Governors]. JONATHAN K. OCKO hat auf einer höheren bürokratischen Ebene den Geschäftsalltag eines Gouverneurs im Jiangsu der Nach-Taiping-Zeit einfühlsam geschildert [7.7]. Die beste Rekonstruktion der geistigen Welt und des Handlungsraumes eines gelehrten Spitzenbeamten ist aber jetzt WILLIAM T. ROWES Monumentalwerk über Chen Hongmou (1696–1771) [6.4]. Die Dokumentation über diese bemerkenswerte Persönlichkeit ist so umfangreich, dass sie es mit jeder Biographie über einen von Chens europäischen Zeitgenossen aufnehmen kann. Zugleich ist Rowes Werk in der Fülle der behandelten Aspekte eine der besten Vergegenwärtigungen des Zeitgeistes von „High Qing“. Wie gefährlich das Leben von hohen Würdenträgern zu Chens Zeit sein konnte, zeigt PIERRE-HENRI DURAND [6.7] mit Sachkenntnis und literarischer Kunst. Die zivilen Staatsprüfungen, die schon früh bei europäischen Beobachtern Staunen und Bewunderung hervorriefen, waren in der späten Kaiserzeit der bei weitem wichtigste Weg zu Amt und Würden. Jeder, der ein Amt im Dienste des Kaisers versah, hatte diese „ladder of success“ [3.2.1: HO] teilweise oder ganz durchlaufen. Sämtliche Aspekte dieser singulären Institution stellt BENJAMIN A. ELMAN in einem voluminösen und atemraubend gelehrten Werk dar, das als eine der bedeutendsten Leistungen der neueren Chinaforschung gelten muss [6.3; unter besonderer Beachtung des 17. und 18. Jahrhunderts ELMAN in 6.1: CHC, 316–427]. In einem Nachfolgewerk erläutert der Autor, wie die Staatsprüfungen die Dynastie mit der privilegierten Gentry und den Literati ideologisch und institutionell vernetzten und auf diese Weise ein meritokratisches System schufen [5.6]. Eine Mikrostudie über die Examensklasse des Jahres 1761 liegt von IONA D. MAN-

Elitebeamte

Staatsprüfungssystem

Cheong vor [6.3]. 214 Kandidaten von über 5000 Absolventen der Provinzprüfungen erreichten die höchste Ebene der Palastexamina. Dabei überschnitten sich in den Karrierewegen dieser kleinen Staatselite die Interessen von Kaiserhof, Bürokratie und Familien der Oberschicht.

Leistungsfähigkeit des frühen Qing-Staates

Es sind immer wieder Versuche gemacht worden, die Leistungsfähigkeit der vormodernen chinesischen Staatsbürokratie einzuschätzen. War sie ein parasitärer Ausbeutungsapparat oder eine gemeinwohlorientierte Wohlfahrtsagentur? Allgemeine Schlußfolgerungen von solcher Pauschalität dürfen kaum erwartet werden. Die Forschung neigt dazu, dem kaiserlichen Staat des 18. Jahrhunderts ein prinzipiell und vergleichsweise hohes Maß an Aufmerksamkeit für das allgemeine Wohl zuzubilligen, weist aber aber auf die Existenz von „Zyklen administrativer Effizienz" hin. Diese Zyklen korrespondierten in lockerer Art mit dem typischerweise zyklischen Schicksal einer Dynastie (Aufstieg – Höhepunkt – Niedergang), besaßen aber ihre eigene lokale Logik: Eine erfolgreiche, mit großer Ressourcenmobilisierung verbundene administrative Maßnahme (zum Beispiel ein örtliches Wasserbauprojekt) lockte eigensüchtige Privatinteressen an, die davon als „free riders" profitieren wollten und durch die reduzierte Alltagsroutine der Verwaltung auf längere Sicht nicht daran gehindert werden konnten. Die Folge war zumeist ein Verlust an technisch-ökonomischer Funktionstüchtigkeit. Der Staat war nicht präsent genug, um Innovationen auf Dauer irreversibel zu machen. Seine Interventionen blieben punktuell und kurzfristig. Zwar war er nicht H. B. Morses „Laissez-faire"-Staat, aber über das Ideal von „minimal action together with maximal effect" kam er doch selten hinaus [6.3: Will, Bureaucratie et framine, 339; dazu auch 5.6: Perdue, 164ff.].

Getreidespeicher

Solche Zyklen waren dort weniger wirksam, wo der Zentralstaat über längere Zeiträume seine eigenen Ziele durchzusetzen vermochte. Ein Beispiel dafür ist das System öffentlicher Getreidespeicher (*changpingcang*), das im 18. Jahrhundert die außerordentliche Leistungsfähigkeit und Weitsicht des Qing-Staates zum Ausdruck brachte. Während europäische Staaten der Frühen Neuzeit in Mangelzeiten bestenfalls die Versorgung der Städte mit Nahrungsmitteln organisieren konnten, besaß der Qing-Staat den Willen und die Organisationskapazität, um daneben auch Ernährungsdefizite der armen ländlichen Bevölkerung auszugleichen. Das System ist gründlich erforscht worden [6.3: Helen Dunstan; Pierre étienne Will; Pierre Étienne Will/R. Bin Wong; 3.3: Robert Marks, Evironment and History, Kap. 7]; zur Rolle des Staates in Produktion und Distribution vgl. etwa die Fallstudien von Hans-Ulrich Vogel [3.2.4: bes. 49–60]. Eine alle Gesichtspunkte zusammenziehende Reflexion über Staats- und Verwaltungskunst des 18. Jahrhunderts findet sich bei Rowe [6.4: 326–629].

Imperialer Charakter der Qing-Monarchie

Die jüngste Innovation in den Studien zum politischen System der Qing ist die (Wieder-) Entdeckung des im territorialen Sinne *imperialen* Charakters der Monarchie. Pamela Kyle Crossley hat ihre früheren Studien zur Sozialgeschichte der Mandschuren [7.6; 6.2: Manchus] durch eine Untersuchung des Selbstbildes der Qing-Herrscher in ihrer ethnisch-kulturellen Doppelidentität als Khane und Kaiser ergänzt, EVELYN S. RAWSKI die umfassende Sozial- und Kulturgeschichte einer mandschurischen Hofelite vorgelegt, die sich als Herrscherklasse in einem Vielvölkerreich verstand [6.3]. Um die Erschließung von Quellen in mandschurischer Sprache hat sich vor allem die deutsche, italienische und japanische Forschung seit langem gekümmert. Ein neues Ergebnis der Nutzung solchen Materials ist MARK ELLIOTTS Studie über das Bannersystem [6.3]. Ergänzend dazu veranschaulicht MICHAEL FREDHOLM VON ESSEN den besonderen Charakter der daraus entstandenen Qing-Armee, zu deren Stärke und Erfolg die Integration mongolischer Kavallerie beitrug [6.2]. Seine reichlich bebilderten Beschreibungen ihrer Organisationseinheiten, Uniformen und Waffen geben einen guten Einblick in die Grundzüge des Qing-Militärs. JOANNA WALEY-COHEN betont in ihrem Werk den ausgewogenen Umgang der Qing-Kaiser mit der multiethnischen Militärstruktur [6.2]: Während sie gegenüber den hanchinesischen Untertanen den zivilen Charakter ihrer Herrschaft hervorhoben, demonstrierten sie gegenüber den Grenzvölkern militärische Stärke. In seiner Lokalstudie über die südmandschurische Region Fengtian schildert YOSHIKI ENATSU die Entstehung einer Lokalelite aus der traditionellen Bannerstruktur, die dann wesentlich zur Revolution von 1911 beitrug [8.3].

EVELYN S. RAWSKI berief sich 1996 auf die neueren Forschungsarbeiten, die den mandschurischen Charakter des Qing-Herrscherhauses hervorheben und griff damit die These von HO PING-TI an, der die Sinisierung der Mandschu-Kaiser besonders betonte. HO vertrat die konventionelle Ansicht, dass die Erfolge der Dynastie auf ihre geschmeidige Anpassung an das Modell des Ming-Kaisertums zurückzuführen seien [6.1]. RAWSKI hingegen führt die zweieinhalb Jahrhunderte währende Herrschaft der Qing-Kaiser auf ihren Doppelcharakter als chinesische Kaiser *und* mandschurische Stammesführer zurück (in: JAS 55, 1996, 842). Zwar ging es in dieser Kontroverse vor allem um Weichenstellungen für die amerikanische Qing-Forschung, jedoch zeigt sich daran auch, dass sich der moderne chinesische Staat aus einer langen historischen Interaktion zwischen Inner- und Ostasien herausbildete und seine Geschichte nicht isoliert betrachtet werden kann.

3.2 STAATSEROSION IM 19. JAHRHUNDERT

Während der Schwerpunkt der amerikanischen Qing-Historie in den 1950er bis 1970er Jahren auf der Zeit zwischen 1840 und 1911 lag und sich das Interesse dabei vornehmlich auf „China's response to the West" richtete, wurden seither die wichtigsten neuen Erkenntnisse zum *18.* Jahrhundert gewonnen [die Summe dieser Arbeit ist der 2002 erschienene Band 9/1 der „Cambridge History of China" in 6.1]. So entstand ein ganz neues Bild von „High Qing". Als erster rehabilitierte THOMAS A. METZGER 1973 [6.3] den Qing-Staat, dem bis dahin alle Laster eines „traditionalen" Regimes zugeschrieben worden waren: Korruption,

Neue Einblicke ins 18. Jahrhundert

Mißachtung der Wünsche des Volkes, Unterdrückung kaufmännisch-„bürgerlicher" Bestrebungen. Je strahlender der „hohe" Qing-Staat (in Bestätigung der älteren Einschätzung Quesnays und zahlreicher Jesuiten) aber dasteht, desto schwerer fällt es, seinen schnellen „Niedergang" zu erklären. Der verlorene Opiumkrieg war, wie heute niemand bezweifelt, nicht die eigentliche Ursache dieses Niedergangs, sondern bereits eine seiner Folgen. Historiker haben bisher eher die Symptome der Übergangskrise beschrieben als überzeugende Erklärungen für sie gefunden [zusammenfassend immer noch JONES / KUHN, in CHC, Bd. 10, 107–162; WILL in 8.1: BERGÈRE, La Chin: 9–43]. Überhaupt ist die erste Hälfte des 19. Jahrhunderts die am dürftigsten erforschte Periode der neueren Geschichte Chinas.

Das frühe 19. Jahrhundert als Forschungslücke

Unklar ist insbesondere, was mit dem Staat geschah. Er scheint keine strukturelle Transformation erfahren, wohl aber im Allgemeinen (es gab Ausnahmen) an Durchsetzungsfähigkeit und Effizienz verloren zu haben [eine der wenigen Fallstudien ist 7.7: LEONARD]. Auch persönliche Faktoren spielten eine Rolle. Vieles hing nach wie vor vom Format des Souveräns ab. Unter den Kaisern des 19. Jahrhunderts gab es keinen zweiten Yongzheng. Aber einige waren besser als ihr schlechter Ruf bei der Nachwelt. Jedenfalls gelang es dem Jiaqing-Kaiser zu Beginn des Jahrhunderts noch einmal, die Korruption zurückzudrängen, die in der späten Qianlong-Zeit eingerissen war. Dennoch teilen westliche Autoren wie WILLIAM T. ROWE [6.3] die Beurteilung des Jiaqing-Biographen GUAN WENFA [7.2] nicht, der dessen Regierungsperiode noch in einem positiven Licht beschreibt. Den bisher tiefsten Blick hinter die Kulissen bürokratischer Entscheidungsbildung hat JAMES M. POLACHEK [7.2] geworfen. In seiner Monographie wird das labile Wesen innerbürokratischer Cliquenpolitik ebenso anschaulich wie das Selbstbewußtsein von *literati* – POLACHEK spricht von „literocrats" – unter schwacher kaiserlicher Führung. An die Stelle einer strikten Hierarchie ist in POLACHEKS Bild der 1840er Jahre ein Mosaik von Gruppen getreten, in dem Politik weithin von zufälligen Konstellationen gelenkt wird.

Schwache Kaiser und Cliquenpolitik

Nach einer älteren Auffassung setzte sich der Niedergang des chinesischen Staates nach dem Opiumkrieg ungebrochen fort und mündete unaufhaltsam in die Revolution von 1911. Häufig wurde auch der Qing-Dynastie der Vorwurf gemacht, sie habe zwar die Epoche der großen inneren Aufstände (1850–1873) um Haaresbreite überlebt, danach aber eine restaurative Politik eingeschlagen und die Chance einer politischen Modernisierung nach dem Vorbild Meiji-Japans verspielt – so, durchaus mit Respekt für die Zähigkeit der alten Machtelite, MARY C. WRIGHT in ihrem Pionierwerk über die Nach-Taiping-Zeit [7.7]. Heute nähert man sich einer differenzierteren Bewertung: Die Niederschlagung der Aufstände war nur nachrangig westlicher Hilfe zu verdanken [dazu 7.3: R. J. SMITH]. Sie war – ebenso wie die erfolgreiche Verteidigung der innerasiatischen Grenzen des Reiches gegen den zarischen Imperialismus – eine außerordentliche Organisationsleistung. Derlei war nur dadurch möglich, dass der Zentralstaat im Rahmen einer generellen Unterfinanzierung dennoch sein Einnahmevolu-

Aufstände der späten Qing-Zeit und Schwächung der Dynastie

Finanzielle Basis des Qing-Staates

men zwischen 1850 und 1911 zu multiplizieren verstand. „Whatever the late Qing state's weaknesses," so folgert R. BIN WONG, „raising money was not among them." [3.5: China Transformed, 156]. Die Erhöhung der Einnahmen wurde zu einem erheblichen Teil dadurch bewirkt, dass die Seezollbehörde (Imperial Maritime Customs, *haiguan*) durch Ausländer und nach westlichem Vorbild neu organisiert wurde und dadurch der Qing-Staat von der Ausweitung des Außenhandels profitieren konnte [unübertroffen bleibt 7.3: S. F. WRIGHT]. Auf der anderen Seite stiegen aber als Folge der auswärtigen Entwicklungen die Ausgaben des Zentralstaates: Entschädigungen für verlorene Kriege, die gigantische Sühnezahlung für den Boxeraufstand des Jahres 1900 („Boxer Indemnity") und die Tilgungsverpflichtung für oft kostspielige Anleihen belasteten den Staatshaushalt. Die Verlagerung der Ausgabenstruktur auf Aufstandsunterdrückung und -prävention sowie auf den Ausbau der Landesverteidigung zog Ressourcen von jenen wohlfahrtsbezogenen Verwendungen ab, die den Staat des 18. Jahrhunderts ausgezeichnet hatten. Die große nord- und nordwestchinesische Hungersnot der Jahre 1876–1879 überforderte die staatliche Fähigkeit zur Nothilfe und ließ missionarische Initiativen und private chinesische Philanthropie die Lücke füllen [vgl. 7.5: P. R. BOHR, Kap. 3]. Der Abstand zwischen dem, was als Staatsaufgabe empfunden wurde, und dem, was der Staat mit gegebenen Mitteln erreichen konnte, wuchs und trug zu einem fortschreitenden Legitimitätsverlust der Dynastie bei.

Militarisierung der Lokalgesellschaft

Zwei weitere Entwicklungen der zweiten Hälfte des 19. Jahrhunderts hoben diese Zeit von früheren Epochen ab. Zum einen begann während der großen Aufstände ein Prozeß der Basismilitarisierung, der sich bis zur Entwaffnung der Bevölkerung durch das kommunistische Regime nach 1949 hinzog. Nachdem die Entstehung neuartiger Provinzialarmeen zum Zwecke der Aufstandsunterdrückung schon früh von Historikern beschrieben worden war, lenkte PHILIP A. KUHN 1970 in einem einflußreichen Buch die Aufmerksamkeit auf Milizen, die auch dann noch fortbestanden, als die Provinzarmeen überwiegend aufgelöst worden waren [7.2]. Diese Milizen wurden vom Zentralstaat überwiegend geduldet, unterlagen aber nicht seiner Kontrolle, sondern derjenigen lokaler Oberschichten und einzelner „Bosse". Wie die Forschung seither gezeigt hat, öffnete die Milizenbildung des 19. Jahrhunderts eine Pandorabüchse der Durchsetzung chinesischer Lokalgesellschaften mit organisierter Gewalt. Die Militärherrschaften des 20. Jahrhunderts, die ländlichen Klassenkonflikte und das Banditenwesen beruhten auf dieser Grundlage [zur „Gewaltgeschichte" im Längsschnitt vgl. 3.2.1: PERRY].

Alternative Ordnungsmodelle

Zum anderen wurden nun erstmals alternative Ordnungsmodelle auf chinesischem Boden realisiert. Zwar hatte das utopische System der Taiping-Revolutionäre keinen Bestand, doch boten koloniale Enklaven – Hongkong seit 1842, Taiwan seit 1895, das deutsche Jiaozhou in der Provinz Shandong seit 1898, die Südmandschurei seit 1905 – die unmittelbare Anschauung westlich bzw. japanisch geprägter kolonialer Staatlichkeit.

3.3 Postimperiale Diktaturen

Ein tiefgreifender institutioneller Formwandel des chinesischen Staates begann bereits in den letzten Jahren des Kaiserreiches mit der Einführung von Fachministerien (allerdings noch nicht eines Kabinetts) und der Abschaffung der Beamtenrekrutierung durch zentralisierte Staatsprüfungen (im Jahre 1905) [8.3: Franke; Ichiko in 8.1: CHC 13/2: 375–415]. Der zentralstaatliche Rahmen blieb auch über die turbulente Zeit der Revolution von 1911 hinweg erhalten. Unter Präsident Yuan Shikai, einem alten Qing-Bürokraten, der rechtzeitig die Seiten gewechselt hatte, wurden zwischen 1912 und 1916 zaghafte Ansätze zu einer liberaldemokratischen Entwicklung in einen Scheinparlamentarismus umgefälscht, gleichzeitig aber die großräumigen Verwaltungsstrukturen des Kaiserreiches aufrechterhalten. Wie dies gelingen konnte, deuten die beiden maßgebenden Biographien über Yuan Shikai nur an: die ältere, vom Verratsvorwurf geprägte von Jerome Ch'en [8.4] und die spätere von Ernest P. Young [8.4], die an Yuan auch den Aspekt des konstruktiven patriotischen Staatsmannes wahrnimmt [zu Yuan als konservativem Reformer im späten Kaiserreich vgl. 8.3: Mackinnon].

Fachministerien

Scheinparlamentarismus

Yuan Shikai war einstweilen der letzte Zentralisierer. Bereits in den späten Monaten der Regierung Yuan zerbrach die politische Einheit Chinas. Über die Militärmachthaber (Warlords, *junfa*), die nun die Macht in den Provinzen Chinas übernahmen, entstand in den 1960er und 1970er Jahren eine umfangreiche Literatur [kritisch resümiert von 8.4: Diana Lary, Warlord Studies]. Einige Warlords schweiften in wechselnden Allianzen unstet durch das Land, andere sicherten sich relativ stabile provinziale Basen, am erfolgreichsten Yan Xishan, der während nahezu der gesamten Republikzeit die Provinz Shanxi kontrollierte [8.4: Gillin – immer noch eine der besten Studien über einen einzelnen Militärmachthaber]. Einige Warlords waren Gewaltherrscher und Plünderer, andere sind als fortschrittliche Reformer dargestellt worden, z.B. die Militärherren der südchinesischen Provinz Guangxi [8.4: Lary, Region and Nation]. Mehrere Autoren haben den Versuch unternommen, auf unterschiedliche Weise „warlordism" als ein umfassendes System multipolarer Militärherrschaft darzustellen; am überzeugendsten Jerome Ch'en, der vor allem die sozialen und finanziellen Grundlagen der Warlord-Regime analysiert [8.4: Yuan Shih-k'ai, 130–148], und Ch'i Hsi-sheng [8.4], der das Machtspiel der verschiedenen Militärcliquen in den Vordergrund stellt.

Warlord-Regime

Aus der spärlicher fließenden neueren Literatur zu den Warlords ragen Edward A. McCords Nachweis, das den Offizieren der reformierten „Neuen Armeen" der späten Qing-Zeit die regionale Macht gleichsam in den Schoß fiel [8.4], und ein vorzüglicher Aufsatz von Arthur Waldron über Repräsentationen von Gewalt und Militärherrschaft [8.4] im republikanischen China heraus. Waldron hat auch die konkreten Schrecken der Warlord-Kriege beschrieben [8.4: From War to Nationalism, 141–160]. Gegen die Tendenz, die Warlordherr-

Neue Warlord-Forschung

schaft zu verharmlosen, hat DIANA LARY zu Recht darauf bestanden, dass „violence, fear and insecurity" die Grundstimmung der republikanischen Periode geprägt hätten [8.1, Violence, Fear]. Die erschütternde Realität militärischer Greuel an der Zivilbevölkerung beschreibt EDWARD A. MCCORD [8.4: Burn, Kill, Rape].

Staatliche Strukturen und multipolare Militärherrschaft

Darüber, was unter den Warlords mit dem chinesischen „Staat" geschah, ist wenig bekannt. Selbstverständlich benötigten alle Warlords erfahrene zivile Helfer und bedienten sich dazu der „Überlebenden" der kaiserlichen Bürokratie. Ob, in welchem Umfang und wie neue *zivile* Institutionen von einer gewissen Stabilität aufgebaut wurden, ist kaum erforscht. Immerhin hat RONALD SULESKI die Frage für die Mandschurei vor 1928 zu beantworten versucht und dabei manche heroischen und nicht ganz erfolglosen Verteidiger einer ordentlichen Verwaltung gegen Warlord-Tyrannei gefunden [8.4].

Verfassungen

Es war charakteristisch für die gesamte republikanische Periode, dass die formal konstituierten politischen Organe und die Topographie der tatsächlichen Macht nicht miteinander übereinstimmten. Auch in der Qing-Zeit gab es einen Gegensatz zwischen offizieller und realer Bürokratie [vgl. 6.3: WILL], aber durch die Einführung geschriebener Verfassungen nach 1912 (die Provisorische Verfassung vom 11. März 1912 war das erste einer Vielzahl konstitutioneller Dokumente) vergrößerte sich die Kluft zwischen Papier und Realität. Dass China nun eine parlamentarische Demokratie war, blieb faktisch fast ohne Bedeutung. Darstellungen der formalen Systemorganisation [am verläßlichsten ist 8.1: TUNG] sind daher nur von begrenztem Wert. Viele Historiker sind in das andere Extrem verfallen und haben politische Geschichte als kaum institutionalisierte Geschichte von Machtkämpfen geschrieben [so leider auch noch – trotz des Untertitels – 8.1: ZHAO SHUISHENG]. Einen produktiven Mittelweg hat JULIA C. STRAUSS eingeschlagen, indem sie im Lichte politikwissenschaftlicher Konzepte nach „agendas" und „goals" politischer Institutionenbildung fragt und anhand von Fallstudien einzelner Institutionen (etwa des Salzinspektorats, des Finanz- und des Außenministeriums) die Umsetzung solcher Ziele durch einen „centralizing state" (der denn kaiserlichen „presiding state" ablöste) aus naher Sicht unter die Lupe nimmt. Dies hat zu einer vorzüglichen Monographie über das Nanjing-Jahrzehnt geführt [8.6], vor allem aber zu einem wegweisenden Aufsatz, der die Republikzeit bis ca. 1937 neu interpretiert und diese Periode erstmals für eine Strukturgeschichte von Staat und Bürokratie in China aufarbeitet [8.1].

Institutionenbildung

Politische Kultur

Einen ganz anderen und dennoch komplementären Zugang wählt HENRIETTA HARRISON, wenn sie nach der politischen Kultur der frühen Republikzeit fragt [8.4]. Die Regime der Warlordzeit mögen archaische und – im Vergleich zum vollentwickelten Qing-Staat – regressive Züge getragen haben, doch fehlte es nicht an einem Bemühen um die Symbolik moderner Staatlichkeit, wie sie ebenfalls von einer zunehmend nationalistisch eingestellten Öffentlichkeit gefordert wurden. Besonders eindrücklich ist HARRISONS „dichte Beschreibung" des Staatsbegräbnisses für Sun Yatsen am 1. Juni 1929 (vier Jahre nach dem Tod des Revolutionsführers) [8.4: 207–239].

Staatlichkeit im Nanjing.-Jahrzehnt

Die wichtigsten Debatten um die Natur politischer Herrschaft während der ersten Hälfte des 20. Jahrhunderts haben sich an dem kurzlebigen Regime der Guomindang in Nanjing (1927–1937) entzündet. Schon die Selbstpropaganda des Regimes betonte, dass es sich um die erste Manifestation *moderner* Staatlichkeit in China handele. Diesen Anspruch haben alle Historiker akzeptiert, auch diejenigen, deren eigenes Ideal von Modernität dem der Guomindang diametral widersprach. Das Regime entstand aus der Unterdrückung des Kommunismus, sah sich aber selbst als Teil einer breiteren nationalrevolutionären Bewegung und war daher in einem *modernen* Sinne konterrevolutionär und nur ganz nebenbei auch reaktionär-restaurativ, also an den Werten des konfuzianischen Autoritarismus der Nach-Taiping-Zeit orientiert. An der Spitze des Regimes stand Chiang Kaishek. Sein Biograph Jay Taylor, dem die umfangreichen Tagebücher des „Generalissimo" zugrunde lagen, erklärt die spätere Niederlage im Kampf gegen die Kommunisten mit Chiangs Kompromisslosigkeit [8.1].

Modernisierungsregime oder bürokratischer Kapitalismus?

Frühe Interpretationen nahmen das modernistische Image, das sich Chiang Kaisheks Regime nach außen gab, für bare Münze und sahen in ihm den ernsthaften, dann leider von böswilligen Kommunisten und Japanern vereitelten Versuch, China zu einem wohlhabenden und nach westlichen Maßstäben zivilisierten Land zu machen (etwa nach dem Muster des Südkorea der Nachkriegszeit). Diese Linie vertraten etwa der ehemalige Berater der GMD-Regierung Arthur N. Young [8.6] und der Politologe Jürgen Domes [8.6]. Die sino-marxistische und die sowjetische Literatur beschrieben das GMD-System hingegen als die Herrschaft einer kleinen Staatsklasse von „bürokratischen Kapitalisten" (so am überzeugensten der sowjetische Historiker A. V. Meliksetov), die im Bunde mit reaktionären Landbesitzern die Bauern ausbeuteten und im modernen Sektor der Wirtschaft, eng mit ausländischem Kapital verbunden, ihre egoistischen Privatinteressen auf Kosten der entstehenden „nationalen Bourgeoisie" vertraten. Dieses kritische Bild wurde zwar propagandistisch überzeichnet, fand jedoch bei namhaften westlichen Historikern wie Lloyd E. Eastman [8.6; Ders. in 8.1: CHC Bd. 13/2: 116–167] und Parks M. Coble [8.6: bes. 208ff.] in manchen Teilen empirisch abgesicherte Unterstützung. Osterhammel [8.7] zeigt, wie das Regime einen für seine führenden Vertreter vorteilhaften post-imperialistischen *modus vivendi* mit den in China dominierenden britischen Wirtschaftsinteressen aushandelte, ohne (so die marxistische Interpretation) zum „Kettenhund" der Großmächte zu werden. Bernd Martin [8.6; vgl. auch einen 2003 von ihm herausgebenen Dokumentenband u.a. über die Rezeption des Nationalsozialismus in China innerhalb 1.5: Leutner, Quellen] und William C. Kirby [8.7] entdeckten Einfluß und Vorbild des nationalsozialistischen Deutschland. Man wies hin auf die Existenz von Bewegungen faschistischen Typs (vor allem die „Blauhemden" (*Lanyishe*) [8.6: Chung; 8.6: Wakeman, Spymaster, 85–97] und auf Analogien zum italienischen Korporatismus [8.12: Fewsmith; zur Verbindung zwischen beiden vgl. 10.1: Marinelli/Andornino, 89–115]. Andere Historiker sahen überhaupt kein strukturiertes Herrschaftssystem, sondern nur ein Kon-

Differenzierungen

glomerat locker assoziierter Cliquen [so etwa TIEN HUNG-MAO in 8.6]; auch daran ist viel richtig, und jeder Historiker, der über abstrakte Konzepte hinausschaut, tritt ein in die „Byzantine world of Republican political intrigue" [8.6: WAKEMAN, Spymaster, xiii].

„Confucian fascism" und Technokratie

Die wichtigsten neuen Deutungsangebote liegen quer zu den alten Kontroversen. Zum einen hat FREDERIC WAKEMAN, gestützt unter anderem auf seine Forschungen zur Polizei in Shanghai [8.6: Policying Shanghai; Spymaster, 187–205], das Regime als „Confucian fascism" charakterisiert : eine Militärdiktatur mit einer anti-kommunistischen, anti-liberalen, nationalistischen und erweckungsbetonten Bewegungsideologie und einem relativ moderate Führerkult, aber ohne den Willen zur Massenmobilisierung (selbst der städtischen) größeren Stils und ohne plebiszitäre Elemente [8.6: A Revisionist View]. Zum anderen hat WILLIAM C. KIRBY, die technokratische Seite des Regimes unterstreichend, die Entstehung eines „developmental state" nachgezeichnet, der manche Grundlagen für die spätere kommunistische Planwirtschaft und Sozialtechnologie schuf [8.6; ergänzend 8.6: PIETZ]. Unbestritten ist bei allen Experten die harte Repression des „weißen" Terrors, vor allem in den von den Kommunisten „befreiten" ländlichen Gebieten [dazu 8.6: WEI] sowie das mangelnde Verständnis des Regimes für die Probleme des chinesischen Dorfes.

Nationalregierung und Landbevölkerung

Davon zu trennen ist die Frage, wie tief der Staat der Republik, insbesondere während der noch am ehesten für „state-building" geeigneten Nanjing-Dekade, auf die Dorfebene vordrang. Der Qing-Staat hatte die Lokalverwaltung unterhalb der Magistratur den örtlichen Eliten (der „Gentry") überlassen. In der frühen Republik ist eine tiefere Penetration des dörflichen China durch neuartige Polizeiorgane, weisungsgebundene Amtleute und manchmal auch Vertreter der Staatspartei Guomindang festzustellen. Trotz wegweisender Beiträge von PHILIP A. KUHN [8.1; KUHN in 8.1: CHC 13/2, 329–360] wissen wir darüber noch nicht genug; benötigt werden weitere Fallstudie wie diejenige ZHANG XINS zur Provinz Henan [8.10: 177–216]. Erratisch quer zu aller übrigen Forschung steht MICHAEL R. DUTTONS von Foucaults Machtanalytik geprägte, empirisches Risiko durch Originalität kompensierende Geschichte von Überwachen und Strafen in der gesamten Geschichte Chinas. Eine fundierte Geschichte der chinesischen Justiz hat KLAUS MÜHLHAHN [beide 3.2.1] verfasst. FRANK DIKÖTTERS Geschichte von Gefängnissen und Gefängnisreform in China zwischen 1895 und 1945 ist bestürzend anschaulich geschrieben [8.10].

Strafe und Justiz

Kriegseinflüsse nach 1937

Was immer es im GMD-Staat an Staatsbildung gegeben haben mochte, wurde seit Mitte 1937 in den Strudel des Krieges gezogen. Chiang Kaisheks Regierung gab ihr territoriales Kerngebiet in Ost- und Mittelchina auf und zog sich in den in jeder Hinsicht unentwickelten Südwesten zurück. Die Degeneration des Regimes und seine Unfähigkeit, nach 1945 an die Errungenschaften der Vorkriegszeit anzuknüpfen, hat LLOYD E. EASTMAN [8.8: Seeds of Destruction; auch DERS. in 8.1: CHC 13/2, 547–608] zusammenfassend dargestellt. Die Forschung lässt keinen Zweifel daran, dass die GMD selber den Ast absägte, auf dem sie saß.

3.4 Mobilisierungsregimes und liberal-demokratische Alternativen

Im territorial fragmentierten China der Republikzeit gab es neben den Warlord-Gebieten, dem Territorium, auf dem die GMD effektive Herrschaft ausübte, und den kolonialen Enklaven, eine vierte Arena politischer Institutionenbildung: die von der KPCh kontrollierten „Rätegebiete". Was hier geschah, ist deshalb besonders interessant, weil die administrativen Erfahrungen der kommunistischen Kader aus der Zeit vor 1949 beim staatlichen Aufbau der Volksrepublik zwangsläufig eine Rolle spielen mussten. Nur in den größeren „Basisgebieten" bzw. „border regions" der Kriegszeit genoß die Partei allerdings jenes Minimum an militärischer Sicherheit, das ihr Ansätze zu ziviler und außerparteilicher Institutionenbildung ermöglichte, die die permanente Mobilisierung unter Bürgerkriegs- und Kriegsbedingungen in beständigere Strukturen überführte. Dabei ist weniger an Bürokratisierung als an die Rekonstruktion des dörflichen Gemeinschaftslebens zu denken. Die weitere Beschäftigung mit diesem wichtigen Thema muss an Arbeiten von Pauline B. Keating [8.8: Two Revolutions; Ecological Origins] und David S. G. Goodman [8.8: bes. Kap. 2–3] anknüpfen.

Kommunistische Rätegebiete

Eine andere Alternative wurde in China vor 1949 niemals realisiert und bleibt auf dem Festland bis heute ein unerfülltes Versprechen: ein liberal-demokratischer Rechts- und Verfassungsstaat. Wie Philip A. Kuhn überzeugend dargelegt hat, zieht sich ein „programme constitutionnel permanent" [3.4: 69] vom späten Kaiserreich bis zur Gegenwart immer wieder gebremst und verschüttet und immer wieder neu belebt. Charakteristisch war dabei weniger die komplette Übernahme westlicher Vorstellungen von Demokratie und Parlamentarismus als die Idee gesicherter Individualitätsrechte im Rahmen einer demokratischen Eliteherrschaft. Die Debatte, die ihren Höhepunkt zwischen 1919 und 1937 erreichte, läßt sich mittlerweile aus Monographien und Sammelbänden von Edmund S. K. Fung [8.6], Roger B. Jeans [8.1; 8.13], Hermann Halbeisen [8.13], Joshua A. Fogel/ Peter Zarrow [8.1] und insbesondere aus der wertvollen Arbeit von Marina Svenson über die chinesische Menschenrechtsdiskussion [8.13] gut rekonstruieren. Unentbehrlich zur Geschichte des Liberalismus in China bleibt Jerome B. Grieders Monographie über den Philosophen und Historiker Hu Shi [8.13]. Thomas Fröhlich hat Hu Shi und und einige andere Intellektuelle als Vertreter eines „expertokratischen" Denkens dargestellt [8.13] und damit eine Beziehung zu Kirbys „developmental state" nahegelegt, zu dessen Vordenker, dem Geologen und Politiker Ding Wenjiang, die Biographie von Charlotte Furth [8.13] Gültigkeit behält.

Liberalismus und Konstitutionalismus

Hu Shi und liberales Denken

4. CHINA UND DIE AUSSENWELT

Außenpolitik?

Die Außenbeziehungen Chinas können erst in der jüngeren Vergangenheit als Außen*politik* im Sinne der strategischen Orientierung innerhalb eines pluralen Staatensystems betrachtet werden. Bis ins späte 19. Jahrhundert hinein lassen sie sich am besten als die Summe der Interaktionen zwischen der kaiserlichen Zentralmacht, ihren peripheren Organen und der vielgestaltigen Umwelt solcher politischer Gebilde betrachten, die selbst auf ganz unterschiedliche Weise die Zentralität des Kaiserhofes anerkannten.

Die chinesischen Außenbeziehungen sind ein altes Studienfeld. Schon die europäischen Beobachter der Frühen Neuzeit haben ihr große Beachtung geschenkt, und bereits 1910–1918 veröffentlichte HOSEA B. MORSE ein auf europäischen Dokumenten beruhendes Werk, das heute noch Respekt verdient („The International Relations of the Chinese Empire", 3 Bde.). Niemand hat seither das Verständnis von Chinas Stellung in der Welt tiefer geprägt als der seit den frühen fünfziger Jahre kontinuierlich publizierende JOHN K. FAIRBANK. Die Harvarder Fairbank-Schule zeichnete sich sowohl durch die Verwendung westlicher *und* chinesischer Quellen als auch durch einen sehr weiten, das Wirtschaftliche, Gesellschaftliche und Kulturelle mit umfassenden Begriff von auswärtigen Beziehungen aus. Eine von Fairbanks wichtigsten Leistungen besteht darin, die chinesischen Außenbeziehungen der Neuzeit als eine Folge zweier „Systeme" modelliert zu haben: des vormodernen „Tributsystems", das dann nach dem Opiumkrieg durch ein von den westlichen Großmächten, sekundär aber auch von chinesischen Akteuren gestaltetes „Treaty System" abgelöst wurde. Diese Systeme sind als Konfigurationen von Regeln, Symbolen und Instutionen zu verstehen. Trotz mancher Kritik an solchem – bei Fairbank und seinen Anhängern undogmatisch behandeltem – Modelldenken, ist kein anderes „Paradigma" an seine Stelle gesetzt worden.

Fairbank-Schule und „Chinese world order"

Die folgenden Kommentare greifen aus der überwältigenden Fülle der Literatur nur die wichtigsten Beiträge, vor allem die seit Mitte der 1980er Jahre publizierten, heraus. Für die bis dahin erschienene Literatur vergleiche man auch die z.T. kommentierenden Anmerkungen in [3.2.1: OSTERHAMMEL]. Grundlegend ist ODD ARNE WESTAD, der seine Geschichte der modernen Außenbeziehungen Chinas mit dem Jahr 1750 beginnen lässt, als das Qing-Imperium den Höhepunkt der Reichsexpansion erreicht hatte [3.2.1]. Für das 19. und 20. Jahrhundert gibt es – unter einem viel zu engen Titel erschienen – eine vorzügliche und ganz kurze Einführung in die chinesischen Außenbeziehungen [7.3: WANG GUNGWU]. Ein gelungenes Beispiel für eine bilaterale Erzählung (China und die USA) ist DONG WANG [3.5].

4.1 China in Eurasien

Geopolitisch gesprochen. hat sich das kaiserliche China stets als „Landmacht“ verstanden und sich in der Regel dem Meer nur zugewandt, wenn von dort Herausforderungen der kontinentalen Ordnung zu drohen schienen. „Kontinental“ war in vieler Hinsicht auch noch der Dschunkenverkehr entlang der Küste, der aus verkehrstechnischen Gründen eine simple Notwendigkeit war. Die klassische „Kontinentalität“ Chinas bedeutet auch, dass die geographischen Kategorien „Ostasien“ und „Ferner Osten“, die China eher mit Japan als mit Zentralasien verklammern, erst entstehen konnten, als die Intervention des Westens in den 1840er (Opiumkrieg) und 1850er Jahren (Öffnung Japans) einen neuen geopolitischen Raum im Nordwestpazifik geschaffen hatte.

Chinas kontinentale Grenzen

Der Ausgangspunkt einer chronologischen Darstellung der Position des Reiches auf dem asiatischen Kontinent muss der Titel von Morris Rossabis einflußreichem Sammelband sein: „China Among Equals“ [4.2]. Ungeachtet der Rhetorik und Praxis assymetrischer Tributbeziehungen zeigten sich die chinesischen Dynastien auch zu einer flexiblen, pragmatischen Außenpolitik fähig, die eine Gleichstellung der Verhandlungspartner voraussetzte. Die Erfahrung der Vorgängerdynastien Song, Liao und Jin mit dem „Umgang unter Gleichen“ traf sich in der Yuan-Periode mit dem eigenen Pluralismus unter den vier Khanaten Westasien, Iran, Goldene Horde und China, in die das Weltreich in der zweiten Hälfte des 13. Jahrhunderts zerfallen war [4.1: Allsen, Mongol Imperialism]. Ihre Erfolge bei der kontinentalen Expansion konnten die Mongolen im Yuan-Reich an der maritimen Grenze nicht fortsetzen: Die See-Expeditionen Khubilais nach Japan (1274, 1281) und Südostasien (Burma 1273–1277, 1281–1287 Champa, 1292 Java) endeten für mongolische Militärmacht in Katastrophen. Die Yuan-Dynastie büßte ihre Flotte und ihr Prestige ein und erlitt herbe finanzielle Verluste [4.2: Rossabi: Khubilai Khan, 99–103, 207–220; 345]. Den besten Überblick über die yuankaiserlichen Außenbeziehungen bietet immer noch Han Rulins zweibändige Yuan-Geschichte von 1986 – überhaupt das umfassendste Werk über diese Epoche der chinesischen Geschichte [4.2].

Pragmatismus in der Außenpolitik

Das nachfolgende chinesische Kaiserhaus der Ming sah sich auch außenpolitisch vor die Aufgabe einer vollkommenen Neuordnung gestellt. Zu Beginn der Ming-Zeit fielen Chinas Kontakte zur Außenwelt zunächst dem Bestreben des Dynastiegründers Taizu zum Opfer, schwer kontrollierbare Politikbereiche nach Möglichkeit in ihrem Umgang zu reduzieren: Er verbot den privaten Seehandel und beschränkte die Außenkontakte auf den konventionellen Tributverkehr. Roderich Ptak beschreibt den Ausnahmecharakter der vom dritten Ming-Kaiser initiierten sieben See-Expeditionen des Zheng He zwischen 1405 und 1431. Erstmals in der Geschichte der chinesischen Außenpolitik wurde das Meer zu einem offiziell anerkannten Kommunikationsraum [5.4]. Yongles Nachfolger wandten jedoch ihren Blick wieder landeinwärts und überließen den Seeweg Privathändlern, Schmugglern und Piraten. Selbst als zu Beginn des

See-Expeditionen

16. Jahrhunderts die Portugiesen im Süden des Ming-Reiches auftauchten, erkannte der Kaiserhof darin keine neue außenpolitische Herausforderung und beschränkte sich darauf, ihnen einen Handelsstützpunkt in Macau einzuräumen [9.3: RODERICH PTAK].

Ming-China und seine mongolischen Gegner

Dem wichtigsten außenpolitischen Krisenherd der Ming-Dynastie, den Beziehungen zu den Mongolen, hat sich HENRY SERRUYS gewidmet: Die kaiserliche Mongolenpolitik wechselte zwischen Strafexpeditionen und Grenzhandel. Dass es zu keiner ernsthaften Bedrohung Ming-Chinas kam, lag hauptsächlich an den Rivalitäten zwischen den einzelnen Mongolenstämmen [5.4]. Dem Prozeß der außenpolitischen Neuordnung, der die innenpolitische Stärkung der territorialen Einheitlichkeit des chinesischen Kernlandes begleitete, hat der zweite Ming-Band der *Cambridge History of China* Rechnung getragen: MORRIS ROSSABI schildert diesen Prozeß im Verhältnis zu den innerasiatischen Völkern [5.1: CHC 7/2, 221–272], DONALD N. CLARK in Bezug auf die Tributbeziehungen zu Korea [5.1: CHC 7/2, 272–300], WANG GUNGWU für die Kontakte zum südostasiatischen Raum [5.1: CHC 7/2, 301–332] und JOHN E. WILLS, JR. im Umgang mit den europäischen Kolonialmächten [5.1: CHC 7/2, 333–375]. Der grundsätzlich defensive Charakter der Ming-Dynastie zwang dieses chinesische Herrscherhaus mehr noch als andere zu einem regional flexiblen Umgang mit seinen nahen und fernen Nachbarn.

Qingzeitlicher Höhepunkt des Tributsystems

Das voll entwickelte Tributsystem der Qing-Zeit beschrieben als erste 1941 FAIRBANK und TENG SSU-YÜ in einem bahnbrechenden Aufsatz [6.5]. FAIRBANK resümierte die Grundstrukturen 1978 in meisterlicher Kürze [7.1: CHC 10/1, 29–34], ein Panorama von Fallbeispielen entfaltet ein kaum überholter Sammelband, den er 1968 herausgab [3.2.1]. SARASIN VIRAPHOL hat den Zusammenhang zwischen Tribut und Handel am siamesisch-thailändischen Fall schon dargestellt [6.5]. OBA OSAMU zeigt am Beispiel der japanisch-chinesischen Beziehungen des 17. und 18. Jahrhunderts, wie durch den Handel außenpolitische Isolierungsstrategien systematisch unterlaufen wurden [6.5]. Obwohl die Tokugawa-Regierung ein ausgeklügeltes Zensursystem gegenüber chinesischen Importwaren entwickelte, griffen japanische Konsumenten nach allem Chinesischen – von Büchern, Pflanzen, Nahrungsmitteln und Medizin bis zu Luxusgütern. Der Autor vertritt daher die These, dass nicht etwa „westliche Studien" (*Yogaku*) Japans Modernisierung im 19. Jahrhundert vorbereiteten, sondern die aus diesem Transfer gewonnenen „chinesischen Studien" (*Kangaku*). Am Beispiel des Umgangs mit dem zentralasiatischen Khanat Khoqand veranschaulicht LAURA J. NEWBY den Übergang vom Höhepunkt der qingkaiserlichen Reichsexpansion um 1760 bis zum Niedergang der sino-mandschurischen Imperialmacht in der Epoche des britisch-russischen Great Game in der Region um 1860 [7.3]. In das Aktionsfeld des britischen Imperialismus geriet um die Jahrhundertwende auch Tibet. WENDY PALACE zeichnet die verschiedenen Stationen nach: von der militärischen Invasion Younghusbands 1904 bis zur Entscheidung des britischen Außenministeriums, die Tibet-Frage wieder in den Hintergrund treten zu lassen [7.3].

Das Ende des Tributsystems im Zeitalter der entstehenden neuen Ordnung in Ostasien beschreibt KIM KEY-HIUK in einem der lehrreichsten Bücher über die chinesischen Außenbeziehungen des 19. Jahrhundert [7.3]. Als „Jahrhundert der Demütigung" charakterisiert DAVID SCOTT die Periode zwischen 1840 und 1949 [7.3]. Erstmals verfügte China mit dem 1861 gegründeten *Zongli yamen* über ein Organ der Außenpolitik, von dem aus JENNIFER M. RUDOLPH wichtige Reformimpulse ausgehen sieht [7.7]. Wie wenig aber auch noch um die vorletzte Jahrhundertwende von völkerrechtlich eindeutigen Vorstellungen territorialer Identität die Rede sein konnte, erfährt man aus den Arbeiten von PETER DUUS und KIRK W. LARSEN über die Vorgeschichte der japanischen Annexion Koreas, des wichtigsten Tributstaates der Qing-Dynastie [beide 8.7]. WAYNE PATTERSON zeichnet die Perspektive des Amerikaners William Nelson Lovatt (1838–1904) nach, der zwischen 1883 und 1886 als Erster Zollkommissar in Pusan wirkte [7.3]. Die Lektüre der Lovatt Papers verdeutlicht die Zuspitzung des Konflikts aus koreanischer Sicht. Der Chinesisch-Japanische Krieg von 1894–95, der eine Epochenwende in der Geschichte Chinas markiert, ist von S. C. M. PAINE, einer der heute innovativsten Historikerinnen der internationalen Beziehungen in Asien, auf der Grundlage von Quellen in chinesischer, japanischer, koreanischer und russischer Sprache umfassend dargestellt und im weiteren Zusammenhang der Heraufkunft einer „modern era in Far Estern diplomacy" situiert worden [8.2].

Sinozentrismus

Das eingängige Bild einer konzentrischen, durch Tributrituale symbolisch stabilisierten chinesischen Weltordnung suggeriert Friedlichkeit ebenso wie das unerschütterliche Bewußtsein von der Überlegenheit und Unanfechtbarkeit der chinesischen Zivilisation, ein Bewußtsein, das gleichrangige Beziehungen zu anderen ausschließt (die Sinologen sprechen von „Sinozentrismus"). Beides erfaßt die Realität zu großen Teilen, darf aber nicht verabsolutiert werden.

Qing-Reich als Imperialmacht

Die wichtigste Entdeckung der letzten Jahre war ein ziemlich unfriedlicher „Imperialismus" der Qing-Zeit, der dazu führte, dass unter dem Qianlong-Kaiser das Reichsgebiet seinen maximalen Umfang erreichte [Forschungsüberblick: 6.2: Sen; auch ein Themenheft von „International History Review": Jg 20:2, 1998]. Friedliche Tributbeziehungen zu Korea koexistierten mit militärischen Eroberungen in Zentralasien. Der früh verstorbene JOSEPH FLETCHER, Sprachgenie und wahrhaft transkulturell denkender Historiker, legte 1978 in drei langen Kapiteln in Bd. 10 der „Cambridge History of China" [7.1: CHC 10/1, 35–106, 318–350, 351–408] die Fundamente für eine integrale Betrachtung der Position des sino-mandschurischen Reiches in Innerasien; der Schwerpunkt lag dabei auf dem 19. Jahrhundert. Bereits etwas früher hatte MORRIS ROSSABI eine zeitlich breiter angelegte Synthese geschrieben [3.6]. „China marches West" nennt PETER C. PERDUE seine Studie über die qingkaiserliche Eroberung Zentralasiens [6.2]. Der Höhepunkt dieses Expansionsprozesses im 18. Jahrhundert und seine kolonialen Folgen sind in regionalen Einzelstudien vertieft worden: SABINE DABRINGHAUS und DAI YINGCONG über Tibet [6.2; 6.3], JAMES A. MILLWARD über

Turkestan (das spätere Xinjiang) [6.2], PETER C. PERDUE [4.2: Fate and Fortune, in CHC 6, 369–404], WOLFGANG ROMANOVSKY [6.2] und JOHAN ELVERSKOG über die Mongolei sowie C. P. GIERSCH über Yunnan [6.2]. Dass das Qing-Imperium zu einem kolonialen Vielvölkerreich geworden war, zeigte sich auch in der Schaffung einer speziellen Behörde für die Verwaltung der Grenzvölker [6.2: CHIA NING]. Den enormen finanziellen und logistischen Aufwand dieser Imperialpolitik veranschaulicht ULRICH THEOBALD am Beispiel des zweiten Jinchuan-Feldzugs (1771–1776) [6.4]. Die aus den zahlreichen Feldzügen gewonnene Mobilität der Qing-Regierung dokumentieren auch die kaiserlichen Inspektionsreisen in den Südosten des Reiches [6.3: MICHAEL G. CHANG].

Die beiden Staaten, die sich in der zweiten Hälfte des 19. Jahrhunderts als Chinas wichtigste und gefährlichste Nachbarn erweisen sollten, waren niemals in das Tributsystem integriert worden: Rußland und Japan. Gegenüber dem zur gleichen Zeit territorial expandierenden Zarenreich konnte selbst die einschüchternde sino-mandschurische Militärmacht nicht auftrumpfen. Wie aus einem militärischen Gleichgewicht eine stabile Grenzordnung wurde, zeigt DABRINGHAUS [6.5].

China und Russland

Zu Chinas eurasischer Identität trug eine sich über Jahrhunderte im Land entwickelnde jüdische Kultur bei, deren Ursprünge auf das frühe 12. Jahrhundert zurückreichen. Der historische Überblick von IRENE EBER setzt sich auch mit dem Verhältnis zwischen Juden und Chinesen auseinander [3.2.3]. IZABELLA GOIKHMAN beschreibt den Prozess der jüdischen Integration als „Kontextualisierung“ [3.2.3]. Den zeitlichen Schwerpunkt auf das 20. Jahrhundert legt M. A. EHRLICH, den dabei vor allem das religiös-kulturelle Leben interessiert [3.2.3]. Besondere Beachtung hat das jüdische Exil während des Zweiten Weltkriegs gefunden. IRENE EBER hat dazu eine Quellensammlung zusammengestellt, in der die Flüchtlinge in Shanghai selbst zu Wort kommen [1.5]. Augenzeugnisse des jüdischen Exodus nach Shanghai bilden auch die Grundlage für eine Studie von STEVE HOCHSTADT [8.8]. Die meisten der Flüchtlinge verließen allerdings nach dem Kriegsende China.

4.2 MARITIME BEZIEHUNGEN

Generationen chinesischer Wissenschaftler haben die Große Mauer als Symbol einer erfolgreichen Abwehr und Expansion Chinas an seinen kontinentalen Grenzen betrachtet. ZHENG YANGWEN zeigt allerdings, dass China deutlich weiter in die maritime Welt vordrang und das Meer China stärker beeinflusste, als es bislang dargestellt wurde [3.2.1]. Dies gilt insbesondere für die Qing-Dynastie, deren Bevölkerungswachstum nicht zuletzt von Warenimporten aus Südostasien gestützt wurde. Der Seehandel prägte das Hof- und Kulturleben des späten Kaiserreiches. WANG GUNGWU beschreibt China als eine dynamische Seemacht mit vielseitigen Beziehungen nach Südostasien [7.3].

Eine besonders intensive Episode der maritimen Außenbeziehungen der Kaiserzeit stellten die sieben Expeditionen des General Zheng He im frühen 15. Jahrhundert dar. Der Ming-Kaiser Yongle versprach sich von den kostspieligen Unternehmen eine Ausweitung der Tributpraxis und stattete Zheng Hes Schiffe mit attraktiven Handelsgütern aus. Nach seinem Tod wurde diese Initiative aufgegeben. WANG GUNGWU macht dafür nicht nur die hohen Kosten dieser Missionen verantwortlich, sondern auch die ständige Bedrohung an der mongolischen Grenze des Ming-Reiches und die Unzulänglichkeit des traditionellen Tributsystems, das für eine offensive Außenpolitik nicht geeignet war [5.4: 323f.]. Nach dem Ende der Zheng-He-Episode fielen die maritimen Aktivitäten der Chinesen auf das „Normalniveau" des Dschunkenhandels mit Süd-und Südostasien zurück, das vor allem RODERICH PTAK in zahlreichen minutiösen Studien ans Licht gebracht hat [5.6]. In dieses Bild gehört auch das Milieu des südchinesischen Piratentums [6.5: Murray].

Maritime Diplomatie

Aber auch am zwischen 1500 und 1800 expandierenden Weltmarkt war das spätkaiserliche China beteiligt [3.2.1: JOHN E. WILLS, Jr.]. Durch den Export von hochwertigen Manufakturwaren und Tee deckte das Land seinen wachsenden Bedarf an Silber. Chinas maritimer Handel mit dem Westen läßt sich keineswegs auf den konventionellen Rahmen von Tributbeziehungen reduzieren. Neuere Studien wie die Geschichte des Tabaks von CAROL BENEDICT [3.2.4] zeigen zudem, dass Chinas Internationalisierung seit dem 16. Jahrhundert kontinuierlich voranschritt.

Anders als der Merkantilismus gleichzeitiger europäischer Regierungen, förderte der Qing-Staat den Aufbau überseeischer Kriegs- und Transportkapazitäten nicht. In seinem materialreichen, aber wirren Buch über die chinesische Schiffahrt seit ihren Anfängen stellt KENT DENG (d.i. DENG GANG) die Behauptung auf, Chinas militärische Stärke zur See („sea power") sei erst nach der Mitte des 19. Jahrhunderts hinter die der europäischen Mächte zurückgefallen [3.2.1: 205]. Dennoch bleibt es eine Tatsache, dass China sich nicht aktiv in die seit dem 16. Jahrhundert aufsteigende globale Hochseeschiffahrt einschaltete. Seine nicht unerhebliche Beteiligung am Welthandel wurde vor dem Opiumkrieg von europäischen und nordamerikanischen Kaufleuten organisiert, die an der südchinesischen Küste – seit 1760 ausschließlich in Kanton (Guangzhou) – über Faktoreien Verbindungen zu chinesischen Handelsnetzen knüpften. Über diesen „Old China Trade" ist viel geschrieben worden. Doch hat sich das unerschöpfliche Werk von LOUIS DERMIGNY aus dem Jahre 1964 [6.5] niemals ersetzen lassen. Der wichtigste neuere Erkenntnisfortschritt ist CHEONG WENG EANG [6.5] und den beiden Studien von PAUL A. VAN DYKE [6.4] zu verdanken. Sie ergänzen den europäischen Blickpunkt der bisherigen Literatur durch einen chinesischen und entwerfen zugleich ein sozialgeschichtlich bemerkenswertes Profil der kantonesischen Großkaufmannschaft. Gegen eine zu enge Fixierung auf den chinesisch-britischen Handel lohnt es, mit GEORGE BRYAN SOUZA das Fortdauern der älteren portugiesischen Präsenz zu beachten [6.5]. JOHN R. HADDAD zeigt, wie sich die

„Old China Trade"

Amerikaner schon sehr früh in die teilweise zentrifugale Vernetzung von Handel, Mission und Diplomatie integrierten [7.3].

Während sich für den Kontakt zwischen dem Qing- und dem Zarenreich sowohl in Beijing wie an der gemeinsamen Grenze besondere Konventionen und Institutionen ausbildeten, wurden die frühen staatlichen Beziehungen zu Europa als solche zu überseeischen „Barbaren" konzeptualisiert. *Dass* die Westeuropäer in Kategorien der Tributsystems erfaßt wurden, ist dabei weniger bemerkenswert als die Flexibilität, mit der diese Kategorisierung in der Praxis mitunter behandelt wurde. Die portugiesischen, niederländischen und britischen Gesandtschaften, die im 17. und 18. Jahrhundert Zutritt nach China fanden, sind neuerdings vorzugsweise als kostbare Fälle „interkultureller" Begegnung studiert worden. JOHN E. WILLS, JR. [6.5: Pepper; Embassies] und WALTER DEMEL [10.1: Fremde] sind hier die wichtigsten Autoren. Besonders gut ist von westlicher wie von chinesischer Seiten die Macartney-Mission von 1793–94 dokumentiert, die JAMES L. HEVIA [6.5] einer anregenden postmodernen Lesart unterzogen hat, während ALAIN PEYREFITTE [6.5] ein altes Klischee von der weltfremden Verblendung des chinesischen Mandarinats reaktiviert und SABINE DABRINGHAUS Gerechtigkeit für die Vielfalt der Perspektiven, auch auf europäischer Seite, fordert [Einleitung zu 1.4: HÜTTNER].

Europäische Gesandtschaftsreisen

4.3 MISSIONARE UND „CULTURAL BROKERS"

Zwei Epochen der Mission

China ist das einzige Land der Welt mit einer doppelten Missionsgeschichte. Die läßt sich zu synthetischen Zwecken durchaus im Zusammenhang darstellen [vorzüglicher Überblick in 2.2: TIEDEMANN], zerfällt aber deutlich in zwei diskontinuierliche Phasen. In einer ersten Phase, die das 17. und 18. Jahrhundert umfaßte, kamen gelehrte Europäer (ausschließlich katholische Priester) nach China, um, vollkommen außerhalb des Operationsraumes europäischer Machtpolitik, den Kontakt mit der Elite einer als mindestens ebenbürtig angesehenen Zivilisation herzustellen und Mitglieder dieser Elite von den christlichen Glaubenswahrheiten zu überzeugen. In der zweiten Phase, die um 1840 begann, wurde die chinesische Zivilisation als minderwertig und „heidnisch" betrachtet. Die Missionare standen unter der Protektion der westlichen Mächte und richteten ihre Bemühungen teils auf Massenbekehrung, teils auf soziale Reform.

Jesuitenmission und Akkulturation

Die erste Phase kann man vereinfacht die der „Jesuitenmission" nennen, auch wenn Angehörige anderer Orden beteiligt waren. Sie läßt sich jetzt durch den ersten Band des von NICHOLAS STANDAERT herausgebenen „Handbook of Christianity in China" [2.2] in der ganzen Fülle von Aspekten, Quellen und Literatur erschließen. Das Handbuch wendet sich an Experten und macht denjenigen, die sich dem Thema neu nähern, die Orientierung nicht leicht. Zur Einführung können Bücher von DAVID E. MUNGELLO [10.2], JONATHAN SPENCE [6.6], JEAN-PIERRE DUTEIL [6.6] und sogar noch, obwohl wissenschaftlich veraltet, von

George Dunne [6.6] empfohlen werden. Mungello hat auch die Beiträge der Jesuiten zur Chinakunde zusammenfassend dargestellt und in den geistesgeschichtlichen Kontext eingeordnet [6.6]. Catherine Jami konzentriert sich auf das wissenschaftliche Wirken der Jesuiten unter dem Kangxi-Kaiser, der im technologischen Wissen ein wichtiges Mittel der Staatskunst sah und sich damit deutlich von seinen konfuzianischen Beamten unterschied [6.3]. Das überragende Werk in deutscher Sprache stammt von Li Wenchao [6.6]. Kontinuierliche Forschungsarbeit, vor allem über einzelne Persönlichkeiten der Mission haben über viele Jahre Roman Malek u.a. von der Steyler Mission geleistet. Mehrere Biographien gibt es inzwischen über Matteo Ricci (1552–1610), den Begründer der Jesuitenmission in China. Michela Fontana hebt vor allem Riccis Leistungen im Wissenstransfer hervor [6.6]. Seine Kenntnisse von Mathematik, Geographie und Astronomie verschafften Ricci den Zugang zur Oberschicht der Literati und zum Kaiserhof. Auf der kartographischen Neugier des Jesuiten baut Mary Laven ihre Studie auf [6.6]. Betont kritisch zeigt sich R. Po-Chia Hsia [6.6: Forbidden city]: Er legt die Übertreibungen in der jesuitischen Selbstdartellung offen und nennt Beispiele für Riccis Fehlverhalten. Hsia sieht in dem berühmten Jesuiten keinen toleranten Multikulturalisten, sondern vielmehr einen geschickten, machtbewußten Taktiker im Netzwerk des Kaiserhofes. Entsprechend entmythologisiert er auch die jesuitische Akkommodationsleistung. Ähnlich kritisch ist sein Werke über Maria-Theresia von Fugger-Wellenburg (1690–1762), die hier vor allem als adlige Förderin der Jesuitenmission interessiert [6.6: Noble Patronage]. Ein biographischer Überblick über Tomás Pereira (1645–1798) ergibt sich aus der Lektüre der Beiträge eines von Artur K. Wardega, SJ und António Vasconcelos de Saldanha herausgegebenen Bandes [6.6]. Während die meisten Jesuitenmissionare sich im chinesischen Kernland aufhielten, gehört Ippolito Desideri (1684–1733) zu den wenigen Ausländern, die im 18. Jahrhundert nach Tibet vordrangen [6.6: Trent Pomplun]. Desideri war als Missionar zwischen 1715 und 1721 in Tibet unterwegs. Er setzte sich intensiv mit der Metaphysik des tibetischen Buddhismus auseinander und war einer der wenigen Zeitzeugen der politisch unruhigen Geschichte des Landes in dieser Periode. Seine Aufzeichnungen leisten einen wichtigen Beitrag zum ethnographischen Wissen über die im Westen stark mythologisierte Himalaya-Region.

Chinesische Christen

Der wichtigste Neuansatz der letzten zwei Jahrzehnte war die Erweiterung der Missions- zur Christentumsgeschichte und von dort der Übergang zur Betrachtung der Mission als besonderer Situation des Kulturkontakts. Dies impliziert die Frage, wie die Missionare und ihre Lehren von den Adressaten der missionarischen Bemühungen gesehen wurden. Der Sinologe Jacques Gernet wies in einem Pionierwerk über das 17. Jahrhundert auf die seiner Ansicht nach unüberwindlichen Unterschiede zwischen den Weltbildern chinesischer und abendländischer Gelehrter hin; andere Forscher, etwa Nicholas Standaert und Dominic Sachsenmaier [alle 6.6], sehen hingegen größere Spielräume für Dialog und gegenseitiges Verständnis.

Bis gegen 1800 saßen die Missionare am kürzeren Hebel. Sie waren der Willkür chinesischer Würdenträger ausgeliefert und vom Wohlwollen der Bevölkerung abhängig. Viel stärker als die relativ geschützten Jesuiten am Kaiserhof waren Missionare in den Provinzen solchen Gefahren ausgesetzt. DONALD E. MUNGELLO hat dies für die armselig ausgestattete, immer wieder von Verfolgungen heimgesuchte und dem Martyrium nahe Franziskanermission in der Provinz Shandong anschaulich geschildert [6.6: Spirit and the Flesh, bes. 26–30]. Ein anderes Beispiel dafür, dass von Außenseiterpositionen aus ein manchmal lebendigeres Bild der Mission gewonnen werden kann als aus der zentristischen Sicht der Beijinger Jesuiten-Mandarine, ist JAMES S. CUMMINS' Biographie des eigenwilligen Dominikaner-Fraters Domingo Navarette [6.6].

Außenseiter

Missionare des 19. Jahrhunderts

Die Literatur zur *zweiten* Phase der Missionsgeschichte ist weniger gut erschlossen und gebündelt; erst ein zweiter Band des „Handbook of Christianity" in China [N. STAENDART in 2.2] wird dies leisten. In seiner Gesamtdarstellung zeigt JEAN CHARBONNIER [7.5] wenig Verständnis für den Protestantismus. Für das 19. Jahrhundert ist immer noch PAUL A. COHEN [7.5, dazu Cohens Kapitel in JOHN K. FAIRBANK in 7.1: CHC, Bd. 10, 543–590] als Ausgangspunkt unverzichtbar. Einen guten Überblick über die Vielfalt der Fragen, die heute die Forschung beschäftigen, geben JEAN-PIERRE CHARBONNIER und DANIEL H. BAYS, die in ihren Werken bis zu den frühen christlichen Zeugnissen im 7. Jahrhundert zurückgehen [3.2.3]. Über diesen langen Zeitraum hinweg ist es dem Christentum gelungen, sich zu einem festen Bestandteil der chinesischen Kultur zu entwickeln. Anspruchsvolle Fallstudien verbinden drei Problemfelder: die innere Organisation des „missionary enterprise", dessen Verhältnis zur lokalen Gesellschaft und Kultur sowie seine Beziehungen zu einem von der Spannung zwischen Fremdbestimmung und wachsendem Nationalismus bestimmten politischen Kontext. Beispielhaft für einen solchen integrierten Ansatz ist THORALF KLEINS Arbeit über die Basler Mission unter den Hakka im Nordosten der Provinz Guangdong [7.5]. Dort geht es um Akkulturation und Akkomodation und auch um die „Funktionalisierung des Christentums durch die lokale Gesellschaft", also etwa das Hineinziehen der Missionare als Verbündete in lokale Konflikte, zunehmend durch modernisierungswillige Kräfte, die das Engagement der Missionare in Schulwesen und Gesundheitsversorgung schätzten. Einer der frühesten und einflußreichsten protestantischen Missionare war Karl F. A. Gützlaff (1803–1851). Seine Erfolge betrafen weniger die Mission als die Entwicklung eines modernen Pressewesens in China [zur Presse 7.5: ZHANG XIANTAO]. Über ihn hat JESSIE GREGORY LUTZ eine grundlegende Biographie geschrieben [7.5]. Die enge Verbindung zwischen Mission und Kolonialismus macht JOSEPH TSE-HEI LEE deutlich [7.5], „The Bible and the Gun" nennt er seine Darstellung des erfolgreichen Eindringens des Christentums im ländlichen Südchina. Es zeigte sich in der Bekehrung ganzer Dörfer zum Christentum sowie im wachsenden Engagement chinesischer Christen an der Seite der westlichen Missionare nach 1860. Der kulturelle Beitrag der Missionare zum Modernisierungs-

Christentum und Lokalgesellschaft

prozess Chinas schlug sich im Aufbau von Verlagen, Krankenhäusern, Kinderheimen und Schulen nieder. MICHELLE RENSHAW stellt in ihrer Studie das Beispiel amerikanischer Missionskrankenhäuser in den Mittelpunkt [7.3] Aus ihnen entwickelte sich das „New Chinese Hospital". Die Chinesen übernahmen freilich nicht ein einzelnes Krankenhausmodell aus dem Westen. Auch Einflüsse traditioneller chinesischer Krankenversorgung lassen sich in den modernen Institutionen entdecken. Das in solchen interkulturellen Projekten entstehende Konfliktpotential verdeutlicht XU GUANGQIU in seiner Studie über amerikanische Ärzte in Kanton [8.10]. Konflikte gab es im Umgang westlicher Mediziner mit der traditionellen chinesischen Medizin und beim Aufbau einer öffentlichen Hygieneerziehung, die der Autor angesichts der Verhältnisse in China als geradezu revolutionär bezeichnet [vgl. dazu auch 3.2.2: LIANG QIZI/CHARLOTTE FURTH].

Allerdings hatte die Missionsarbeit auch eine „modernisierende Wirkung" auf die Missionare selbst: Missionarinnen erlebten bei ihrem Engagement in China mehr Freiheiten und Gestaltungsräume als die meisten bürgerlichen Frauen im Europa des späten 19. Jahrhunderts [7.5: EUELNHÖFER-MANN]. Dass sich in der Republikzeit ein großer Teil des missionarischen Engagements auf das höhere Bildungswesen und auf medizinische Einrichtungen in den großen Städten konzentrierte, hat aus guten Gründen vor allem die amerikanische Literatur deutlich gemacht. DONG WANG schildert die Entwicklung des Canton Christian College zur Lingnan-Universität [7.5]. ERLEEN J. CHRISTENSEN verbindet geschickt ihre Missionsgeschichte der Hungerprovinz Henan in den 1940er Jahren mit umwelthistorischen und regionalgeschichtlichen Bezügen [8.10]. Neue Wege beschreitet RYAN DUNCH [7.5], indem er die konventionelle Frage nach dem Einfluß der Missionare in den Hintergrund rückt, sich den chinesischen Christen selbst zuwendet und abschließend erörtert, warum ein „protestant moment", also eine Christianisierungschance, Ende der 1920er Jahren im Strudel des chinesischen Anti-Imperialismus unterging.

„Cultural brokers"

Viel kann man sich von Detailuntersuchungen über die wichtigsten „cultural brokers" zwischen China und dem Westen erwarten. Was auf diesem Gebiet möglich ist, zeigen NORMAN J. GIRADOTS Biographie des Missionars und Übersetzers James Legge (1815–1897) [10.1] und ein Aufsatz WOLFGANG BAUERS über Legges deutsches Gegenstück, Richard Wilhelm [10.1]. Nicht zu unterschätzen ist die Rolle der in China aktiven ausländischen Marine- und Militärvertreter. CHESTER M. BIGGS, selbst ehemaliger US-Marine, weist auf die Veränderungen in der Stellung und Selbstwahrnehmung der amerikanischen Marines während ihrer Präsenz in China (1894–1942) hin [8.1]. Zu den „cultural brokers" zählen die zahlreichen westlichen „Berater", die sich in China zu schaffen machten, und so manche abenteuerliche Figur. Einen ersten Überblick gibt SPENCE [3.1]. Wie die Geschichte ausländischer Berater aus westlichen Archiven *und* chinesischen Dokumenten geschrieben werden kann, hat ELISABETH KASKE [7.3] gezeigt.

4.4 Imperialismus und Kolonialismus

Bewertung des Imperialismus in China

Die Aufregung der sechziger und siebziger Jahre um den Imperialismus in China hat sich gelegt. Niemand vertritt mehr die simplen Positionen, er sei für China *nur* gut, *nur* schlecht oder überhaupt belanglos gewesen. Seitdem die Historiker der VRCh nach Beginn von Deng Xiaopings Öffnungs- und zaghafter Liberalisierungspolitik ihre scharfe antiimperialistische Polemik mäßigten und auch reformerische Kräfte nicht mehr pauschal als Kollaborateure der Fremden denunzierten (diese alte Orthodoxie ist auch in einer Übersetzung schön faßbar: Hu Sheng, „Imperialism and Chinese Politics", Beijing 1955, 1981[2]) bewegte man sich einvernehmlich auf eine leicht modifizierte Bestätigung der „modernisierungstheoretischen" Auffassung John K. Fairbanks und seiner Schule zu:

Imperialismus und Modernisierung

Die ausländische Präsenz sei durch eine egoistische Interessenpolitik der Großmächte und des westlichen Privatkapitalismus motiviert gewesen und habe wenig Rücksicht auf die Bedürfnisse Chinas genommen, habe jedoch – als weithin unbeabsichtigte Nebenwirkung – China an die globale Modernitätsentwicklung angeschlossen. Manche chinesischen Historiker sehen bereits die frühen Treaty Ports als „Zentren der Modernisierung" [3.1: Xu Jilin/Chen Dakai, 166ff.]. Die Beiträge eines von Bryna Goodman und David S. G. Goodman herausgegebenen Bandes teilen diese Einschätzung und verbinden den Kolonialismus in seinen vielfältigen Ausdrucksformen in China mit Nationalismus, Modernität und Revolution [8.7].

Innerhalb eines solch allgemeinen Rahmens bleibt viel Raum für Differenzierungen. Manche Gebiete hat die Forschung ruhen lassen. Fairbanks Beschreibung und Deutung des Treaty Systems [klassisch dazu sein erstes Buch: 7.4] hat sich durchgesetzt und ist *communis opinio* aller Lehrbücher geworden.

„Informal empire" des Treaty-Port-Systems

Corinna Hana [Das Vertragshafensystem, in: VSWG 77, 1990, S. 175–211] hat das System der Treaty Ports als Vorläufer der neuerlichen Öffnung Chinas in den 1980er Jahren beschrieben; Jürgen Osterhammel hat es als eine Sonderform von „informal empire" interpretiert [3.2.1: Kap. 10–11]. Einige ältere Werke haben sich als unentbehrlich erwiesen: Peter Fay über die Ereignisgeschichte des Opiumkrieges und Chang Hsin-pao über den wichtigster Gegenspieler der Briten, Immanuel C. Y. Hsü über die Anfänge chinesischer Diplomatie innerhalb des westlich dominierten Staatensystems nach 1858 [alle 7.3]. Auch die neuere Forschung hält an der Zäsur der Opiumkriege fest [z.B. 7.3: H. G. Gelber]. Fa-ti Fan zeigt am Beispiel der britischen Naturwissenschaftler, wie sich der westliche Einfluß bis 1839 auf die unmittelbare Umgebung der Kanton-Faktoreien beschränkte, ab 1842 jedoch das gesamte Land als neues Forschungsfeld erschlossen wurde [6.5]. Nicht nur die westliche Mission, auch die Wissenschaft profitierte vom Kanonenboot-Imperialismus der Kolonialmächte. P. D. Coates, ein Autor mit eigener Diplomatenerfahrung, hat eingehend und eindringlich die Alltagspraxis britischer Konsuln in den Treaty Ports geschildert [7.4]. In Gesetzgebung und Rechtsprechung sieht Carol G. S. Tan die Pfeiler der britischen

Kolonialherrschaft in Weihaiwei [8.7]. T. G. OTTE verbindet die „China question" mit weltweiten imperial-kolonialen Konstellationen [7.3]. Die kolonialen Strukturen am Beispiel der Exterritorialität erklärt PÄR KRISTOFFER CASSEL im Vergleich zu Japan [6.5]. In Bezug auf die Eisenbahnrechte in der Mandschurei trat die koloniale Konkurrenz noch deutlicher hervor als in den urbanen Treaty Ports [8.7: SÖREN URBANKSY]. Eine besonders bedeutsame neue Deutung hat in zahlreichen Arbeiten der japanische Wirtschaftshistoriker TAKESHI HAMASHITA entwickelt [zusammenfassend: 7.4].

Eine besondere Position im kolonialen Auftreten der Briten in China nahmen zwischen 1800 und 1949 die Inder ein [ANAND A. YANG in 8.2: BICKERS/TIEDEMANN, 43–64.]. MADHAVI THAMPI unterscheidet drei verschiedene Phasen ihrer Stellvertreterrolle, die von einer wachsenden Politisierung gekennzeichnet waren [3.2.3].

Bilaterale Beziehungen

Außerhalb des Vertragssystems und neben ihm unterhielt China „normale" zwischenstaatliche Kontakte zu anderen Nationen. Referenzwerke zu den bilateralen Beziehungen im 19. Jahrhundert stammen von MICHAEL H. HUNT über die USA und SARAH PAINE über Rußland [beide 7.3]. Trotz zunehmenden Interesses an Spezialfragen fehlt noch eine Darstellung der deutsch-chinesischen Beziehungen, die in ähnlicher Art und Qualität aus deutschen *und* chinesischen Quellen gearbeitet ist; vorerst muss UDO RATENHOF [8.2] diese Lücke füllen, allerdings mit deutlichen Schwächen für die Zeit vor etwa 1895. Die *ökonomische* Penetration Chinas ist im britischen Fall schon früh untersucht worden [Nachweise der reichen Literatur: 3.2.1]. Neuerdings sind für – das relativ weniger wichtige – Frankreich wichtige Studien vorgelegt worden, vor allem von DIETER BRÖTEL [8.2: 223ff.] und ROBERT LEE [8.2]. BORIS BARTH hat die bisher beste Analyse der komplizierten chinesischen Eisenbahnfinanzen geschrieben [8.2], NIELS P. PETERSSON [8.2] die Unterschiede in Absichten und Stilen zwischen der Chinapolitik Großbritanniens, Frankreichs und Deutschland herauspräpariert und gezeigt, dass die britische Politik bereits um die Jahrhundertwende die Integration eines modernisierten China in eine liberal-kapitalistische Weltordnung ins Auge gefaßt hatte.

Ökonomische Penetration

Deutsche Kolonie Kiautschou

Der Aufschwung der „post-colonial studies" hat dazu geführt, auch die Kolonien der Großmächte in China genauer zu inspizieren. Der naheliegendste Fall, eine Kolonie mit allen vor 1914 üblichen Merkmalen, war das deutsche Pachtgebiet Kiautschou um die Hafenstadt Qingdao. HUANG FU-TEH [8.2] und KLAUS MÜHLHAHN [8.2] haben ihm beinahe gleichzeitig Monographien gewidmet, die sich zueinander komplementär verhalten. Konzentriert sich HUANG auf das örtliche koloniale Rechts-, Schul- und Gesundheitswesen und achtet dabei besonders auf kulturelle Schnittstellen, so setzt MÜHLHAHN die konkrete koloniale Erfahrung in den Zusammenhang des weiteren, von deutschen Missionaren und Wirtschaftsinteressen durchdrungenen Hinterlandes der Provinz Shandong und schließlich sogar der deutsch-chinesischen Beziehungen überhaupt. Im Anschluß an die vor allem in indischen und afrikanischen Kontexten entwickelte

„neuen Kolonialgeschichte" verwendet er ein komplexes Modell „interkultureller Kontakte", das weniger „Aushandlung" und „Hybridität" als einen tiefen, auch diskursiv-symbolisch stabilisierten Antagonismus zwischen Kolonisierern und Kolonisierten in den Mittelpunkt stellt. Eine gute Quellensammlung dazu hat MÜHLHAHN innerhalb der von MECHTHILD LEUTNER herausgegeben Reihe zu den deutsch-chinesischen Beziehungen zusammengestellt [1.5]. Eine ähnliche Perspektive findet sich in den missionsgeschichtlichen Beiträgen eines von JAN A. B. JONGENEEL herausgegebenen Bandes, der „Kulturimperialismus" durch den moderateren Begriff des „Kulturaustauschs" ersetzt [3.2.3].

Die Mandschurei in Japans Imperium

Die mit großem Abstand wichtigste Kolonie, die es auf dem chinesischen Festland je gab, war die japanische Mandschurei. Sie ist lange Zeit, der ungewöhnlichen Rechtslage und einer japanischen Sprachkonvention entsprechend, nicht als Kolonie eingestuft worden. Aber es herrschten hier von 1898 an, als das Zarenreich Stützpunkte in der Südmandschurei erwarb, bis zum japanischen Zusammenbruch im Sommer 1945 *de facto* koloniale Verhältnisse. Schon die Russen legten den Grundstein zu jenem eigentümlichen Eisenbahnkolonialismus, den die Japaner nach dem Russisch-Japanischen Krieg übernahmen und ausbauten. Das Zarenreich war nach der Teilung der Mandschurei in Einflußzonen 1906 auf den Norden beschränkt. Dort, um die Stadt Harbin, entwickelte sich eine Mischgesellschaft, die ROSEMARY QUESTED [8.7] für das Beispiel eines relativ integrativen und untertanenfreundlichen Kolonialismus hält, und an der DAVID WOLFF [8.7], dieses Urteil bestätigend, die dort gewährten Freiheiten auffallen, wie sie sonst im Zarenreich nicht bestanden. JAMES CARTER nimmt den chronologischen Faden dort auf, wo Wolff ihn fallenläßt, und beschreibt, wie Harbin nach der Oktoberrevolution zu Stadt auf chinesischem Boden wurde, die *de facto* weder eindeutig chinesisch noch russisch war: „an international city" [8.12].

Harbin als internationale Stadt

Japanische Imperialpolitik

Die japanische Kolonisierung durchlief zwei Phasen. Sie werden durch die Mandschurei-Krise von 1931–32 getrennt. Zu diesem für China epochemachenden Ereignis ist als quellensatte Gesamtdarstellung eines gescheiterten internationalen Krisenmanagements immer noch CHRISTOPHER THORNE [8.7] zu empfehlen, ergänzend DONALD A. JORDANS Darstellung des wenig bekannten japanischen Angriffs auf die Metropole Shanghai [8.7]; zur japanischen Seite gibt es eine eigene umfangreiche Literatur, darunter das klassische Werk der späteren UN-Flüchtlingskommissarin S. N. OGATA: „Defiance in Manchuria" (Berkeley 1964). Die erste Phase der japanischen Präsenz in der Mandschurei hat, die politische Geschichte und die lokalen Rivalitäten zwischen Chinesen und Japanern in den Vordergrund stellend, Y. TAK MATSUSAKA ausführlich behandelt [8.7]; zu den wirtschaftlichen Aspekten zusammenfassend RAMON H. MYERS [in: 8.7: P. DUUS, Abacus and the Sword, 101–132, für die Folgezeit nach 1931 8.7: DERS., M. R. PEATTIE, Japanese Wartime Empire 136–151]. In der zweiten Phase, 1932 bis 1945, unterstand die gesamte Mandschurei dem japanischen Militär und wurde äußerlich als scheinselbständiger Staat „Mandschukuo" (Manzhouguo) aufgeputzt. Es war das „Kronjuwel" [8.7: YOUNG, 21] des japanischen Imperi-

Kontroverses „Mandschukuo"

ums. LOUISE YOUNGS Buch ist das Flagschiff einer wachsenden Literatur zur „Modernität“ Mandschukuos. Sie schreibt eine Art von „histoire totale“ dessen, was sie ein „total empire“ nennt. Als Japanologin schenkt sie der Verflechtung Mandschukuos mit der Metropole, den japanischen Kolonialfunktionären und -siedlern und den zuweilen utopischen Visionen nationaler Erneuerung im kolonialen Raum mehr Aufmerksamkeit als der Lage der chinesischen Bevölkerung. Auch einer der führenden postmodern-theoretischen Köpfe der internationalen Chinahistorie, PRASENJIT DUARA, hat sich dem Thema zugewandt [8.7]. DUARA, anregend wie immer und auch leidlich gut informiert, sieht Manzhouguo in weltgeschichtlicher Perspektive als ein „missing link“ zwischen dem europäischen Kolonialismus alten Stils und einem moderneren „imperial nationalism“. MARIKO ASANO TAMANOI und ihre Mitautoren beschreiben die Mandschurei als Produkt geopolitischer Vorstellungen, die in unterschiedlicher Weise von Imperialismus, Kolonialismus, Panasianismus und Postkolonialismus geprägt waren [3.6]. Über Manzhouguo hat man sich nicht einigen können. Chinesische Historiker und Autoren der japanischen Linken erkennen in ihm eine besonders bösartige Form von Imperialismus, die japanische Rechte nach wie vor den Versuch, das verkommene China zu zivilisieren. Das Bild wird kompliziert durch die ambivalente Haltung der chinesischen Bevölkerung gegenüber der Besatzungsmacht [vgl. RANA MITTER in: 8.7: L. L. NARANGOA / R.CRIBB, 146–168].

„Imperial nationalism“

Ein dritter Ort, wo man koloniale Strukturen vermuten könnte, sind die Treaty Ports. Man sollte allerdings angesichts der eigentümlichen rechtlichen und faktischen Lage mit diesem Etikett nicht leichtfertig umgehen [vgl. OSTERHAMMEL in: 2.2: B. STAIGER, 394–397, 551–553, 804–806]. Kandidaten für städtischen Kolonialismus nennenswerten Ausmaßes wären ohnehin nur die Konzessionen und Niederlassungen in Shanghai, Tianjin, Hankou und Guangzhou und hier an erster Stelle die Internationale Niederlassung und die Französische Konzession in Shanghai. Die beste Darstellung der „kolonialen“ Verhältnisse auf dem Höhepunkt westlichen Einflusses, also in den 1920er Jahren, bietet NICHOLAS R. CLIFFORD [8.5: 16–78]. ROBERT BICKERS’ informativer Versuch einer Sozial- und Kulturgeschichte der britischen „expatriate communities“ in Shanghai und den anderen Treaty Ports leidet darunter, dass dafür der Begriff des „Siedlerkolonialismus“ dogmatisch überstrapaziert wird; auch bedenkt Bickers die Kolonialbriten mit einem unangemessenen Übermaß an Sarkasmus und Verachtung [8.7; besser ist die Kurzform 7.4]. Sachlicher beschreibt SHIRLEY ANN SMITH die kolonialen Erfahrungen der Italiener in China [8.7]. Ihre Präsenz beschränkte sich auf die Enklaven Beijing, Tianjin und Shanghai. In ihrer Eroberungsrhetorik standen sie freilich den Vertretern der „großen“ Kolonialmächte nicht nach. Insgesamt gesehen, erschöpft der Gesichtspunkt des Kolonialismus die Realität der Treaty Ports nicht. Die neuere Literatur hat denn auch stärker ihre Rolle als Laboratorien von Modernität herausgestellt.

Städtischer Kolonialismus

Ein neues, überaus ergiebiges Forschungsfeld ist die Geschichte des Opiums. Es ist vordergründig richtig und dennoch ein korrekturbedürftiges Klischee,

Opiumhandel und Drogenpolitik

dass der Opiumkrieg geführt wurde, um China „Opium aufzuzwingen". Dennoch: Die Importmengen des Rauschgifts stiegen bis 1879 kontinuierlich an. Wenn sie danach fielen, dann deshalb, weil mit dem Import auch der einheimische Mohnanbau legalisiert worden war und Einfuhren billig substituiert werden konnten. Opium war ein zentraler Faktor in der Geschichte Chinas zwischen den 1820er Jahren und der Unterdrückung der Drogenszene nach 1939. Die Opiumfrage berührte Volksgesundheit, wirtschaftliche Produktion und die Finanzierung sämtlicher Regimes auf chinesischem Boden. Sie betraf die Art der Einbindung Chinas in die Weltwirtschaft, führte China und die Großmächte zu internationalen Regulierungsversuchen zusammen und erreichte einen späten Höhepunkt mit der systematischen Nutzung von Opium und Heroin durch die japanischen Aggressoren. Aus der inzwischen reichhaltigen Literatur seien hervorgehoben: BROOK / WAKABAYASHI [3.2.1], BAUMLER [7.3] und ZHENG YANGWEN [3.2.4] als beste Übersichten über das Thema, J. Y. WONG [7.3] über den „zweiten" Opiumkrieg, der mehr mit der Droge zu tun hatte als der erste, CARL TROCKI [3.2.4] zur globalen und imperialen Dimension des Opiumhandels, und WILLIAM O. WALKER [8.7] zur internationalen Dimension aus westlicher Sicht. Ein Vergleich der beiden Anti-Opium-Kampagnen von 1838/39 und 1906/7 macht deutlich, dass sich die kaiserliche Regierung mit diesem Problem zunehmend an die Weltöffentlichkeit wandte und dabei selbstbewusst auftreten konnte [7.3: DIRK VETTER]. Nachwirkungen der militärischen Eskalation im Ersten Opiumkrieg mit Großbritannien sieht JULIA LOVELL auch heute noch im bilateralen Verhältnis [7.3]. Die innerchinesische Seite der Opium-Problematik erhellt LI XIAOXIONG am Beispiel der Provinz Sichuan: Ab den 1890er Jahren wurden von dort 40 % des chinesischen Konsums gedeckt; Opiumhandel prägte die Politik, Wirtschaft und Gesellschaft der Region [8.1]. Umgekehrt hat ZHOU YONGMING gezeigt, wie wichtig die Bekämpfung des Opiums in Programm und Praxis des chinesischen Nationalismus war – und wie wenig während der Republikzeit letztlich erreicht wurde [8.1].

China wurde in den Ersten Weltkrieg erst spät involviert. Dennoch sieht XU GUOQI im Einsatz von 140000 zivilen chinesischen Arbeitskräften hinter den Fronten in Frankreich und Großbritannien Chinas Eintritt in die internationale Staatengemeinschaft [8.7].

China in der Welt nach 1918

Die internationale Position Chinas nach dem Ersten Weltkrieg läßt sich nicht länger durch das „treaty system" oder irgendeine andere strukturierte Ordnung beschreiben. Der konventionell leitende Gesichtspunkt ist der des Gegensatzes zwischen chinesischem Nationalismus und einer späten, durch den Krieg veränderten Form von „Imperialismus", insbesondere dem japanischen. Das ist sicherlich weiterhin gültig. Einige Neuansätze sind aber zu vermerken, vor allem REBECCA KARL [8.7] über die internationale Selbstpositionierung der chinesischen Eliten nach der Jahrhundertwende und ZHANG YONGJIN über Chinas Brüskierung auf der Versailler Friedenskonferenz [8.7: Kap. 2]. EDMUND S. K. FUNG [8.7; zum selben Thema aus Taiwan 8.7: LI ENHAN] und JÜRGEN OSTER-

Informalisierung imperialer Präsenz

HAMMEL [8.7: Britischer Imperialismus] haben unabhängig voneinander die Informalisierung der britischen imperialen Präsenz „after empire“ aufgezeigt. Zunehmend waren die britischen Konzerne in China nicht mehr auf Konsuln und Kanonenboote angewiesen, um ihre Interessen durchzusetzen. Nachdem ein Sammelband von PETER DUUS u.a. [8.7: Japanese Wartime Empire] deutlich machte, dass die Japaner nicht nur mit militärischer Intrige und Gewalt vorgingen [auch schon *vor* 1937 in Nordchina, siehe 8.7: DRYBURGH], sondern auch ein gewaltiges Wirtschaftsimperium in China aufbauten, hat SEE HENG TEOW [8.7] entdeckt, dass es auch ein kulturelles Werben der Japaner um die chinesische Gunst gab. Die reichhaltige Literatur zu den für China spätestens seit dem Ersten Weltkrieg besonders wichtigen Beziehungen zu den USA erschließt sich über WARREN I. COHEN [3.2.1] und braucht daher hier nicht besprochen zu werden. Auch dieses Gebiet hat schon seine „Klassiker“, an erster Stelle DOROTHY BORG und AKIRA IRIYE [beide: 8.7].

4.5 Globalisierung und Internationalisierung

Vieles von dem, was bisher unter dem Problemtitel des „Imperialismus“ verbucht wurde, wird man heute eher als Aspekt von Globalisierung verstehen. Die gesamte umfangreiche Literatur über die Einbindung Chinas in weltwirtschaftliche Strukturen gehört dazu. Vom „alten“ Chinahandel vor 1840 war bereits die Rede, ebenso von den Globalisierungseffekten des Opiumhandels in der Epoche danach. Einen knappen Überblick über Kernfragen der Zeit von 1840 bis 1949 gibt ein Autor aus Beijing: LU AIGUO [3.2.4: 13–67]. Eine solche Zusammenfassung kann aber Fallstudien nicht ersetzen. Das klassische Exempel für einen exportorientierten Sektor von großer Bedeutung für große Teile des Landes ist die oft untersuchte Seidenwirtschaft, ein Sektor, bei dem China sogar – ohne größeren Erfolg – zur industriellen Verarbeitung des Rohstoffs überging [vgl. 7.3: L. M. LI; daneben zur Produktion: 8.11]. ROBERT GARDELLA hat eine ausgezeichnete Studie zum bis dahin gegenüber der Seide vergleichsweise vernachlässigten Tee-Export und seinen agrarischen Grundlagen vorgelegt. [3.2.4]. Ebenso empirisch solide wie theoretisch anspruchsvoll ist SUCHETA MAZUMDARS Buch *Sugar and Society in China* [8.11 L. S. BELL], das die Vorzüge einer undogmatisch gehandhabten marxistischen Analyse von Kommerzialisierung und sozialem Wandel zur Geltung bringt. Unter allen westlichen Veröffentlichungen seit den 1990er Jahren zur chinesischen Wirtschaftsgeschichte ist dieses Buch [neben 3.2.4: VON GLAHN] eine der originellsten.

Einbindung in die Weltwirtschaft

Tee, Seide, Zucker

Dass die Kommerzialisierung der Landwirtschaft oder, anders und eher soziologisch gesagt, die Integration der Dorfgesellschaft in umfassendere Austauschstrukturen in China seit Mitte des 19. Jahrhunderts primär exogen, also vom Weltmarkt angestoßen erfolgte, ist heute unbestritten. Ebenso einig ist man sich darüber, dass diese Prozesse nur durch minutiöse Regionalstudien aufge-

Wirkungen der Kommerzialisierung

klärt werden können. Seit RAMON H. MYERS' ebenso innovativer wie provokanter Untersuchung über Nordchina aus dem Jahre 1970 [8.11], die erstmals im Westen japanische Feld-„Surveys" aus den im Krieg besetzten Gebieten Nordchinas auswertete, sind zahlreiche solcher Studien angestellt worden. Auch hier wieder haben sich die alten extremen Standpunkte – Kommerzialisierung als Quelle von Unterentwicklung *oder* als notwendige Voraussetzung von Modernisierung – als zu grobschlächtig erwiesen. Jüngere Forscher gelangen zu differenzierteren Ergebnissen. Beispiele dafür sind KENNETH POMERANZ [7.6], KATHY L. WALKER und LYNDA S. BELL [beide 8.11].

Einen besonders weiten und besonders erfolgversprechenden Analyserahmen hat WILLIAM C. KIRBY in einem Ansatz gespannt, der zur Pflichtlektüre aller Chinahistoriker gehören sollte [8.7: Internationalization]. Kirby sieht China seit dem späten 19. Jahrhundert als eine vielfältig „durchdrungene" Entität, ein gewissermaßen von externen Kräften unterwandertes Gemeinwesen, dessen stabile Identität nicht vorausgesetzt werden könne. Von hier aus ergibt sich die Aufgabe, innere und äußere Faktoren in einer stringenten Weise miteinander zu verbinden. „Imperialismus" und „Globalisierung" wären dann Spezialformen einer allgemeiner gedachten Internationalisierung.

Internationalisierung

Das Zusammenspiel interner und externer Kräfte wird besonders deutlich in den Arbeiten des taiwanesischen Historikers KWANG-CHING LIU. Sie sind in einer zweibändigen englischen Übersetzung nun auch westlichen Lesern zugänglich [7.3]. In Anlehnung an das Paradigma seines Lehrers John K. Fairbank von „challenge and response" verknüpft Liu den im späten 19. Jahrhundert beginnenden Modernisierungsprozess an den zunehmenden Austausch mit dem Westen – vor allem mit den USA, die als einziger westlicher Staat nicht als Kolonialmacht auftraten. Zu den internen Faktoren zählt er die wirtschaftliche und politische Krise, deren Ursprünge bereits im 18. Jahrhundert liegen und die im 19. Jahrhundert zu Reformen zwang.

5. GESELLSCHAFTLICHE UND KULTURELLE MODERNISIERUNG

Nach Modernität und Modernisierung in China zu fragen, heißt nicht, der chinesischen Entwicklung gewaltsam einen westlichen Begriff aufzuprägen. Naitō Konan und die Kyoto-Schule der japanischen Sinologie stellten alte Klischees von chinesischer Stagnation radikal in Frage und suchten nach frühen Innovationsschüben. Später rang die Fairbank-Schule, die soziologischen Modernisierungstheorien in Gepäck, um Erklärungen für die Rückständigkeit Chinas. In der Historiographie der KPCh schien Modernität lange Zeit nur auf revolutionärem Wege erreichbar zu sein. Das Avantgardebewußtsein der Partei während ihrer Kampfzeit griff in einer unmodernen Welt finsterer Kräfte utopisch auf den späteren Aufbau von Sozialismus oder gar Kommunismus voraus. Als dann aber die Partei selbst nach dem Ende des Maoismus den eigenen Weg nicht länger als radikale Alternative zu westlicher Modernität, sondern als Kompromiß mit Kapitalismus und Konsumerismus verstand, da wurde „Modernisierung" (*xiandaihua*) zu einer offiziellen Zielbestimmung für die chinesische Politik. Nun durfte vom Westen gelernt werden, der „Imperialismus" wurde freundlicher kommentiert als zuvor, und die einstmals geschmähten „Reformer" früherer Perioden erfuhren (wenn sie nicht gerade der Partei offen in den Weg getreten waren) eine Rehabilitation. 1992 wurde es möglich, dass sich auf einer Tagung in Shanghai einige der besten amerikanischen und chinesischen Historiker zusammenfanden, um über historische Perspektiven der Modernisierung Chinas zu beraten. Daraus entstand, herausgegeben von FREDERIC WAKEMAN und WANG XI, ein außerordentlich instruktiver Sammelband, der das Entstehen einer west-östlichen „community" der Chinahistoriker eindrucksvoll dokumentiert [3.2.1]. Zur gleichen Zeit wurde es unverkennbar, dass die Bewohner von Chinas größten Städten einer geradezu schockartigen Modernitätserfahrung ausgesetzt waren. Solche Modernität, vermuteten Historiker zu Recht, musste Wurzeln in früheren Epochen, vorab der Republikzeit vor der Katastrophe des Kriegsbeginns 1937, haben [so der Ausgangspunkt der Beiträge in 3.2.1: YE WENHSIN]. PETER ZARROW und seine Mitautoren finden eine frühe Modernität in den Symbolen eines neuen Lebensstils, der den Alltag einer breiteren (städtischen) Bevölkerung veränderte [8.1].In den letzten Jahren ist China zu einem Hauptthema in einer neuen Debatte um „multiple modernities" (S. N. Eisenstadt) und asiatische Formen von Modernität geworden, an der sich auch chinesische Autoren mit historischem Verständnis beteiligen [etwa 2.5: WANG HUI in FUCHS / STUCHTEY, 309–333; vgl. das Themenheft 28:1, 2002, von *Geschichte und Gesellschaft*]. Auf eine Verortung der chinesischen Modernität in der eigenen Tradition stösst MYRON L. COHEN auf der Ebene der lokalen Clan-Gemeinschaften [3.2.2].

Innovationsschübe statt Stagnation

Kommunistische Bewegung und Modernität

Städtische Modernitätserfahrung

5.1 Ökonomische Parität und beginnende Unterentwicklung

Dynamischer Westen, statisches China?

Chinesische Historiker haben sich niemals mit der These von Chinas (oder gar ganz Asiens) natürlicher Rückständigkeit gegenüber Europa abgefunden. Eine solche These galt seit spätestens der Mitte des 19. Jahrhunderts in Europa als unbezweifelbar. Karl Marx sah keine Anzeichen fortschrittlicher Produktivkraftentwicklung unter Bedingungen eines fortdauernden asiatischen „Feudalismus", und seine späten Hinweise auf eine nicht-feudale „asiatische Produktionsweise" führten auf anderem Wege zu dem gleichen Ergebnis: der These von der „Stagnation" asiatischer Gesellschaften (manche späteren Beobachter ließen Japan als einzige Ausnahme gelten), von ihrer Unfähigkeit, aus eigener Kraft Anschluß an den Welttrend bürgerlicher Modernität zu finden. Ein Theoretiker nach dem anderen – von John Stuart Mill über Max Weber bis zu David Landes in unserer Zeit – suchte nach Gründen für fehlende wirtschaftliche und gesellschaftliche Dynamik. Man fand sie in erwerbsindifferenten Weltbildern, im Wesen des chinesischen Verhältnisses zur Natur, in der Unterdrückung privater Initiative durch einen „despotischen" Staat, im Mangel zwischenstaatlichen Wettbewerbs und fernhändlerischer Kontakte, in fehlenden Anreizen zu arbeitssparender Technologie, usw. [vgl. zu dem gesamten Themenkomplex den vorzüglichen Sammelband Brook / Blue sowie Karel Davids, beide 2.5].

Datenprobleme

Dieser Rückständigkeitsdiskurs hat sich in mindestens dreifacher Hinsicht als angreifbar erwiesen. *Erstens* kann man seine Voraussetzungen empirisch bestreiten. Es stellt sich dann die Frage nach den quellenmäßig beglaubigten Indikatoren für Chinas relativen Rückstand gegenüber dem Westen. Hier bewegen sich alle Beteiligten auf dünnem Eis. Die Vertreter der Stagnationsthese müssen einräumen, dass sogar die Wachstumsraten der britischen Wirtschaft im Zeitalter der Industriellen Revolution alles andere als unstrittig sind (d.h. vermutlich lange zu hoch angesetzt wurden) und sich diejenigen Chinas im 18. und 19. Jahrhundert erst recht nicht quantitativ fassen lassen, noch weniger zusätzliche Indikatoren zum Lebensstandard unterschiedlicher Teile der Bevölkerung. Diejenigen wiederum, die die ökonomische Leistungsfähigkeit Chinas noch bis ins 19. Jahrhundert hinein für „beinahe europäisch" halten, sollten sich mangels „harter" Beweise vor Übertreibungen hüten. Unbelegbare Thesen vom welthistorischen Übergewicht des „Ostens" (so J. M. Hobson, *The Eastern Origins of Western Civilization*, 2004) bringen wenig. Die ganze Debatte muss – auf der Grundlage vorwiegend qualitativer Quellen – ohne ideologischen Eifer mit Sorgfalt und Augenmaß geführt werden. Dabei stellen sich auch methodische Fragen des Vergleichs: Woran soll China gemessen werden – an ganz Europa? Oder ist es ratsam, jeweils die sozialökonomisch am höchsten entwickelten Regionen zu vergleichen, also etwa für das 18. Jahrhundert Jiangnan mit Südengland und den Niederlanden? Und ist ein synchroner Vergleich überhaupt sinnvoll? Ein Konsens in all diesen Fragen ist noch nicht in Sicht. Eine *zweite* Strategie stellt nicht geschätzte Wachstumsraten in den Mittelpunkt, sondern argumentiert struktu-

„Keime des Kapitalismus"

rell und verschiebt dabei die zeitlichen Schwerpunkte. Gefragt wird, warum in China nicht bereits *vor* der englischen Industriellen Revolution ein ähnlicher Durchbruch gelungen sei. Unausgesprochen wird hier vorausgesetzt, dass China über zahlreiche „prerequisites" für „modernes Wirtschaftswachstum" verfügte: eine differenzierte Naturkunde und Technologie (die JOSEPH NEEDHAM in gigantischem Maßstab dokumentiert hat; sowie SCHÄFER, beide 3.2.3), viel Erfahrung mit großräumigen handelskapitalistischen Aktivitäten, einen keineswegs immer marktfeindlichen Staat, usw. In den 1950er Jahren entwickelten marxistische Historiker in der VR China unter der Führung von Shang Yue, Ideen aus den dreißiger Jahren aufgreifend, die mit viel Belegmaterial ausstaffierte These, die Disintegration der „feudalen" Gesellschaftsordnung Chinas habe bereits in der späten Ming-Zeit begonnen und sich in die Qing-Zeit hinein fortgesetzt. Vor allem das Auftreten von großbetrieblichem Gewerbe (*gongchang shougongye*, wörtlich „Fabrikhandwerk") und die Intensivierung des binnenländischen Fernhandels seien als Indizien für „Keime des Kapitalismus" (*zibenzhuyi mengya*) zu werten. Diese Interpretation ging schließlich in ideologischen Turbulenzen unter: Ihren Vertretern wurde u.a. vorgeworfen, den „Kapitalismus" zu günstig beurteilt zu haben und deshalb die Notwendigkeit des „anti-feudalen" Kampfes der Revolution nicht hinreichend begründen zu können. Dennoch bleibt bemerkenswert, dass die heute in der westlichen Literatur vorherrschende hohe Bewertung des Modernitätsniveaus der Zeit zwischen etwa 1550 und 1800, einschließlich einer gewissen embryonalen „Bürgerlichkeit", im Prinzip auf ältere chinesische Deutungen zurückgeht. Seit den 1980er Jahren wurde diese Forschungsrichtung auf hohem empirischen Standard fortgesetzt [5.6: XU DIXIN/WU CHENGMING].

Ein *drittes* Argumentationsmuster ist ebenfalls skeptisch gegenüber quantitativen Beweisführungen und lehnt die klassische Marx-Mill-Weber-Annahme von der grundsätzlichen Andersartigkeit „orientalischer" oder „asiatischer" Gesellschaften ab, versucht aber den Anschluß an die neuere Literatur zur Geschichte der Industrialisierung herzustellen. Hier geht es nicht länger um „Sonderwege" und „Normalpfade". Die Monogenesis der sozio-ökonomischen Moderne in Westeuropa wird nicht geleugnet, ihre Ursache aber nicht in historischen Gesetzmäßigkeit oder einer überlegenen kulturellen Ausstattung Europas gesucht. Ausschlaggebend ist vielmehr, dass der Westen – genauer: England – auf allgemein verbreitete Probleme eine zunächst *geringfügig* bessere Lösung fand, aus der dann eine wachsende Divergenz in der Welt entsprang. Kenneth Pomeranz

Der wichtigste Vertreter dieser Auffassung ist KENNETH POMERANZ, als ausgewiesener Chinahistoriker mit den Quellenproblemen besser vertraut als viele andere Teilnehmer an der Debatte [3.5]. Für Pomeranz liegt der Schlüssel zum wirtschaftgeschichtlichen Auseinanderdriften von Europa und China in der Fähigkeit von Gesellschaften, die ökologischen Begrenzungen zu überwinden, die vor allem aus der Knappheit von Land resultieren. Aus zwei Gründen gelang es England – trotz vieler anderer günstiger Voraussetzungen in China – aus der ökologischen Falle auszubrechen: zum einen wegen der leichten Zugänglichkeit fossiler Energien (also von Kohle), zum anderen wegen der Vorteile des kolonialen „Plantagenkomplexes" in der Neuen Welt, der Baumwolle und kalorienreichen Zucker kostengünstig verfügbar machte. In China hingegen lagen die Kohlereserven weit entfernt von dem Wirtschaftszentrem am unteren Yangzi. Zugleich fehlte dieser hochentwickelten Region der Zugang zu landwirtschaftlichen Ressourcen aus peripheren Ergänzungsräumen. Sie geriet daher im 19. Jahrhundert in eine Abwärtsspirale aus Bevölkerungswachstum und zurückgehender landwirtschaftlicher Produktivität. Diese involutionäre Entwicklung stand den europäischen Beobachtern des 19. Jahrhunderts vor Augen und veranlasste sie, ihren negativen Befund unzulässigerweise in die chinesische Vergangenheit zurück zu projizieren. POMERANZ' komplexe (hier nur knapp skizzierbare) Deutung ist seit ihrer Veröffentlichung im Jahre 2000 lebhaft diskutiert worden und hat bereits weitergehende Forschungen angeregt. Es wird in Zukunft schwierig sein, in die älteren West-Ost-Dichotomien zurück zu fallen. Die Literatur der Zukunft wird nach Bezügen zwischen den Modernitätserfahrungen Chinas im 21. Jahrhundert und ihren Vorläufern in der Ming-Qing-Periode suchen.

5.2 Etappen staatlicher und nicht-staatlicher Reform

Reformschübe

„Reform" ist ein immer wiederkehrendes, seit dem späten 19. Jahrhundert dominant werdendes Leitmotiv der chinesischen Geschichte. Sie bedeutet die durch Institutionen abgesicherte Korrektur wahrgenommener Mißverständnisse ohne Sprengung der vorhandenen Form. Obwohl Reformen ganz unterschiedlich motiviert wurden und von unterschiedlichen Trägern ausgingen, läßt sich aus der Forschung doch ein einigermaßen einheitliches Themenfeld zusammenstellen. Dies wird dadurch erleichtert, dass nicht nur Revolutionen, sondern auch Reformversuche konzentriert und in Schüben auftreten. Um welche Schübe es sich handelt, ist weithin unstrittig, kontrovers wird ihre Bewertung diskutiert.

Wir übergehen hier das große Thema, wie immer wieder durch aktive Herrscher (etwa den Yongzheng-Kaiser) oder durch Initiativen aus dem Inneren des Staatsapparates Verbesserungen initiiert wurden. Eines der „Erfolgsrezepte" des klassischen chinesischen Staates war seine – im Vergleich zu vormodernen Ordnungen in anderen Teilen der Welt – hochentwickelte Fähigkeit zur Selbstkorrektur und zur Hervorbringung gemeinwohlorientierter Vorhaben. Wir setzen ein mit der „Privatisierung" von Reformimpulsen im 19. Jahrhundert, also die Erweiterung des Kreises reformerisch Handelnder über Bürokratie und Gentry hinaus.

Frühe Qing-Reformer

Auf die frühen Reformer in den Treaty Ports stießen westliche Forscher bei ihrer Beschäftigung mit der Öffnung Chinas nach dem Opiumkrieg. Neben dem vielseitigen und einflußreichen Gelehrten Wei Yuan (1794–1856), über den es in westlichen Sprachen noch keine ausführliche Monographie gibt [nur 7.3: LEONARD; über seine geographischen Interessen 3.4: P. A. KUHN: 77–100], sind hier eine Gruppe zu nennen, die man als „coastal reformers“ bezeichnet hat. PAUL A. COHENS Biographie Wang Taos [7.7], eines der Begründer der modernen chinesischen Presse, ein Sammelband von COHEN und SCHRECKER [7.7] und ein zusammenfassender Aufsatz von DAVID PONG [7.7: 25–61] stellen Denken und Wirken der wichtigsten Vertreter dieser Richtung vor. Die wenigsten Reformprojekte der 1860er bis 1880er Jahre zielten auf die Umgestaltung von Chinas politischem System. Sie hefteten sich eher an spezielle Notstände, zum Beispiel die Opiumsucht oder das weibliche Füßebinden. Eine Ausnahme stellte der Kaufmann und Reformer Zheng Guanying (1842–1922) dar. GUO WU zeigt in seiner Biographie, wie dessen Schrift „Warnende Worte in einem blühenden Zeitalter“ (*Shengshi weiyan*) die Aufmerksamkeit des Guangxu-Kaiser gewann und zur Entwicklung der Reformbewegung von 1898 beitrug [7.7].

Den hohen Beamten, die nach den Öffnungskriegen für die Außenbeziehungen des Reiches zuständig waren und die Unvermeidlichkeit eines gewissen Imports von technologischem und organisatorischem Wissen aus dem Westen einsahen, wurden in der älteren westlichen Forschung die Beschränktheit ihrer reformerischen Visionen und die Zaghaftigkeit ihrer Maßnahmen vorgeworfen. Den expliziten oder impliziten Urteilsmaßstab bildeten dabei die Vorstellungen der Modernisierungstheorie von einer normalen oder idealen Entwicklung und die Erfolge der gleichzeitigen Meiji-Reform in Japan. In der chinesischen Literatur, die solche Reformbürokraten wie Li Hongzhang früher als Verteidiger des Ancien Régime verdammte, wird heute immerhin ihr ehrliches Bemühen um eine Stärkung Chinas anerkannt. Auf westlicher Seite hat DAVID PONG [7.7] mit guten Argumenten für eine Ehrenrettung dieser „Selbststärkungs“-Reformer plädiert: Ohne eine starke kaiserliche Führung habe ihren durchaus respektablen Projekten jedoch ein günstiges Umfeld gefehlt.

„Selbststärkungs“-Reformer

Mehr Beachtung hat stets die Reformbewegung der „Hundert Tage“ von 1898 gefunden. Dies liegt zu einem Teil an der Dramatik des Umstandes, dass endlich ein Kaiser für einen tiefgreifenden Systemwechsel gewonnen werden konnte, dann aber selbst dem reaktionären Gegenschlag politisch zum Opfer fiel, teils an der intellektuellen Statur der Verfasser der Reformprogramme. Über den Senior unter ihnen, Kang Youwei, hat HSIAO KUNG-CHUAN ein definitives Werk vorgelegt [8.2; zum ideen- und sozialgeschichtlichen Hintergrund von Kangs brisanter Konfuziusinterpretation, der Neutext-Schule, vgl. 3.2.3: BENJAMIN A. ELMAN]. Nichts Vergleichbares existiert für Liang Qichao, der nach 1898 im geistigen und politischen Leben Chinas stärker präsent blieb als sein zunehmend in utopische Denksphären entrückender Lehrer Kang. Die feinfühligste Studie, bis zum Jahr 1907 reichend, stammt von CHANG HAO [8.2]. Die Heroen- und auch Märtyrerverehrung, die sich um die Reformer von 1898 rankt, hat eine revisionistische Neudeutung provoziert, die Kang und Liang nur Nebenrollen auf einer dicht bevölkerten politischen Bühne zuweist [8.2: L. S.K. KWONG, A Mosaic]. Anläßlich

„Hundert-Tage“-Reform von 1898

der Zentenarfeiern von 1998 kam die Hundert-Tage-Bewegung in der VRCh zu neuen Ehren. Ein amerikanischer Sammelband ignoriert die *Ereignisse* von 1898 und strebt eher ein facettenreiches Zeitbild an [8.2: REBECCA E. KARL/ PETER ZARROW]. Rechtzeitig zum Jubiläum erschien eine fundamentale Studie zu dem dritten unter den Reformern von 1898, dem nach dem Scheitern der Bewegung hingerichteten Tan Sitong [8.2: L. S. K.KWONG, T'an Ssu-t'ung].

„Neue Politik" vor 1911

Die bei weitem größte historische Aufwertung haben die Reformen erfahren, die die Qing-Dynastie nach dem Boxer-Fiasko einleitete und buchstäblich bis zu ihrem Sturz fortsetzte. Das alte Klischee, schon vor 1911 von der damaligen Propaganda der Revolutionäre in die Welt gesetzt, vom unaufhaltsam verrottenden Fremdregime der Mandschuren, kann als diskreditiert gelten. DANIEL H. BAYS hatte bereits 1978 einen der wichtigsten Urheber dieser Neuorientierung, den Generalgouverneur Zhang Zhidong, als pragmatischen Reformer vorgestellt [8.3], ICHIKO CHŪZŌ 1980 eine Gesamtdarstellung gegeben [in 7.1: JOHN K. FAIRBANK / LIU KWANG-CHING, 375–415]. Die stärksten Argumente dafür, die späten Qing-Reformen (oder „Neue Politik", *xinzheng*) als konstruktivsten vom Zentralstaat eingeleiteten Veränderungsschub vor Deng Xiaopings Reformen der frühen 1980er Jahre zu bewerten, hat DOUGLAS R. REYNOLDS, japanisches Material hinzuziehend, zusammengestellt [8.3], der sogar vorschlägt, von einer „Xinzheng-Revolution" zu sprechen. Japan, damals (trotz des demütigenden militärischen Sieges von 1895) in der chinesischen Öffentlichkeit noch nicht mit dem Stigma des aggressiven Imperialisten belastet, war als Vorbild wie als praktisch tätiger Entwicklungshelfer in diesen Jahren vor 1911 von großer Wichtigkeit, besonders bei der Neugestaltung von Militär, Polizei und Erziehungswesen. Weitere Felder der Reform werden allmählich aufgearbeitet. PHILIP C. C. HUANG hat dargelegt, wie die 1902 begonnene Revision des Qing-Rechts die spätere republikanische Gesetzgebung und Rechtspraxis prägte [3.2.1]. HUANG mit seinen Mitarbeitern (vor allem KATHRYN BERNHARDT) in Los Angeles hat sich im übrigen von allen westlichen Historikern am energischsten und erfolgreichsten für die Nutzung juridischer Quellen auch für die Sozialgeschichte eingesetzt [3.2.1: K. BERNHARDT/P. C. C. HUANG; 6.4: P. C. C. HUANG]. Aus einem methodisch ganz anderen Blickwinkel wird die Rechtsreform in LINDA POMERANTZ-ZHANGS Biographie von Wu Tingfang beleuchtet, einem in Hongkong ausgebildeten Juristen und Diplomaten, der im Übergang vom Kaiserreich zur Republik in hohen Ämtern eine Art von staatsnahem Liberalismus vertrat [7.7].

Einfluß Japans

Reformfelder

Die späten Qing-Reformen dürfen nicht allein als etatistische Rettungsversuche eines zum Untergang verdammten Systems verstanden werden. Wie es die Reformer von 1898 bereits erwartet hatten, reagierte der aufgeklärte Flügel der Spitzenbürokratie nach 1901 auf einen in der Öffentlichkeit verbreiteten Reform- und Modernisierungswillen. Dessen strukturelle Voraussetzung war das Entstehen einer „mittleren Sphäre" (*middle realm*) zwischen der kulturell homogenen Welt der Beamten-Gelehrten (*guan*) und der Welt des nicht durch das Prüfungssystem sanktionierten Volkes (*min*). In einem originellen, weit über

Frühe chinesische Öffentlichkeit

sein engeres Thema hinausweisenden Buch hat JOAN JUDGE [8.3] den Aufstieg einer durch die neuen Printmedien fundierten „Reformkultur" nach der Jahrhundertwende dargestellt. Der neue Sozialtypus der Journalisten oder Publizisten nahm sich selbstbewußt das Recht, Quellen politischer Autorität auf den Prüfstand zu stellen und über die Prioritäten der Nation zu räsonnieren. Unter der fortbestehenden Qing-Zensur war allerdings weiterhin Vorsicht geboten, und es war ratsam, radikalere Äußerungen nur unter kolonialem Schutz in Hongkong oder der Internationalen Niederlassung von Shanghai zu tun. NATASCHA VITTINGHOFF hat in ihrer exzellenten Geschichte des chinesischen Pressewesens zwischen 1860 und 1911 vor allem auch die Enklave Shanghai studiert [daneben A. JANKU, beide in 7.7, sowie BARBARA MITTLER, A Newspaper for China? Cambridge,Mass. 2004]. Die interpretatorischen Konsequenzen aus dem intensiven Studium der frühen chinesischen Zeitungen zieht RUDOLF G. WAGNER [7.7]. JEAN-PIERRE DRÈGES Geschichte des vielleicht wichtigsten chinesischen Verlages eröffnet, leider etwas knapp und pedantisch, einen weiteren Untersuchungszweig [8.13].

Reforminitiativen aus der Medienkultur

Ob das, was JOAN JUDGE quellennah und vorsichtig „the middle realm" nennt, einer HABERMAS'schen „Öffentlichkeit" ähnelt oder entspricht, hat zu einer lebhaften Debatte geführt, die vor allem seit 1990 in der Zeitschrift *Modern China* ausgetragen wurde. Sie weitete sich aus, zwangsläufig hin zum Thema des Verhältnisses von „Staat" – „Gesellschaft" und zur Frage, ob und wann in China Tendenzen in Richtung auf „Zivilgesellschaft" erkennbar seien. Einen Zwischenbericht gibt WAKEMAN [in 3.2.1: 325–351, daneben 8.2: RUDOLF WAGNER]. Der Ausgangspunkt der Diskussion war jedoch nicht JÜRGEN HABERMAS, dessen „Strukturwandel der Öffentlichkeit" von 1962 erst nach der englischen Übersetzung von 1989 weltweit Furore machte, sondern eine These der Chinahistorikerin MARY BACKUS RANKIN aus dem Jahre 1986 [7.7]. RANKIN, eine Expertin für die Provinz Zhejiang, war während der Phase des Wiederaufbaus im besonders stark verwüsteten Zhejiang nach dem Ende des Taiping-Aufstandes „the rise of the public sphere" aufgefallen. Darunter verstand sie die neuartige Bereitschaft der Angehörigen lokaler Eliten (Titelträger, Grundbesitzer, zunehmend auch wohlhabendere Kaufleute), „öffentliche" Aufgaben in Philanthropie und im Management von Gemeinschaftsanliegen zu übernehmen. Sie sah darin weniger eine Privatisierung von Staatsfunktionen durch eine egoistische Klasse lokaler Machthaber als den Ausdruck eines neuen Verantwortungsbewußtseins, das sich zugleich patriotisch und gegenüber Kaisertum und Bürokratie selbstbewußt gab. In diesem sich neu öffnenden extra-bürokratischen Betätigungsraum entfaltete sich – und zwar nicht nur in den Treaty Ports, in denen die „coastal reformers" wirkten – ein „civic activism", der sich zunächst vor allem in „privaten" Wohlfahrtsaktivitäten ausdrückte. Ein gutes Beispiel ist die Bekämpfung der Pest [3.3: C. BENEDICT, 131–149]. RANKINS „public sphere" ist also kein Raum herrschaftskritischen Räsonnements im Sinne von JOAN JUDGES „middle realm", sondern eine Erweiterung des herkömmlichen Handlungsfeldes lokaler Ober-

Zivilgesellschaft

Frühe Formen von „public sphere"

schichten, zunehmend auch in Richtung „self-government" [dazu sehr prononciert bes. 7.7: MA XIAOQUAN]. Was in diesem Feld geschah, läßt sich aber durchaus einem weit gefaßten Begriff der Reform zuordnen.

Zhang Jian, ein industrieller Reformer

Auch einige der frühesten Industriellen entwickelten ein reformerisches Ethos und setzten es in die Praxis um. Das bekannteste Beispiel ist Zhang Jian (1853–1926), der vom Bauernsohn zum Träger des höchsten Prüfungstitels aufstieg. In der kleinen Stadt Nantong (Provinz Jiangsu) errichtete er ein Modell industriebestimmten Zusammenlebens, in dem der Hebung des Bildungsniveaus der Bevölkerung eine besonders hohe Bedeutung zugemessen wurde. Der Fall ist auch historiographisch interessant, weil darüber gleichzeitig in den USA und in China anspruchsvolle Untersuchungen erschienen, die einen unmittelbaren Vergleich von Ansätzen aus zwei sich annäherenden Wissenschaftskulturen ermöglichen [SHAO QIN und ZHANG KAIYUAN / TIAN TONG, beide 8.12].

Private Reforminitiativen

Private Reformen im lokalen Rahmen kennzeichnen auch die Republikzeit vor 1937. Die Guomindang trat 1927 mit dem Anspruch an, das erste wahrhafte Reformregime in China zu sein. Dass dies nur *eine* Seite ihres Wesens war, wurde oben dargelegt. Im Vergleich zu staatlichen bewiesen private Reforminitiativen mitunter eine größere Ausstrahlungskraft. Einer ihrer wichtigsten Wirkungsbereiche war die lokale, also kooperativ-genossenschaftliche, nicht durch Zwangsmaßnahmen und generelle Gesetze durchgeführte „Rehabilitation" von Landwirtschaft und ländlicher Gesellschaft [dazu vor allem 8.6: KLAUS BIRK]. Einer der führenden Köpfe des Landes, Liang Shuming, engagierte sich auf diese Weise [8.13: G. S. ALITTO]. Eng verbunden mit der Gesundung des ländlichen Lebens war die Frage der Volksbildung : Eine moderne Gesellschaft benötigte eine literate und elementar aufgeklärte Bevölkerung. Debatten darüber begannen unmittelbar nach der Jahrhundertwende [8.1: PETER BAILE: 69ff.; 8.3: XIAO-PLANES]. Vor allem James Yen stellte dann seit 1925 in einem ländlichen Sozialexperiment in Dingxian (eher bekannt als „Ting Hsien", Provinz Hebei) den Zusammenhang zwischen Alphabetisierung und Dorfleben her [8.13: HAYFORD, To the People]. Von HAYFORD gibt es auch eine gute Gesamtdarstellung der Alphabetisierungsprogramme im modernen China [8.13: Literacy Movement], die einen wichtigen Teil dieser Bewegung der „rural reconstruction" (*nongcun jianshe*) ausmachten. Zur eher wissenschaftlichen als praktischen oder agitatorischen Hinwendung der Intellektuellen zum „Volk" und seinen Traditionen vgl. HUNG CHANG [8.1].

Volksbildung als Reformziel

Wie vieles andere, so brach auch die Reformtradition im Krieg ab. Es blieb einstweilen nur dringendste Nothilfe. Die Agrarpolitik der KPCh war unter Bedingungen der Zweiten Einheitsfront im Allgemeinen „reformerisch"-gemäßigt, doch hinter ihr lauerte stets die in günstigen Umständen aktualisierbare Theorie des Klassenkampfes auf dem Lande. Erst in den 1980er Jahren wurde der Staat abermals als Reformer tätig, jedoch voller Mißtrauen gegenüber jeglichem „civic activism".

5.3 Wissen und „Wissensklassen"

Vom „Mandarin" zum Intellektuellen

Die Geschichte der Gelehrten und später der Intellektuellen ist eine der offensichtlichsten Modernitätslinien: Aus dem konservativen „Mandarin" wurde während der ersten Hälfte des 20. Jahrhunderts über mehrere Zwischenstufen der kommunistische Ideologe. „Intellektuelle" in einem weiten Sinne haben in der Forschung von jeher viel Aufmerksamkeit gefunden. Die Sinologie als eine primär literatur- und philosophiegeschichtlich orientierte Geisteswissenschaft hat sich vorzugsweise mit dieser Personengruppe befasst. Keine andere Zivilisation hat sich ihrer Umwelt so stark durch den Sozialtypus des Wissensträgers eingeprägt wie die chinesische: Nicht der Krieger oder der Priester wurde in der Außenwahrnehmung der Neuzeit das Emblem der chinesischen Zivilisation, sondern der „Literatus".

Biographien

Das Genre der Biographie ist eine der Grundlagen einer Geschichte der Gelehrsamkeit. William T. Rowe [6.4.] hat es jüngst triumphal erneuert. Zuvor hatten Studien wie die von David Nivison [6.7], Jean-François Billeter [5.5] oder Benjamin I. Schwartz [7.5] die Möglichkeiten der Gattung erprobt. Zwei bereits erwähnte Grundwerke haben in jüngster Zeit die innere Welt des traditionalen Gelehrtentums epochenüberschreitend vermessen: Benjamin Elmans Geschichte des Prüfungswesens [5.6] und Thomas H. C. Lees noch weiter ausholende enzyklopädische (dabei etwas chaotisch organisierte) Darstellung der vormodernen Erziehung, vor allem der Eliteerziehung [3.2.2]. Beide Historiker schenken den Institutionen des Lernens und Forschens große Aufmerksamkeit. Seit dem Pionierwerk von Evelyn S. Rawski [6.4] hat man über Elementarerziehung gearbeitet. Einige der besten Aufsätze in einem grundlegenden Sammelband von Elman und Woodside [3.2.2] sind diesem Thema gewidmet.

Traditionelle Gelehrtenwelt

Die Frage der Modernisierbarkeit der traditionalen chinesischen Gelehrtenkultur ist lange unter dem Schatten des früh verstorbenen Joseph R. Levenson erörtert worden. Auch heutige Leser seiner Trilogie *Confucian China and Its Modern Fate* von 1958–65 [3.4] verstehen leicht, warum Levenson als der brillanteste amerikanische Sinologe seiner Generation galt. Levensons ungemein subtiles Werk kann hier nicht gewürdigt werden. Es genügt zu sagen, dass von seinen Grundthesen aus kein Weg zu einer Öffnung und Transformation des Weltverständnisses des traditionalen Gelehrtentums führt. Es war in Levensons Sicht eine tragische Elite im Untergang, die vor der Herausforderung des Westens scheiterte und scheitern musste. Bei allem Respekt vor solchem verfeinerten Kulturalismus hat die neuere Forschung, auch das dichotomische Modell von „China's response to the West" hinter sich lassend, eher die Aufnahme- und Synthesefähigkeit der chinesischen Zivilisation betont. Das ist auf der Ebene der Rezeption westlicher und japanischer Modelle in den Erziehungsreformen des frühen 20. Jahrhunderts geschehen [so 8.13: Ruth Hayhoe / Marianne Bastid]; das beste Gesamtbild des republikanischen Erziehungswesen zeichnet Suzanne Pepper, [8.1: Kap. 2–6] und ebenso hinsichtlich des Transfers westlicher und

Joseph Levensons Kulturalismus-Ansatz

Wissenstransfer aus dem Westen

japanischer Begriffe und ganzer Terminologien nach China. Auf diesem Gebiet haben deutsche Sinologen international maßstäbliche Grundlagenforschung geleistet und organisiert [8.1: WOLFGANG LIPPERT; 3.2.3: MICHAEL LACKNER und LACKNER / VITTINGHOF].

Der sozialgeschichtliche Übergang von *einer* Welt des Wissens in eine ganz andere kann unterschiedlich konzipiert werden. JON L. SAARI [8.1] und JONATHAN SPENCE [8.1] haben dies über generationsspezifische Erfahrungen getan. ROBERT CULP veranschaulicht am Beispiel von zwei Generationen Jugendlicher in der Republikzeit die Beziehung zwischen guter Schulbildung und bürgerlichem Engagement [8.13]. Entsprechend wichtig war die Modernisierung der Lehrerausbildung. Denn hier erfolgte die Lokalisierung globalen Wissens und die Vermittlung von Konzepten nationaler Identität [8.10: CONG XIAOPING, Teacher's Schools]. Eine größere Zahl von Autoren beschritt den Weg der Universitätsgeschichte. Über mehrere der großen Hochschulen, sowohl staatliche wie missionarische Gründungen, liegen Monographien vor, beginnend mit PHILIP WESTS Studie über die Yanjing-Universität, eine amerikanisch-protestantische Kaderschmiede [8.13]. Einen prägnanten Überblick gibt RUTH HAYHOE [8.13]; die methodisch überzeugendste Studie stammt von YEH WEN-HSIN [8.13], maßgebend zur Lage der Intellektuellen im nicht-besetzten China nach 1937 ist JOHN ISRAEL [8.8]. Noch viele Forschungsmöglichkeiten hält die Geschichte einzelner Wissenschaften und ihrer Institutionalisierung bereit. JAMES REARDON-ANDERSONS Buch über die Anfänge der (modernen) Chemie in China ist ein sehr gelungenes Beispiel dafür [8.13]. Andere Monographien behandeln die Soziologie [8.13: BETTINA GRANSOW], die Psychoanalyse [8.13: ZHANG JINGYUAN], die Ethnologie [8.13: G. E. GULDIN, The Saga of Anthropologie – eine weniger überzeugende Studie, weitaus besser ist WANG JIANMIN, Zhongguo minzuxue shi, Bd. 1, Kunming 1997] und die Geologie [8.13: GRACE YEN SHEN].

Universitätsgeschichte

Wissenschaftliche Institutionalisierung

5.4 MODERNE ERWERBSKLASSEN: ARBEITERSCHAFT UND BOURGEOISIE

Von der Kulturgeschichte zur Sozialgeschichte

Die in der neueren Historiographie Europas zu beobachtende „Wende" von der Sozialgeschichte zur Kulturgeschichte wiederholt sich im chinesischen Fall nicht. Hier verläuft die Entwicklung umgekehrt: Erst kam die sinologische Kulturgeschichte, dann eine Sozialgeschichte, die lange in der Spannung zwischen Marxismus und Modernisierungstheorie stand. Auch wenn die alte Frage nach der Klassenstruktur oder sonstigen Stratifikation der chinesischen Gesellschaft ihren Sinn nicht verloren hat, so begeistern sich jüngere Historiker auch hier für Identitäten, Diskurse und Milieus. Dass sich derlei schlecht für Allgemeinerungen eignet, mag erklären, warum es noch keine ausgearbeitete Sozialgeschichte des modernen China gibt [als Meta-Geschichte vgl. 2.5: OSTERHAMMEL].

Arbeitergeschichte

Die beiden wichtigsten Erwerbsklassen der industrialisierten Moderne, Arbeiterschaft und Bourgeoisie, finden sich selbstverständlich auch in China. Die frühe Arbeitergeschichte, die ihren westlichen Höhepunkt bei JEAN CHESNEAUX, dem Anfang der sechziger Jahren führenden französischen Historiker des modernen China erreichte [8.5], verknüpfte Arbeiterleben und Arbeiterbewegung; ALAIN ROUX [8.6; 8.12: HENRIOT/ROUX] und ELIZABETH J. PERRY [8.1] setzen diese Tradition heute fort. In die Lebenswelt von Arbeiterinnen und Arbeitern sind EMILY HONIG und GAIL HERSHATTER [beide 8.12] besonders tief eingedrungen. Aber die Arbeitergeschichte scheint einstweilen auf einem Nebengleis gelandet zu sein.

Kompradore

Größeren Zuspruch erfreut sich die chinesische Bourgeoisie. Ihre „Vorläufer" – freilich nicht in direkter Genealogie – sind die Kaufleute der Ming- und Qingzeit [6.4: KWAN MAN BUN; R. J. LUFRANO]. Im 19. Jahrhundert erscheint in den Treaty Ports die neue Figur des Kompradors, der im Rückblick vom 20. Jahrhundert her noch als eine ziemlich vormoderne Kaufmannsgestalt erscheint, jedoch zu seiner Zeit den Methoden des westlichen Kapitalismus durchaus gewachsen war und sie für sich zu nutzen verstand [7.4: HAO YEN-P'ING, Comprador; Commercial Revolution]. Das Thema lag auch für marxistische Historiker in China auf der Hand und wurde vor allem von HUANG YIFENG kompetent behandelt [Jiu Zhongguo de maiban jieji (Die Kompradorenschicht des alten Chinas), Shanghai 1982]. Die Geschichte einer industriellen und finanziellen „Bourgeoisie" beginnt in China erst um die Jahrhundertwende. Die bedeutende Historikerin MARIE-CLAIRE BERGÈRE hat sie schon früh zum Gegenstand ihrer Studien gemacht, die sich international zu einem der wichtigsten Œuvres zur chinesischen Sozialgeschichte summieren [kulminierend 8.12: L'âge d'or]. BERGÈRE begründet mit Sorgfalt die Übertragung des europäischen Begriffs (als „Bürgertum" kaum zu übersetzen) auf chinesische Verhältnisse. Auf sie geht auch die vielfach übernommene Bezeichnung der Periode 1912 bis 1927 als „goldenes Zeitalter der chinesischen Bourgeoisie" zurück. Mittlerweile gibt es Untersuchungen über Unternehmer als Individuen und soziale Gruppierung in den verschiedensten Wirtschaftsbereichen. Die Verbindung von Sozialgeschichte und Unternehmensgeschichte [z.B. SHERMAN G. COCHRAN, QUAN HANSHENG, beide 8.10] hat sich dabei als besonders fruchtbar erwiesen. ELISABETH KÖLL hat erstmals die Entwicklung einer ländlichen Unternehmensgruppe im Übergang von der Agrar- zur Industriegesellschaft beschrieben [8.10]. Ihre Studie spiegelt zugleich die Bedeutung regionaler Eliten im frühen Industrialisierungsprozess Chinas wider. Die Evolution des chinesischen Bankwesens – ein Thema, das in unmittelbarer Nähe zu dem des finanziellen Imperialismus steht – ist jüngst in parallel erschienenen Büchern von JI ZHAOJIN [8.12] und, noch gründlicher, CHENG LINSUN [8.12] analysiert worden. CHENG kann auf der Grundlage neu zugänglicher Archivquellen zeigen, dass, anders als in BERGÈRES These über die Industriellen, nicht die zwanziger Jahre, sondern das Nanjing-Jahrzehnt (1927–1937) das „goldene Zeitalter" der Privatbankiers war, die auch einen wichtigen Beitrag zur Finanzierung der beginnenden Industrialisierung leisteten. XU XIAOQUN hat sich als erster mit den „professionals" in Shanghai

Goldenes Zeitalter der Bourgeoisie

Privatbankiers

zwischen 1912 und 1937 beschäftigt: Rechtsanwälten, Ärzten und Journalisten [8.12: bes. Kap. 6–8; zur Entstehung der Advokatur auch A. W. CONNER, in 3.2.1: BERNHARDT/HUANG, 215–248], gesellschaftlichen Gruppen, die in dem industrie- und handelsorientierten Bourgeoisiebegriff früherer Autoren keine Rolle spielten. Allmählich entsteht auch so etwas wie eine chinesische „Bürgertumsforschung".

Die Entwicklung dieser Träger auch eines politischen „middle ground" wurde durch den Krieg gebremst und durch den „Aufbau des Sozialismus" nach 1949, also die Verstaatlichung aller Lebensbereiche, sowie vollends durch die Verfolgung alles „Bürgerlichen" während der Kulturrevolution (1966–1976) abgebrochen. Die Geschäftsbourgeoisie überdauerte auf dem chinesischen Festland immerhin in den Fällen einzelner Familien – ohne dabei freilich ihr Eigentum in nenneswertem Umfang retten zu können; einer der Söhne des namhaften Textil-Großfabrikanten Rong Desheng tauchte schon 1978 im Amt eines Vizepräsidenten des Präsidiums des Nationalen Volkskongresses wieder auf [8.8: P. M. COBLE, 138]. Die Bourgeoisie fand ihre wichtigste Basis außerhalb des Machtbereichs der KPCh, vor allem in Hongkong und Nordamerika (auch Kanada), und baute von dort aus ihre zum Teil transkontinentalen „ungrounded empires" auf (siehe auch unten Abschnitt 10).Erst in der heutigen chinesischen Gesellschaft wird wieder der Anschluß an „bürgerliche" Kontinuitäten gesucht, freilich stark überlagert durch die Rollenmodelle der nachbürgerlichen amerikanischen Konsumgesellschaft.

Geschäftsbourgeoisie

6. LOKALITÄTEN

6.1 Dörfer und Distrikte

Dank der chinesischen Quellengattung der Lokalbechreibung ist über das vormoderne Landleben relativ viel bekannt [z.B. 3.3: G. Keith Schoppa; 3.2.4: Liu Yonghua und Robert B. Marks]. Besondere Beachtung hat in der Forschung die ländliche Region Sibao in der Provinz Fujian gefunden. Liu Yonghua hebt den dominierenden Einfluss von Gentry und Ritenmeistern (*lisheng*) auf die dörfliche Entwicklung hervor; Cynthia J. Brokaw illustriert am lokalen Buchdruck die erfolgreiche Ausbreitung der Populärkultur [beide 3.2.4]. Ein biographischer Zugang zum Landleben in der Übergangsperiode von der Späten Kaiserzeit zur Republik wählt Henrietta Harrison [8.11]. Die moderne Dorfforschung begann in den 1930er Jahre, als die ersten auf teilnehmender Beobachtung beruhenden ethnologischen Monographien angefertigt [berühmt und einflußreich: Fei Xiaotong, Peasant Life in China, 1936] und großangelegte Datensammlungen über Landnutzung und Eigentumsverhältnisse durchgeführt wurden [vor allem: John L. Buck, Land Utilization in China, 1937]. Diese Literatur enthielt selbst schon historische Überlegungen und hat später als Quellenmaterial für ihre eigene Entstehungszeit gedient. Noch reicher ist die Dokumentation, die japanische Soziologen und Ethnologen in der Mandschurei und im besetzten Nordchina ansammelten; vergleichbare „Survey-Daten" fehlen für andere Regionen Chinas. Über die Schlüsse, die aus diesem Material zu ziehen seien, wurde vor allem in den 1970er Jahren im Westen heftig gestritten. Im Hintergrund stand eine marxistische Analyse der „Klassen" auf dem Dorfe, die Mao Zedong bereits 1926 in später kanonischer Form entwickelt hatte und die von Anfang an als Instrument revolutionärer Freund-Feind-Definition gedacht war [1.5: Stuart R. Schram, Bd. 2, 303–309]. War „der" chinesische Bauer ein ausgebeutetes und unterdrücktes Opfer parasitärer Grundherren und Lokaltyrannen, oder war er ein Kleinunternehmer, dem es nur an Land und an Zugang zu billigem Kredit fehlte? Natürlich wurde nicht so grobschlächtig debattiert, sondern nach Zeit, Raum (mit dem wichtigen Unterschied zwischen Nord- und Südchina) und sozialer Lage differenziert. Doch die Hintergrundfrage, ob die kommunistische Revolution eine Befreiung der Bauern bedeutete oder nicht, trug zu einer fortdauernden Politisierung der Debatte bei. Sie muss hier nicht ausführlich referiert werden, da auf Forschungsberichte [8.11: Chen yixin, Little] verwiesen werden kann.

Moderne Dorfforschung

Maos Konzept ländlicher Klassen

Den Schlußpunkt unter zwei Jahrzehnte der Kontroverse setzte 1985 und 1990 Philip C. Huang mit einem zweibändigen Werk, das in gewisser Weise eine mittlere Interpretationslinie auszog [8.11]. Aus der (sino-) marxistischen Analysetradition übernahm er den Klassenbegriff sowie gewisse normative Vorstellungen von der Entstehung des Kapitalismus aus der „kleinen Warenproduk-

Philip C. Huang und die chinesische Agrarökonomie

tion“, während er auf das in der chinesischen Literatur lange vorherrschende Konzept der „feudalen Ausbeutung“ verzichtete. Einer neoklassischen oder „formalistischen“ Analyse, welche den chinesischen Bauern als rational kalkulierenden, seine Marktchancen risikofreudig nutzenden Kleinunternehmer betrachtet, bestritt er ihren Absolutheitsanspruch, ohne zu bezweifeln, dass die Bauern Nordchinas innerhalb eines durch Bevölkerungsdruck und soziale Ungleichheit begrenzten Handlungsspielraums ihre Entscheidungen durchaus nach Kosten-Nutzen-Kriterien trafen. Dem „moral economy“-Ansatz schließlich billigte er eine gewisse Bedeutung für das Verständnis der ländlichen Arbeitsbeziehungen zu, distanzierte sich aber von romantischen Übertreibungen, die die bäuerliche Welt als einen geschlossenen vormodernen Wertekosmos auffassen. Zusätzlich wurden weitere Konzepte der Sozial- und Wirtschaftsgeschichte herangezogen: „Involution“, „Semi-Proletarisierung“ oder „Proto-Industrie“. Seinem eigenen Ziel einer „integrated analysis“ der chinesischen Agrarökonomie kam Huang dank eines solch reichhaltigen theoretischen Repertoires und exzellenter Quellenkenntnis ziemlich nahe. Obwohl seine Bände nicht unkritisiert geblieben sind, hat es seither auf diesem Forschungsgebiet wenig Bewegung gegeben.

6.2 Städte

Schlechtes Image der Städte

Vier Jahrzehnte lang, vom Ende der 1930er bis zum Ende der siebziger Jahre, spielten sich die entscheidenden politischen Entwicklungen in China auf dem Lande ab. Die Städte hatten ein schlechtes Image als Ausbeuter des Landes und Sitz von Dekadenz und Korruption. Dies spiegelte sich in der Geschichtsschreibung wider. Westliche Historiker stellten sich dem kniffligen Problem, weshalb sich in China – und weltweit beinahe nur dort – eine Bauernschaft durch eine bolschewistische Partei mobilisieren ließ. Demgegenüber schienen die Städte keine größere intellektuelle Herausforderung zu bieten. Dies änderte sich nach 1980, als die Städte von der nach-maoistischen Führung der KPCh zu Motoren der Modernisierung und Schaukästen international vorzeigbarer Modernität erklärt wurden. Die historische Stadtforschung hat daher die Forschung über das ländliche China an Dynamik weit hinter sich gelassen.

Grundwerke zur Stadtgeschichte

Grundlegend für die neuere Erforschung der chinesischen Stadtgeschichte sind immer noch zwei Sammelbände aus den siebziger Jahren [3.2.1: Elvin/Skinner, Skinner], die auf relativ undogmatische Weise den theoretischen Vorgaben Skinners folgen. Ganz anders angelegt ist ein Werk von N. S. Steinhardt [3.2.4], das sich besonders gut für eine erste Annäherung an die chinesische Stadtgeschichte eignet.

Beispiel Suzhou

Eine mustergültige, an der Entwicklung von Stadtbild und Stadtfunktionen ausgerichtete und das gesamte Kaiserreich von Han bis Qing umfassende Geschichte einer einzelnen Stadt, Suzhou, bietet Xu Yinong [3.2.4]. Si-yen Fei zeigt am Beispiel Nanjings, dass der urbane Wandel im späten Kaiserreich über die bislang beschriebene Kommerzialisierung hinausging [5.3]. Lokale Akteure veränderten den städtischen Raum, der seine traditionelle Rolle als staatliches Verwaltungszentrum zunehmend verlor.

Herausragende Rolle Shanghais

Über keine chinesische Stadt des 19. und 20. Jahrhunderts ist mehr geschrieben worden als über Shanghai. Selbstverständlich spielt Shanghai in der gesamten allgemeinen Literatur über die Treaty Ports eine herausgehobene Rolle. Oft wird Shanghai als *der* Treaty Port schlechthin behandelt, so etwa in HAO YEN-P'INGS, weitgehend auf Forschungen von Historiker aus der VRCh beruhendem Buch über den sino-ausländischen Hybrid-Kapitalismus des 19. Jahrhunderts [7.4: Commercial Revolution]. Der überwiegende Teil der Literatur zur städtischen Phase der Revolution ist zugleich Shanghai-Literatur (vgl. bes. Abschnitt 8.12 der Bibliographie). Die Geschichte Shanghais von den Anfängen bis zur Gegenwart läßt sich mittlerweile aus zwei wichtigen Büchern in der Vogelschau überblicken: LINDA COOKE JOHNSON [7.4] weist nach, dass Shanghai auch eine Geschichte vor der Ankunft der Briten (im Jahre 1843) besaß, und verfolgt im Detail die Entstehung des International Settlement und des ausländisch dominierten Salzinspektorats. Daran schließt sich chronologisch die Geschichte des „geöffneten" Shanghai bis zur Gegenwart an, die MARIE-CLAIRE BERGÈRE im Jahre 2002 in der Reihe der Stadtgeschichten des Verlages Fayard vorgelegt hat [8.12]. Sie läßt wenig zu wünschen übrig, es sei denn eine proportional etwas zu kurz geratene Behandlung der zweiten Hälfte des 19. Jahrhunderts. BERGÈRES Periodisierung ist aufschlußreich: Bis zur Revolution von 1911 war Shanghai der größte und wichtigste unter den schließlich 92 „offenen Häfen" oder Vertragshäfen (von denen die allermeisten kommerziell und erst recht kolonial belanglos waren). Danach wurde es für genau 25 Jahre zu etwas in China Einzigartigem: einer Metropole. Als Ursprungsort des modernen chinesischen Kapitalismus und Brandherd der Revolution war Shanghai bereits bekannt. Die neuere Forschung, die bei BERGÈRE benutzt wird [als Querschnitt durch die heute als aktuell empfundenen Themen vgl. 3.2.4: FREDERIC WAKEMAN / YEH WEN-HSIN], hat drei zusätzliche Aspekte erkundet: erstens die oft grundlos romantisierte Shanghaier Unterwelt der Gangster, Bordelle und Opiumhöhlen [8.6: FREDERIC WAKEMAN; 8.12: HENRIOT; HENRIOT/ROUX; B. G. MARTIN]; zweitens den kosmopolitischen Charakter der Großstadt, die nicht nur Immigranten aus allen Teilen Chinas anzog, sondern auch russische Gegner des Bolschewismus und jüdische Flüchtlinge aus Mitteleuropa [etwas oberflächlich, aber als Zusammenschau und zur Erschließung weiterer Literatur geeignet ist 8.12: M. R. RISTAINO; über die jüdische Immigration vgl. 8.8: D. KRANZLER, sowie als Quelle 1.5: E. G. HEPPNER]; wie sich die koloniale Perspektive der Ausländer mit einer modernen Diplomatiegeschichte verbinden lässt, zeigt JOHN D. MEEHAN [10.1]; drittens die Entstehung jener Art von Konsumkultur, die sich heute wieder am selben Ort und ebenso in anderen chinesischen Millionenstädten ausbreitet [8.12: S. COCHRAN]. Der Enthusiasmus, mit dem heute nach immer neuen Beispielen für Shanghais frühreife „Modernität" gesucht wird, hat mittlerweile mitunter etwas

Ursprünge Shanghais

Vertragshafen und Metropole

Shanghais Unterwelt

Kosmopolitismus

Shanghai als Konsumzentrum

Repetitives. Die analytischen Durchbrüche gelangen in den 1990er Jahren auf zweifache Weise: zum einen durch den Literatur- und Medienwissenschaftler LEO OU-FAN LEE [L. O. LEE; vgl. auch ZHANG YINGJIN, beide 8.12], zum anderen durch den Sozialhistoriker LU HANCHAO [8.12], der ein besonders scharfes Auge für die durch kein klassenanalytisches Raster erfaßten „kleinen Leute" besitzt und in ungewöhnlich innovativer Weise eine Vielzahl qualitativer und quantitativer Methoden miteinander verbindet. Lu interessiert sich auch für in Milieus ausgeformte Identitäten, die sich vielfach aus der Herkunft aus derselben Provinz Chinas ergeben. Das maßgebende Werk über solche Herkunftsnetzwerke hat BRYNA GOODMAN geschrieben [8.12]. ELLEN JOHNSTON LIANG analysiert Kalenderposter als Symbole des Modernisierungsprozesses im späten 19. und frühen 20. Jahrhundert und zeichnet zugleich ein Bild der Shanghaier kommerziellen Werbekunst in dieser Übergangsepoche [8.10]. Am Beispiel von Shanghaier Banken, Verlagen und Kaufhäusern veranschaulicht YEH WEN-HSIN den Doppelcharakter der Modernisierungsgeschichte dieser Stadt, die sowohl als Motor für das ganze Land diente, wie auch einen Sonderfall darstellte [8.12]. Letzeres verlor sich im Zuge der kommunistischen Machteroberung wie sie X. L. WOO an Beispiel von Familienschicksalen dokumentiert: Noch vor Maos Sieg 1949 entwickelte sich die Stadt zu einem urbanen Mittelpunkt von Klassenkämpfen und Massenkampagnen [8.12]. Beijing beginnt später als Shanghai im Westen seine Stadthistoriker zu finden. Mehr als ein Ersatz für eine noch nicht geschriebene Stadtgeschichte [jetzt aber sehr fundiert: STEFANO CAMMELLI, Storia di Pechino, Bologna 2004, mit Schwerpunkt auf Yuan bis Qing] ist jedoch SUSAN NAQUINS voluminöses Werk über die Tempel der Stadt von der Ming-Zeit bis zum Boxeraufstand, als die Invasion der Stadt erst durch die Rebellen, dann durch die ausländischen Invasionstruppen der Aura der Qing-Hauptstadt schweren Schaden zufügte [5.6]. Die Einschränkung des Blickwinkels auf die für Gesellschaft und Kultur Beijings zentrale Institution der Tempel erlaubt es Naquin, alle möglichen Fragen anzusprechen: von der Architektur der Bet- und Opferhäuser über die religiösen Vereinigungen, die mit ihnen verbunden waren, bis hin zur Tempelpatronage durch das Kaiserhaus. Entstanden ist eine Stadtgeschichte weder „von oben" noch in allzu enger Sicht ganz „von unten", also gewissermaßen aus einer mittleren Beobachterposition, die Ausblicke nach beiden Richtungen gestattet. Während sich in Shanghai die Prozesse der Modernisierung veranschaulichen lassen, verbindet die Stadtgeschichte Beijings Aspekte von Tradition und Wandel. VINCENT GOOSSAERT hat dies in seiner sozialhistorischen Studie über die daoistischen Mönche der Stadt gezeigt [3.2.3]. So führte die Kommerzialisierung ihrer Dienste als Vermittler gegenüber der kosmischen Ordnung in der urbanen Gesellschaft der späten Qing- und Republikzeit auch zu antiklerikalen Reaktionen. In der Geschichte des modernen Daoismus spiegelt sich zudem die generelle Religionskrise dieser Epoche wider.

„Kleine Leute"

Stadtgeschichte Beijings

Beijings städtische Milieus

Für das frühe 20. Jahrhundert, als Beijing zunächst der Sitz grauer Militaristenregime, dann, nach der Verlagerung der Hauptstadt nach Nanjing, nur noch ein „backwater“ war, gab es lange nichts nichts Vergleichbares. Eine Pionierstudie von David Strand [8.12] sagt nicht sehr viel über die Spezifik Beijings, beschreibt aber anschaulich verschiedene Milieus in der Stadt während der frühen Republikzeit. Strand diskutiert die sich wandelnden Beziehungen zwischen Staat und Gesellschaft und das Entstehen eines politischen Bewußtseins in der Stadtbevölkerung. Neuerdings hat Madeleine Yue Dong die Geschichte um ein weiteres Jahrzehnt bis 1937 verlängert und die Frage in den Mittelpunkt gestellt, wie sich eine – im Gegensatz zu Shanghai – nichtindustrielle Großstadt als „peripheral player in the new world economic system“ arrangierte [8.12: 109]. Dong tut dies mit großer Breite der behandelten Aspekte und hätte dabei auch von Leutners Beijing-Buch [3.2.2] profitieren können.

Provinziale Zentren

Dass die Stadtforschung sich nunmehr auch kleineren Städten zuwendet, zeigt ein von Joseph W. Esherick gestalteter Sammelband mit Fallstudien aus der ersten Hälfte des 20. Jahrhunderts [8.12; dazu 8.12: Henriot/Delissen]; für die chinesische Forschung vgl. 2.5: Zhang Limin]. Monographien über einzelne Städte gehen häufig von speziellen Fragestellungen aus. So interessiert sich Kristin Stapleton [8.12] für die Versuche einiger energischer Amtsträger, die Hauptstadt der Provinz Sichuan durch Einführung von Ordnung und Sauberkeit zu einer republikanischen Musterstadt zu machen. Die neu aufgebauten Institutionen erwiesen sich aber als zu schwach, und schon vor 1937 war die tatsächliche Regelung kommunaler Angelegenheiten in die Hände von Geheimgesellschaften und anderen informellen Organisationen gelangt. Für Guangzhou (Kanton) zwischen 1900 und 1927 hat Michael Tsin [8.12] das konfliktreiche Zusammenspiel von lokalen Geschäftsleuten und Arbeitern bei der Modernisierung der südchinesischen Metropole im Detail verfolgt. Das zweitgrößte Industrie-, Handels- und Finanzzentrum der Republikzeit war Tianjin. Entsprechend stark erwies sich der Einfluss von Banken und Finanzwesen auf die Stadtentwicklung [8.12: Brett Sheehan in 8.12]. Schon 1984/89 erschien in zwei Bänden das wichtigste Werk zur Stadtgeschichte des 19. Jahrhunderts außerhalb von Shanghai: William T. Rowes sozialgeschichtliche Studie zu Hankou (das heute einen Teil der Stadt Wuhan bildet) [7.4]. Wie in allen seinen Arbeiten, bändigt Rowe, der auch Europa immer wieder zum Vergleich heranzieht, die große Fülle seines Materials durch theoretisch geschärfte Fragestellungen, im ersten Band etwa durch Max Webers Ansichten über die „orientalische“ – insbesondere die chinesische – Stadt, die er im Wesentlichen für falsch hält, jedenfalls für das 19. Jahrhundert [vgl. auch 3.5: Schmidt-glintzer]. Rowe vermag auch eine Reihe anderer Irrtümer zu korrigieren: Der spätimperiale Staat unterdrückte die Kaufleute keineswegs, sondern arbeitete auf vielen Gebieten mit ihnen zusammen. Diese Kaufleute waren imstande, großräumige Handelsnetze zu organisieren, deren dynamisches Funktionieren nicht primär eine Folge der Anbindung Zentralchinas (über den Yangzi) an die maritime Weltwirtschaft war, sondern sich aus der Entwicklung eines chinesischen Binnenmarktes speiste. Rowe sieht auch die Intervention der Ereignisgeschichte vor. Mehrere Okkupationen während des

William Rowes Geschichte Hankous

Taiping-Aufstandes versetzten Hankous „cosmopolitan commercial society" [7.4: Bd. 2, 250] in einen Zustand der „Anomie", von der sie sich nicht wieder ganz erholte, auch wenn die sozialen Konflikte mehrere Jahrzehnte lang nicht schroff zum Ausbruch kamen.

6.3 Grenzen

Erst in jüngerer Zeit sind die Grenzen innerhalb des neuzeitlichen Europa zum Gegenstand einer sozial- und kulturhistorisch orientierten Forschung geworden. Schon früher kam es in den USA in Fortführung von Frederick Jackson Turners berühmter „Frontier"-These (1893) zur Ausbildung einer historischen Grenzforschung. Noch älter ist die Aufmerksamkeit für Fragen der Grenze

Traditionelle Grenzpolitik

(*bianjiang*) in China. Bereits seit dem Ende des 18. Jahrhunderts gab es ein grenzhistorisches Interesse, das von kaiserlichen Beamten getragen wurde, die in den Grenzgebieten stationiert waren und die Qing-Regierung mit Informationen über die eroberten Regionen zu versorgen hatten. Im frühen 19. Jahrhundert brachten einige Gelehrte in ihren oft detailliert ausgearbeiteten Schriften die Besorgnis über einen erwarteten oder bereits zu beobachtenden Machtverlust des

Historische Geographie und Grenzforschung

Reiches an seiner Peripherie zum Ausdruck. Während der Republikzeit waren es dann Historiker (wie Gu Jiegang) und Geographen, die, meist ohne direkten Staatsauftrag, an Universitäten und in Studiengesellschaften die Hintergründe der Auseinandersetzungen Chinas mit den imperialen Großmächten analysierten [vgl. 2.6: Dabringhaus]. Die chinesische Grenzforschung knüpft seit den 1980er Jahren an diese frühen Untersuchungen an. Sie hat wichtige Ergebnisse hervorgebracht, ist aber in ihren Möglichkeiten durch die politische Erwartung eingeschränkt, die Harmonie zwischen Han-Chinesen und den „nationalen Minderheiten" innerhalb der Volksrepublik.

Owen Lattimores geographischer Ansatz

Der westliche Klassiker zur Grenzgeschichte ist Owen Lattimore [3.6], der seit 1925 die chinesischen Grenzgebiete bereist hatte und in Verbindung mit den chinesischen Pionieren der Historischen Geographie stand. In seinem Hauptwerk „Inner Asian Frontiers" (1940) entwickelt Lattimore einen „geographischen Ansatz" zum Verständnis der chinesischen Geschichte in ihrem eurasischen Zusammenhang. Er unterteilt Innerasien in Schlüsselregionen mit einer jeweils eigenen kulturellen Entwicklungsdynamik, die er in Beziehung zu den Grundzügen der agrarischen Zivilisation im chinesischen Kernland setzt. Einflußreich wurde auch Lattimores Modell gestufter Übergänge vom „Steppenpastoralismus" über Zwischenzonen nomadisch-agrarischer Mischung bis zu den Bauerngesellschaften Nordchinas. Lattimore sieht die gesamte chinesische Geschichte durch einen Zyklus nomadischer Herrschaft geprägt, die zeitweise bis ins chinesische Zentrum reichen konnte. Seine Konzepte haben bis heute vor allem dort Anklang gefunden, wo man eine sinozentrische Sicht der chinesischen Geschichte hinter sich ließ. Lattimore, ein früher Vertreter von „interkultureller

Beziehungsgeschichte“, sah die Welt letzten Endes mit den Augen eines patriotischen Mongolen.

Zu denjenigen, die das Lattimoresche Grundthema aufgriffen, gehört der Anthropologe THOMAS J. BARFIELD [3.6; 4.1]. Stärker als Lattimore ist er an den Voraussetzungen politischer Herrschaftsbildung in Innerasien interessiert. BARFIELD charakterisiert die symbiotische Beziehung zwischen den Imperien der Chinesen und der innerasiatischen Völker als „dual unity“: nomadische Reiche entstanden gleichzeitig mit erfolgreichen Integrationsvorgängen in China, und sie verschwanden wieder, wenn die politische und ökonomische Organisation in China zusammenbrach [4.1: 22f.]. Nomadische Gemeinwesen verdankten dem Transfer von Ressourcen aus einem geeinten und prosperierenden China. Solche „shadow empires“ verhielten sich zu dem benachbarten größeren System parasitär. Nur unter außergewöhnlichen Voraussetzungen gelang es innerasiatischen Herrschern, ihren Machtbereich in das sich selbst tragende Territorium des „primary empire“ hinein zu verlagern oder ihn gar – wie im Fall der mongolischen Yuan-Dynastie – mit China deckungsgleich werden zu lassen. Dieser eingespielte Mechanismus zyklischer imperialer Symbiose wurde im 17. und 18. Jahrhundert endgültig aufgehoben, als die Qing-Dynastie große Teile Innerasiens eroberte und anschließend in einer sorgfältig konstruierten imperialen Gesamtordnung mit China verklammert haben.

Sino-innerasiatische Symbiose

„Shadow empires“

BARFIELDS Modell eröffnet weite Perspektiven, ist aber zu allgemein und formal, um Forschungen anzuregen, die sich im Detail auf regionale Besonderheiten einlassen. Die auf diesem Gebiet besonders rasch anwachsende Literatur läßt sich grob in vier Kategorien einteilen: Erstens gibt es mittlerweile zu den wichtigsten Grenzgebieten verläßliche historische Darstellungen vor allem der politischen Geschichte, die ohne besonderen theoretischen Anspruch geschrieben sind. Dazu gehören die Standardwerke von MICHAEL WEIERS u.a. [3.6] und UDO BARKMANN [3.6] über die Mongolei sowie ANDREW FORBES [8.14] über Xinjiang. Besonderes Interesse gilt Tibet. Synthesen liegen von MELVYN GOLDSTEIN [8.14], MATTHEW T. KAPSTEIN und SAM VAN SCHAIK vor [beide 3.6]. Lesenswert sind die Beiträge führender Tibet-Autoren in dem von GRAY TUTTLE und KURTIS R. SCHAEFFER herausgegebenen Band [8.14], Zweitens haben einige Studien den soziologisch-anthropologischen Begriff der Akkulturation fruchtbar gemacht, etwa GUDULA LINCK für Taiwan [9.1] und CLAUDINE LOMBARD-SALMON für Guizhou [6.4]. Dennoch überwog an Chinas Grenzen die gewaltsame Konfrontation. Imperial gaben sich nicht nur die Chinesen. So sieht WENDY PALACE in der Invasion britischer Truppen unter Sir Francis Younghusband in Tibet von 1904 den Beginn der Geschichte des tibetischen Widerstandes [8.14]. Drittens hat JUHA JANHUNEN [3.6] eine ausführliche „ethnic history“ der Mandschurei vorgelegt, in der er für einen Zeitraum von mehreren Jahrhunderten „ethnic diversity“ anhand zahlreicher (biologischer, kultureller, sprachlicher, usw.) Kriterien darstellt. Ähnlich fundierte Arbeiten liegen zu anderen Regionen westlichen Sprachen noch nicht vor. Viertens hat, über eine methodisch strenge Eth-

Regionalstudien

„Akkulturation“

„Ethnic history“

„Ethnische Identität"

nohistorie hinausgehend, ein weites Feld von Themen Interesse gefunden, das sich um den Begriff „Ethnizität" bzw. „ethnische Identität" ordnet. Dazu gehören Arbeiten über Konzeptionen von Vielvölkerstaatlichkeit [8.14: SABINE DABRINGHAUS; COLIN MACKERAS], über die Selbstverortung der Mandschuren als qingzeitlicher Herrscherelite und postimperialer Minderheit [6.2: PAMELA K. CROSSLEY, Manchus; 6.3: EVELYN S. RAWSKI; 8.14: EDWARD J. M. RHOADS], über die Konstruktion ethnischer Zuschreibungen und Stereotype [8.14: SUSAN D. BLUM; RALPH A. LITZINGER], über ethnische Solidaritäten innerhalb der revolutionären Bewegung [8.14: MARY S. ERBAUGH] sowie über ethnisch definierte Differenzierungen innerhalb der Unterschichten von Shanghai [8.12: EMILY HONIG, Creating Chinese Enthnicity]. Von einer ethnischen Selbstbehauptung in ländlichen Strukturen erzählen die anthropologischen Beschreibungen von OU CHAOQUAN über die Kham-Region in Südwestchina in den 1930er und 1940er Jahren [8.11]. Von seinen Grenzen aus beschreibt LIU XIAOYUAN den Wandlungsprozess des traditionellen Imperiums zum modernen Nationalstaat [8.14: Recast All under Heaven].

„Grenze" als kulturwissenschaftliche Kategorie

In vielen der genannten Arbeiten ist nicht länger von Grenze als einem bestimmbaren Ort die Rede. Heute wird der Begriff, seinem Aufstieg zur Zentralkategorie der Kulturwissenschaften entsprechend, nicht nur in geographischen, sondern auch in zahlreichen übertragenen Bedeutungen verwendet. Diese Vielfalt zeigt sich in Sammelbänden [3.6: SABINE DABRINGHAUS / RODERICH PTAK und STEVAN HARRELL; 3.2.1: DIANA LARY] und auf dem Gebiet der Geschichte der Muslime in China. Anhänger des Islam lebten und leben teils als „ethnische Minderheiten" in geographischen Grenzräumen, teils aber auch als Chinesen muslimischen Glaubens (*Hui*) über das chinesische Kernland verteilt, wo feine kulturelle Grenzen zwischen ihnen und ihrer Umwelt verlaufen. Die besten Arbeiten reflektieren diese Ambivalenz [3.6: JONATHAN N. LIPMAN; 8.14: MICHAEL DILLON]. Eine von der Grenzforschung bislang wenig beachtete Epoche ist die Republikzeit. Zu den wenigen Ausnahmen gehört JAMES LEIBOLD, der die Strategien von Guomindang und Kommunisten zur Integration der Grenzvölker unter einen einheitlichen Nationsbegriff analysiert hat [8.1].

Chinesische Muslime

7. REVOLUTION

Problematik des Revolutionsbegriffs

Es ist problematisch, aus dem Gesamtverlauf der chinesischen Geschichte einen Strang herauszupräparieren, der mit „Revolution" zu überschreiben wäre. Zum einen müßte man sich selbst eine Position zwischen denjenigen suchen, die die chinesische Entwicklung zwischen 1850 und 1950 *insgesamt* als Revolution bezeichnen (wie FAIRBANK es zeitweise tat), und solchen „Revisionisten", die statt Revolution nur Chaos, Gewalt und Machtintrigen zu erkennen glauben. Zum anderen besteht die Gefahr, die Geschichte in sino-marxistischer Manier teleologisch auf das triumphale Jahr 1949 zulaufen zu lassen. Dennoch: Auch die westliche Historiographie hat lange Zeit überwiegend eine Kontinuität in der Herausforderung bestehender Ordnungen gesehen und hat dabei eine starken Akzent auf die Geschichte sich selbst als revolutionär bezeichnender Bewegungen gelegt, an erster Stelle der Kommunistischen Partei Chinas. Einige Historikerinnen und Historiker suchen die Nähe zur sozialwissenschaftlichen Protestforschung. Im Idealfall, wie ihn ELIZABETH PERRY verkörpert, befassen sie sich mit städtischem *und* ländlichem Protest und überschreiten furchtlos die Epochengrenze von 1949 [vgl. eine Sammlung von PERRYS stets lehrreichen Aufsätzen in 3.2.1].

7.1 Aufstände und Geheimgesellschaften bis zum 19. Jahrhundert

Beurteilung von Volksaufständen

Die Aufstandsbewegungen in der chinesischen Geschichte sind ein altes Thema der marxistischen Geschichtsschreibung. Früh und gerne stellte sich die Partei in die Traditionen von Erhebungen des „Volkes" gegen Kaiser, Feudalherren und Bürokraten. Dies geschah nicht ohne Ambivalenz, denn eine marxistisch-leninistische „Avantgarde" muss „abergläubischen" volksreligiösen Überzeugungen, wie sie sich hinter vielen Aufständen verbargen, ebenso mit größten Mißtrauen begegnen wie den in keine Strategie einbaubaren Gewaltexzessen mobilisierter Bauern, der *fureur paysanne*. Die scharfe Verfolgung der Falungong-Bewegung im heutigen China beweist die besondere Intoleranz der Partei gegenüber einem Protest, dessen spirituelle Ursprünge ihr besonders fremd und unzugänglich sind.

Protest und Heterodoxie

Westliche Beobachter haben sich seit den ersten Begegnungen von Missionaren mit den Taiping-Rebellen für chinesische Protestbewegungen interessiert. Später paßte die Entdeckung der „Geheimgesellschaften" vorzüglich in ein mystifizierendes Orientbild. Die jüngere Forschung suchte zunächst „alternative" oder „heterodoxe" Traditionen, fand dann in vielen der studierten Texte einen überraschenden Konservativismus und auch Quietismus und konzentrierte sich in einer weiteren Phase auf die Führungspersönlichkeiten messianischer und millenarischer Bewegungen. Eine große Herausforderung und Schwierigkeit besteht in der Integration der sozialgeschichtlichen und der religionsgeschichtlichen Perspektive. BAREND TER HAAR ist in zwei Büchern einer solchen Integration nahe gekommen [6.7]. Ein großes Kompendium der Sektengeschichte hat jetzt HUBERT SEIWERT [3.2.3] vorgelegt. Es beruht in hohem Maße auf den Arbeiten von Gelehrten aus der Volksrepublik China, vor allem von MA XISHA und HAN BINGFANG [3.2.4].

Aufstände im 17.–18. Jahrhundert

Über die großen Aufstände am Ende der Ming-Zeit haben JAMES B. PARSONS und JAMES TONG [beide 5.2] geschrieben. Einen anschaulichen Eindruck von einer – wie alle anderen blutig unterdrückten – Erhebung am Ende der Glanzzeit der Qing vermittelt SUSAN NAQUINS Buch über den Wang-Lun-Aufstand von 1774 [7.2], den Alfred Döblin seinem Roman „Die drei Sprünge des Wang-Lun" (1915) zugrunde gelegt hat. Aus derselben sektiererischen Tradition stammt der Aufstand der Acht Trigramme von 1813, dem NAQUIN eine weitere Monographie gewidmet hat [5.2]. Explizit nicht religionsgeschichtlich, sondern mit der soziologischen Absicht, die Kategorie „(geheime) Bruderschaft" anhand eines breiten Spektrums von Fällen zu profilieren, geht ein Sammelband von OWNBY und HEIDHUES vor [3.2.4].

Taiping-Aufstand

Die Forschung zum Taiping Tianguo ist ein nahezu unüberschaubares Gebiet. Hunderte von chinesischen Historikern haben sich dieser erstaunlichen Bewegung angenommen. Eines der Grundwerke (aus dem Jahre 1962) liegt in einer vom Autor selbst besorgten englischen Kurzfassung vor und bietet nach wie vor die genaueste ereignisgeschichtliche Erzählung [JEN YU-WEN; daneben immer noch FRANZ MICHAEL, beide 7.2]. Als Annäherung an die Weltsicht der Rebellen wird JONATHAN SPENCE' Buch über Hong Xiuquan, den prophetischen Gründer der Bewegung, so bald nicht übertroffen werden [7.2]. Es ist die zugänglichste Schilderung des dramatischsten Geschehens im China des 19. Jahrhunderts. Für eine kürzere Einführung lese man PHILIP A. KUHN [in 7.1: JOHN K. FAIRBANK, 264–317]. Zahlreiche wichtige Quellen sind übersetzt worden [1.4: P. CLARKE/J. S. GREGORY; C. A. CURVEN; FRANZ MICHAEL/CHANG CHUNG-LI]. RUDOLF G. WAGNER [7.2: Reenacting] vertieft die Deutung des religiösen Hintergrundes und spricht dabei geradezu von einer „Taiping-Theologie". THOMAS H. REILLY kritisiert diesen theologisch-religiösen Ansatz [7.2]. Er interpretiert die Taiping-Geschichte als eine radikale Abkehr von der traditionellen imperialen Ordnung in China. Zwar bildete die Bibel die Grundlage des religiösen Gesellschaftsbildes der Taiping, die Verehrung eines neuen Gottes hatte aber vor allem die Etablierung eines neuen Herrschers zur Konsequenz. Dies bestätigt die Studie über zwei der wichtigsten Akteure im Taiping-Geschehen [7.3: STEPHEN R. PLATT].

Während ihr Anführer Hong Rengan erstmals die Vision eines modernen, industrialisierten und westlich orientierten Staates in China verwirklichen wollte, entwickelte sein Gegenspieler, der konservative Qing-Gouverneur Zeng Guofan, im Kampf gegen die Taiping die militärischen Strategien des späten Kaiserreiches. Die Forschung ordnet die Taiping-Geschichte folglich in die „neue Militärgeschichtsschreibung" ein. Diese geht über die konventionelle Beschreibung von Feldzügen, Waffen und Kriegstaktiken hinaus und bezieht die sozialen, wirtschaftlichen, politischen und kulturellen Faktoren in ihre Analyse mit ein [7.2: TOBIE MEYER-FONG]. Die Grausamkeit der Taiping-Kriege und ihre langfristigen Folgen veranschaulicht die Autorin am Beispiel eines Mannes, der als Siebenjähriger die Ermordung seiner Mutter durch Taiping-Soldaten erlebte. Die späteren Erinnerungsprojekte der Lokalelite ordnet sie in die Restaurationsgeschichte der späten Qing-Dynastie ein und befreit sie damit von ihrer bisherigen revolutionsgeschichtlichen Deutung. Die Nian-Rebellion ist am Rande von ELIZABETH J. PERRY [3.2.1] behandelt worden, ausgiebiger in der chinesischen Forschung [vgl. Heft 13:3, 1980, der Übersetzungszeitschrift „Chinese Studies in History"]. Zu den muslimischen Aufständen in Ostturkestan ist jetzt HODONG KIM maßgeblich [7.2]; zu den Erhebungen in der südlichen Provinz Guizhou bietet JENKS [7.2] das Muster einer wohldurchdachten Proteststudie. Weniger als einen ethnischen Konflikt, sondern vielmehr aus der regionalgeschichtlichen Perspektive schildert DAVID G. ATWILL die Panthay-Rebellion (1856–1873) [7.2]. Ähnlich wie in anderen Grenzregionen des Qing-Imperiums wehrte sich auch in Yunnan die Lokalbevölkerung der Provinz gegen eine stärkere Kontrolle der Zentralregierung.

Nian-Rebellion

Muslimische Aufstände

Im Unterschied zum Taiping-Aufstand fand die nächste der großen Erhebungen, der Boxer-Aufstand (d.h. die Erhebung der Yihetuan), bereits unter internationaler Medienbeobachtung statt. Es gibt über ihn weniger interne Dokumente als über die Taiping, dafür aber eine größere Zahl von Augenzeugenberichten. DAVID J. SILBEY ordnet den Boxeraufstand in das imperiale „Great Game in China" ein, das die letzten Jahrzehnte der Qing-Dynastie prägte [8.2]. Sein Werk gehört aber zur Unmenge der populärwissenschaftlichen Darstellungen. Wissenschaftliche Sorgfalt kennzeichnet hingegen ROBERT BICKERS und R. G. TIEDEMANN [8.2]. Ihr besonderes Interesse gilt den Auswirkungen des Boxeraufstandes in den ländlichen Gebieten und der Eskalation zu einer Demonstration ausländischen Imperialpolitik. JOSEPH W. ESHERICK [8.2] ist dem Ideal einer multikausalen Erklärung der Entstehung der Yihetuan und ihrer frühen Erfolge näher gekommen als jeder Historiker vor und nach ihm. Allerdings konnte er gründliche Forschungen chinesischer Historiker nutzen, allen voran diejenigen des Doyens der Yihetuan-Studien, LU YAO [8.2]. ESHERICKS Ansatz, der in der Kritik unbestritten geblieben ist, zeichnet sich neben anderem dadurch aus, dass Umweltfaktoren eine breite Berücksichtigung finden. PAUL A. COHENS Boxer-Buch [8.2] ist inkohärenter. Es beginnt mit einer eher blassen Ereignisgeschichte, steigert sich dann aber zu einer orginellen erfahrungsgeschichtlichen Interpretation *beider* Seiten: der Yihetuan-Kämpfer und ihrer ursprünglichen Widersacher, der Missionare. Anhand von Memoiren des amerikanischen Missionars William Scott Ament schildert LARRY CLINTON THOMPSON die Ereignisse [8.2]. Der dritte Teil behandelte die Boxer im „kulturellen Gedächtnis" Chinas, besser: die Geschichte der Re-Interpretationen der Erhebung bis zu ihrer erneuten Popularität während Maos „Kulturrevolution". Dass der Boxeraufstand im Frühjahr 1900 in

Boxer-Aufstand

Acht-Mächte-Intervention

einen Krieg zwischen China und den Großmächten mündete, ist allgemein bekannt und meist unbefragt hingenommen worden. Erst XIANG LANXIN ist – auf der Basis von Archiven und Veröffentlichungen in sieben Ländern – systematisch der Frage nachgegangen, wie es zu dieser Eskalation kam [8.2]. Sein Buch nimmt alle früheren Darstellungen der internationalen und militärischen Dimension des Boxeraufstandes in sich auf. Zu der für China katastrophalen Boxerentschädigung von 1901 und der Fragen, was damit in den folgenden Jahrzehnten geschah, bleibt eine chinesische Darstellung von WANG SHUHUAI maßgeblich [8.2]. Sucht man den Zugang zu den Boxerereignissen über interpretierende Aufsätze, dann bieten sich solche von MARK ELVIN [3.4: Another History, 197–226] und SABINE DABRINGHAUS [8.2] an. Nach der brutalen Unterdrückung der Boxer im Norden kam „traditionaler" Protest ländlicher Protest, wie ROXANN PRAZNIAK in eindringlichen Fallstudien aus fünf Provinzen nachgewiesen hat, keineswegs zum erliegen [7.2].

7.2 REVOLUTION UND MODERNE

Die Geschichte der nationalrevolutionären Bewegnug, die den Sturz der Qing-Dynastie anstrebte, ist konventionell als Biographie Sun Yatsens geschrieben worden. Trotz grundsätzlicher Vorbehalte gegen eine Geschichte der „großen Männer" und spezieller Skepsis gegenüber dem Sun-Kult, den die Guomindang seit seinem Tod 1925 gepflegt hat, hat diese Sichtweise ihre Berechtigung. Wie MARIE-CLAIRE BERGÈRE, als eminente Sozialhistorikerin gegen naive Personalisierung gefeit, in ihrer unübertroffenen Sun Yatsen-Biographie von 1994 gezeigt hat [8.1], war es tatsächlich nur Sun Yatsens obsessive Beharrlichkeit, die die Bewegung über eine Serie von Rückschlägen hinweg am Leben hielt. BERGÈRE wird Sun Yatsen in allen Stadien seines turbulenten Lebens gerecht [für die späte Zeit daneben immer noch 8.1: WILBUR] und findet einen weisen Mittelweg zwischen denen, die ihn als reinen Pragmatiker oder gar Opportunisten sehen, und denen, die ihm tiefe theoretische und visionäre Einsichten zuschreiben. Ergänzend dazu hat KEY RAY CHONG den westlichen Einfluß im Leben und Denken Sun Yatsens herausgearbeitet [8.1]. Denn Sun Yatsen setzte auf westliche Ideen und Institutionen, um sein Land zu modernisieren. Freilich wirkten an der Idee und Praxis der republikanischen Revolution neben Sun Yatsen auch andere mit. Dies ersieht man am besten aus den Büchern von SCALAPINO / YU [8.1] und MICHAEL GASSTER [8.3]. Die beste Biographie eines dieser frühen Revolutionäre hat HSUEH CHUN-TU geschrieben [8.3].

Sun Yatsens Bedeutung für die chinesische Revolution

1911 dürfte eines der am gründlichsten erforschten Jahre der chinesischen Geschichte sein. Eine ganze Kohorte junger amerikanischer Historiker – unter ihnen JOSEPH ESHERICK, MARY BACKUS RANKIN und EDWARD RHOADS – rekonstruierte in den späten sechziger Jahren nicht nur das revolutionäre Geschehen, sondern erkundete in eindringlichen Provinzstudien ein kompliziertes Geflecht

Epochenjahr 1911

von radikalen Intellektuellen, hauptstadtfeindlichen Honoratioren und Offizieren der Neuen Armeen. Im Gesamtergebnis bestätigte sich dabei die Auffassung, zu der man auf einer inzwischen legendären Tagung vom August 1965 gelangt war: Dass nämlich die Revolution weniger das Geschöpf einer Handvoll von Revolutionären als ein Produkt – manche würden sogar sagen: ein *Neben*produkt – von fundamentalen gesellschaftlichen Wandlungsprozessen war, die nach 1895 begannen und sich von 1902 an beschleunigten [MARY C. WRIGHT; vgl. auch S. ETO/H. Z. SCHIFFRIN, beide 8.3]. Auf diesem historiographischen Stand ist man im Wesentlichen stehen geblieben.

Revolution als Produkt gesellschaftlicher Wandlungsprozesse

Auch die Deutung des nächsten revolutionären Schubes, der 1915 beginnenden „Bewegung für Neue Kultur", die 1919 in die Massenproteste der „Vierten-Mai-Bewegung" überging, bleibt in den Parametern fixiert, die frühe Werke gesetzt haben: CHOW TSE-TSUNG, [8.5] und ein kaum veraltetes Bändchen von WOLFGANG FRANKE aus dem Jahre 1957 [8.5] für die Ideengeschichte. VERA SCHWARCZ hat die Protagonisten der „chinesischen Aufklärung" über das vordergründige Scheitern vieler ihrer Projekte hinaus durch drei Generationen hindurch biographisch verfolgt und damit zugleich eines der wichtigsten Bücher überhaupt über chinesische Intellektuelle im 20. Jahrhundert geschrieben [8.5: Chinese Enlightenment]. Zum intellektuellen Projekt „May Fourth" immer noch BENJAMIN I. SCHWARTZ [in 8.1: JOHN K. FAIRBANK/DENIS C.TWITCHETT, 406–450] sowie, mit Akzent auf der Literatur MILENA DOLEZELOVÁ-VELINGEROVÁ / OLDRÍCH KRÁL [8.5], THEODORE HUTERS [8.1.] sowie MICHEL HOCKX [8.13.].

Vierte-Mai-Bewegung 1919

Im Mai 1919 begann eine Periode kaum unterbrochener städtischer Proteste, deren innere Struktur sich am besten am Höhepunkt der Aktivitäten, der Bewegung vom 30. Mai 1925, erkennen läßt [vgl. 8.1: OSTERHAMMEL als Wegweiser zur Spezialliteratur]. Das dynamischste Element in all diesen Massenaktionen waren Studenten und Oberschüler. JEFFREY N. WASSERSTROM hat eine Geschichte ihres politischen Verhaltens für die gesamte Republikzeit geschrieben [8.1: Student Protests]. Ungemein differenziert über Streiks (die sich oft gegen ausländische Unternehmen richteten) der Arbeiterschaft von Shanghai hat ALAIN ROUX gearbeitet [8.6]. Sein zeitlicher Schwerpunkt liegt etwas später, aber die Grundthese dürfte auch für die Zeit vor 1927 gelten. ROUX zeigt, dass Arbeiterinnen und Arbeiter keineswegs nur eine mobilisierte Gefolgschaft radikaler Intellektueller waren, sondern eine eigenständige Protestkultur entwickelten. Sie konnte allerdings der gewerkschaftsfeindlichen Politik der Guomindang-Regerung nach etwa 1931 nicht widerstehen, und ROUX läßt keinen Zweifel daran, dass das Chiang-Kaishek-Regime durch die Unterdrückung einer halbwegs autonomen Arbeiterbewegung die politische Modernisierung Chinas sabotierte.

Städtische Proteste

Die Geschichte der 1921 gegründeten KPCh ist schon früh als ein abgeschlossener Diskurs behandelt worden, der eigenen Regeln folgt und eigene Tabus zu beachten hat. In der VR China ist Parteigeschichte (*dangshi*) bis zum heutigen Tage Legitimationsgeschichte. Tendenziell hat sie das Ziel, den Kurs der jeweils

KPCh-Historiographie in China

herrschenden Parteiführung aus der Vergangenheit heraus zu rechtfertigen. Dieser Druck war während der maoistischen Periode übermächtig, er ließ in den achtziger Jahren nach, nahm aber nach der Niederschlagung der Protestbewegung von 1989 wieder zu. Immerhin erfahren die zahlreichen unterlegenen Gegenspieler Mao Zedongs heute verständnisvollere Würdigungen als zur Zeit des maoistischen Totalitarismus, dessen Propagandisten sie totschwiegen oder verunglimpften. Parteihistorische Studien aus der VRCh sind weiterhin mit kritischer Vorsicht zu behandeln, doch verfügen manche chinesischen Historiker über einen privilegierten Zugang zu Archiven, der Ausländern verwehrt ist. Daher ist der Materialreichtum ihrer Arbeiten willkommen. Auch sind in China umfangreiche Sammlungen von Dokumenten zur Parteigeschichte erschienen (vor allem *Zhonggong zhongyang wenjian xuanji* [Ausgewählte Dokumente des ZK der KPCh], Beijing 1989–91).

Westliche Gesamtdarstellungen der KPCh-Geschichte

Die Geschichte der KPCh war während der zwei Jahrzehnte nach der kommunistischen Machteroberung ein Schwerpunkt der westlichen Chinaforschung. Sie hat in der letzten Zeit weniger Interesse gefunden. Eine Ausnahme bildet das 2012 von LAWRANCE R. SULLIVAN herausgegebene Historische Lexikon [2.2]. Die beste Gesamtdarstellung der Parteigeschichte bis 1949, obwohl dringend erneuerungsbedürftig, stammt immer noch von JAMES P. HARRISON [8.1]; GUILLERMAZ [8.1] gilt weiterhin für die wichtigen militärhistorischen Aspekte des Aufstiegs der KPCh. In der *Cambridge History of China* läßt sich aus den Kapiteln von JEROME CH'EN [8.1: FAIRBANK/TWITCHETT, 505–526], C. MARTIN WILBUR [8.1: FAIRBANK/TWITCHETT: 527–720, bes. 603–638], und LYMAN P. VAN SLYKE [8.1: FAIRBANK/FEUERWERKER, 609–722] eine kontinuierliche Parteigeschichte von 1921 bis 1945 zusammenstellen. Die Einleitungsabschnitte, die TONY SAICH den acht Kapiteln seiner monumentalen Quellensammlung zur KPCh-Geschichte vorangestellt hat, erfüllen, hintereinander gelesen, denselben Zweck, weniger ausführlich und auf neuerem Forschungsstand. SAICH bietet auch eine nützliche Chronologie [1.5: xix-xxxviii]. Proben neuer Forschungsansätze sind in zwei glücklich komponierten Sammelbänden zu finden. Den einen, der die Zeit bis 1949 abdeckt und einen gewissen Schwerpunkt in der Kriegszeit hat, haben TONY SAICH und HANS VAN DE VEN herausgegeben [8.1], den anderen, der die zwanziger Jahre behandelt und in erfreulichem Maße die sonst wenig beachtete russische Chinaforschung zu Wort kommen läßt, MECHTHILD LEUTNER u.a. [8.5]. LEUTNER ist auch maßgeblich an einer Edition von Quellen zu den sowjetischen Verbindungen der KPCh beteiligt [1.5].

Chinesischer Anarchismus

Es muss hier genügen, auf einige neue Forschungsakzente zur Geschichte der sozialistischen und kommunistischen Bewegung hinzuweisen. Da ist zunächst die Entdeckung des chinesischen Anarchismus zu nennen. „Anarchism," schreibt ARIF DIRLIK, sei zwischen 1905 und 1930 eine Quelle revolutionärer Ideen gewesen, „that placed anarchists in the forefront of the revolutionary movement" [8.5: Anarchism, 26]. Der Anarchismus blühte zuerst unter chinesischen Studenten im Ausland. Erst nach der Revolution von 1911 trat er auch in

China auf. Vor allem PETER ZARROW [8.5] hat diese externen Ursprünge der anarchistischen Inspiration herausgearbeitet und gegen die ältere Auffassung, die den chinesischen Sozialismus als sowjetischen Import sah, dargelegt, dass auch Paris und Tokyo wichtige Orte in der Geschichte des modernen chinesischen Radikalismus sind [zu den jungen chinesischen Kommunisten im Europa der 1920er Jahre vgl. 8.5: M. A. LEVINE]. Der chinesische Anarchismus, von dem aus einige später den Weg zum rechten Flügel der Guomindang fanden, war weniger von Bakunins gewalttätigem Aktionismus als von den Lehren des sanftmütigen Fürsten Kropotkin beeinflußt. Dennoch waren die Anarchisten die ersten, die sich die Veränderung der Zustände in China nicht von Intellektuellen und militärischen Verschwörern, sondern von einer Erhebung des ganzen „Volkes" versprachen, in das sie schon früh die Bauern einschlossen.

Anfänge des Kommunismus

Die alte Frage, wie es kam, dass der bolschewistische Kommunismus ausgerechnet im rückständigen und agrarischen China Fuß faßte, reizt zu immer neuen Erklärungsversuchen. LIU LIYAN setzt sie in Verbindung mit dem Aufbau moderner Lehrerseminare im Land [8.3]. Als Beispiel führt sie die Hunan First Normal School in Changsha an, zu deren Schüler Mao Zedong und einige andere Mitglieder der ersten kommunistischen Kadergeneration gehörten. Diese wurden von einer Mischung aus traditionell chinesischem und westlichem Denken geprägt. ALEXANDER PANTSOV zeigt den starken Einfluß des russischen Kommunismus auf die jungen Chinesen [8.5]. Er wirft ihnen zugleich eine sklavenhafte Orientierung am sowjetischen Vorbild vor. ARIF DIRLIK sieht den Kommunismus im Jahre 1920 aus einer Enttäuschung über die Ideale des Radikalismus der Bewegung für Neue Kultur entstehen; in einer momentanen Stimmung der Ratlosigkeit und Desorientierung machten die Abgesandten der Komintern ein ideologisches und vor allem ein organisatorisches Angebot [8.5]. MICHAEL Y. L. LUK deckt dasselbe thematische Feld wie DIRLIK mit noch besserer Quellenkenntnis ab. Bei ihm wird besonders die Vielgestaltigkeit der frühen Akteure augenfällig, jener „some 200 or more people of different backgrounds, connections, and places" [8.5: 59], mit deren Konversion zu einem bolschewistischen Programm sich eine kämpferische revolutionäre Avantgarde formierte. Vier Autoren haben in den letzten Jahren das Verständnis der Frühgeschichte des chinesischen Komunismus besonders weit vorangebracht: HANS J. VAN DE VEN geht der Frage nach, wie die KPCh in den Jahren 1925–26 eine städtische Massenbasis finden konnte [8.5: 147ff.]. YEH WEN-HSIN zeigt mit größter Detailgenauigkeit am Beispiel der Provinz Zhejiang, wie eine Generation von Schülern und Studenten in den politischen Radikalismus hineinsozialisiert wurde. Dabei greift sie familiengeschichtlich bis ins späte 19. Jahrhundert zurück [8.5]. STEPHEN A. SMITH entfaltet breiter, aber auch deskriptiver ein Panorama des frühen Kommunismus in Shanghai [8.5]. LIU XIAOYUAN ist jetzt einen ganz neuen Weg gegangen, indem er aus den räumlichen Bewegungen der KPCh und ihrer sich ändernden Haltung gegenüber nicht-hanchinesischen Ethnien eine Art von Geogeschichte der kommunistischen Revolution bis 1945 entwickelt [8.1].

Zum speziellen Thema der sowjetischen Berater haben C. MARTIN WILBUR und JULIE LIEN-YING HOW ihre jahrzehntelangen Forschungen zusammengefaßt und durch Dokumente ergänzt [8.5], die Recherchen von DIETER HEINZIG [8.5] aber nicht zureichend gewürdigt. Nur wenige führende Vertreter des frühen Kommunismus sind bisher Gegenstand gelungener Biographien geworden: MAURICE MEISNERS Buch über Li Dazhao [8.5] ist nach beinahe vier Jahrzehnten immer noch frisch. FERNANDO GALBIATI hat über den ersten Organisator des bäuerlichen „Klassenkampfes", Peng Pai, den die maoistische Geschichtsschreibung aus der offiziellen Erinnerung getilgt hatte, alles herausgefunden, was man jemals über ihn wissen will [8.5; vgl. auch 1.5: W. MEISSNER], DANIEL Y. K. KWAN dem intellektuellen Arbeiterführer Deng Zhongxia (1894–1933), dem Organisator des berühmtem Guangzhou-Hongkong-Generalstreiks von 1925–26, ein Denkmal gesetzt und dabei eine der besten Studien über städtischen Protest geschrieben [8.5]. Selbstverständlich ist das Leben Deng Xiaopings von größtem Interesse. Biographien Dengs haben aber bisher mehr über sein Leben nach 1949 zu sagen.

Biographien

Eine Gruppe von Revolutionären, die in China bis heute auf wenig Sympathie stößt, sind die Trotzkisten. Bei ihnen handelt es sich um Gegner erst der von Stalin angeordneten Einheitsfront der KP mit der Guomindang, später der maoistischen Strategie der Bauernrevolution. Der erste Generalsekretär der KPCh, Chen Duxiu, der bereits seit 1924 erfolglos einen Bruch mit der nach rechts abdriftenden Guomindang gefordert hatte, war der prominenteste Vertreter dieser Richtung. Die Trotzkisten hatten niemals einen größeren Einfluß Einfluß in der Partei. Sie wurden immer marginalisiert, manchmal geduldet, manchmal verfolgt; 1952 verschwanden die Prominentesten unter ihnen ohne Gerichtsurteile für fast drei Jahrzehnte in chinesischen Gefängnissen. Einige Memoiren aus diesem Kreis gehören zu den aufschlußreichsten und lebendigsten biographischen Dokumenten aus der chinesischen Revolution, zwei sind sogar auf Deutsch erschienen [1.5: WANG FANXI; ZHENG CHAOLIN]. In seiner maßgebenden Monographie sieht GREGOR BENTON die Trotzkisten als unermüdliche Kritiker der Bolschewisierung der KP und Vorläufer heutiger Strömungen demokratischer Opposition [8.6: China's Urban Revolutionaries].

Chinesische Trotzkisten

Erstaunlich ist das Fehlen einer Biographie Mao Zedongs, die auch die neuen chinesischen Forschungen und Dokumentenfunde berücksichtigt. Der wohl beste westliche Mao-Kenner, STUART R. SCHRAM, ediert die wissenschaftliche Mao-Ausgabe und versieht ihre Bände mit substantiellen Einleitungen, hat aber seine eigene alte Mao-Biographie [deutsche Fassung: *Mao Tse-tung*, Frankfurt a.M. 1969] nie aktualisiert. So muss man sich mit ROSS TERRILL [8.1] behelfen. Weiterhin unübertroffen ist aber SCHRAMS Erläuterung des Denkens Mao Zedongs [8.1: FAIRBANK/FEUERWERKER: 789–870], zu der vor allem BRANTLEY WOMACK [8.1] ergänzende Gesichtspunkte hinzugefügt hat. GREGOR BENTON hat eine eindrucksvolle Synthese des Forschungsstandes über Mao und die Revolution herausgegeben [3.2.4]. Die ersten beiden Bände sind eine Chronologie

Mao Zedong

der Politik und Strategien Maos; im dritten Band stehen Ideologie, Theorie und Literatur im Mittelpunkt; der vierte Band fasst die unterschiedlichen Bewertungen zusammen.

7.3 Bauern und Kader

Nach der brutalen Attacke Chiang Kaisheks gegen die Aufständischen von Shanghai am 12. April 1927 war die KPCh gezwungen, den Schwerpunkt ihrer Aktivitäten auf stadtferne Gebiete im Landesinneren zu verlegen. Die „Bauernrevolution" begann [grundsätzlich dazu 8.1: S. C. Averill]. 1933 wurde auch offiziell der Sitz des Zentralkomitees in Shanghai aufgegeben. Es ist das große Verdienst Patricia Stranahans, gezeigt zu haben, wie sich eine nicht unerhebliche Parteiorgansation nach 1927 und sogar noch, ohne Kontakt mit der Parteiführung, nach 1933 im Untergrund von Shanghai zu halten vermochte [8.6]. Der Großteil der Literatur zur Parteigeschichte dieser Jahre befaßt sich jedoch mit dem Schicksal der Partei auf dem Lande. Über den Jiangxi-Sowjet der Jahre 1931 bis 1934 hat die westliche Forschung der letzten Jahrzehnte wenig Neues zu Tage gefördert [wichtige Dokumente in 1.5: Hsiao Tso-Liang; analytisch interessant 8.6: J. Polachek]. Zur folgenden Phase, dem Langen Marsch, kann Sun Shuyun empfohlen werden [8.6]. Ein Meilenstein der Forschung ist Gregor Bentons dichte und dramatische Erzählung vom Überlebenskampf jener revolutionären Kräfte, die zu Beginn des Langen Marsches in Südchina zurückgelassen wurden [8.6: Mountain Fires]. Ganz anders als Bentons Epos geht Thomas Kampens messerscharfe und lakonische Beweisführung vor [8.1]. Kampen nutzt neu zugängliche chinesische Quellen, um mehrere Legenden zu schlachten, die in der westlichen Chinaliteratur ungeprüft perpetuiert wurden, vor allem die negative Rolle einer Gruppe namens „28 Bolschewiki", deren sinistren Umtrieben der löbliche Patriotismus Mao Zedongs gegenübergestellt wurde. Nebenbei kann Kampen zeigen, dass Mao nicht (wie oft behauptet) schon 1935 während des Langen Marsches, sondern erst 1943 zum unangefochtenen Führer der Partei aufstieg. Die Umstände dieses Aufstiegs und die bewußte Formung eines Mao-Mythos hat Raymond Wylie [8.8] dargestellt. D. E. Apter / T. Saich [8.8] beschreiben in ihrer eindringlichen Studie die Entstehung von Orthodoxie und Parteikonformität der Yan'an-Periode (ein ebenso empirisches wie theoretisches Werk). Einen unter vielen Fällen von politischer Verfolgung und Säuberung innerhalb der Partei während der Yan'an-Zeit schildert die dissidente Journalistin Dai Qing [8.8]. Wichtige Grundlagen der kommunistischen Außenpolitik wurden bereits in dieser Phase formuliert [8.7: Niu Jun]. Im Dialog mit ausländischen Gästen wie dem amerikanischen Journalisten Edgar Snow sammelte die Parteiführung in Yan'an Informationen über das Ausland.

Kommunistischer Rückzug aufs Land

Langer Marsch

Mao als Parteiführer

Studien zur Bauernrevolution im China der 1930er und 1940er Jahre sollten idealiter drei Aspekte beachten: die sozialwissenschaftlichen Theorien über bäu-

Voraussetzungen bäuerlichen Protests

erliches Protestverhalten, die militärischen Gesetzmäßigkeiten des Guerillakrieges und die ganz besonderen Umstände, unter denen ein solcher Krieg in China geführt werden musste [vgl. auch 8.11: D. LITTLE, 145ff.]. Dass Bauern sich nur ausnahmsweise „spontan" erheben, dass sie mobilisiert werden müssen, war schon den zeitgenössischen Kadern der KPCh und der Roten Armee klar und ist auch unter Historikern unumstritten. Versuche, die KPCh als Wiederherstellerin einer verletzten „moral economy" des bäuerlichen Gemeinschaftslebens zu porträtieren [so 8.11: R. A. THAXTON, China Turned Rightside Up], haben wenig Beifall gefunden. In seinem zweiten, viel weniger spekulativen Buch nutzt THAXTON Oral-History-Quellen, um am Beispiel einiger nordchinesischer Dörfer bäuerlichem Protest am Vorabend kommunistischer Mobilisierung auf die Spur zu kommen [8.11: Salt of the Earth]. LUCIEN BIANCO, der beste europäische Kenner der chinesischen Bauernschaft, ist in einer langen Reihe von Aufsätzen ähnlichen Fragen nachgegangen. BIANCO hat die erwartete große Monographie niemals publiziert, aber eine neue Sammlung seiner Beiträge fügt sich mit schöner Geschlossenheit zusammen. Ihr Titel formuliert das zentrale Thema: *Peasants Without the Party* [8.11]; außerdem gibt es von BIANCO zwei Beiträge, die souverän in das Thema einführen [in 8.1: M. BERGÈRE, 263–293, und in 8.1: FAIRBANK/FEUERWERKER, 270–328]. Die meisten anderen Fallstudien rechnen mit der Präsenz von kommunistischer Partei und Armee und nehmen komplexe regionale Gesamtkonstellationen in den Blick. Die wichtigsten stammen von CHEN YUNG-FA [8.8], DAVID S. G. GOODMAN [8.8] und ODORIC Y. K. WOU [8.8 – vielleicht die beste Arbeit über die praktischen Probleme ländlicher Mobilisierung].

Guerillakrieg

Zwei gelungene Sammelbände über (Agrar-) Revolution und Guerillakrieg zwischen 1937 und 1945 sind [8.1: K.HARFORD / S. M. GOLDSTEIN] (mit einer besonders erwähnenswerten Einleitung der Herausgeber) und [8.8: FENG / GOODMAN]. Sie alle zeigen, bei manchen Unterschieden der Interpretation, dass die KPCh die Landbevölkerung nicht nur kurzfristig und für unmittelbare militärische Zwecke mobilisierte, sondern sich gegen die Japaner wie gegen die GMD Freiräume erstritt, in denen ein administrativer Aufbau möglich wurde.

7.4 DIE REVOLUTIONÄRE DYNAMIK VON KRIEG UND BÜRGERKRIEG

China im Zweiten Weltkrieg

Konnte man vor einigen Jahren noch davon sprechen, die Jahre von 1937 bis 1945 seien eine besonders vernachlässigte Periode der jüngeren chinesischen Geschichte, so hat sich dies gründlich geändert. Zwar gibt es noch immer keine zufriedenstellende Synthese über den Zweiten Weltkrieg in China: DIETER KUHNS Buch mit eben diesem Titel [8.8] glänzt als Operationsgeschichte der ersten anderthalb Kriegsjahre und verliert dann seinen roten Faden, so dass ein handbuchartig gestalteter Sammelband von JAMES C. HSIUNG und STEVEN I. LEVINE [8.8] die wichtigsten Orientierungsbedürfnisse decken muss und kann. Die Aufgaben, die sich einer zeitgemäßen Geschichte des Japanisch-Chinesischen Kriegs von

1937–1945 stellen, hat LLOYD E. EASTMAN bereits 1980 in einem brillanten Aufsatz skizziert [8.8: Facets]. Sie beginnen, eingelöst zu werden. Für die ereignisgeschichtlichen Grundlagen sind dabei chinesische Publikationen unerläßlich [etwa als einbändige Gesamtgeschichte auf 1200 Seiten in 8.8: ZHANG XIANWEN].

Internationale Einbindung Chinas im Zweiten Weltkrieg

Drei Schwerpunkte haben sich bisher herausgebildet. Der erste betrifft die internationale Einbindung des Kriegsschauplatzes China in das weitere politische und militärische Kriegsgeschehen. CHRISTOPHER THORNES [8.8] ist hier das überragende Einzelwerk. Eine Mikrostudie über die Konferenz von Kairo 1943 und ihr Scheitern hat RONALD IAN HEIFERMAN verfasst [8.8]. Auf einer Quellenanalyse der China-Ausgabe der amerikanischen Militärzeitung *The Stars and Stripes* basiert die Darstellung des Kriegsendes von ALFRED EMILE CORNEBISE [8.9]. Das Propagandablatt sollte vor allem die amerikanische Kampfmoral im chinesischen Kriegsgebiet stärken, bietet aber auch wertvolle Einblicke in Prozesse der ersten Nachkriegsjahre (Rückführung der Japaner, Kriegsverbrecherprozesse, chinesischer Bürgerkrieg). Aus der Perspektive der großen Feldschlachten analysiert HAROLD M. TANNER den Übergang vom Welt- zum Bürgerkrieg [8.8].

Nanjing-Massaker 1937/38

Zweitens beginnt man sich mit dem zu befassen, was EASTMAN unter „atrocities" zusammenfaßte. DIANA LARY schildert die Chronologie des Weltkrieges aus der leidvollen Perspektive der Zivilbevölkerung [8.8]. Die Tabus haben sich gelichtet, die lange über einer der grausigsten Episoden des Krieges, dem Massaker des japanischen Militärs an chinesischen Kriegsgefangenen und Zivilisten Ende 1937, lagen. Das Geschehen wurde durch westliche Augenzeugen bereits zeitgenössisch bekannt und später im Tokyoter Kriegsverbrecherprozeß dokumentiert. Die Historiker, nicht nur die konservativen in Japan, haben es indes wenig beachtet. IRIS CHANGS internationaler Bestseller aus dem Jahre 1997, mit dem der plötzliche Ausbruch von Kriegserinnerungen eigentlich erst begann, schildert nüchtern, was sich zutrug [8.8]. ERWIN WICKERT machte einen wichtigen Augenzeugenbericht bekannt [8.8]; TIMOTHY BROOK sammelte weitere Quellen [1.5]. SUPING LU hat Dokumente aus der Hand von amerikanischen Diplomaten um John Moore Allison (1905–1978) zusammengestellt [8.8]. Ihre Berichte vermitteln ein Bild sowohl von den Grausamkeiten des Massakers als auch von den japanischen Zerstörungen in der gesamten Stadt und der Bedrohung von amerikanischem Leben und Eigentum. YANG DAQING diskutiert Forschungslage und Kontroversen in allen relevanten Sprachen [8.8], und JOSHUA A. FOGELS Sammelband [8.8] lotet politische Implikationen der Historiographie aus. Laufend erscheint nun Neues zu diesem Thema. KITAMURA MINORU arbeitet sorgfältig die Problematik der japanischen Leugnung auf, die der „Great Massacre School" in China diametral gegenüber steht [8.8]. Ihre Auswirkungen belasten nach wie vor die Diplomatie zwischen beiden Staaten. Man sollte über Nanjing die Schrecken der *sonstigen* japanischen Kriegführung nicht vergessen und zum Beispiel SHELDON H. HARRIS' Buch über die biologische Kriegführung der Japaner [8.8] zur Kenntnis nehmen. Wie CHALMERS JOHNSON bereits vor mehr als vierzig Jahren in einem damals heiß diskutierten Buch behauptete [8.8], trieb die japanische Stra-

Terror-Kriegführung Japans

tegie der systematischen Terrorisierung der Landbevölkerung die Bauern in die Arme und die Armee der Kommunisten. Andererseits erschwerte die Hemmungslosigkeit der Japaner aber auch den Aufbau geschützter Basisgebiete [8.8: DAGFINN GATU].

Städte unter japanischer Besatzung

Ein dritter, sich rasch entfaltender Forschungsschwerpunkt ist das Leben in den großen chinesischen Städten unter japanischer Besatzung. Diese Besatzung begann zu unterschiedlichen Zeitpunkten, nachdem Beijing bereits 1936 faktisch unter japanische Kontrolle geraten war. Nur Hongkong und das „koloniale" Herz der chinesischen Ostküste, die Internationale Niederlassung mit der Französischen Konzession in Shanghai, blieben bis Pearl Harbor (Dezember 1941) von direkter Okkupation verschont, standen aber unter ständigem Druck der japanischen Machthaber, während sie gleichzeitig einen Wirtschaftsboom erlebten. FREDERIC WAKEMAN hat in einem weiteren seiner Bücher über die politisierte Shanghaier Unterwelt diese eigentümliche Schattenphase erkundet [8.8]. Die in EASTMANS Aufsatz von 1980 bereits umrissene Problematik der Überlebensstrategien unter einer Besatzung, die in einer Stadt nicht so mörderisch sein konnte wie im Extremfall auf dem Lande, hat als erster POSHEK FU aufgegriffen und damit China für die Forschung über die Nazi-Okkupation Europas „anschlußfähig" gemacht [8.8]. HUNG CHANG-TAI hat außerordentlich interessantes Material über den anti-japanischen Widerstand in allen Künsten und Medien entdeckt und interpretiert; ein Kapitel seines Buches behandelt auch die Popularkultur in den kommunistischen Basisgebieten [8.8]. DAI JUN beschreibt anschaulich, wie sich das akademische Leben in der Weltkriegszeit von den akademischen Metropolen im Osten des Landes in den Südwesten zurückzog [8.8]. PARKS M. COBLE zeigt, wie diejenigen „capitalists", die nicht aus China fliehen konnten (nur wenige taten dies) unter der Besatzung zurechtkamen [8.8]. Selbstverständlich erweist sich auch für diesen Fall die Kollaboration/Widerstand-Dichotomie als zu grobschlächtig [so auch die Tendenz der Beiträge in 8.8: YEH WEN-HSIN]. COBLE zufolge war es die flexible und nur schwach formalisierte Organisationsform der Familienfirma, die es vielen Geschäftsleuten ermöglichte, den Krieg zu überstehen. Aber im Ganzen gesehen schwächte der Krieg doch den chinesischen Privatkapitalismus außerordentlich. Nach 1945 konnte die kleine um Chiang Kaishek gruppierte Staatsklasse der „bürokratischen Kapitalisten" das private Unternehmertum in großem Stil enteignen – und ließ sich 1949 vom neuen Regime umso leichter selbst ausschalten. Auch das Schicksal der städtischen Unterschichten gerät zunehmend in den Blick der Forschung. JOSHUA H. HOWARD beschreibt am Beispiel von Arbeitern in den Arsenalen der Kriegshauptstadt Chongqing die Gemeinsamkeiten und Unterschiede in den drei Phasen vom Antijapanischen Widerstand (1937–1949) zum Bürgerkrieg (1946–1949) bis zum Klassenkampf der frühen fünfziger Jahre [8.8].

Kollaboration und Widerstand

Eine Besonderheit Shanghais im Zweiten Weltkrieg ist seine Rolle als jüdisches Exil. Obwohl die nationalsozialistischen Medien der Stadt Druck auf die deutschen Einwohner ausübten [8.8: Christian Taaks], trat Shanghai als letztes Exil jüdischer Flüchtlinge hervor. Eine umfangreiche Erinnerungsliteratur arbeitet ihr Schicksal auf – darunter die Studie von Steve Hochstadt, der aus Interviews mit über hundert ehemaligen Shanghaier Juden zwölf Fallbeispiele ausgewählt hat [8.8]. Wie die chinesischen und japanischen Machthaber mit den Flüchtlingen umgingen, beschreibt Bei Gao [8.8].

Ein vierter Schwerpunkt ist erst in Umrissen erkennbar. Er deutet sich in vielschichtigen Schlachtbeschreibungen an, die nicht nur die Vogelperspektive des Kommandostandes umschließen, sondern die Erfahrungen der unmittelbar Beteiligten, Fragen von Information und Kommunikation oder auch den historischen Symbolismus, der dem Geschehen für einige eine höhere Bedeutung verlieh. Ein Modell solcher an „neuer" Militärgeschichte orientierter Behandlungsweisen ist Diana Larys Aufsatz über die Xuzhou-Kampagne von 1938, in der Japan die erste Niederlage in seiner neueren Militärgeschichte hinnnehmen musste [3.2.1: Van de Ven: 398–427]. Philip Jowett veranschaulicht in einem Bildband über die nationalchinesische Armee deren permanenten Kriegszustand von 1931 bis 1949 [8.8].

Schlachtenbeschreibungen

Will man nicht auf die Propaganda jeder siegreichen Revolution hereinfallen, sie habe zwangsläufig und zu *dem* Zeitpunkt, als es tatsächlich geschah, obsiegen müssen, dann ist es auch für China eine plausible Hypothese, dass manche Weichen erst sehr spät gestellt wurden und Kontingenz eine große Rolle spielt. Daher ist der Bürgerkrieg von 1945 bis 1949 von höchstem Interesse. Ein informatives Nachschlagewerk dazu hat Pak-Wah Leung verfasst [8.9]. Suzanne Peppers Synthesen sind mehr als Einführungen und immer noch brauchbar [8.9; dies. in 8.1: Fairbank/Feuerwerker: 723–788]. Die militärische Seite des Konflikts ist jetzt definitiv von Westad dargestellt worden [8.9: Decisive Encounters]. Aus einer umfangreichen Literatur über die amerikanische Rolle im KPCh-GMD-Konflikt, das sich – mit unterschiedlichen politischen Vorzeichen – um den „Verlust Chinas" dreht und dessen thematischer Schwerpunkt in der Regel die Marshall-Mission von 1946/47 ist, hebt sich ein früheres Buch von Odd Arne Westad dadurch hervor, dass tatsächlich das gesamte Viereck KPCh, GMD, USA und UdSSR gesehen wird, allerdings nur bis zum Beginn des eigentlichen Bürgerkrieges im Frühjahr 1946 [8.9: Cold War and Revolution]. Das Verhältnis der KPCh zu Moskau beschreibt Dieter Heinzig als einen „beschwerlichen Weg zum Bündnis" [8.9]. Die britische Dimension kommt bei Xiang Lanxin [8.9] ins Spiel.

Bürgerkrieg 1946–49

Über die „Landrevolution" während der Bürgerkriegsjahre sind in Zukunft weitere Aufschlüsse zu erwarten. Einstweilen stammt das beste Buch über die inneren, vor allem die sozialen Quellen des kommunistischen Sieges von Steven I. Levine [8.9, bes. 199–235]. Dass in dieser letzten Phase die Städte, in denen sich die GMD noch am längsten halten konnte, auch wieder zu einem wichtigen revolutionären Schauplatz wurden, zeigt Joseph K. S. Yick für die Beijing-Tianjin-Region [8.9].

Landrevolution

Städte als revolutionärer Schauplatz

Revolution in Xinjiang

Nicht alle politisch-militärischen Prozesse, die 1949/50 zur Wiedervereinigung des kontinentalen China führten, spielten sich im Norden und Osten unter den Augen des Westens ab. Warum das von Muslimen bewohnte riesige Xinjiang nach Jahrzehnten faktischer Autonomie von der Zentralmacht 1949 friedlich an die neue kommunistische Regierung fiel, erklärt DAVID D. WANG [8.9: bes. Kap. 11].

8. NATIONALISMUS

Der Begriff der Revolution (*geming*) im Sinne des Mandatsentzugs für den Himmelssohn, den chinesischen Kaiser, war bereits im klassischen chinesischen Denken vorhanden; er erhielt im späten 19. Jahrhundert, über Japan vermittelt, einen an der modernen westlichen Bedeutung orientierten Inhalt. Das Konzept des Nationalismus (*minzu zhuyi*) hingegen stellt eine Neuschöpfung dar, die sich zu einer umfassenden Formel für das Neue und Moderne entwickelte und nahezu alle politischen Strömungen des frühen 20. Jahrhunderts verbinden konnte. „Nationalismus" wurde zum zentralen Thema der politischen und kulturellen Selbstverständigung der Chinesen dieser Epoche. Über Partei- und Bürgerkriegsfronten hinweg ließen sich im Nationalismus alle anderen Ziele dem Wiederaufstieg eines als Nation verstandenen China aus einer Position der Erniedrigung und Schwäche unterordnen. Reform, Revolution und konservative Erneuerung waren nur unterschiedliche Wege in die gleiche Richtung. Negative europäische Wertungen greifen daher in Bezug auf den chinesischen Nationalismus nicht. Weder pervertierte er vorausgegangene liberal-demokratische Orientierungen, noch wurden in seinem Namen Nachbarstaaten militärisch bedroht und irredentistische (im Unterschied zu imperialen) Gebietsansprüche erhoben. Der chinesische Nationalismus wurde niemals zu einem aggressiven Chauvinismus gesteigert.

Nationalismus als Integrationsprogramm

Problematik europäischer Bewertung

Zugleich lässt sich der chinesische Nationalismus nicht auf ein geschlossenes Dogmengebäude reduzieren. Jürgen Osterhammel empfiehlt, ihn idealtypisch in vier Spielarten zu unterteilen, die sich in komplizierten Zusammenhängen miteinander entwickelten [8.1: 114–121]: Erstens gab es einen *anti-imperialistischen* Nationalismus, der sich in der Konfrontation mit den Imperialmächten in einem abwehrenden Identitätsbewusstsein, aber auch seit dem Boxeraufstand in Protestbewegungen unterschiedlichsten Typs äußerte. Eine zweite Variante, der *politische* Nationalismus, suchte nach dem Zusammenbruch eines Kaisertums, das lange statt politischer bis kurz vor seinem Ende immerhin noch symbolische Stabilität vermittelt hatte, nach neuen Identifikationsangeboten. Zu seinen Zielen gehörten die Schaffung eines gesamtchinesischen Staatsbürgerbewusstseins sowie der Aufbau moderner politischer Institutionen. Eine dritte Spielart, der *ethnische* Nationalismus, trat ebenfalls bereits in den Jahren des *fin de siècle* in Erscheinung, als eine hanchinesische Opposition sich in scharfer Rhetorik gegen die kaiserliche Ordnung wandte, die nunmehr als mandschurische „Fremdherrschaft" angeprangert wurde [vgl. 8.2: Wong Young-Tsu]. Frank Dikötter entdeckte Zusammenhänge zwischen nationalistischen Programmen der Jahre 1903 bis 1915 und dem Rassedenken der Epoche [8.13: Discourse of Race, 97–125]. Der ethnische Nationalismus trat auch in Guomindang-Kreisen nach dem Tod Sun Yatsens 1925 hervor, als die von Sun zu Beginn der Republikzeit definierten „fünf Rassen" der chinesischen Nation zu Untergruppen einer „alten chinesi-

Anti-imperialistischer Nationalismus

Politischer Nationalismus

Ethnischer Nationalismus

Kultureller Nationalismus und „nationale Essenz“

schen Rasse“ umgedeutet wurden. Viertens ist von den ersten drei Spielarten ein *kultureller* Nationalismus zu unterscheiden, der angesichts der äußeren Bedrohung die „nationale Essenz“ (*guocui*) des Chinesentums beschwor und die spezifisch kulturelle Tradition des Landes als wichtige Kraftquelle für die Rettung der Nation nutzen wollte. CHARLOTTE FURTH hat gezeigt, dass diese kulturkonservative Position vor allem von der moralischen Überlegenheit über den angeblich spirituell unterentwickelten Westen ausgeht [8.1] – eine frühe Version der Propagierung „asiatischer Werte“. Ziel dieser kulturellen Variante des chinesischen Nationalismus war zugleich die Homogenisierung der „imagined community“ der Nation. Nach dem Ende der imperialistischen Bedrohung 1945 und der Umsetzung mancher Ziele des politischen Nationalismus durch „nation-building“ auf dem Festland wie auf Taiwan stellt er jene Spielart dar, die sich langfristig am besten behaupten konnte: der „Kern chinesischer Selbstidentifikation“ [8.1: OSTERHAMMEL, 121], der sich vor allem in den 1920er und 1930er Jahren in einem akribischen Sammeln von „Fakten“ niederschlug. Umfragen standen im Mittelpunkt der sich formierenden Sozialwissenschaften [8.1: TONG LAM]. Ihre Ergebnisse sollten die breitere Bevölkerung aufklären und reformieren und so zur Entstehung eines kollektiven nationalen Subjekt beitragen.Seit seiner Entstehung um die Jahrhundertwende blieb der chinesische Nationalismus nicht auf intellektuelle Zirkel beschränkt, sondern motivierte größere Teile der Bevölkerung zu politischem Handeln. Der große anti-amerikanische Boykott von 1905, den PETER ZARROW zu Recht als „the birth of mass politics“ bezeichnet hat [8.1: FOGEL / ZARROW: 26], ist ein frühes Anzeichen für die Virulenz nationalistischer Gefühle in breiteren Bevölkerungsschichten. Ausgelöst wurde der Boykott durch die schlechte Behandlung von Chinesen durch US-Immigrationsbehörden. WANG GUANHUA vertritt allerdings die Auffassung, der Hauptgrund für eine erstaunlich landesweite Mobilisierung von Protestierenden sei weniger in einer übereinstimmenden nationalistischen Gesinnung als im Einsatz neuer Kommunikationsmedien und in den Aktivitäten neuartiger sozialer Organisationen zu suchen [8.3]. Ergänzend sollte die enger ereignisgeschichtliche Darstellung von WONG SIN KIONG [8.3] konsultiert werden. KARL GERTH hat die Boykotte in den Zusammenhang der „Bewegung für nationale Produkte“ (*guohuo yundong*) eingeordnet, deren Ziel die Integration von Nationalismus und Konsumverhalten war. Wenngleich die chinesischen Konsumenten nicht davon überzeugt werden konnten, ausschließlich einheimische Produkte zu kaufen, und die nationale Produktion mit der Importware oft qualitativ wie quantitativ nicht mithalten konnte, so prägte sich dennoch im Zuge dieser Bewegung der Bevölkerung ein alltagspraktisches Nationalbewußtsein ein. GERTH charakterisiert die Bewegung für nationale Produkte als „a matrix that formed, disseminated, and provided the means for practicing modern Chinese nationalism“ [8.1: 360].

Boykotte

Opium als nationales Skandalon

Neben Boykotten und städtischen Protestbewegungen bildete der von ZHOU YONGMING geschilderte Kampf gegen Opium, das seit der Anti-Drogen-Politik der späten Qing-Reformer zu einem Symbol imperialistischer Unterdrückung geworden war, einen der beständigen Kristallisationspunkte nationalistischen Widerstandes [8.1]. Er hatte bereits 1839, also im vor-nationalistischen Zeitalter, mit der Zerstörung britischen Opiums durch den kaiserlichen Sonderbeauftragten Lin Zexu begonnen und endete mehr als ein Jahrhundert später mit der rigorosen Unterdrückung des Opiums in der Gründungszeit der Volksrepublik.

Kein typischer „Dritte-Welt-Nationalismus

Der frühe chinesische Nationalismus war nicht in dem Sinne „anti-kolonial", dass – wie in vielen anderen Teilen Asiens und Afrikas – eine eigene (national-) staatliche Ordnung sich erst im Widerstand gegen die Kolonialmächte herausbildete. Er konnte vielmehr an die Jahrhunderte lange Existenz eines Großstaates imperialen Charakters anknüpfen. Es ist erstaunlich, wie schnell sich die chinesische Politik nach dem Sturz der Qing-Dynastie vom monarchischen Prinzip löste; ein rückwärtsgewandter Monarchismus spielte nach dem Scheitern von Yuan Shikais dynastischen Plänen keine nennenswerte Rolle mehr. Trotz aller institutionellen Diskontinuität stand jedoch die räumliche Kontinuität des Gesamtstaates auch nach 1912 stets außer Frage. Ziel der Gründerväter der Republik war es, einen Nationalstaat im Rahmen des traditionellen chinesischen Raumbildes einer „Welt unter dem Himmel" (*tianxia*) zu errichten und die kulturell definierte Ökumene in einen modernen Territorialstaat zu überführen. PRASENJIT DUARA hat „the representational and linguistic structures" einer solchen Auffassung vom nationalen Zusammenhang Chinas in Raum und Zeit herausgearbeitet [3.4: Rescuing History]. ARTHUR WALDRON zieht aus seiner Beschäftigung mit der Frage, wie sich in den zwanziger Jahren die Beschwörung nationaler Einheit mit der Realität ständiger Warlord-Kriege vertrug, den Schluß, dass im republikzeitlichen Nationalismus (Waldron spricht lieber von „Patriotismus") die Suche nach geeigneten Institutionen und politischen Strukturen für einen modernen Staat im Vordergrund gestanden habe [8.4]. Als eine Form von kollektiver Identitätsbildung untersucht JOHN FITZGERALD den nationalen Symbolismus der Republikzeit und die Schaffung eines nationalen „Gedächtnisses" [3.4]. HENRIETTA HARRISON geht noch einen Schritt weiter und beschränkt mit ihrem kulturwissenschaftlichen Ansatz den chinesischen Nationalismus auf seine Rolle als treibende Kraft von Identitätsbildung und kultureller Modernisierung [8.1]. Er erscheint als ein kulturelles Programm, das es der chinesischen Elite ermöglichte, den gesamten symbolischen Apparat eines „modernen", also westlichen Nationalstaates in angepasster Form zu importieren. HARRISON sieht daher im Nationalismus einen Ausdruck von Verwestlichung, die sich etwa in der Einführung westlicher Vorstellungen von „citizenship" niedergeschlagen habe.

Nationalstaat als Ziel

Nationalismus als Identitätsstütze

Territorialer Nationalismus

Die Verknüpfung von Nationalismus und Modernisierung, wie sie auch bei REBECCA KARL im Vordergrund steht [8.3], stellt indessen nur einen Teilaspekt des chinesischen Nationalismus dar. Die Wirkung solcher Faktoren wie der Erfahrung von Treaty-Port-Kultur und Rassismus war regional und zeitlich begrenzt. In der Krisenlage der 1930er Jahre konnte die moderne Symbolik in

Kleidung, Verhaltensweisen, Medien und Bildungswesen nicht mehr im Vordergrund stehen. Kulturelle Identitätsbildung trat zurück hinter den unmittelbaren Erfordernissen der „Rettung der Nation". In dieser Situation schob sich ein Ansatz in den Vordergund, den man als „territorialen Nationalismus" beschreiben kann [2.6: DABRINGHAUS]. Gu Jiegang und andere intellektuelle Vertreter eines historisch-geographischen Diskurses suchten in dieser Periode nicht mehr nach effektvollen und mobilisierungskräftigen nationalen Mythen und Symbolen, sondern nach einer wissenschaftlich hieb- und stichfesten Argumentation zugunsten der Existenz des chinesischen Nationalstaates in der Staatenwelt des 20. Jahrhunderts. In ihren Forschungsarbeiten und Kartenwerken wurde die chinesische Nation als gesichertes Wissen präsent. Auch die innerasiatischen Randregionen, die nicht zum chinesischen Kulturkern zählten, wurden geographisch inventarisiert und in das Bild eines „geo-body" des chinesischen Nationalstaates eingeordnet. Die Historischen Geographen schufen damit die geistigen Grundlagen für den multiethnischen Einheitsstaat, wie ihn die Kommunisten 1949 mit der Gründung der Volksrepublik China politisch in die Tat umsetzten.

9. „GREATER CHINA“

Die meisten ethnischen Chinesen haben seit mehr als 22 Jahrhunderten auf dem Territorium des chinesischen Reiches gelebt, aber keineswegs alle. Vor allem im 20. Jahrhundert wurde die bedeutende Rolle jener Chinesen deutlich, die grenznah unter kolonialer Herrschaft lebten oder als „Überseechinesen“ (*huaqiao*) in aller Welt verstreut waren und sind. Die wirtschaftlichen Erfolge vieler auslandschinesischer Individuen, Familien und Gemeinschaften sind seit langem offensichtlich. Unter politischen Systemen, die liberaler waren als dasjenige der Volksrepublik, brachten im späten 20. Jahrhundert mehrheitlich hanchinesische Gesellschaften spektakuläre Wirtschaftsblüten zustande (Hongkong, Taiwan, Singapur). Umgekehrt war die Diaspora von großer Bedeutung für die Entwicklung Festlandchinas. Sie diente als Ventil für demographischen Überdruck und Kapitalquelle für Investitionen im „Mutterland“ (als das China stets gesehen wird), aber auch als Ort des politischen Exils und als Laboratorium alternativer politischer Entwicklungspfade. Mittlerweile hat sich die Bezeichnung „Greater China“ verbreitet. Sie bezieht sich auf die „sinischen“ Staaten VRCh, Taiwan und Singapur, meist auch auf die auslandschinesischen Netzwerke in Südostasien, Nordamerika und anderen Teilen der Welt.

Wirtschaftliche Erfolge der Auslandschinesen

Terminus „Greater China“

9.1 Taiwan

Die Insel Taiwan durchlief eine eigentümliche Besiedlungs- und Herrschaftsgeschichte [dazu als Nachschlagewerk: J. F. Copper; als historischer Überblick M. Rubinstein, O. Weggel, alle in 9.1]. Bis heute gibt es Nachfahren der „Ureinwohner“ (*yuanzhumin*), die ein Dutzend austronesischer Sprachen sprechen; ihre ursprüngliche Herkunft ist nach wie vor umstritten. Zwischen 1590 und 1661 setzten sich nacheinander Portugiesen, Spanier und Holländer auf der Insel, die „Formosa“ genannt wurde, fest. In den 1640er und 1650er Jahren war Formosa mit seinem befestigten Hauptort „Zeelandia“ einer der am meisten versprechenden Bestandteile des Handelsimperiums der niederländischen Ostindienkompagnie (VOC). Ming-Loyalisten unter Zheng Chenggong (1624–1662, von der Europäern Koxinga genannt) beendeten 1661 die niederländische Herrschaft. Jonathan Clements hat eine biographische Studie über Zheng Chonggong verfasst [9.1]; Chong Wang schildert, wie im späten 19. Jahrhundert in China, Taiwan und Japan die Heroisierung Zheng Chonggongs begann [9.1]. Die letzten Ming-Loyalisten wurden 1683 von Qing-Truppen vertrieben. Das Leben auf der Insel unter der Qing-Herrschaft schildert der Reisebericht eines chinesischen Gelehrten von 1697 [9.1: Macabe Keliher]. Damals lebten etwa 300000 Chinesen auf der Insel. In der Folgezeit setzte sich die Immigration vom Kontinent fort, besonders der jenseits der Taiwanstraße gelegenen Provinz Fujian. Tai-

Koloniales Taiwan

Chinesisches Taiwan

wan wurde in das System der chinesischen Territorialverwaltung einbezogen, allerdings erst 1885 als Provinz. Diese Periode qingkaiserlicher Kolonialherrschaft fasst EMMA JINHUA TENG auf der Grundlage von Reiseberichten, Lokalchroniken und Bildmaterial zusammen [9.1]. Daran anschließend behandeln die Arbeiten von LEONARD H. D. GORDON die erneute Internationalisierung der Taiwan-Frage im Verlauf des 19. Jahrhunderts [9.1]: Amerikaner, Briten und Japaner konkurrierten um die Insel, bis es Japan 1895 nach seinem Kriegserfolg gegenüber dem Qing-Reich gelang, sich als Kolonialmacht in Taiwan zu etablieren. Erst unter den Japanern wurde Taiwan nach 1895 von „China proper" isoliert, ein Zustand, der sich unter anderen Vorzeichen infolge des chinesischen Bürgerkriegs, des Kalten Krieges und der andauernden chinesischen Zweistaatlichkeit fortgesetzt hat. Nach der japanischen Niederlage im Zweiten Weltkrieg beanspruchte die Guomindang-Regierung der Insel und zog sich vor den siegreichen Kommunisten im Bürgerkrieg nach Taiwan zurück. Dort etablierte sie sich als eine auch sprachlich-ethnische herausgehobene Herrscherschicht. 1,6 Mio. der heute 22 Mio. Einwohner Taiwans stammen von dieser zweiten Invasionswelle der späten 1940er Jahre [2.2: BRUNHILD STAIGER, 740].

Isolation Taiwans nach 1895

Während die Geschichte Taiwans bis 1895 am besten unter der Rubrik „Grenzgeschichte", d.h. als ein Beispiel für die demographische und politische Expansion des chinesischen Kernlandes, zu behandeln ist (s.o.!), bildet die Historiographie der Kolonialzeit einen Bereich für sich. Er wird oft von Autoren mit eher japanologischem als sinologischem Hintergrund bearbeitet [so vor allem die zumeist vorzüglichen Beiträge in 8.7: R. H.MYERS/M. R. PEATTIE]. Dies hat seinen Sinn darin, dass das japanische Imperium von Anfang an ein in hohem Maße geschlossenes war und Taiwan ökonomisch von Festland abgekoppelt und auf die japanische Metropole hin ausgerichtet wurde.

Taiwan als japanische Kolonie

Einen guten Einstieg in die Kolonialzeit bietet das Kapitel von HARRY J. LAMLEY über die Periode 1895–1945 in RUBINSTEINS Sammelwerk [9.1: 201–260], das stärker die lokalen Verhältnisse als die Stellung Taiwans im japanischen Imperium betont und das eine brauchbare Binnenperiodisierung der Epoche vorschlägt: 1895–1897 Annexion und bewaffneter Widerstand, 1898–1915 koloniale Reform und einheimische Anpassung, 1915–1936 entfalteter Kolonialismus in Friedenszeiten, 1937–1945 Mobilisierung in der Kriegszeit. Thematisch eingeschränkte Standardwerke von bleibendem Wert sind SAMUEL HOS Wirtschaftsgeschichte, die die konstruktiven Leistungen des japanischen Kolonialismus betont, ohne in Apologie zu verfallen [9.1] und PATRICIA TSURUMIS Studie über das Erziehungswesen während der Kolonialzeit, also über kulturelle Japanisierung und ihre Grenzen [9.1; vgl. auch 9.1: S. ELIES, Kap. 4].

Die Folgen der Kolonisierung waren widersprüchlich. Einerseits legten die Japaner durch Industrialisierung (vor allem Zuckerherstellung für den Export) und den Ausbau des Verkehrswesens wichtige Grundlagen für das nachkoloniale Wirtschaftswunder. Auch führten die Japaner, wie WANG TAY-SHENG gezeigt hat [9.1], Elemente ihrer eigenen, seit der Meiji-Restauration stark westlich beeinflußten Rechtsordnung in Taiwan ein und bereiteten damit die Modernisierung des dortigen Rechts vor. Andererseits wurde die Politik kultureller Entmündigung weiter als in vielen Kolonien der europäischen Mächte getrieben (Einführung des japanischen Kaiserkultes, Unterdrückung der chinesischen Sprache, usw.).

9.2 Hongkong

Britische Kronkolonie Hongkong

Mit der faktischen Inbesitznahme durch die Briten Anfang 1841 (die dann 1842 im Vertrag von Nanjing legalisiert wurde) beginnt offiziell die Geschichte Hongkongs. Ihre Vorgeschichte hat Alain Le Pichon mit Hilfe des Schriftverkehrs von Jardine, Matheson & Co. aus den Jahren 1827 bis 1843 erschlossen [9.2]. Hongkong ist aus mehreren Gründen von besonderem Interesse:

Erstens findet sich hier die einzige größere chinesische Population – außerhalb der britischen Kolonie Malaya und des im Norden der Provinz Shandong gelegenen kleinen Pachtgebietes Weihaiwei [über die dort zwischen 1898 und 1930 praktizierte chinesenfreundliche „indirect rule“ vgl. 8.7: P. Atwell], die über einen langen Zeitraum unter britischer Kolonialherrschaft stand. Dabei handelte es sich überwiegend, aber keineswegs ausschließlich um städtische Gesellschaftsformen. Die 1898 für 99 Jahre an Großbritannien abgetretenen ländlichen Festlandsgebiete („New Territories“) waren Agrarregionen, die auch dann noch ethnologische Feldstudien über das dörfliche China ermöglichten, als das übrige China spätestens 1949 für westliche Ausländer unzugänglich geworden war [beispielhaft für die Nutzung dieser Forschungschancen ist 8.11: David Fauré; eine postmoderne Re-Lektüre der älteren Forschung bei 9.2: A. Chun].

Migratengesellschaft

Zweitens wurde Hongkong bald nach seiner Gründung zum Schauplatz eines einzigartigen Sozialexperiments: Außerhalb des Machtbereichs des chinesischen Staates und unter dem Schirm eines relativ liberalen britischen Kolonialregimes entstand hier eine neue Gesellschaft von Zuwanderern. So reproduzierte sich eine „typisch chinesische“ soziale Hierarchie, die aber gewissermaßen lückenhaft war: Titelträger („literati“) und Grundherren fehlten ebenso wie Bauern. Kaufleute, die mit der Zeit die Rolle von Honoratioren und „community leaders“ übernahmen, spielten dafür eine umso größere Rolle, und früher als anderswo in China entstand ein von Hafenarbeitern bestimmtes Proletariat. Sozialhistoriker haben diese Vorgänge beschrieben: Tsai Jung-fang [9.2], der ein einigermaßen vollständiges Bild der Gesellschaft Hongkongs bis 1913 anstrebt, und Chan Wai Kwan [9.2], der sich in Fallstudien auf „class formation“ beschränkt und dabei, auch empirisch gehaltvoller als Tsai, analytisch bei weitem tiefer schürft. John M. Carroll beschreibt Hongkong „as its own cultural-historical place“ [9.2: Edge of Empires, 4]. Aus der strategischen Position zwischen den Imperien formte Hongkongs Geschäftselite die besondere Identität der Metropole. Christopher Munn hat einen lohnenden Gebrauch von Gerichtsakten gemacht, um die koloniale Realität des frühen Hongkong zu rekonstruieren [9.2]. GILLIAN BICKLEY zeichnet in einer wunderbaren Mischung aus biographischer Quelle und Kommentar ein Bild von Frederick Stewart (1836–1889), der sich 25 Jahre lang in der Kolonialverwaltung Hongkongs engagierte [9.2].

Einfallstor europäischer Ideen

Drittens wurde Hongkong, das Einfallstor europäischer Ideen, zum Stützpunkt politischer Bewegungen, die sich in China selbst nicht entfalten konnten. Nur hier – und im International Settlement von Shanghai – gab es den rechtlich-politischen Spielraum, in dem eine moderne Presse entstehen konnte [vgl. 9.2: E. SINN]. Einige der frühesten Vorschläge zur Reform des Qing-Systems wurden in der Kronkolonie entwickelt. Am Ende des 19. Jahrhunderts wurde Hongkong zu einem Stützpunkt für Anti-Qing-Revolutionäre [9.2: P. H. HASE], nach 1919 für einige Jahre zu einem Zentrum von Boykotten und Massenstreiks. Bis Ende der 1920er Jahre konnten chinesische Dissidenten ziemlich sicher sein, von den britischen Behörden nicht an die chinesische Polizei ausgeliefert zu werden. Die frühe KPCh fand hier zahlreiche Anhänger; CHAN LAU KIT-CHING, die beste Kennerin, spricht von „active years 1925–1927“ [9.2: 53–94]. Als Folge von Repression und Selbstzerfleischung war die kommunistische Bewegung jedoch 1936 aus Hongkong verschwunden.

Keine der Gesamtdarstellungen der Geschichte Hongkongs berücksichtigt alle diese Aspekte in gleicher Ausführlichkeit. Frühere, vor allem verfassungsgeschichtlich angelegte Überblicke sind inzwischen durch FRANK WELSHS gefällig lesbare *History of Hong Kong* [9.2] überholt worden, die wiederum als wissenschaftliches Standardwerk durch STEVE TSANGS *Modern History of Hong Kong* ersetzt wurde [9.2, dazu ergänzend ein vom Autor herausgegebener Quellenband in 1.5], allerdings mit knapper und weniger anschaulicher Behandlung der Zeit vor 1945. MICHAEL INGHAM verdeutlicht die geographische Unterteilung Hongkongs entlang der drei Themenschwerpunkte (1) Aufbau der städtischen Kolonie und Migration, (2) traditionelle und moderne Kultur in Architektur und Werten sowie (3) kulturelle Hybridität [9.2]. CHAN LAU KIT-CHING [9.2] ist eine aus den Quellen gearbeitete „Dreiecksgeschichte“ der Jahre 1895 bis 1945 aus der Feder der führenden Historikerin dieser Epoche. Der große Einfluss der verschiedenen Ausländerenklaven auf die Entwicklung Hongkongs wird in den Beiträgen eines von CINDY YIK-YI CHU herausgegebenen Bandes deutlich [9.2]. DAVID R. MEYER [9.2] hat eine Wirtschaftsgeschichte der Kronkolonie unter der leitenden Perspektive ihrer Einbindung in die Weltwirtschaft geschrieben. Nicht nur als Hafen war Hongkong mit China eng verbunden [9.2: LEE PUI-TAK]. Sein atemberaubender Aufstieg wäre nicht möglich gewesen, hätten nicht Unternehmer und Bankiers aus Shanghai zweimal – bei Kriegsbeginn 1937 und dann wieder 1949 – sich selbst und ihre Kapitalien in die schützende Kolonie transferiert. Wie Hongkong zwischen 1912 und 1941 regiert wurde und welche Rolle das Opiummonopol der Briten bei der Finanzierung der Kolonie spielte, zeigt NORMAN MINERS [9.2]. Während des Zweiten Weltkriegs entwickelte die Lokalbevölkerung Taktiken der Guerrillakriegsführung gegenüber den japanischen Besat-

Dreiecksgeschichte

zern [9.2: CHAN SUI-JEUNG, East River Column]. Dass die Briten nach der japanischen Kapitulation Hongkong wieder in Besitz zu nehmen vermochten, verdankt sich weniger ihrer militärischen Stärke in der Region als der geschickten Nutzung einer momentanen diplomatischen Konstellation [9.2: W. R. LOUIS; auch S. Y. TSANG: 133 ff.; P. SNOW: 261 ff.].

9.3 Macau

Eine fundierte Einführung in die Geschichte und Kultur Macaus bietet HAO ZHIDONG [9.3]. Die kolonialen Anfänge der portugiesischen Kolonie im 16. und 17. Jahrhundert stellt RODERICH PTAK dar [9.3]. An eine kurze Phase britischer Präsenz in Macau (1635–1793) erinnert R. M. PUGA [9.3]. Den Wandel vom portugiesischen Kolonialhafen zur kosmopolitischen Metropole im Südosten Chinas beschreiben die Beiträge des von C. X. GEORGE WEI herausgegebenen Bandes [9.3]. Besondere Beachtung finden dabei die traditionellen religiösen Praktiken, die missionarischen Einflüsse, die koloniale Präsenz und Konkurrenz sowie die sich daraus ergebenden transnationalen Faktoren in der Stadtentwicklung.

9.4 Chinesische Migration und überseeische Diasporas

Die Geschichte der Überseechinesen ist mittlerweile zu einem florierenden Forschungszweig geworden. Die großen historischen Linien skizziert knapp und meisterhaft WANG GUNGWU [9.4.1]. Farbige Details finden sich in einem eher populärwissenschaftlichen Buch von LYNN PAN [9.4.1]. Einen konventionell an der dynastischen Chronologie orientierten Überblick bietet DIANA LARY [9.4.1]. ADAM MCKEOWN [9.4.1: bes. Kap. 1, 2, 8] hat das Feld theoretisch in der allgemeinen Diasporaforschung und in der Debatte um Migration und Globalisierung verankert.

Chinesen in Südostasien

Die Forschung ist regional differenziert. Die ältesten chinesischen Diasporas finden sich in Südostasien. Aus der umfangreichen neueren Literatur ragen zwei Monographien heraus: LEONARD BLUSSÉ [9.4.2] beschreibt die Stellung der Chinesen im frühneuzeitlichen Batavia (heute Jakarta), CARL A. TROCKI [9.4.2] die Selbstorganisation der chinesischen „community“ im britischen Singapur des 19. Jahrhunderts. Einen aktuellen Gesamtüberblick gibt ANTHONY REID [9.4.2, darin besonders die Beiträge von REID und SKINNER].

Kulihandel

Die chinesische Migration nach Südostasien erhielt in der zweiten Hälfte des 19. Jahrhunderts durch den „Kulihandel“ einen neuen Schub. Wie dieser Handel in der Zusammenarbeit zwischen ausländischen Reedereien, chinesischen Schlepperorganisationen und örtlichen Behörden organisiert war, erfährt man von WANG SING-WU [9.4.1], wie die Qing-Regierung nicht ohne Erfolg versuchte, gegen ihn einzuschreiten und Exzesse zu vermeiden, von ROBERT L.

IRICK [9.4.1] und YEN CHING-HWANG [9.4.1]. Die einflußreiche Rolle nahmen von Anfang an die chinesischen Kaufleute in kolonialen Gesellschaften Südostasiens ein. ANDREW R. WILSON wählt als Beispiel die Philippinen [9.4.2]. Der Zweite Weltkrieg stellte auch für die chinesische Diaspora in Südostasien eine wichtige Zäsur dar. ERNEST KOH erinnert in seiner Studie über die Kriegszeit in Singapur an den Einsatz der chinesischen Bevölkerung [9.4.2].

Chinesische Immigranten in den USA

Kein Thema aus der Geschichte der Überseechinesen hat mehr Beachtung gefunden als das der chinesischstämmigen Minderheit in den USA. Als Synthesen empfehlen sich IRIS CHANG und BESON TONG [beide 9.4.3]. Eine ausführliche Quellensammlung haben JUDY YUNG, GORDON H. CHANG und HIM MARK LAI zusammengestellt [9.4.3]. Themenschwerpunkte sind die innere Struktur von „Chinatowns" und die mit der Chinese Exclusion Act von 1882 beginnenden Politik der Immigrantenabwehr [dazu vor allem 9.4.3: GORY]. Eine zentrale Rolle bei der frühen Einwanderung spielte San Francisco. Hier befanden sich die Einwanderungsbehörde und die „Six Companies". YUCHENG QIN erklärt, wie sich aus einem Netzwerk aus ursprünglich sechs traditionell chinesischen Heimatortorganisationen (*huiguan*) die wichtigste Vertretung der *Chinese Americans* und die früheste Stimme eines modernen chinesischen Nationalismus entwickelte [9.4.3]. SHEHONG CHEN definiert die Jahre 1911 bis 1927 als zentrale Periode des Wandels vom Immigranten zum *Chinese American* [9.4.3]. Neuerdings sind unter dem Begriff der „transnationalen Beziehungen" der Umgang mit multiplen Identitäten [G. H. CHUN in 9.4.3] sowie die Rückbindungen der Emigranten an ihre chinesische Heimat thematisiert worden [9.4.4: SUCHENG CHAN; CHEN YONG, 217ff.; MADELEIN Y. HSU, bes. Kap. 4; HAIMING LIU]. Transnationalität ließ sich auch überall auf der Ebene der Familien finden. EMMA JINHUA TENG vergleicht eurasische Familien in den USA, China und Hongkong [9.4.1]. Auf beiden Seiten des Pazifiks wurde die Hybridität von Eurasiern nicht nur als Problem gesehen, sondern auch als Chance interethnischer Brückenbildung. Dies galt besonders für die Gesellschaften Latein- und Südamerikas, wohin sich die frühe chinesische Arbeitsmigration (Kulihandel) ebenso wandte. Das Standardwerk dazu schrieb ARNOLD J. MEAGHER [9.4.3]. Nachdem bereits während der Republikzeit der Soziologe CHEN DA bahnbrechende empirische Forschungen über die Rückwirkungen der Emigration auf die Gesellschaft Südchinas angestellt hatte [9.4.1], ist ERIKA LEE dem Problem nachgegangen, wie Chinesen in den USA und in China selbst auf den wachsenden amerikanischen Exklusionsrassismus reagierten [9.4.3: At America's Gates]. Sie hat dieses Thema bis hinab zur konkreten Konfrontation zwischen Einwanderungsbeamten und Aufnahmesuchenden verfolgt. Erste Schritte einer Integration bedeutete den Einsatz von *Chinese Americans* im Zweiten Weltkrieg als Armeeangehörige an der Front oder als Ersatzarbeitskräfte in der Heimat (9.4.3: K. SCOTT WONG]. Den chinesischen Kriegsveteranen wurde später erlaubt, ihre Familien in die USA holen. Die Gemeinschaft der *Chinese Americans* strukturierte sich neu [9.4.3: ZHAO XIAOJIAN].

anti-chinesische Gesetze

Ein letzter und bis in die Gegenwart wichtiger Aspekt von „Greater China" ist der Beitrag der Überseechinesen zur politischen Entwicklung auf dem Festland. Die (auch finanzielle) Unterstützung, die Sun Yatsen vor 1911 nicht nur in Hongkong und in Japan, sondern auch unter den Chinesen in den USA für seine Umsturzpläne fand, trug nicht unwesentlich zum Wachstum der revolutionären Bewegung bei [9.4.3: L. E. A. MA, Revolutionaries, Monarchists, and Chinatowns]. Alle wichtigeren politischen und kulturellen Bewegungen und Bestrebungen im Festlandchina des 20. Jahrhunderts, zumindest solche in den weltoffenen Küstenstädten, fanden eine Resonanz unter den Auslandschinesen, zum Beispiel die Vierte-Mai-Bewegung von 1919 [9.4.2: KENLEY]. Auslandschinesische Investoren speisten nicht erst in der Gegenwart, sondern bereits seit den 1890er Jahren dringend benötigtes Kapital in den chinesischen Wirtschaftskreislauf ein [9.4.2: GODLEY]. Über die Transferleistungen von „returned students" ist noch relativ wenig bekannt. Aber dank PAULA HARRELL [8.2] und YE WEILI [9.4.3] weiß man einiges darüber, was sie in Japan bzw. den USA getan haben.

Auslandschinesische Beiträge

Als neue Region der chinesischen Migrationsforschung rückt neuerdings auch Afrika stärker in den Fokus. Bereits im späten 19. Jahrhundert wanderten chinesische Arbeitskräfte nach Südafrika ein und *unter*boten dort die Löhne von einheimischen Arbeitern [9.4.4: PETER RICHARDSON]. LI ANSHAN führt ihren Überblick nur bis zum Zusammenbruch des Kaiserreichs von 1911 fort [9.4.4].

10. CHINA UND DER WESTEN: WECHSELSEITIGE WAHNEHMUNGEN

Überblicke

Über die Vorstellungen, die man sich in Europa und später auch in Nordamerika von China gebildet hat, gibt es eine reiche Literatur von vorwiegend deskriptivem Charakter. Die solideste Einführung ist immer noch ein nun schon recht altes Buch von RAYMOND DAWSON [10.1]; sogar das noch frühere Werk von ADOLF REICHWEIN „China und Europa" aus dem Jahr 1923 ist vielen neueren Veröffentlichungen hinsichtlich der Kenntnis des Materials und seiner Durchdringung überlegen. Die Fülle der europäischen Texte des 16. und 17. Jahrhunderts (in sämtlichen Sprachen) über das nicht-islamische Asien breitet DONALD F. LACH (später mit EDWIN VAN KLEY) mit enzyklopädischer Vollständigkeit aus [10.1], ohne interpretierende Bezüge zur europäischen Geistesgeschichte herstellen zu wollen. Das Werk ist der Ausgangspunkt jeder gründlichen Beschäftigung mit der Auffassung der europäischen Frühen Neuzeit von Asien. Umgekehrt heben RACHANA SACHDEV und QINGJUN LI die Bedeutung der frühneuzeitlichen Quellen aus Europa für ein Gesamtbild der chinesischen Geschichte in dieser Epoche hervor [10.1]. Da die europäischen Autoren, meist Missionare oder Kaufleute, sich häufig auch als Repräsentanten ihrer Heimatregierungen engagierten, spiegeln ihre Berichte auch über das eigene Arbeitsfeld hinausgehende Eindrücke wider [dies zeigt 6.5: BAI ZHIMIN am Beispiel der Franzosen; zu den Briten vgl. 10.1: PETER J. KITSON].

Der neueste Überblick über das europäische Chinabild, sieben Jahrhunderte zwischen Marco Polo und Italo Calvino leichtfüßig durcheilend, stammt von JONATHAN SPENCE [10.1] – allerdings das bisher am wenigsten originelle Buch dieses bedeutenden Forschers und Schriftstellers. Die Qualität von Perzeptionsuntersuchungen bemißt sich daran, ob sie die behandelten Texte sowohl in ihrem Entstehungszusammenhang ideen- oder diskursgeschichtlich verorten als auch den Bezug auf das Beschriebene nicht völlig ignorieren. FOLKERT REICHERT [10.1] tut dies für die europäischen Berichte aus Yuan-China.

Die ideengeschichtliche Kontextualisierung gelang bereits bei einigen älteren Studien von Autoren wie ADOLF REICHWEIN, VIRGILE PINOT und BASIL GUY, die immer noch Maßstäbe setzen. WALTER DEMEL hat in einem vielzitierten Aufsatz zeigen können, wie am Ende des 18. Jahrhunderts unter dem Einfluß neuerer Rassevorstellungen aus den vormals „weißen" nunmehr „gelbe" Chinesen wurde [10.1]. Ähnliches ließe sich für Japan aufweisen. ANDREAS PIGULLA [10.1] hat deutlich gemacht, welch große Rolle China im späten 18. Jahrhundert in der (deutschen) Weltgeschichtsschreibung spielt und wie es danach rasch aus ihr verschwindet. EUN-JEUNG LEE [10.1] faßt weithin Bekanntes unter dem speziellen Gesichtspunkt des „Konfuzianismus" zusammen. JÜRGEN OSTERHAMMEL [10.1] setzt, in kritischer Distanz zu EDWARD SAIDS Vorwurf des „Orientalismus", für ein „langes" 18. Jahrhundert (1680–1830) die europäische Chinawahrnehmung

Ideengeschichtliche Aspekte

in den differentiellen Zusammenhang einer Erfassung und Konstruktion Asiens und fragt nach den medialen Bedingungen, unter denen Repräsentationen des Anderen entstehen.

Über das 19. und frühe 20. Jahrhundert ist bisher weniger als über die Frühe Neuzeit gearbeitet worden. Zahlreiche Studien sind individuellen Reisenden und Kommentatoren gewidmet. Einen breiten Überblick gibt auf besonders hohem interpretierendem Niveau GREGORY BLUE [10.1]. DAVID E. MUNGELLO beschreibt den Wandel von der Sinophilie zur Sinophobie [3.5]. Dies gilt nicht für Tibet, das auf europäische Reisende eine besondere Anziehungskraft ausübt. Wie unterschiedlich Europäer, Japaner, Chinesen und Tibeter im Verlauf von zwei Jahrhunderten Tibet wahrnahmen, geben die Beiträge eines von MONICA ESPOSITO herausgegebenen Sammelbandes wider [10.1]. ULRIKE HILLEMANN erklärt die ungebrochene Wirkkraft westlicher Vorstellungen einer kulturellen Hierarchie in der Wahrnehmung anderer Kulturen in der Haltung gegenüber den Chinesen am Beispiel der Vertreter der britischen Kolonialmacht [10.1]. Auch im Kontext des Aufbaus der westlichen Medizin in China spiegelt sich dieses Denken bei der Beurteilung von Krankheiten und ihren Heilungsmethoden wider [10.1: LINDA L. BARNES]. In den USA drangen über Reiseberichte und chinesische Einwanderer China-Bilder auch in die populäre Musik und in die Darstellungskunst vor [10.1: KRYSTYN R. MOON]. Sehr beliebt waren in den USA von Anfang an die chinesischen Kulturgüter aus dem frühneuzeitlichen „China Trade" [Dazu 10.1: CAROLINE FRANK]. LENORE METRICK-CHEN geht auf die Ambivalenz zwischen einer amerikanischen Begeisterung für chinesische Kunstobjekte und dem Rassismus der antichinesischen Gesetzgebung ein [10.1]. Den kulturellen Einfluß aus China konnte ein Verbot chinesischer Einwanderung freilich nicht verhindern. Letztlich lassen sich auch regionale Unterschiede erkennen: Während an der Westküste die antichinesische Stimmung in der Bevölkerung wuchs, absolvierte im Osten der USA eine Gruppe 120 chinesische Schülern zwischen 1872 und 1882 nicht nur erfolgreich ein Auslandsstudium, sondern sammelte in Gastfamilien der weißen Mittelklasse Erfahrungen im amerikanischen Alltagsleben. LIEL LEIBOWITZ schildert ihre Geschichte als eine Begegnung in Freundschaft und als Versuch, für Chinas junge Generation den Anschluss an den westlichen Fortschritt zu ermöglichen [7.5]. EDWARD J. M. RHOADS relativiert sogar angesichts der chinesischen Erziehungsmission die starke Betonung des generellen Rassismus in der antichinesischen Gesetzgebung der USA [7.5]. Nicht zuletzt spiegelt sich in ihrer Geschichte auch Chinas Wahrnehmung des Westens wider: Nach ihrer Rückkehr wurden die Studenten zwar von vielen als „Patrioten" gelobt, aber ebenso gab es Stimmen, die in ihnen „Landesverräter" sahen [9.4.3: STACEY BIELER].

Chinesische Wahrnehmungen des Westens

Die chinesischen Reaktionen auf die frühneuzeitlichen Begegnungen mit dem Westen hat ROBERT HART untersucht [10.2]. Er bewertet die gegenseitige Wahrnehmung als „imagined civilizations". Im Gegensatz zu den Europäern hatten die Chinesen vor der Mitte des 19. Jahrhunderts keine Möglichkeit, sich ein direktes Bild vom „Anderen“ zu machen. Wie in der Frühen Neuzeit die Jesuitenmissionare auf sie wirkten, zeigt SUN XI am Beispiel von Ignaz Kögler (1680–1746) [6.6]. Die *chinesische* Auffassung des Westens nach dem Opiumkrieg ist vor allem über einige Quellensammlungen zugänglich, die die Eindrücke der ersten chinesischen Botschafter dokumentieren, welche nach der Aufnahme diplomatischer Beziehungen zwischen China und den westlichen Großmächten in den 1860er und 1870er Jahren nach Europa und in die USA geschickt wurden [10.2: CHEN FENG; J. D. FRODSHAM; WOLFGANG MEISNER]. In China wurde der Westen vor allem als Motor der modernen Wissenschaft erlebt [10.2: BENJAMIN A. ELMAN]. Bei den nach Ländern differenzierten Darstellungen stechen die Arbeiten zur USA hervor. Eine schöne Anthologie über das chinesische Amerika-Bild haben ARKUSH und LEE zusammengestellt [10.2]. Anspruchsvolle Analysen all dieser Texte fehlen bisher.

USA-Bild

Da jedoch die gesamte Ideengeschichte Chinas seit dem späten 19. Jahrhundert um das Verhältnis zum Westen kreist, findet man überall verstreute Hinweise auf Einflüsse und Rezeptionsvorgänge. Bedeutend sind die Untersuchungen von BENJAMIN I. SCHWARTZ über den Übersetzer und Philosophen der Jahrhundertwende Yan Fu [7.5], von JAMES R. PUSEY über die Rezeption Darwins und des Darwinismus in China (bis hin zu Mao Zedong, der noch 1957 vom „Überleben der Stärksten“ sprach – 7.5: 452) und von BARRY KEENAN über den Einfluß des amerikanischen Philosophen und Pädagogen John Dewey, den man bei seinem Besuch in China 1921–1922 den „Yankee Confucius“ nannte [8.13]. Die gesamte chinesische Außenpolitik beruhte selbstverständlich auf bestimmten Perzeptionen des Westens. Methodisch wegweisend ist dabei MICHAEL H. HUNTS Studie über die außenpolitische Weltsicht der KPCh-Führer [8.8].

Yan Fu, philologisch-philosophischer Übersetzer

Die Wahrnehmung Japans in China beruhte auf einer sehr widersprüchlichen Erfahrung mit dem Land: Seit 1895 hatte Japan sich in die Reihe der Kolonialmächte eingereiht und war bis Ende des Zweiten Weltkrieges vor allem Besatzer und Kriegsgegner. Gleichzeitig vermittelten japanische Übersetzungen modernes westliches Wissen und boten jungen Chinesen ein Auslandsstudium. Am Beispiel von vier einflussreichen Persönlichkeiten aus den Bereichen Politik, Militär und Literatur, die außer den Studienerfahrungen auch später eine besondere Beziehung zu dem Land teilten, zeigt LU YAN das komplizierte chinesische Verhältnis zum japanischen Nachbarn [10.2].

Chinesische Wahrnehmungen Japans

III. Literatur

Werden in chinesischen Namen die Namensteile nicht durch Komma getrennt, ist der erste Teil der Familienname.

1. QUELLEN

1.1 Quellenkunde

T. Brook, Geographical Sources of Ming-Qing History, Ann Arbor 1988.

J. W. Esherick/Ye Wa, Chinese Archives: An Introductory Guide, Berkeley u.a. 1996.

F. H. H. King/P. Clarke (Hg.), A Research Guide to China-Coast Newspapers, 1822–1911, Cambridge, Mass. 1965.

W. C. Kirby u.a. (Hg.), State and Economy in Republican China: A Handbook for Scholars, 2 Bde., Cambridge, Mass. 2001.

D. D. Leslie u.a. (Hg.), Essays on the Sources of Chinese History, Canberra 1973.

R. K. Schoppa, The Columbia Guide to Modern Chinese History, New York 2000.

L. A. Struve, The Ming-Qing Conflict, 1619–1693: A Historiography and Source Guide, Ann Arbor 1998.

E. Wilkinson, Chinese History: A New Manual, Rev. ed. Cambridge, Mass. 2012.

Zhang Yufa (Hg.), Zhongguo xiandai shi shiliao zhiyin [Leitfaden zu den Quellenmaterialien über die Geschichte Chinas, ca. 1900–1949], Taibei 2000.

1.2 Zeitlich übergreifende Quellenanthologien

D. G. Atwill/Y. Atwill (Hg.), Sources in Chinese History: Diverse Perspectives from 1644 to the Present, Upper Saddle River, NJ 2010.

W. T. Bary/I. Bloom (Hg.). Sources of Chinese Tradition, Second Edition, 2 Bde., New York 1999².

N. Boothroyd/M. Détrie (Hg.), Le voyage en Chine: Anthologie des voyageurs occidentaux du Moyen Age à la chute de l'empire chinois, Paris 1992.

Cheng Pei-kai/M. Lestz with J. D. Spence (Hg.), The Search for Modern China: A Documentary Collection, Third Edition, New York 2013.

P. Ebrey (Hg.), Chinese Civilization: A Sourcebook, New York 1993².

S. Mann/Cheng Yu-yin (Hg.), Under Confucian Eyes. Writings on Gender in Chinese History, Berkeley u.a. 2001.

M. Stevenson/Cuncun Wu (Hg.), Homoeroticism in Imperial China: A Sourcebook, New York 2013.

R. E. Strassberg (Hg. u. Übers.), Inscribed Landscapes: Travel Writing from Imperial China, Berkeley u.a. 1994.

1.3 Quellen zur Yuan- und Ming-Zeit

W. T. de Bary (Übers.), Waiting for the Dawn: A Plan for the Prince. Huang Tsung-his's Ming-i tai-fang lu, New York 1993.

L. Gallagher (Hg.), China in the Sixteenth Century: The Journals of Matthew Ricci, 1583–1610, New York 1967.

E. Haenisch, Zum Untergang zweier Reiche: Berichte von Augenzeugen aus den Jahren 1232–33 und 1368–70, Wiesbaden 1969.

W. Heissig (Hg.), Die geheime Geschichte der Mongolen, Düsseldorf 1981.

Marco Polo, Il Milione – Die Wunder der Welt, übers. v. E. Guignard, Zürich 1983.

M. Rossabi, The Mongols and Global History. A Norton Documents Reader, New York/London 2011.

Ruysbroeck, Willem van, The Mission of Friar William of Rubruck: His Journey to the Court of the Great Khan Möngke, 1253–1255, translated by P. Jackson; Introduction, Notes and Appendices by P. Jackson with D. Morgan, Indianapolis, IN 2009.

1.4 Quellen zur Qing-Zeit bis 1895

O. Becker, Gengzi Riji. Das Tagebuch des Hua Xuelan aus dem Beijing des Boxeraufstandes, Hamburg 1987.

K. F. Bruner u.a. (Hg.), Entering China's Service: Robert Hart's Journals, 1854–1863, Cambridge, Mass. 1986.

P. Clarke/J. S. Gregory (Hg.), Western Reports on the Taiping: A Selection of Documents, London 1982.

J. L. Cranmer-Byng (Hg.), An Embassy to China: Being the Journal Kept by Lord Macartney during His Embassy to the Emperor Ch'ien-lung 1793–1794, London 1962.

C. A. Curwen, Taiping Rebel: The Deposition of Li Hsiu-ch'eng, Cambridge 1977.

N. Di Cosmo, Manchu-Mongol Relations on the Eve of the Qing Conquest: A Documentary History, Leiden/Boston 2003.

J.-B. Du Halde, Description géographique, historique, chronologique, politique, et physique de l'Empire de la Chine et de la Tartarie Chinoise, 4 Bde., Paris 1735.

Dzengseo, The Diary of a Manchu Soldier in Seventeenth-Century China: My Service in the Army, übers. u. kommentiert von Nicola Di Cosmo, London/New York 2006.

Fu Lo-shu (Hg.), A Documentary Chronicle of Sino-Western Relations (1644–1820), 2 Bde., Tucson, Ariz. 1966.

J. K. Fairbank u.a. (Hg.), The I. G. in Peking: Letters of Robert Hart, Chinese Maritime Customs, 1868–1907, 2 Bde., Cambridge, Mass. 1975.

Huang Liu-hung, A Complete Book Concerning Happiness and Benevolence: A Manual for Local Magistrates in Seventeenth-Century China, übers. v. Djang Chu, Tucson, Ariz. 1984.

J. C. Hüttner, Nachricht von der britischen Gesandschaftsreise durch China und einen Teil der Tartarei [1797], hg. v. S. Dabringhaus, Sigmaringen 1996.

P. J. Ivanhoe (Hg.), On Ethics and History: Essays and Letters of Zhang Xuecheng, Stanford, CA 2010.

W. C. Jones (Hg.). The Great Qing Code, Oxford 1994.

L. Lecomte, Un jésuite à Pékin: Nouveaux mémoires sur l'Etat present de la Chine 1687–1692, hg. v. F. Touboul-Bouyeure, Paris 1990.

F. Michael/Chang Chung-li (Hg.), The Taiping Rebellion, Bde. 2–3: Documents and Comments, Seattle 1971.

H. B. Morse, The Trade and Administration of the Chinese Empire, Shanghai 1908.

Ders., (Hg.), The Chronicles of the East India Company Trading to China, 1635–1834, 5 Bde., Oxford 1926–29.

DERS., The Gilds of China; with an Account of the Gild-Merchant or Co-hong of Canton (1909), Cambridge 2009.

A. PEYREFITTE (Hg.), Un choc de cultures. Bd. 1: La vision des Chinois; Bd. 2: Le regard des Anglais, Paris 1992–98.

F. FRHR. V. RICHTHOFEN, China. Ergebnisse eigener Reisen und darauf gegründeter Studien, 5 Bde., Berlin 1877–1912.

R. J. SMITH u.a. (Hg.), Robert Hart and China's Early Modernization: His Journals, 1863–1866, Cambridge, Mass. 1991.

J. D. SPENCE/ANNPING CHIN, Das Jahrhundert Chinas, München 1996.

L. A. STRUVE (Hg.), Voices from the Ming-Qing Cataclysm: China in Tigers' Jaws, New Haven/London 1993.

TENG SSU-YU/J. K. FAIRBANK (Hg.), China's Response to the West: A Documentary Survey, 1839–1923, Cambridge, Mass. 1954.

A. WALEY, The Opium War Through Chinese Eyes, London 1958.

1.5 Quellen zum frühen 20. Jahrhundert (1895–1949)

P. J. BAILEY (Hg. u. Übers.), Strengthen the Country and Enrich the People: The Reform Writings of Ma Jianzhong (1845–1900), Richmond 1998.

C. BRANDT u.a. (Hg.), Der Kommunismus in China. Eine Dokumentargeschichte, München 1955.

T. BROOK (Hg.), Documents on the Rape of Nanking, Ann Arbor 2000.

S. G. COCHRAN u.a., One Day in China: May 21, 1936, New Haven/London 1983.

I. EBER (Hg.), Voices from Shanghai: Jewish Exiles in Wartime China, Chicago 2008.

E. G. HEPPNER, Fluchtort Shanghai. Erinnerungen 1938–1948, Bonn 1998.

W. HINTON, Fanshen. Dokumentation über die Revolution in einem chinesischen Dorf, übers. v. E. Szabó, 2 Bde., Frankfurt a.M. 1972.

HSIAO TSO-LIANG, The Land Revolution in China, 1930–1934: A Study of Documents, Seattle 1969.

HU SHI, Autobiographie mit Vierzig, übers. v. M. Liebermann und A. Hoffmann, Dortmund 1998.

KU CHIEH-KANG, The Autobiography of a Chinese Historian, übers.u. hg. v. A. W. Hummel, Leiden u.a. 1931.

A. LAWRANCE, China since 1919: Revolution and Reform: A Sourcebook, London/New York 2004.

M. LEUTNER (Hg.), Quellen zur Geschichte der deutsch-chinesischen Beziehungen 1897 bis 1995, bisher 5 Bde., Berlin 1995ff.

DIES. u.a. (Hg.), KPdSU(B), Komintern und die national-revolutionäre Bewegung in China. Dokumente. Bd. 1: 1920–1925, Paderborn 1996; Bd. 2 (in 2 Teilen): 1926–27, Münster,1998. Fortges.u.d.T. Komintern und die Sowjetbewegung in China. Dokumente. Bd. 2: 1927–31 (in 2 Teilen), Münster 2000.

L. LIU/R. E. KARL/D. KO (Hg.), The Birth of Chinese Feminism: Essential Texts in Transnational Theory, New York 2013.

MAO ZEDONG [Mao Tse-tung], Ausgewählte Werke, Bde. 1–4, Beijing 1968–69.

Mao's Road to Power: Revolutionary Writings 1912–1949, hg.v. S. R. SCHRAM, Armonk, NY/London 1992ff.

W. MEISSNER (Hg.), Das rote Haifeng. Peng Pais Bericht über die Bauernbewegung in Südchina, München 1987.

H. MEYER, Die Entwicklung der kommunistischen Streitkräfte in China von 1927 bis 1949. Dokumente und Kommentar, Berlin/New York 1982.

G. PECK, Two Kinds of Time, New York 1950.

T. SAICH (Hg.), The Rise to Power of the Chinese Communist Party: Documents and Analysis, Armonk, NY/London 1996.

R. K. SCHOPPA, Twentieth Century China: A History in Documents, Oxford 2010.

E. SNOW, Roter Stern über China, Frankfurt a.M. 1970 [zuerst engl. 1937].

SUN YAT-SEN, Reden und Schriften, hg. v. B. Scheibner und H. Scherner, Leipzig 1974.

DERS., Prescriptions for Saving China: Selected Writings, hg. v. J. L. Wei u.a., Stanford 1994.

S. TSANG (Hg.), Government and Politics: A Documentary History of Hong Kong, Hongkong 1995.

WANG FANXI, Erinnerungen eines chinesischen Revolutionärs 1919–1949, Frankfurt a.M.: ISP Verlag 1983.

ZHENG CHAOLIN, Siebzig Jahre Rebell: Erinnerungen eines chinesischen Oppositionellen, hg. von G. Benton, Frankfurt a.M. 1991.

2. HILFSMITTEL

2.1 Bibliographien

Bibliography of Asian Studies, hg. v. Association of Asian Studies (1956ff.).

C. W. Hayford (Hg.), China, new ed. (= World Bibliographical Series, 35), Oxford 1997.

Hu Pingsheng (Hg.), Zhongguo xiandai shi shuji lunwen ciliao juyao [Auswahlbibliographie zur Modernen Geschichte Chinas], 3 Bde., Taibei 2000.

N. Kamachi u.a., Japanese Studies of Modern China since 1953, Cambridge, Mass. 1975.

Revue bibliographique de sinologie (1955ff.).

G. W. Skinner (Hg.), Modern Chinese Society: An Analytical Bibliography, 3 Bde., Stanford 1973.

J. T. Wixted (Hg.), Japanese Scholars of China: A Bibliographical Handbook, Lexiston, NY 1992.

Zhongguo lishixue nianjian [Jahrbuch der chinesischen Geschichtswissenschaft], Beijing 1981ff.

Zhongguo bianjiang shidi lunzhu suoyin [Leitfaden der Aufsätze zur Geschichte und Geographie von Chinas Grenzgebieten], hrsg. von Zhongguo Renmin Daxue Qingshi yanjiusuo u.a., Beijing 1988.

E. Zürcher u.a. (Hg.), Bibliography of the Jesuit Mission in China, ca. 1580 – ca. 1680, Leiden u.a. 1991.

H. T. Zurndorfer, China Bibliography: A Research Guide to Reference Works about China Past and Present, Leiden u.a. (= HdO IV/10) 1995.

2.2 Allgemeine Nachschlagewerke

A. T. Embree (Hg.), Encyclopaedia of Asian History, 4 Bde., New York 1988.

J. Z. Gao, Historical Dictionary of Modern China (1800–1949), Lanham, MD 2009.

C. O. Hucker, A Dictionary of Official Titles in Imperial China, Stanford 1985.

G. Hutchings, Modern China: A Guide to a Century of Change, Cambridge, Mass. 2003.

D. Perkins, Encyclopedia of China, Chicago 1999.

B. Staiger u.a. (Hg.), Das große China-Lexikon, Darmstadt 2003.

N. Standaert (Hg.), Handbook of Christianity in China, Vol. 1: 635–1800, Leiden u.a. (= HdO, XIII/15) 2001.

L. R. Sullivan, Historical Dictionary of the Chinese Communist Party, Lanham, MD 2012.

R. G. Tiedemann, Reference Guide to Christian Missionary Societies in China: From the Sixteenth to the Twentieth Century, Armonk, NY 2009.

T. Ye/Y. Zhu, Historical Dictionary of Chinese Cinema, Lanham, MD 2013.

2.3 Biographische Nachschlagewerke

W. Bartke, Biographical Dictionary and Analysis of China's Party Leadership 1922–1988, München 1990.

Ders., Die großen Chinesen der Gegenwart, Frankfurt a.M. 1985.

H. L. Boorman/R. C. Howard (Hg.), Biographical Dictionary of Republican China, 4 Bde., New York 1967–1971.

L. C. Goodrich/Fang Chaoying (Hg.), Dictionary of Ming Biography, 2 Bde., New York 1976.

A. W. Hummel, Eminent Chinese of the Ch'ing Period (1644–1912), 2 Bde., Folkestone, Kent 2010 (Neudruck).

D. W. Klein/A. B. Clark (Hg.), Biographic Dictionary of Chinese Communism, 1921–1965, 2 Bde., Cambridge, Mass. 1971.

I. de Rachewiltz (Hg.), In the Service of the Khan: Eminent Personalities of the Early Mongol Yuan Period (1200–1300), Wiesbaden 1993.

L. Xiao Hong Lee u.a. (Hg.), Biographical Dictionary of Chinese Women: Bd. 1: The Qing period, 1644–1911, Bd. 2: The Twentieth Century, 1912–2000, Armonk, NY/London 1998–2003.

2.4 Chronologie, Geographie, Kartographie

Y. T. Du/J. Kyong-McClain (Hg.), Chinese History in Geographical Perspective, Lanham, ML 2013.

P. J. M. Geelan/D. C. Twitchett (Hg.), The Times Atlas of China, London 1974.

Guo Tingyi (Hg.), Jindai Zhongguo shishi rizhi (Tageschronologie von Ereignissen in der neuzeitlichen Geschichte Chinas), Zhengzhong 1963.

J. B. Harley/D. Woodward (Hg.), The History of Cartography Bd. 2, Teil 2: Cartography in the Traditional East and Southcast Asian Societies, Chicago/London 1994.

C. Henriot/Zheng Zu'an, Atlas de Shanghai: espaces et représentations de 1849 à nos jours, Paris 1999.

C. MACKERAS, Modern China: A Chronology from 1842 to the Present, London 1982.

R. J. SMITH, Mapping China and Managing the World: Culture, Cartography and Cosmology in Late Imperial Times, London 2013.

TAN QIXIANG (Hg.), Zhongguo lishi ditu ji (Historischer Atlas von China), 8 Bde., Shanghai 1982.

2.5 FORSCHUNGSBERICHTE UND METHODENDISKUSSIONEN

T. BROOK/G. BLUE (Hg.), China and Historical Capitalism: Genealogies of Sinological Knowledge, Cambridge 1999.

P. A. COHEN, Discovering History in China: American Writing on the Recent Chinese Past, 2. Aufl., New York 2010.

K. DAVIDS, Religion, Technology, and the Great and Little Divergences: China and Europe Compared, c. 700–1800, Leiden/Boston 2012.

K. G. DENG, A Critical Survey of Recent Research in Chinese Economic History, in: EcHR 53 (2000), S. 1–28.

R. FINLAY, China, the West, and World History in Joseph Needham's Science and Civilization in China, in: JWH 11 (2000), S. 265–303.

MIN JIE, Ershi shiji bashi niandai yilai de Zhongguo jindai shehuishi yanjiu [Forschungen zur neueren chinesischen Sozialgeschichte seit den 1980er Jahren], in: JDSYJ 2004.1, S. 208–257.

J. OSTERHAMMEL, Gesellschaftsgeschichtliche Parameter chinesischer Modernität, in: Geschichte und Gesellschaft 8 (2002), S. 71–108.

W. T. ROWE, Approaches to Modern Chinese Social History, in: O. ZUNZ (Hg.), Reliving the Past: The Worlds of Social History, Chapel Hill, NC 1985, S. 236–296.

WANG HUI, „Modernity" and „Asia" in the Study of Chinese History, in: E. FUCHS/B. STUCHTEY (Hg.), Across Cultural Borders: Historiography in Global Perspective, Lanham u.a. 2002, S. 309–333

DERS., The Liberation of the Object and the Interrogation of Modernity: Rethinking „The Rise of Modern Chinese Thought", in: MC 34.1 (2008) (The Nature of the Chinese State: Dialogues among Western and Chinese Scholars), S. 114–140.

YANG NIANQUN/HUANG XINGTAO/MAO DAN (Hg), Xin shixue. Duo xueke duihua de tujing [Neue Geschichtswissenschaft. Szenen eines Dialogs verschiedener Forschungsfelder], Beijing 2003.

ZHANG LIMIN, Chinese Research on Urban History, in: RC 20.1 (1994), S. 46–82.

2.6 Historiographiegeschichte

P. K. Crossley, The Historiograpy of Modern China, in M. Bentley (Hg.), Companion to Historiography, London 1997, S. 641–658.

S. Dabringhaus, Territorialer Nationalismus. Historische Geographie in China 1900–1949, Köln/Wien 2006.

A. Dirlik, Revolution and History: The Origins of Marxist Historiography in China, 1919–1937, Berkeley u.a. 1978.

C. Furth/J. T. Zeitlin/Ping-Chen Hsiung (Hg.), Thinking with Cases: Specialist Knowledge in Chinese Cultural History, Honolulu 2007.

Tze-ki Hon/R. J. Culp (Hg.), The Politics of Historical Production in Late Qing and Republican China, Leiden/Boston 2007.

L. S. K. Kwong, The Rise of the Linear Perspective on History and Time in Late Qing China, in: P&P 173 (2001), S. 157–190.

M. Leutner, Geschichtsschreibung zwischen Politik und Wissenschaft. Zur Herausbildung der chinesischen marxistischen Geschichtswissenschaft in den 30er und 40er Jahren, Wiesbaden 1982.

Liu Lina, You zhuantong zouxiang xiandai: Lun Zhongguo shixue de zhuanxing (Von der Tradition zur Moderne: Der Wandel der Chinesischen Geschichtswissenschaft), Beijing 2006.

M. A. Matten (Hg.), Places of Memory in Modern China: History, Politics, and Identity, Leiden/Boston 2012.

A. Mittag, Die Konstruktion der Neuzeit in China. Selbstvergewisserung und die Suche nach Anschluß an die moderne Staatengemeinschaft, in: R. Dürr u.a. (Hg.), Eigene und fremde Frühe Neuzeiten, München 2003, S. 139–164.

Ng On Cho/Q. E. Wang , Mirroring the Past: The Writing and Use of History in Imperial China, Honolulu 2005.

A. Schneider, Wahrheit und Geschichte. Zwei chinesische Historiker auf der Suche nach einer modernen Identität für China, Wiesbaden 1997.

L. Schneider, Ku Chieh-kang and China's New History: Nationalism and the Quest for Alternative Traditions, Berkeley u.a. 1971.

N. Standen (Hg.), Demystifying China: New Understandings of Chinese History, Lanham, MD 2013.

T. H. Tsien, Collected Writings on Chinese Culture, Hongkong 2011.

Tang Xiaobing, Global Space and the Nationalist Discource of Modernity: The Historical Thinking of Liang Qichao, Stanford 1996.

Q. E. Wang. Inventing China Through History: The May Fourth Approach to Historiography, Albany, NY 2001.

3. HISTORISCHE ÜBERBLICKE

3.1 Epochenübergreifende Gesamtdarstellungen

P. K. Crossley, The Wobbling Pivot: China since 1800: An Interpretive History, Chichester, West Sussex 2010.

M. Dillon, China: A Modern History, London/New York 2010.

W. Eberhard, Geschichte Chinas. Von den Anfängen bis zur Gegenwart, Stuttgart 1971.

P. B. Ebrey, China. Eine illustrierte Geschichte, Frankfurt a.M./New York 1996.

B. A. Elleman, Modern China: Continuity and Change 1644 to the Present, Upper Saddle River, NJ 2010.

J. K. Fairbank/D. C. Twitchett (Hg.), The Cambridge History of China, Cambridge 1978ff.

J. K. Fairbank, China: A New History, Second Enlarged Edition, Cambridge, Mass. 2006.

J. Gernet, Die chinesische Welt, Frankfurt a.M. 1979.

M. Goldman/A. Gordon (Hg.), Historical Perspectives on Contemporary East Asia, Cambridge, Mass. 2000.

C. Y. Hsu, China. A New Cultural History, translated by Timothy D. Baker, Jr. and Michael S. Duke, New York 2006.

I. C. Y. Hsü, The Rise of Modern China, New York [6]2000.

K. Lieberthal u.a. (Hg.), Perspectives on Modern China: Four Anniversaries, Armonk, NY/London 1991.

R. Mitter, Modern China: A Very Short Introduction, Oxford 2008.

F. W. Mote, Imperial China 900–1800, Cambridge, Mass. 1999.

J. A. G. Roberts, History of China, 3. Aufl., Basingstoke/New York 2011.

P. Ropp (Hg.), Heritage of China: Contemporary Perspectives on Chinese Civilisation, Berkeley u.a. 1990.

M. Rossabi, A History of China, Malden, MA/Oxford 2014.

G. Rozman u.a., The Modernization of China, New York 1981.

H. Schmidt-Glintzer, China: Vielvölkerreich und Einheitsstaat. Von den Anfängen bis heute, München 1997.

J. D. Spence, To Change China: Western Advisers in China 1620–1960, Boston 1969.

Ders., Chinas Weg in die Moderne, München/Wien 1995.

N. Standen (Hg.), Demystifying China: New Understandings of Chinese History, Lanham u.a. 2013.

J. D. Spence, Chinas Weg in die Moderne, München/Wien 1995.

S. L. Tichvinskij (Hg.), Modern History of China, Moskau 1993.

K. Vogelsang, Geschichte Chinas, Stuttgart 2012.

M. Weiers, Geschichte Chinas: Grundzüge einer politischen Landesgeschichte, Stuttgart 2009.

Xu Jilin/Chen Dakai (Hg.), Zhongguo xiandaihua shi (Geschichte der Modernisierung Chinas), Bd. 1: 1800–1949, Shanghai 1995.

3.2 Thematische Längsschnitte

3.2.1 Staat, Militär und Diplomatie

K. Bernhardt/P. C. C. Huang (Hg.), Civil Law in Qing and Republican China, Standford 1994.

T. Brook/B. T. Wakabayashi (Hg.), Opium Regimes China, Britain and Japan 1839–1952, Berkeley u.a. 2000.

Chow Kai-wing (Hg.), Beyond the May Fourth Paradigm: In Search of Chinese Modernity, Lanham, MD 2008.

W. I. Cohen, America's Response to China: A History of Sino-American Relations, 5. Aufl., New York 2010.

J. W. Dardess, Governing China, 150–1850, Indianapolis/Cambridge 2010.

Deng Gang, Maritime Sector, Institutions, and Sea Power of Premodern China, Westport, Conn. 1999.

N. Di Cosmo/R. D. S. Yates/R. D. Sawyer (Hg.), Military Culture in Imperial China, Cambridge, MA 2009.

M. R. Dutton, Policing and Punishment in China: From Patriarchy to „the People", Cambridge 1992.

B. A. Elleman, Modern Chinese Warfare, 1795–1989, London 2001.

M. Elvin, A Cultural History of Civil Examinations in late Imperial China, Berkeley u.a. 2000.

Ders./G. W. Skinner (Hg.), The Chinese City between Two Worlds, Stanford 1974.

A. S. Erickson/L. J. Goldstein/C. Lord (Hg.), China Goes to Sea: Maritime Transformation in Comparative Historical Perspective, Annapolis, MD 2009.

J. W. Esherick/M. B. Rankin (Hg.), Chinese Local Elites and Patterns of Dominance, Berkeley u.a. 1990.

J. K. Fairbank (Hg.), The Chinese World Order: Traditional China's Foreign Relations, Cambridge, Mass. 1968.

D. A. GRAFF/R. D. S. HIGHAM (Hg.), A Military History of China, überarbeitete Aufl., Lexington, KI 2012.

J. E. HERMAN, Amids the Clouds and Mist: China's Colonization of Guizhou, 1200–1700, Cambridge, Mass. 2007.

G. HERSHATTER u.a. (Hg.), Remapping China: Fissures in Historical Terrain, Stanford 1996.

HO PING-TI, The Ladder of Success in Imperial China: Aspects of Social Mobility, 1368–1911, New York 1962.

DERS., Studies on the Population of China, 1368–1953, Cambridge, Mass. 1959.

P. C. C. HUANG, Code, Custom, and Legal Practice in China: the Qing and the Republic Compared, Stanford 2001.

M. H. HUNT, Chinese Foreign Relations in Historical Perspective, in: H. HARDING (Hg.), China's Foreign Relations in the 1980s, New Haven/London 1984, 1–42.

T. HUTERS u.a. (Hg.), Culture and State in Chinese History: Conventions, Accomodations, and Critiques, Stanford 1997.

R. KARL, Mao Zedong and China in the Twentieth-Century World: A Concise History, Durham 2010.

D. LARY (Hg.), The Chinese State at the Borders, Vancouver/Toronto 2007.

D. LARY/S. MACKINNON (Hg.), The Scars of War: The Impact of Warfare on Modern China, Vancouver/Toronto 2001.

P. A. LORGE, Debating War in Chinese History, Leiden 2013.

K. MÜHLHAHN, Criminal Justice in China: A History, Cambridge, Mass./London 2009.

J. OSTERHAMMEL, China und die Weltgesellschaft. Vom 18. Jahrhundert bis in unsere Zeit, München 1989.

E. J. PERRY, Rebels and Revolutionaries in North China, 1845–1945, Stanford 1980.

S. R. SCHRAM (Hg.), Foundations of State Power in China, London 1987.

D. SHAMBAUGH (Hg.), The Modern Chinese State, Cambridge 2000.

G. W. SKINNER (Hg.), The City in Late Imperial China, Stanford 1977.

K. SWOPE (Hg.), Warfare in China since 1600, Aldershot 2005.

M. THAMPI (Hg.), India and China in the Colonial World, New Delhi 2005.

P. M. THORNTON, Disciplining the State: Virtue, Violence, and State-Making in Modern China, Cambridge 2007.

H. J. VAN DE VEN (Hg.), Warfare in Chinese History, Leiden u.a. 2000.

F. WAKEMAN/WANG XI (Hg.), China's Quest for Modernization: A Historical Perspective, Berkeley 1997.

A. WALDRON, The Great Wall of China: From History to Myth, Cambridge 1990.

J. WALEY-COHEN, The Sextants of Beijing: Global Currents in Chinese History, New York 1999.

O. A. WESTAD, Restless Empire: China and the World since 1750, London 2012.

J. E. WILLS, China and Maritime Europe: Trade, Settlement, Diplomacy and Missions, Cambridge/New York 2011.

P. M. WORTHING, A Military History of Modern China: From the Manchu Conquest to Tian'anmen Square, Westport, Conn. 2007.

YEH WEN-HSIN (Hg.), Landscape, Culture and Power in Chinese Society, Berkeley u.a. 1998.

DIES. (Hg.), Becoming Chinese: Passages to Modernity and Beyond, Berkeley u.a. 2000.

ZHENG YANGWEN, China on the Sea: How the Maritime Worlds Shaped Modern China, Leiden 2011.

ZHU JIANFEI, Chinese Spatial Strategies: Imperial Beijing, 1420–1911, New York 2004.

H. T. ZURNDORFER, Change and Continuity in Chinese Local History: The Development of Hui-chou Prefecture, 800 to 1800, Leiden u.a. 1989.

3.2.2 Familie und Gender

K. BERNHARDT, Women and Property in China, 960–1949, Stanford 1999.

B. J. BOSSLER, Courtesans, Concubines, and the Cult of Female Fidelity: Gender and Social Change in China, 1000–1400, Cambridge, Mass. 2013.

F. BRAY, Technology and Gender: Fabrics of Power in Late Imperial China, Berkeley u.a. 1997.

S. BROWNELL/J. N. WASSERSTROM (Hg.), Chinese Femininities, Chinese Masculinities, Berkeley u.a. 2002.

COCHRAN, SHERMAN/ANDREW HSIEH, The Lius of Shanghai, Cambridge, MA/ London 2013.

M. L. COHEN, Kinship, Contract, Community and State: Anthropological Perspectives on China, Stanford, CA 2005.

L. E. EASTMAN, Family, Fields, and Ancestors: Constancy and Change in China's Social and Economic History, 1550–1949, New York 1988.

P. B. EBREY, Women and the Family in Chinese History, New York 2003.

DIES./J. L. WATSON (Hg.), Kinship Organization in Late Imperial China, 1000–1940, Berkeley u.a. 1986.

L. P. EDWARDS, Gender, Politics, and Democracy: Women's Suffrage in China, Stanford, CA 2008.

B. A. Elman/A. Woodside (Hg.), Education and Society in Late Imperial China, 1600–1900, Berkeley u.a. 1994.

J. W. Esherick, Ancestral Leaves: A Family Journey through Chinese History, Berkeley, CA 2011.

C. Furth, A Flourishing Yin: Gender in China's Medical History, 960–1665, Berkeley u.a. 1998.

C. K. Gilmartin u.a. (Hg.), Engendering China: Women, Culture and the State, Cambridge, Mass. 1994.

B. Goodman/W. Larson (Hg.), Gender in Motion: Divisions of Labor and Cultural Change in Late Imperial and Modern China, Lanham, MD 2005.

G. Hershatter, The Gender of Memory: Rural Women and China's Collective Past, Berkley/Los Angeles/London 2011.

B. Hinsch, Masculinities in Chinese History, Leiden/Boston 2005.

W. Idema/B. Grant, The Red Brush: Writing Women of Imperial China, Cambridge, Mass. 2004.

T. C. Lee, Education in Traditional China: A History, Leiden u.a. 2000 (= HdO IV/13).

M. Leutner, Geburt, Heirat und Tod in Peking. Volkskultur und Elitekultur vom 19. Jahrhundert bis zur Gegenwart, Berlin 1989b.

Liang Qizi/C. Furth, Health and Hygiene in Chinese East Asia: Policies and Publics in the long Twentieth-Century, Durham 2010.

D. E. Mungello, Drowning Girls in China: Female Infanticide since 1650, Lanham, MD 2008.

H. T. Zurndorfer (Hg.), Chinese Women in the Imperial Past. New Perspectives, Leiden u.a. 1999.

3.2.3 Religion, Ideengeschichte, Wissenschaft

I. Amelung, u.a. (Hg.), Selbstbehauptungsdiskurse in Asien: China – Japan – Korea, München 2003.

T. E. Barlow (Hg.), Formations of Colonial Modernity in East Asia, Durham, NC/London 1997.

W. Bauer, China und die Hoffnung auf Glück. Paradiese, Utopien, Idealvorstellungen, München 1971.

D. H. Bays (Hg.), Christianity in China: From the Eighteenth Century to the Present, Stanford 1999.

Ders., A New History of Christianity in China, Chichester 2012.

J.-P. Charbonnier, Christians in China: A. D. 600 to 2000, San Francisco, CA 2007.

A. Cheng, Histoire de la pensée chinoise, Paris 1997.

J. CLARKE, The Virgin Mary and Catholic Identities in Chinese History, Hong Kong 2013.

I. EBER, Chinese and Jews: Encounters between Cultures, London/Portland, NJ 2008.

M. A. EHRLICH, Jews and Judaism in Modern China, London/New York 2010.

B. A. ELMAN, Classicism, Politics, and Kinship: The Ch'ang-chou School of New Text Confucianism in Late Imperial China, Berkeley u.a. 1990.

DERS., A Cultural History of Modern Science in China, Cambridge, Mass. 2006.

DERS., On Their Own Terms: Science in China, 1550–1900, Cambridge, Mass. 2005.

I. GOIKHMAN, Juden in China: Diskurse und ihre Kontextualisierung, Berlin 2007.

V. GOOSSAERT, The Taoist of Peking, 1800–1949: A Social History of Urban Clerics, Cambridge, Mass. 2007.

J. B. GRIEDER, Intellectuals and the State in Modern China: A Narrative History, New York 1981.

H. HARRISON, The Missionary's Curse and Other Tales form a Chinese Catholic Village, Berkeley, CA 2013.

J. A. B. JONGENEEL u.a. (Hg.), Christian Mission and Education in Modern China, Japan and Korea: Historical Studies, Frankfurt a.M./New York 2009.

M. LACKNER u.a. (Hg.), New Terms for New Ideas: Western Knowledge and Lexical Change in Late Imperial China, Leiden u.a. 2001.

M. LACKNER/N. VITTINGHOFF (Hg.), Mapping Meanings: The Field of New Learning in Late Qing China, Leiden u.a. 2004.

J. NEEDHAM u.a., Science and Civilization in China, Cambridge 1954ff.

D. SCHÄFER (Hg.), Cultures of Knowledge: Technology in Chinese History, Leiden 2012.

H. SCHMIDT-GLINTZER (Hg.), Lebenswelt und Weltanschauung im frühneuzeitlichen China, Stuttgart 1990.

H. SEIWERT (in collaboration with MA XISHA), Popular Religious Movements and Heterodox Sects in Chinese History, Leiden u.a. 2003.

WANG HUI, Zhongguo xiandai sixiang de xingqi [Die Entstehung des modernen chinesischen Denkens], 4 Bde, Beijing 2004–2009.

ZHAO SHIYU, Wangguan yu richang. Ming Qing yilai de miaohui yu minjian shehui [Karneval im Alltag: Tempelgesellschaften und das einfache Volk seit der Ming-Qing-Zeit], Beijing 2002.

3.2.4 Wirtschaft, Bevölkerung und Kultur

L. L. BARNES, Needles, Herbs, Gods, and Ghosts: China, Healing, and the West to 1848, Cambridge, Mass. 2005.

C. BENEDICT, Golden-Silk Smoke: A History of Tobacco in China, 1550–2010, Berkeley, CA 2011.

G. BENTON (Hg.), Mao Zedong and the Chinese Revolution, London/New York 2008.

C. J. BROKAW, Commerce in Culture: The Sibao Book Trade in the Qing and Republican Periods, Cambridge, Mass. 2007.

CHAO KANG, The Development of Cotton Textile Production in China, Cambridge, Mass. 1977.

A. FINANNE, Changing Cothes: Fashion, History and Nation, London 2007.

R. GARDELLA, Harvesting Mountains: Fujian and the China Tea Trade, 1757–1937, Berkeley u.a. 1994.

R. VON GLAHN, Fountain of Fortune: Money and Monetary Policy in China, 1000–1700, Berkeley u.a. 1996.

D. JOHNSON u.a. (Hg.). Popular Culture in Late Imperial China, Berkeley u.a. 1985.

L. C. JOHNSON (Hg.), Cities of Jiangnan in Late Imperial China, Albany, NY 1993.

J. Z. LEE/WANG FENG, One Quarter of Humanity: Malthusian Mythology and Chinese Realities, 1700–2000, Cambridge, Mass. 1999.

LEONG SOW-THENG, Migration and Ethnicity in Chinese History: Hakkas, Pengmin, and Their Neighbors, Stanford 1997.

LIU YONGHUA, Confucian Rituals and Chinese Villagers Ritual Change and Social Transformation in a Southeastern Chinese Community, 1368–1949, Leiden 2013.

LU AIGUO, China and the Global Economy since 1840, Basingstoke 1999.

MA XISHA/HAN BINGFANG, Zhongguo minjian zongjiao shi [Geschichte der chinesischen Volksreligionen], Shanghai 1992.

S. MANN, Local Merchants and the Chinese Bureaucracy, 1750–1950, Stanford, CA 1987.

R. B. MARKS, Rural Revolution in South China: Peasants and the Making of History in Haifeng County, 1570–1930, Madison, Wisc. 1984.

D. OWNBY/M. S. HEIDHUES (Hg.), „Secret Societies" Reconsidered: Perspectives on the Social History of Early Modern South China and Southeast Asia, Armonk, NY/London 1993.

D. H. PERKINS, Agricultural Development in China, 1368–1968, Chicago/London 1969.

QIAO ZHIQIANG u.a., Zhongguo jindai shehuishi [Neuere chinesische Sozialgeschichte], 3 Bde., Beijing 1992.

P. RICHARDSON, Economic change in China, c. 1800–1950, Cambridge 1999.

A. SHAH/J. WASSERSTROM (Hg.), Chinese Characters: Profiles of Fast-Changing Lives in a Fast-Changing Land, Berkeley, CA u.a. 2012.

S. A. SMITH, Revolution and the People in Russia and China: A Comparative History, New York 2008.

N. S. STEINHARDT, Chinese Imperial City Planning, Honululu 1990.

F. STOCKWELL, Westerners in China: A History of Exploration and Trade, Ancient Times through the Present, Jefferson, NC 2003.

S. SUGIYAMA/L. GROVE (Hg.), Commercial Networks in Modern Asia, Richmond 2001.

M. THAMPI, Indians in China, 1800–1949, New Delhi 2005.

C. A. TROCKI, Opium, Empire, and the Global Political Economy. A Study of the Asian Opium Trade, 1750–1950, London/New York 1999.

H. U. VOGEL, Untersuchungen über die Salzgeschichte von Sichuan (311 v.Chr.–1911). Strukturen des Monopols und der Produktion, Stuttgart 1990.

F. WAKEMAN/YEH WEN-HSIN (Hg.), Shanghai Sojourners, Berkeley u.a. 1992.

XU YINONG, The Chinese City in Space and Time: the Development of Urban Form in Suzhou, Honolulu 2000.

ZHENG YANGWEN, The Social Life of Opium in China, 1483–1999, in: MAS 37 (2003), S. 1–39.

3.3 UMWELTGESCHICHTE CHINAS

I. AMELUNG, Der Gelbe Fluß in Shandong (1851–1911). Überschwemmungskatastrophen und ihre Bewältigung im China der späten Qing-Zeit, Wiesbaden 2000.

C. BENEDICT, Bubonic Plague in Nineteenth-Century China, Stanford 1996.

B. BRILL, Life on the Water's Edge: The Culture and History of the Qinhuai River, Beijing 2010.

CAO SHUJI (Hg.), Tianzu youshen: Ming Qing yilaide ziran miehai jiqi shehui yingdui jizhi, Shanghai 2007.

CHEN YEXIN, Ming zhi Minguo shiqi wanbei diqu miehai huanjing yu shehui yingdui yanjiu [Forschungen über Umweltkatastrophen und die gesellschaftlichen Reaktionen im Norden Anhuis von der Ming-Dynastie bis zur Republikzeit], Shanghai 2008.

R. A. DODGEN, Controlling the Dragon. Confucian Engineers and the Yellow River in Late Imperial China, Honolulu 2001.

K. Edgerton-Tarpley, Tears from Iron: Cultural Responses to Famine in Nineteenth-Century China, Berkeley, CA 2008.

M. Elvin, Three Thousand Years of Unsustainable Development: China's Environment from Archaic Times to the Present, in: EAH 6 (1993), S. 7–46.

Ders., The Retreat of the Elephants: An Environmental History of China, New Haven/London 2004.

M. Elvin/Liu Ts'ui-jung (Hg.), Sediments of Time: Environment and Society in Chinese History, Cambridge 1998.

P. Fuller, North China Famine Revisited: Unsung Native Relief in the Warlord Era, 1920–21, in: MAS 47.3 (May 2013), 820–850.

L. M. Li, Fighting Famine in North China: State, Market, and Environmental Decline, 1690s–1990s, Stanford, CA 2007.

Liu T'sui-Jung (Hg.), Environmental History in East Asia: Interdisciplinary Perspectives, Oxford/New York 2013.

R. T. Kolb, Die ostasiatische Wanderheuschrecke und ihre Bekämpfung unter besonderer Berücksichtigung der Ming- und Qing-Zeit (1368–1911), Heidelberg 1996.

R. B. Marks, Tigers, Rice, Silk and Salt: Environment and Economy in Late Imperial South China, Cambridge 1998.

Ders., China: Its Environment and History, Lanham, MD 2012.

M. S. Muscolino, Fishing Wars and Environmental Change in Late Imperial and Modern China, Cambridge, MA 2009.

R. K. Schoppa, Xiang Lake: Nine Centuries of Chinese Life, New Haven/London 1989.

L. P. Van Slyke, Yangtze: Nature, History and the River, Reading, Mass. 1988.

W. C. Summers, The Great Manchurian Plague of 1910–1911: The Geopolitics of an Epidemic Disease, New Haven 2012.

Wang Jiange, Nongmin shengtai yu zhuantong mengguo shehui (Die landwirtschaftliche Ökologie und die traditionelle mongolische Gesellschaft), Jinan 2006.

Wang Lihua (Hg.), Zhongguo lishangde huanjing yu shehui (Umwelt und Gesellschaft in der Chinesischen Geschichte), Beijing 2007.

Xia Mingfang, Minguo shiqi ziran zaihai yu nongcun shehui [Naturkatastrophen und ländliche Gesellschaft in der Republikzeit], Beijing 2000.

Zhang Jiayan, Environment, Market, and Peasant Choice: The Ecological Relationships in the Jianghan Plain in the Qing and the Republic, in: MC 32.1 (2006), S. 31–63.

3.4 Interpretierende Ansätze

P. Duara, Rescuing History from the Nation: Questioning Narratives of Modern China, Chicago/London 1995.

Ders., 2008. History and Globalization in China's Long Twentieth Century, in: MC 34.1 (The Nature of the Chinese State: Dialogues among Western and Chinese Scholars), S. 152–164.

H. Dunstan, The „Autocratic Heritage" and China's Political Future: A View from a Qing Specialist, in: EAH 12 (1996), S. 79–104.

M. Elvin, The Pattern of the Chinese Past, London 1973.

Ders., Another History: Essays on China from a European Perspective, Canberra 1996.

J. W. Esherick, Ten Theses on the Chinese Revolution, in: MC 21 (1995), S. 45–76.

Fei Xiaotong, From The Soil: The Foundations of Chinese Society, Berkeley u.a. 1992.

J. Fitzgerald, Awakening China: Politics, Culture, and Class in the Nationalist Revolution, Stanford 1996.

C. A. Ford, The Mind of Empire: China's History and Modern Foreign Relations, Lexington, KY 2010.

P. C. C. Huang, Review Article: In Search of a Chinese Modernity: Wang Hui's The Rise of Modern Chinese Thought, in: MC 34.3 (2008), S. 396–404.

R. Huang, Broadening the Horizons of Chinese History: Discourses, Syntheses and Comparisons, New York/London 1999.

L. M. Jensen, Manufacturing Confucianism: Chinese traditions and universal civilization, Durham, NC/London 1997.

Jiang Qing, A Confucian Constitutional Order: How China's Ancient Past Can Shape Its Political Future, Princeton, NJ 2013.

P. A. Kuhn, Les origines de l'état chinois moderne, Paris 1999.

J. R. Levenson, Confucian China and Its Modern Fate: A Trilogy, 3 Bde., Berkeley u.a. 1958–1965.

E. J. Perry, Challenging the Mandate of Heaven: Social Protest and State Power in China, Armonk, New York/London 2002.

K. Pomeranz, Re-Thinking the Late Imperial Chinese Economy: Development, Disaggregation and Decline circa 1730–1930, in: Itinerario 24 (2001), S. 29–74.

E. G. Pulleyblank, Chinese History and World History: An Inaugural Lecture, Cambridge 1955.

H. SCHMIDT-GLINTZER, Eurasien als kulturwissenschaftliches Forschungsthema, in: W. GANTKE u.a. (Hg.), Religionsbegegnung und Kulturaustausch in Asien, Wiesbaden 2002, S. 185–199.

B. I. SCHWARTZ, China and Other Matters, Cambridge, Mass. 1996.

G. W. SKINNER, Marketing and Social Structure in Rural China, in: JAS 24 (1964/65), S. 3–43, 195–228, 363–399.

DERS., Cities and the Hierachy of Local Systems, in: A. P. WOLF (Hg.), Studies in Chinese Society, Stanford 1978, S. 1–77.

DERS., Structure of Chinese History, in: JAS 44 (1984/85), S. 271–292.

WANG GUNGWU. The Chineseness of China: Selected Essays, Oxford 1992.

DERS., Renewal: The Chinese State and the New Global History, Hong Kong 2013.

WANG MINGMING, Empire and Local Worlds: A Chinese Model of Long-Term Historical Anthropology, Walnut Creek, CA 2009.

ZHENG JIANSHUN. Wan Qingshi yanjiu [The Study of the Late Qing Period], Changsha 2003.

3.5 China in Kontext und Vergleich

S. A. M. ADSHEAD, China in World History, 2. Aufl., Basingstoke 1995.

W. S. ATWELL, Volcanism and Short-Term Climatic Change in East Asian and World History, c. 1200–1699, in: JWH 12 (2001), S. 29–98.

F. BRAY, The Rice Economies, Oxford 1986.

D. CHIROT/A. REID (Hg.), Essential Outsiders: Chinese and Jews in the Modern Transformation of Southeast Asia and Central Europe, Seattle/London 1997.

J. DUINDAM/T. ARTAN/M. KUNT (Hg.), Royal Courts in Dynastic States and Empires. A Global Perspective, Leiden 2011.

J. DUINDAM/S. DABRINGHAUS (Hg.), The Dynastic Centre and the Provinces: Agents and Interaction, Leiden 2014.

A. T. EMBREE/C. GLUCK (Hg.), Asia in Western and World History, Armonk u.a. 1997.

T. FUKUTAKE, Rural Society: China, India, Japan, Tokyo 1967.

J. A. GOLDSTONE, Revolution and Rebellion in the Early Modern World, Berkeley u.a. 1991.

DERS., Gender, Work, and Culture: Why the Industrial Revolution Came Early to England but late to China, in: Sociological Perspectives 39 (1996), S. 1–21.

DERS., Patriarchalism in Imperial China and Western Europe: A Revision of Weber's Sociology of Domination, in: Theory and Society 13 (1984), S. 393–425.

T. GÖLLER, Geschichtsdenken in Europa und China: Selbstdeutung und Deutung des Fremden in historischen Kontexten, Sankt Augustin 2008.

G. A. HOSTON, The State, Identity and the National Question in China and Japan, Princeton 1994.

B. MOORE, Soziale Ursprünge von Diktatur und Demokratie. Die Rolle der Grundbesitzer und Bauern bei der Entstehung der modernen Welt, Frankfurt a.M. 1969.

D. E. MUNGELLO, The Great Encounter of China and the West, 1500–1800, 4. Aufl., Lanham, MD 2012.

R. MURPHEY, A History of Asia, 3. Auflage, New York 2000.

K. POMERANZ, The Great Divergence: China, Europe, and the Making of the Modern World Economy, Princeton 2000.

L. W. PYE/M. PYE, Asian Power and Politics: The Cultural Dimensions of Authority, Cambridge, Mass. 1985.

G. ROZMAN (Hg.), The East Asian Region: Confucian Heritage and Its Modern Adaptation, Princeton 1991.

DERS., Urban Networks in Ch'ing China and Tokugawa Japan, Princeton 1973.

C. SCHIROKAUER, Modern China and Japan: A Brief History, New York 1982.

H. SCHMIDT-GLINTZER, Max Weber und die chinesische Stadt im Kulturvergleich, in: H. BRUHNS/W. NIPPEL (Hg.), Max Weber und die Stadt im Kulturvergleich, Göttingen 2000, S. 183–200.

T. SKOCPOL, States and Social Revolutions: A Comparative Analysis of France, Russia, and China, Cambridge 1979.

TU WEI-MING (Hg.), Confucian Traditions and East Asian Development: Moral Education and Economic Culture in Japan and the Four Mini-Dragons, Cambridge, Mass. 1996.

P. H. H. VRIES, Via Peking back to Manchester: Britain, the Industrial Revolution, and China, Leiden u.a. 2003.

DONG WANG, The United States and China: A History from the Eighteenth Century to the Present, Lanham u.a. 2013.

E. R. WOLF, Peasant Wars of the Twentieth Century, London 1969.

R. B. WONG, China Transformed: Historical Change and the Limits of European Experience, Ithaca/London 1997.

DERS., The Search for European Differences and Domination in the Early Modern World: A View from Asia, in: AHR 107 (2002), S. 447–469.

A. WOODSIDE, Territorial Order and Collective Identity Tensions in Confucian Asia: China, Vietnam, Korea, in: Daedalus 127 (1998), S. 191–220.

3.6 Länder der chinesischen Peripherie und Einflusssphäre

T. J. Barfield, The Perilous Frontier: Nomadic Empires and China, Cambridge, Mass. 1989.

U. B. Barkmann, Geschichte der Mongolei oder Die „Mongolische Frage“. Die Mongolen auf ihrem Weg zum eigenen Nationalstaat, Bonn 1999.

Cheung Siu Keung/J. Tse-Hei Lee/L. V. Nedilsky (Hg.), Marginalization in China: Recasting Minority Politics, New York 2009.

S. Dabringhaus/R. Ptak (Hg.), China and Her Neighbours: Borders, Visions of the Other, Foreign Policy, 10th to 19th Century, Wiesbaden 1997.

N. Di Cosmo, (Hg.) Warfare in Inner Asian History (500–1800), Leiden u.a. 2002 (= HdO XIII/6).

Ders./D. J. Wyatt (Hg.), Political Frontiers, Ethnic Boundaries, and Human Geographies in Chinese History, London/New York 2003.

S. Harrell (Hg.), Cultural Encounters on China's Ethnic Frontiers, Seattle/London 1995b.

J. Janhunen, Manchuria: An Ethnic History, Helsinki 1996.

M. Kapstein, The Tibetans, Malden, MA 2006.

M. Kapstein (Hg.), Buddhism between Tibet and China, Somerville, MA 2009.

O. Lattimore, Inner Asian Frontiers of China, Boston 1940.

Ders., Studies in Frontier History: Collected Papers 1928–1958, London 1962.

J. Lipman, Familiar Strangers: A History of Muslims in Western China, Seattle/London 1997.

M. Rossabi, China and Inner Asia: From 1368 to the Present Day, London 1975.

S. van Schaik, Tibet: A History, New Haven 2011.

M. A. Tamanoi (Hg.), Crossed Histories: Manchuria in the Age of Empire, Honolulu 2005.

M. Weiers (Hg.), Die Mongolen. Beiträge zu ihrer Geschichte und Kultur, Darmstadt 1986.

4. CHINA IM MONGOLISCHEN WELTREICH

4.1 Das mongolische Weltreich

T. T. Allsen, Mongol Imperialism: The Policies of the Grand Qan Mönke in China, Russia and the Islamic Lands, 1251–1259, Berkeley u.a. 1987.

Ders., Culture and Conquest in Mongol Eurasia, Cambridge 2001.

R. Amitai-Preiss/D. O. Morgan (Hg.), The Mongol Empire and its Legacy, Leiden u.a. 1999.

T. J. Barfield, The Shadow Empires: Imperial State Formation along the Chinese-Nomad Frontier, in: S. E. Alcock u.a. (Hg.), Empires: Perspectives from Archaeology and History, Cambridge 2001, S. 10–41.

W. Fitzhugh/M. Rossabi/W. Honeychurch (Hg.), Genghis Khan and the Mongol Empire, Seattle, Wash. 2009.

J. Fletcher, The Mongols: Ecological and Social Perspectives, in: HJAS 46 (1986), S. 11–50.

M. Rossabi, The Mongols. A Very Short Introduction, Oxford 2012.

J.-P Roux, Histoire de l'empire mongol, Paris 1993.

4.2 Die Yuan-Dynastie

T. Brook, The Troubled Empire. China in the Yuan and Ming Dynasties, Cambridge, Mass. 2010.

H. Chan/W. T. de Bary (Hg.), Yuan Thought: Chinese Thought and Religion under the Mongols, New York 1982.

J. W. Dardess, Conquerors and Confucians: Aspects of Political Change in Late Yuan China, New York 1973.

E. Endicott-West, Mongolian Rule in China: Local Administration in the Yuan Dynasty, Cambridge, Mass. 1989.

D. M. Farquhar, The Government of China under Mongolian Rule: A Reference Guide, Stuttgart 1990.

H. Franke, Geld und Wirtschaft in China unter der Mongolenherrschaft, Leipzig 1949.

Ders., China under Mongol Rule, Aldershot 1994.

Han Rulin (Hg.), Yuanchao shi (Geschichte der Yuan-Dynastie), 2 Bde., Beijing 1986.

S. G. Haw, Marco Polo's China: A Venetian in the Realm of Khubilai Khan, New York 2006.

J. D. Langlois (Hg.), China under Mongol Rule, Princeton 1981.

LI HAN, Yuandai shehui jingji shi (Geschichte der Gesellschaft und Wirtschaft in der Yuan-Zeit), Wuhan 1985.

LI ZHI'AN, Yuandai zhengzhi zhidu yanjiu [Forschungen zum politischen System der Yuan-Zeit], Beijing 2003.

M. ROSSABI (Hg.), China Among Equals: The Middle Kingdom and Its Neighbors, 10th to 14th Centuries, Berkeley u.a. 1983.

DERS., Khubilai Khan: His Life and Times, 2. Aufl., Berkeley, CA u.a. 2009.

DERS. (Hg.), Eurasian Influences on Yuan China, Singapore 2012.

P. J. SMITH (Hg.), The Song-Yuan-Ming Transition in Chinese History, Cambridge, CA 2003.

D. C. TWITCHETT/H. FRANKE (Hg.), The Cambridge History of China. Bd. 6: Alien Regimes and Border States, 710–1368, Cambridge 1995.

H. U. VOGEL, Marco Polo was in China: New Evidence from Currencies, Salts and Revenues, Leiden 2013.

5. DIE MING-ZEIT (1368 BIS 1644)

5.1 ALLGEMEINES

J. W. DARDESS, Confucianism and Autocracy: Professional Elites in the Founding of the Ming Dynasty, Berkeley u.a. 1983.

DERS., Ming China, 1368–1644: A Concise History of a Resilient Empire, Lanham, MD 2012.

E. L. DREYER, Early Ming China: A Political History,1355–1435, Stanford 1982.

R. HUANG, 1587 – ein Jahr wie jedes andere: Der Niedergang der Ming, Frankfurt a.M. 1986.

F. W. MOTE/D. C. TWITCHETT (Hg.), The Cambridge History of China. Bd. 8: The Ming Dynasty, 1368–1644, Teil 1, Cambridge 1988.

S. SCHNEEWIND, A Tale of Two Melons: Emperor and Subject in Ming China, Indianapolis 2006.

DIES., Community Schools and the State in Ming China, Stanford, CA 2006.

D. C. TWITCHETT/F. W. MOTE (Hg.), The Cambridge History of China. Bd. 8: The Ming Dynasty, 1368–1644, Teil 2, Cambridge 1998.

5.2 Politisches System und politische Entwicklungen

J. Clements, Coxinga and the Fall of the Ming Dynasty, Strout 2005.

J. W. Dardess, Blood History in China: The Donglin Fraction and its Repression, 1620–1627, Honolulu 2002.

Ders., A Political Life in Ming China: A Grand Secretary and His Times, Lanham, MD 2013.

E. L. Farmer, Early Ming Government: The Evolution of Dual Capitals, Cambridge, Mass. 1976.

K. Filipiak, Krieg, Staat und Militär in der Ming-Zeit (1368–1644): Auswirkungen militärischer und bewaffneter Konflikte auf Machtpolitik und Herrschaftsapparat der Ming-Dynastie, Wiesbaden 2008.

M. Fontana, Matteo Ricci: A Jesuit in the Ming Court, Lanham, MD 2011.

R. V. des Forges, Cultural Centrality and Political Change in Chinese History: Northeast Henan in the Fall of the Ming, Stanford 2003.

T. Grimm, Erziehung und Politik im konfuzianischen China der Ming-Zeit, 1368–1644, Wiesbaden 1960.

Jiang Yonglin, The Mandate of Heaven and the Great Ming Code, Seattle, WA 2011.

H. Miller, State versus Gentry in Late Ming Dynasty China, 1572–1644, New York 2009.

J. B. Parsons, The Peasant Rebellions of the Late Ming Dynasty, Tuscon, Ariz. 1970.

R. Po-Chia Hsia, A Jesuit in the Forbidden City: Matteo Ricci (1552–1610), Oxford 2010.

D. Robinson, Bandits, Eunuchs, and the Son of Heaven: Rebellion and the Economy of Violence in Mid-Ming China, Honolulu 2001.

Leo Kwok-yueh Shin, The Making of the Chinese State: Ethnicity and Expansion on the Ming Borderlands, Cambridge/New York 2006.

L. A. Struve, The Southern Ming, 1644–1662, New Haven/London 1984.

J. Tong, Disorder under Heaven: Collective Violence in the Ming Dynasty, Stanford 1991.

H. Shih-shan Tsai, Perpetual Happiness: The Ming Emperor Yongle, Seattle/London 2001.

Ders., The Eunuchs of the Ming Dynasty, Albany, NY. 1996.

Wu Han, Zhu Yuanzhang zhuan (Biographie Zhu Yuanzhangs), Beijing 1991.

5.3 Wirtschaft und Gesellschaft

T. Brook, Praying for Power: Buddhism and the Formation of Gentry Society in Late-Ming China, Cambridge, Mass. 1993.

Ders., The Confusions of Pleasure: Commerce and Culture in Ming China, Berkeley u.a. 1999.

V. Cass, Dangerous Women: Warriors, Grannies and Geishas of the Ming, Boston 1999.

C. Clunas, Elegant Debts: The Social Art of Wen Zhengming, 1470–1559, Honolulu 2004.

Ders., Empire of Great Brightness: Visual and Material Cultures of Ming China, 1368–1644, 2009.

J. W. Dardess, A Ming Society: T'ai-ho County, Kiangsi, in the Fourteenth to Seventeenth Centuries, Berkeley u.a. 1998.

Si-yen Fei, Negotiating Urban Space. Urbanization and Late Ming Nanjing, Cambridge, Mass./London 2009.

M. W. Huang (Hg.), Male Friendship in Ming China, Leiden/Boston 2007.

D. Ko, Teachers of the Inner Chambers: Women and Culture in Seventeenth-Century China, Stanford 1994.

J. P. Park, Art by the Book: Painting Manuals and the Leisure Life in late Ming China, Seattle, Wash. 2012.

L. Kwok-Yueh Shin, The Making of the Chinese State: Ethnicity and Expansion on the Ming Borderlands, New York 2006.

J. H. Smith, The Art of Doing Good: Charity in Late Ming China, Berkeley, CA 2009.

Wan Ming (Hg.), Wan Ming shehui bianqian: wenti yu yanjiu (Changes in Late Ming Society: Problems and Research), Beijing 2005.

Xu Min, Shangye yu shehui bianqian (Commerce and social change), in: Wan Ming 2005, Wan Ming shehui bianqian (Changes in Late Ming Society), S. 138–142.

5.4 Aussenbeziehungen

E. L. Dreyer, Zheng He: China and the Oceans in the Early Ming Dynasty, 1405–1433, New York 2006.

S. J. Hawley, The Imjin War: Japan's Sixteenth-century Invasion of Korea and Attempt to conquer China, Berkeley, CA 2005.

R. L. Higgins, Piracy and Coastal Defense in the Ming-Period, Governmental Response to Coastal Disturbances, 1523–1549, Ann Arbor 1981.

D. LELIEVRE, Le dragon du lumière: Les grandes expeditions des Ming au début du XVe siècle, Paris 1996.

LI KANGYING, The Ming Maritime Trade Policy in Transition, 1368 to 1567, Wiesbaden 2010.

C. OLÁH, Räuberische Chinesen und Japan: Die diplomatischen Beziehungen zwischen China und Japan im 15. und 16. Jahrhundert, Wiesbaden 2009.

R. PTAK, Die chinesische maritime Expansion im 14. und 15. Jahrhundert, Bamberg 1992.

H. SERRUYS, Sino-Mongol Relations During the Ming, 3 Bde., Brüssel 1959–1975.

K. SWOPE, A Dragon's Head and a Serpents Tail: Ming China and the First Great East Asian War, 1592–1598, Norman, OL 2009.

WANG GUNGWU, Ming Foreign Relations: Southeast Asia, in: CHOC 8.2, 301–332.

5.5 ELITEN- UND VOLKSKULTUREN

J.-F. BILLETER, Li Zhi, philosophe maudit (1527–1602): Contribution á une sociologie du mandarinat chinois de la fin des Ming, Genf 1979.

CHOW KAI-WING, Publishing, culture, and power in early modern China, Stanford 2004.

HSIAO LI-LING, The Eternal Present of the Past: Illstration, Theatre and Reading in the Wanli Period, 1573–1619, Leiden 2007.

R. G. WANG, The Ming Prince and Daoism: Institutional Patronage of an Elite, New York/Oxford 2012.

5.6 FRÜHE NEUZEIT/LATE IMPERIAL CHINA: DIE MING-QING-PERIODE

A. ANDRO, The 1421 Heresy: An Investigation into Ming Chinese Martime Survey of the World, Bloomington, Ind. 2005.

S. A. M. ASHEAD, Material Culture in Europe and China, 1400–1800: The Rise of Consumerism, Basigstoke 1997.

H. J. BEATTIE, Land and Lineage in China: A Study of T'ung-ch'eng County, Anhwei, in the Ming and Ch'ing Dynasties, Cambridge 1979.

D. BERG, Women and the Literary World in Early Modern China, 1580–1700, New York 2013.

F. BRAY, Technology, Gender and China's Great Transformations, New York 2013.

B. A. Elman, Civil Examinations and Meritocracy in Late Imperial China, Cambridge, Mass. 2013.

Feng Xianliang, Ming Qing Jiangnan diqu de huanjing biandong yu shehui kongzhi [Umweltveränderungen und gesellschaftliche Kontrolle im Jiangnan-Gebiet während der Ming-Qing-Zeit], Shanghai 2002.

A. Finnane, Speaking of Yangzhou: A Chinese City, 1550–1850, Cambridge, Mass. 2004.

He Chongmei, Mingmo Qingchu wenren jieshe yanjiu [Forschungen über kulturelle Vereinigungen am Ende der Ming- und zu Beginn der Qing-Zeit], Tianjin 2003.

J. Helbling, Agriculture, Population and State in China in Comparison to Europe, 1500–1900, in: [264: 90–199].

M. W. Huang, Negotiating Masculinities in Late Imperial China, Honolulu 2006.

P. N. Miller/F. Louis (Hg.), Antiquarianism and Intellectual Life in Europe and China, 1500–1800, Ann Arbor, MI 2012.

S. Naquin, Peking: Temples and City life, 1400–1900, Berkeley u.a. 2001.

P. C. Perdue, Exhausting the Earth: State and Peasant in Hunan, 1500–1850, Cambridge, Mass. 1987.

R. Ptak, China's Seaborne Trade with South and Southeast Asia (1200–1750), Aldershot 1999.

M. Szonyi, Practicing Kinship: Lineage and Descent in Late Imperial China, Stanford, CA 2002.

Wang Ermin, Ming Qing shidai shumin wenhua shenghuo [Das Kulturleben der einfachen Bevölkerung in der Ming-Qing-Zeit], Changsha 2002.

Wang Rigen, Ming Qing minjian shehui de zhexu [Die gesellschaftliche Ordnung des einfachen Volkes in der Ming-Qing-Periode], Changsha 2003.

Xie Guozhen, Ming Qing zhiji dangshe yundong kao [Untersuchung der Ming-Qing-zeitlichen Bewegungen politischer Fraktionen und Gesellschaften], Shanghai 2004.

Xu Dixin/Wu Chengming, Chinese Capitalism, 1522–1840, Basingstoke 2000.

Zheng Zhenman, Family Lineage Organization and Social Change in Ming and Qing Fujian, translated by Michael Szony, Honolulu 2001.

6. DIE FRÜHE UND HOHE QING-ZEIT (1644 BIS 1800)

6.1 ÜBERBLICKSWERKE

HO PING-TI, The Significance of the Ch'ing Period in Chinese History, in: JAS 26 (1966/67), S. 189–195.

W. J. PETERSON (Hg.), The Cambridge History of China. Bd. 9, Teil 1: The Ch'ing Empire to 1800, Cambridge 2002.

W. T. ROWE, China's Last Empire: The Great Qing, Cambridge, Mass./London 2009.

R. J. SMITH, China's Cultural Heritage: The Qing Dynasty, 1644–1912, Boulder u.a. 1994[2].

6.2 MACHTEROBERUNG, REICHSBILDUNG UND MANDSCHU-IDENTITÄT

CHIA NING, The Lifanyuan and the Inner Asian Rituals in theEarly Qing, 1644–1795, in: LIC 14 (1993.) S. 60–92.

P. K. CROSSLEY, The Manchus, Oxford 1997.

DIES., A Translucent Mirror: History and Identity in Qing Imperial Ideology, Berkeley u.a. 1999.

P. K. CROSSLEY/H. F. SIU/D. S. SUTTON (Hg.), Empire at the Margins: Culture, Ethnicity, and Frontier in Early Modern China, Berkeley, CA 2006.

S. DABRINGHAUS, Das Qing-Imperium als Vision und Wirklichkeit. Tibet in Laufbahn und Schriften des Song Yun (1752–1835), Stuttgart 1994.

M. C. ELLIOTT, The Manchu Way: The Eight Banners and Ethnic Identity in Late Imperial China, Stanford 2001.

J. ELVERSKOG, Our Great Qing: The Mongols, Buddhism and the State in Late Imperial China, Honolulu 2006.

C. P. GIERSCH, Asian Borderlands: The Transformation of Qing China's Yunnan Frontier, Cambridge, Mass. 2006.

L. HOSTETLER, Qing Colonial Enterprise: Ethnography and Cartography in Early Modern China, Chicago/London 2001.

L. D. KESSLER, K'ang-hsi and the Consolidation of Ch'ing Rule, 1661–1684, Chicago/London 1976.

B.-M. LINKE, Zur Entwicklung des mandjurischen Khanats zum Beamtenstaat. Sinisierung und Bürokratisierung der Mandjuren während der Eroberungszeit, Wiesbaden 1982.

LIU XIAOMING, Manzu cong buluo dao guojia de fazhan [Die Mandschuren und ihre Entwicklung vom Stamm zum Staat], Shenyang 2001.

J. A. Millward, Beyond the Pass. Economy, Ethnicity, and Empire in Qing Central Asia, 1759–1864, Stanford 1998.

P. C. Perdue, China marches West: The Qing Conquest of Central Eurasia, Cambridge, Mass. 2005.

F. Pommaret (Hg.), Lhasa in the Seventeenth Century: The Capital of the Dalai Lamas, Leiden 2003.

W. Romanovsky, Die Kriege des Qing-Kaisers Kangxi gegen den Oiratenfürsten Galdan. Eine Darstellung der Ereignisse und ihrer Ursachen anhand der Dokumentensammlung „Qing Shilu“, Wien 1998.

S. Sen, The New Frontiers of Manchu China and the Historiography of Asian Empires: A Review Essay, in: JAS 61 (2002), S. 165–177.

J. Spence/J. E. Wills, Jr. (Hg.), From Ming to Ch'ing: Conquest, Region and Continuity in Seventeenth-Century China, New Haven/London 1979.

F. Wakeman, The Great Enterprise: The Manchu Reconstruction of Imperial Order in Seventeenth-Century China, 2 Bde., Berkeley u.a. 1966.

J. Waley-Cohen, The Culture of War in China: Empire and the Military under the Qing Dynasty, London/New York 2006.

6.3 Politisches System und politische Entwicklung

B. S. Bartlett, Monarchs and Ministers: The Great Council in Mid-Ch'ing China, 1723–1870, Berkeley u.a. 1991.

M. G. Chang, A Court on Horseback: Imperial Touring & the Construction of Qing Rule, 1680–1785, Cambridge, Mass. 2007.

Chen Li, Legal Specialists and Judicial Administration in Late Imperial China, 1651–1911, in: LIC 33.1 (2012), S. 1–54.

Ch'ü T'ung-tsu, Local Government in China under the Ch'ing, Stanford 1962.

Dai Yi, Qianlong huangdi yu qi shidai (Der Qianlong-Kaiser und seine Zeit), Beijing 1992.

Dai Yingcong, The Sichuan Frontier and Tibet: Imperial Strategy in the Early Qing, Seattle, Wash. 2009.

H. Dunstan, State or Merchant? Political Economy and Political Process in 1740s China, Cambridge, MA. 2006.

M. C. Elliot, Emperor Qianlong: Son of Heaven, Man of the World, Upper Saddle River, NJ 2009.

B. A. Elman, A Cultural History of the Civil Examinations in Late Imperial China, Berkeley u.a. 2000.

F. M. von Essen, Eight Banners and Green Flag: The Army of the Manchu Empire and Qing China, 1600–1850, Farnham, Surrey 2009.

FENG YOUZHE, He Shen pingzhuan (Biographie He Shens), Beijing 1998.

M. GIMM, Kaiser Qianlong (1711–1799) als Poet. Anmerkungen zu seinem schriftstellerischen Werk, Stuttgart 1993.

GUO CHENGKANG/CHENG CHONGDE u.a. (Hg.), Qianlong huangdi quanzhuan (Umfassende Biographie des Qianlong-Kaisers), Beijing 1994.

GUO CHENGKANG, Kang Qian shengshi lishibao gao [Historischer Bericht über die Blütezeit der Kangxi-Qianlong-Periode], Beijing 2002.

R. K. GUY, The Emperor's Four Treasuries: Scholars and the State in the Late Ch'ien-Lung Era, Cambridge, Mass. 1987.

DERS., Qing Governors and Their Provinces: The Evolution of Territorial Administration in China, 1644–1796, Seattle/London 2010.

HSIEH PAO-CHAO, The Government of China (1644–1911), Baltimore 1925.

HUANG PEI, Autocracy at Work: A Study of the Yung-cheng Period, 1723–1735, Bloomington, Ind. 1974.

HUNG HO-FUNG, Protest with Chinese Characteristics: Demonstrations, Riots, and Petitions in the Mid-Qing-Dynasty, New York 2011.

C. JAMI, The Emperor's New Mathematics: Western Learning and Imperial Authority during the Kangxi Reign (1662–1722), Oxford/New York 2012.

H. L. KAHN, Monarchy in the Emperor's Eyes: Image and Reality in the Ch'ienlung Reign, Cambridge, Mass. 1971.

P. A. KUHN, Soulstealers: The Chinese Sorcery Scare of 1768, Cambridge, Mass. 1990.

LIN QIAN, Kangxi chengying pengdan yu Qingdai jiquan zhengzhi [Kangxi's Bestrafung der Cliquen und das autokratische System der Qing-Zeit], Taibei 2003.

I. MAN-CHEONG, The Class of 1761: Examinations, State, and Elites in Eighteenth-Century China, Stanford, CA 2004.

T. A. METZGER, The Internal Organization of the Ch'ing Bureaucracy: Legal, Normative and Communications Aspects, Cambridge, Mass. 1973.

E. S. RAWSKI, The Last Emperors: A Social History of the Qing Imperial Institution, Berkeley u.a. 1998.

W. T. ROWE, Introduction: The Significance of the Qianlong-Jiaqing Transition in Qing History, in: LIC 32.2 (2011), S. 74–88.

J. D. SPENCE, Ts'ao Yin and the K'ang-hsi Emperor, Bondservant and Master, New Haven/London 1966.

DERS., Emperor of China: Self-Portrait of K'ang-hsi, London 1974.

DERS., Treason by the Book, London 2001.

K. STAPLETON, County Administration in Late-Qing Sichuan: Conflicting Models of Rural Policing, in: LIC 18 (1997), S. 100–132.

J. R. Watt, The District Magistrate in Late Imperial China, New York 1972.

P.-É. Will, Bureaucratie et famine en Chine au 18e siècle, Paris/Den Haag 1980.

Ders., La paperasse au secours de l'homme: Communication et militantisme, 1600–1850, in: Études chinoises 13 (1994), S. 65–108.

Ders./R. B. Wong, Nourish the People: The State Civilian Granary System in China 1650–1850, Ann Arbor 1991.

A. B. Woodside, Vietnam and the Chinese Model: A Comparative Study of Nguyen and Ch'ing Civil Administration in the First Half of the Nineteenth Century, Cambridge, Mass. 1971.

S. H. L. Wu, Communication and Imperial Control in China: Evolution of the Palace Memorial System, 1693–1735, Cambridge, Mass. 1970.

Ders., Emperors at Work: The Daily Schedules of the K'ang-hsi and Yung-cheng Emperors, 1661–1735, in: Tsinghua Journal of Chinese Studies, n.s. 8 (1970), S. 210–227.

M. Zelin, The Magistrate's Tael: Rationalizing Fiscal Reform in Eighteenth-Century Ch'ing China, Berkeley u.a. 1984.

6.4 Wirtschaft und Gesellschaft

D. A. Bello, Opium and the Limits of Empire: Drug Prohibition in the Chinese Interior, 1729–1850, Cambridge, Mass. 2005.

C. J. Brokaw, The Ledgers of Merit and Demerit: Social Change and Moral order in Late Imperial China, Princeton 1991.

T. M. Buoye, Manslaughter, Markets, and Moral Economy: Violent Disputes over Property Rights in Eighteenth-Century China, Cambridge 2000.

Cheung Sui-Wai, The Price of Rice: Market Integration in Eighteenth-Century China, Bellingham 2008.

A. E. Clark, China's Saints: Catholic Martyrdom During the Qing (1644–1911). Studies in Missionaries and Christianity in China, Lanham, MD 2011.

J. Dennerline, The Chia-ting Loyalists: Confucian Leadership and Social Change in Seventeenth-Century China, New Haven/London 1981.

H. Dunstan, Conflicting Counsels to Confuse the Age: A Documentary Study of Political Economy in Qing China 1644–1840, Ann Arbor 1996.

Ho Ping-ti, The Salt Merchants of Yang-chou: A Study of Commercial Capitalism in Eighteenth-Century China, in: HJAS 17 (1954), S. 130–168.

P. C. C. Huang, Civil Justice in China: Representation and Practice in the Qing, Stanford 1996.

C. M. Isett, State, Peasant, and Merchant in Qing Manchuria, 1644–1862, Stanford, CA 2007.

KWAN MAN BUN, The Salt Merchants of Tianjin: State Making and Civil Society in Late Imperial China, Honolulu 2001.

J. K. LEONARD,/J. R. WATT (Hg.), To Achieve Security and Wealth: The Qing Imperial State and the Economy, 1644–1911, Ithaca/London 1992.

LI BOZHONG, Jiangnan de zaoqi gongyehua (1550–1850) [Die frühe Industrialisierung in Jiangnan], Beijing 2000.

C. LOMBARD-SALMON, Un exemple d'acculturation chinoise: La province du Gui Zhou au XVIIIe siècle, Paris 1972.

R. J. LUFRANO, Honorable Merchants: Commerce and Self-Cultivation in Late Imperial China, Honululu 1997.

M. MACAULEY, Social Power and Legal Culture: Litigation Masters in Late Imperial China, Stanford 1998.

S. MANN, Precious Records: Women in China's long Eighteenth Century, Stanford 1997.

S. NAQUIN,/E. S. RAWSKI, Chinese Society in the Eighteenth Century, New Haven/London 1987.

E. S. RAWSKI, Education and Popular Literacy in Ch'ing China, Ann Arbor 1972.

W. T. ROWE, Saving the World: Chen Hongmou and Elite Consciousness in Eighteenth-Century China, Stanford, CA 2001.

W. T. ROWE, Domestic Interregional Trade in Eighteenth-Century China, in: L. BLUSSÉ/F. GAASTRA (Hg.), On the Eighteenth Century as a Category of Asian History, Aldershot 1998, S. 173–192.

P. SANTANGELO, Alcuni elementi della società cinese nel periodo Ming e Qing, Neapel 1987.

D. SCHÄFER, The Crafting of the 10,000 Things: Knowledge and Technology in Seventeenth-Century China, Chicago 2011.

J. D. SPENCE, Die Geschichte der Frau Wang. Leben in einer chinesischen Provinz des 17. Jahrhunderts, Berlin 1987.

U. THEOBALD, War Finance and Logistics in Late Imperial China: A Study of the Second Jinchuan Campaign (1771–1776), Leiden 2013.

P. A. VAN DYKE, The Canton Trade: Life and Enterprise on the China Coast, 1700–1845, Hong Kong/London 2005.

DERS., Merchants of Canton and Macao: Politics and Strategies in Eighteenth-Century Chinese Trade, Hong Kong/Kyoto 2011.

P.-É. WILL, Développement quantitatif et développement qualitative en Chine à la fin de l'époque impériale, in: Annales, E.S.C. 49 (1994), S. 863–902.

6.5 Aussenbeziehungen

Bai Zhimin, Les voyageurs français en Chine: aux XVIIe et XVIIIe siècles, Paris 2007.

P. K. Cassel, Grounds of Judgement: Extraterritoriality and Imperial Power in Nineteenth-Century China and Japan, New York 2012.

Cheong Weng Eang, The Hong merchants of Canton: Chinese merchants in Sino-western trade, Richmond 1997.

S. Dabringhaus, Grenzzone im Gleichgewicht. China und Russland im 18. Jahrhundert, in: R. G. Asch u.a. (Hg.), Frieden und Krieg in der Frühen Neuzeit, München 2001, S. 577–597.

L. Dermigny, La Chine et l'Occident: Le commerce à Canton au XVIIIe siècle 1719–1833, 3 Bde. und Album, Paris 1964.

J. K. Fairbank/Teng Ssu-yü, On the Ch'ing Tributary System, in: HJAS 6 (1941), S. 135–246.

Fan Fa-ti: British Naturalists in Qing China: Science, Empire, and Cultural Encounter, Cambridge, Mass. 2004.

C. M. Foust, Muscovite and Mandarin: Russia's Trade with China and Its Setting, 1727–1805, Chapel Hill, N. C. 1969.

J. L. Hevia, Cherishing Men from Afar: Qing Guest Ritual and the Macartney Embassy of 1793, Durham, NC/London 1995.

M. Mancall, Russia and China: Their Diplomatic Relations to 1728, Cambridge, Mass. 1971.

M. W. Mosca, From Frontier Policy to Foreign Policy: The Question of India and the Transformation of Geopolitics in Qing China, Stanford, CA 2013.

D. Murray, Pirates of the South China Coast, 1790–1810, Stanford 1989.

Ng Chin-keong, Trade and Society: The Amoy Network on the China Coast, 1683–1735, Singapur 1983.

Oba Osamu, Books and Boats: Sino-Japanese Relations in the Seventeenth and Eighteenth Centuries, Portland, ME 2012.

A. Peyrefitte, L'empire immobile ou le choc des mondes. Récit historique, Paris 1989.

G. B. Souza, The Survival of Empire: Portuguese Trade and Society in China and the South China Sea, 1630–1754, Cambridge 1986.

S. Viraphol, Tribute and Profit: Sino-Siamese Trade, 1652–1853, Cambridge, Mass. 1977.

J. E. Wills, Jr., Pepper, Guns and Parleys: The Dutch East India Company and China, 1662–1681, Cambridge, Mass. 1974.

DERS., Embassies and Illusions: Dutch and Portuguese Envoys to K'ang-hsi, 1666–1687, Cambridge, Mass. 1984.

ZHANG XIAONING, Tianzi nanku. Qing qianqi Guangzhou zhidu xia de zhongxi maoyi [Das Südlager des Himmelssohnes. Der chinesisch-westliche Handel des Kanton-Systems der frühen Qing-Zeit], Nanchang 1999.

ZHAO GANG, The Qing Opening to the Ocean: Chinese Maritime Policies, 1684–1757, Honolulu 2013.

6.6 Jesuiten und frühe chinesische Christen

L. M. BROCKEY, Journey to the East: The Jesuit Mission to China, 1579–1724, Cambridge, Mass. 2007.

J. S. CUMMINS, A Question of Rites: Friar Domingo Navarrete and the Jesuits in China, Aldershot 1993.

J. DEHERGNE, Répertoire des Jésuits de Chine de 1552 à 1800, Rom 1973.

G. H. DUNNE, Das große Exempel. Die Chinamission der Jesuiten, Stuttgart 1965.

J.-P. DUTEIL, Le mandat du ciel: Le role des jésuits en Chine, Paris 1994.

J. GERNET, Christus kam bis nach China. Eine erste Begegnung und ihr Scheitern, Zürich 1984.

M. FONTANA, Matteo Ricci: A Jesuit in the Ming Court, Lanham u.a. 2011.

R. PO-CHIA HSIA, Noble Patronage and Jesuit Missions: Maria Theresia von Fugger-Wellenburg (1690–1762) and Jesuit Missionaries in China and Vietnam, Rom 2006.

DERS., A Jesuit in the Forbidden City: Matteo Ricci, 1552–1610, Oxford/New York 2010.

M. LAVEN, Mission to China: Matteo Ricci and the Jesuit Encounter with the East, London 2011.

LI WENCHAO, Die christliche Chinamission im 17. Jahrhundert. Verständnis, Unverständnis, Missverständnis. Eine geistesgeschichtliche Studie zum Christentum, Buddhismus und Konfuzianismus, Stuttgart 2000.

D. E. MUNGELLO, The Spirit and the Flesh in Shandong, 1650–1785, Lanham u.a. 2001.

DERS., Curious Land: Jesuit Accomodation and the Origins of Sinology, Stuttgart 1985.

T. POMPLUN, Jesuit on the Roof of the World: Ippolito Desideri's Mission to Eighteenth-Century Tibet, New York 2010.

D. SACHSENMAIER, Die Aufnahme europäischer Inhalte in die chinesische Kultur durch Zhu Zongyuan (ca. 1616–1660), Sankt Augustin/Nettetal 2001.

J. D. Spence, The Memory Palace of Matteo Ricci, London 1985.

N. Standaert, Yang Tingyun. Confucian and Christian in Late Ming China: His Life and His Thought, Leiden u.a. 1988.

Sun Xi, Bedeutung und Rolle des Jesuitenmissionars Ignaz Kögler (1680–1746) in China aus chinesischer Sicht, Frankfurt a.M. 2007.

A. K. Wardega/A. Vasconcelos de saldanha (Hg.), In the Light and Shadow of an Emperor: Tomás Pereira, SJ (1645–1708), the Kangxi Emperor and the Jesuit Mission in China, Newcastle 2012.

6.7 Eliten- und Volkskultur

Chow Kai-wing, The Rise of Confucian Ritualism in Late Imperial China: Ethics, Classics, and Lineage Discourse, Stanford 1994.

P.-H. Durand, Lettrés et pouvoirs: Un procès littéraire dans la Chine impériale, Paris 1992.

B. A. Elman, From Philosophy to Philology: Intellectual and Social Aspects of Change in Late Imperial China, Cambridge, Mass. 1984.

N. Kutcher, Mourning in Late Imperial China. Filial Piety and the State, Cambridge 1999.

D. S. Nivison, The Life and Thought of Chang Hsüeh-ch'eng (1738–1801), Stanford 1966.

P. S. Ropp, Dissent in Early Modern China: Ju-lin wai-shih und Ch'ing Social Criticism, Ann Arbor 1981.

B. J. Ter Haar, The White Lotus Teachings in Chinese Religious History, Leiden u.a. 1992.

Ders., Ritual and Mythology of the Chinese Triads. Creating an Identity, Leiden u.a. 1998.

A. Waltner, Getting an Heir: Adoption and the Construction of Kinship in Late Imperial China, Honululu 1990.

Wei Shang, Rulin Waishi and Cultural Transformation in Late Imperial China, Cambridge, Mass. 2003.

Sau-chu A. Yeung, Female Criminality in Qing China: Adulteres-Murderesses in Legal and Popular Culture, 1644–1912, Los Angeles 1997.

7. VON 1800 BIS 1895

7.1 ALLGEMEINES

J. K. FAIRBANK (Hg.), The Cambridge History of China. Bd. 10: Late Ch'ing, 1800–1911, Teil I, Cambridge 1978.

J. K. FAIRBANK/LIU KWANG-CHING (Hg.), The Cambridge History of China. Bd. 11: Late Ch'ing, 1800–1911, Teil 2, Cambridge 1980.

F. WAKEMAN, The Fall of Imperial China, New York 1975.

7.2 INNERE DESTABILISIERUNG

D. G. ATWILL, The Chinese Sultanate: Islam, Ethnicity, and the Panthay Rebellion in Southwest China, 1856–1873, Stanford, CA 2005.

GUAN WENFA, Jiaqing di [Kaiser Jiaqing], Changchun 1993.

JEN YU-WEN, The Taiping Revolutionary Movement, New Haven/London 1973.

R. D. JENKS, Insurgency and Social Disorder in Guizhou: The Miao Rebellion. 1854–1873, Honolulu 1994.

HODONG KIM, Holy War in China: The Muslim Rebellion and State in Chinese Central Asia, 1864–1877, Stanford 2004.

P. A. KUHN, Rebellion and Its Enemies in Late Imperial China: Militarization and Social Structure, 1796–1864, Cambridge, Mass. 1970.

T. S. MEYER-FONG, What Remains: Coming to Terms with Civil War in 19th Century China, Stanford, CA 2013

F. MICHAEL, The Taiping Rebellion, Bd. 1: History, Seattle/London 1966.

S. NAQUIN, Millenarian Rebellion in China: The Eight Trigrams Uprising of 1813, New Haven/London 1976.

DIES., Shantung Rebellion: The Wang Lun Uprising of 1774, New Haven/London 1981.

J. M. POLACHEK, The Inner Opium War, Cambridge, Mass. 1992.

R. PRAZNIAK, Of Camel Kings and Other Things: Rural Rebels Against Modernity in Late Imperial China, Lanham u.a. 1999.

T. H. REILLY, The Taiping Heavenly Kingdom: Rebellion and the Blashemy of Empire, Seattle, Wash. 2004.

J. D. SPENCE, God's Chinese Son: The Taiping Heavenly Kingdom of Hong Xiuquan, New York/London 1996.

H. U. VOGEL, Lokale Administration und Bodenpolitik der Himmlischen Dynastie des Großen Friedens (Taiping Tianguo, 1850–1864), Hamburg 1981.

R. G. WAGNER, Reenacting the Heavenly Vision: The Role of Religion in the Taiping Rebellion, Berkeley u.a. 1982.

DERS., God's Country in the Family of Nations: The Logic of Modernism in the Taiping Doctrine of International Relations, in: J. M. BAK/G. BENECKE (Hg.). Religion and Rural Revolt, Manchester 1984, S. 354–372.

F. WAKEMAN, Strangers at the Gate: Social Disorder in South China, 1839–1861, Berkeley u.a. 1966.

XIA CHUNSHOU, Ershi shiji de Taiping tianguo shi yanjiu (Forschungen zu den Taiping im 20. Jahrhundert), in: LSYJ 2000.2, S. 162–181.

7.3 CHINA IM INTERNATIONALEN UMFELD

A. BAUMLER (Hg.), Modern China and Opium. A Reader, Ann Arbor 2001.

R. A. BICKERS, The Scramble for China: Foreign Devils in the Qing Empire, 1832–1914, London 2011.

D. BRUNERO, Britain's Imperial Cornerstone in China: The Chinese Maritime Customs Service, 1854–1949, London/New York 2006.

CHANG HSIN-PAO, Commissioner Lin and the Opium War, Cambridge, Mass. 1964.

CHEN SHIQI, Zhongguo jindai haiguan shi [Geschichte des chinesischen Seezolls], Beijing 2002.

F. W. DRAKE, China Charts the World: Hsu Chi-yü and His Geography of 1848, Cambridge, Mass. 1975.

P. W. FAY, The Opium War 1840–1842, Chapel Hill, NC. 1975.

H. G. GELBER, Opium, Soldiers and Evangelicals: Britain's 1840–42 War with China, and Its Aftermath, New York 2004.

J. R. HADDAD, The Romance of China: Excursions to China in U. S. Culture 1776–1876, New York 2008.

DERS., America's First Adventure in China: Trade, Treaties, Opium, and Salvation, Harrogate 2013.

J. HEVIA, English Lessons. The Pedagogy of Imperialism in Nineteenth-Century China, Durham, NC/London 2003.

N. HORESH, Shanghai's Bund and beyond: British Banks, Banknote Issurance, and Monetary Policy in China, 1842–1937, New Haven 2009.

I. C. Y. HSÜ, China's Entrance into the Family of Nations: The Diplomatic Phase, 1858–1880, Cambridge, Mass. 1960.

M. HUNT, The Making of a Special Relationship: The United States and China to 1914, New York 1983.

E. KASKE, Bismarcks Missionäre: Deutsche Militärinstrukteure in China 1884–1890, Wiesbaden 2002.

KIM KEY-HIUK, The Last Phase of the East Asian World Order: Korea, Japan, and the Chinese Empire, 1860–1882, Berkeley u.a. 1980.

J. P. LANGELLIER, US Armed Forces in China, 1856–1941, Oxford/New York 2009.

J. K. LEONARD, Wei Yuan and China's Rediscovery of the Maritime World, Cambridge, Mass. 1984.

L. M. LI, China's Silk Trade: Traditional Industry in the Modern World, 1842–1937, Cambridge, Mass. 1981.

J. LOVELL, The Opium War: Drugs, Dreams, and the Making of China, London 2011.

G. MELANCON, Britain's China Policy and the Opium Crisis: Balancing Drugs, Violence, and National Honor, 1833–1840, Hampshire/Burlington, VT 2003.

L. J. NEWBY, The Empire and the Khanate: A Political History of Qing Relations with Khoqand c. 1760–1860, Leiden/Boston 2005.

J. OSTERHAMMEL, Britain and China 1842–1914, in: W. R. LOUIS (Hg.), The Oxford History of the British Empire, Bd. 3, Oxford 1999, S. 146–169.

T. G. OTTE, The China Question: Great Power Rivalry and British Isolation, 1894–1905, Oxford/New York 2007.

S. C. M. PAINE, Imperial Rivals: Russia, China and Their Disputed Frontier, 1858–1924, Armonk, NY/London 1996.

W. PALACE, The British Empire and Tibet, 1900–1922, London/New York 2005.

W. PATTERSON, In the Service of his Korean Majesty: William Nelson Lovatt, the Pusan Customs, and Sino-Korean Relations, 1876–1888, Berkeley, CA 2012.

S. R. PLATT, Autumn in the Heavenly Kingdom: China, the West, and the Epic Story of the Taiping Civil War, New York 2012.

M. RENSHAW, Accommodating the Chinese: The American Hospital in China, 1880–1920, New York 2005.

D. SCOTT, China and the International System, 1840–1949: Power, Presence, and Perceptions in a Century of Humiliation, Albany, NY 2008.

R. J. SMITH, Mercenaries and Mandarins: The Ever Victorious Army in Nineteenth-Century China, Millwood, N. Y. 1978.

K. SUGIHARA (Hg.), Japan, China, and the Growth of Asian International Economy, 1850–1949, New York/Oxford 2005.

R. Svarverud, International Law as World Order in Late Imperial China: Translation, Reception and Discourse, 1847–1911, Leiden/Boston 2007.

D. Vetter, Von der Rauschgiftkolonie zum Anti-Drogen-Pionier: Chinas Anti-Opium-Kampagnen von 1838/39 und 1906/7 im Vergleich, Gossenberg 2009.

Wang Gungwu, Anglo-Chinese Encounters since 1800: War, Trade, Science and Governance, Cambridge 2003.

J. Y. Wong, Deadly Dreams: Opium, Imperialism and the „Arrow" War (1856–1860) in China, Cambridge 1998.

S. F. Wright, Hart and the Chinese Customs, Belfast 1950.

7.4 Vertragshäfen

R. Bickers, Shanghailanders: The Formation and Identity of the British Settler Community in Shanghai, 1842–1937, in: P&P 159 (1998), S. 161–211.

P. D. Coates, China Consuls: British Consular Officers, 1843–1943, Hongkong 1988.

J. K. Fairbank, Trade and Diplomacy on the China Coast: The Opening of the Treaty Ports,1842–1854, 2 Bde., Cambridge, Mass. 1953.

Fei Chengkang, Zhongguo zujieshi (Geschichte der Konzessionen in China), Shanghai [2]1998.

T. Hamashita, Tribute and Treaties: Maritime Asia and Treaty Port Networks in the Era of Negotiation, 1800–1900, in: G. Arrighi u.a. (Hg.), The Resurgence of East Asia: 500, 150 and 50 Year Perspective, London/New York 2003, S. 17–50.

Hao Yen-p'ing, The Comprador in Nineteenth-Century China: Bridge between East and West, Cambridge, Mass. 1970.

Ders., The Commercial Revolution in Nineteenth-Century China: The Rise of Sino-Western Mercantile Capitalism, Berkeley u.a. 1986.

L. C. Johnson, Shanghai: From Market Town to Treaty Port, 1074–1858, Stanford 1995.

S. Y. Liang, Mapping Modernity in Shanghai: Space, Gender, and Visual Culture in the Sojourner's City, 1853–98, London/New York 2010.

Liu Kwang-Ching, China's Early Modernization and Reform Movement: Studies in Late Nineteenth-Century China and American-Chinese Relations, Taipei 2009.

S. B. Miles, The Sea of Learning: Mobility and Identity in nineteenth-century Guangzhou, Cambridge, Mass. 2006.

W. T. Rowe, Hankow. Bd. 1: Commerce and Society in a Chinese City, 1796–1889; Bd. 2: Conflict and Community in a Chinese City, 1796–1895, Stanford 1984–89.

7.5 Westlicher Kultureinfluss und christliche Mission

A. Austin, China's Millions: The China Mission and Late Qing Society, 1832–1905, Grand Rapids, MI 2007.

V. Boetzinger, „Den Chinesen ein Chinese werden“: Die deutsche protestantische Frauenmission in China 1842–1952, Stuttgart 2004.

P. R. Bohr, Famine in China and the Missionary: Timothy Richard as Relief Administrator and Advocate of National Reform, 1876–1884, Cambridge, Mass. 1972.

J. Charbonnier, Histoire des Chrétiens de Chine. Paris 1992.

P. A. Cohen, China and Christianity: The Missionary Movement and the Growth of Chinese Antiforeignism, 1860–1870, Cambridge, Mass. 1963.

R. Dunch, Fuzhou Protestants and the Making of Modern China, 1857–1927, New Haven/London 2001.

B. Eulenhöfer-Mann, Frauen mit Mission: Deutsche Missionarinnen in China (1891–1914), Leipzig 2010.

T. Klein, Die Basler Mission in Guangdong (Südchina) 1859–1931. Akkulturationsprozesse und kulturelle Grenzziehungen zwischen Missionaren, chinesischen Christen und lokaler Gesellschaft, München 2002.

J. Tse-Hei Lee, The Bible and the Gun: Christianity in South China, 1860–1900, New York 2003.

L. Leibovitz, Fortunate Sons: The 120 Chinese Boys who Came to America, Went to School, and Eevolutionized an Ancient Civilization, New York 2011.

K. L. Lodwick, Crusaders against Opium: Protestant Missionaries in China, 1874–1917, Lexington 1996.

J. G. Lutz, Opening China: Karl Gützlaff and Sino-Western Relations, 1827–1852, Grand Rapids, MI 2008.

J. R. Pusey, China and Charles Darwin, Cambridge, Mass. 1983.

E. J. M. Rhoads, Stepping forth into the World: The Chinese Educational Mission to the United States, 1872–81, Hong Kong 2011.

B. I. Schwartz, In Search of Wealth and Power: Yen Fu and the West, Cambridge, Mass. 1964.

Dong Wang, Managing God's Higher Learning: U. S.-China Cultural Encounter and Canton Christian College (Lingnan University), 1888–1952.

XIONG YUEZHI, Xixue dongjian yu wan Qing shehui (Die Verbreitung westlichen Wissens und die Gesellschaft der späten Qing-Zeit), Shanghai 1994.

ZHANG XIANTAO, The Origins of the Modern Chinese Press: The Influence of the Protestant Missionary Press in Late Qing China, New York 2007.

7.6 WIRTSCHAFT UND GESELLSCHAFT

W. K. K. CHAN, Merchants, Mandarins, and Modern Enterprise in Late Ch'ing China, Cambridge, Mass. 1977.

CHANG CHUNG-LI, The Chinese Gentry: Studies on Their Role in Nineteenth-Century Chinese Society, Seattle/London 1955.

P. K. CROSSLEY, Orphan Warriors: Three Manchu Generations and the End of the Qing World, Princeton 1990.

HSIAO KUNG-CHUAN, Rural China: Imperial Control in the Nineteenth Century, Seattle/London 1960.

LIN MANHONG, China Upside Down: Currency, Society, and Ideologies, 1808–1856, Cambridge, Mass. 2006.

K. POMERANZ, The Making of a Hinterland: State, Society and Economy of Inland North China, 1853–1937, Berkeley u.a. 1993a.

M. H. SOMMER, Sex, Law, and Society in Late Imperial China, Stanford 2000.

WANG JINGYU, Shijiu shiji xifang zibenzhuyi dui Zhongguo de jingji qinlüe [Die wirtschaftliche Invasion Chinas durch den westlichen Kapitalismus während des 19. Jahrhunderts], Beijing 1983.

YAN ZHONGPING (Hg), Zhongguo jindai jingjishi, 1840–1894 [Wirtschaftsgeschichte der chinesischen Neuzeit, 1840–1894], 2 Bde., Beijing 2001.

C. V. YEH, Shanghai Love: Courtesans, Intellectuals, and Entertainment Culture, 1850–1910, Seattle, Wash. 2006.

7.7 STAATSENTWICKLUNG, REFORMVERSUCHE UND ENTSTEHENDE ÖFFENTLICHKEIT

H. S. BRUNNERT/V. V. HAGELSTROM, Present Day Political Organization of China, Shanghai 1912.

J. CHANG, Empress Dowager Cixi: The Concubine who Launched Modern China, New York 2013.

P. A. COHEN, Between Tradition and Modernity: Wang T'ao and Reform in Late Ch'ing China, Cambridge, Mass. 1974.

P. A. COHEN/JOHN E. SCHRECKER (Hg.), Reform in Nineteenth-Century China, Cambridge, Mass. 1976.

A. JANKU, Nur leere Reden. Politischer Diskurs und die Shanghaier Presse im China des späten 19. Jahrhunderts, Wiesbaden 2003.

T. L. KENNEDY, The Arms of Kiangnan: Modernization in the Chinese Ordnance Industry, 1869–1895, Boulder, Col. 1978.

J. K. LEONARD, Controlling from Afar: The Daoguang Emperor's Management of the Grand Canal Crisis, 1824–26, Ann Arbor 1996.

MA XIAOQUAN, Local Self-Government, Citizenship Consciousness and the Political Participation of the New Gentry-Merchants in Late Qing, in: [JOSHUA FOGEL/PETER ZARRAW in: 8.1, 183–211].

MIN TU-KI, National Polity and Local Power: The Transformation of Late Imperial China, Cambridge, Mass. 1989.

J. K. OCKO, Bureaucratic Reform in Provincial China: Ting Jih-ch'ang in Restauration Kiangsu, 1867–1870, Cambridge, Mass. 1983.

L. POMERANTZ-ZHANG, Wu Tingfang (1842–1922). Reform and Modernization in Modern Chinese History, Hongkong 1992.

D. PONG, Shen Pao-chen and China's Modernization in the Nineteenth Century, Cambridge 1994.

M. B. RANKIN, Elite Activism and Political Transformation in China, Zhejiang Province, 1865–1911, Stanford 1986.

J. M. RUDOLPH, Negotiated Power in Late Imperial China: The Zongli Yamen and the Politics of Reform, Ithaca, CO 2008.

N. VITTINGHOFF, Die Anfänge des Journalismus in China (1860–1911), Wiesbaden 2002.

R. G. WAGNER, The Early Chinese Newspapers and the Chinese Public Sphere, in: EJEAS 1 (2001), S. 1–33.

M. C. WRIGHT, The Last Stand of Chinese Conservatism: The T'ung-Chih Restoration, 1862–1874, Stanford 1957.

WU GUO, Zheng Guanying: Merchant Reformer in Late Qing China and his influence on Economics, Politics and Society, Amherst, NY 2010.

XIA DONGYUAN, Yangwu yundong shi (Geschichte der Selbststärkungsbewegung), Shanghai 1992.

P. ZARROW, Anti-Despotism and „Rights Talk": The Intellectual Origins of Modern Human Rights Thinking in the Late Qing, in: MC 34: 2 (2008), S. 179–209.

8. VON 1895 BIS 1949

8.1 ALLGEMEINES

S. C. AVERILL, The Transition from Urban to Rural in the Chinese Revolution, in: The China Journal 48 (2002), S. 87–121.

P. BAILEY, Reform the People: Changing Attitudes towards Popular Education in Twentieth-Century China, Edinburgh 1990.

M.-C. BERGÈRE, u.a.(Hg.), La Chine au XXe siècle, Bd. 1: D'une révolution à l'autre, Paris 1989.

M.-C. BERGÈRE, Sun Yat-sen, Paris 1994.

L. BIANCO, Les origines de la révolution chinoise 1915–1949, Paris [3]1997.

C. M. BIGGS, The United States Marines in North China, 1894–1942, Jefferson, NC 2003.

P. BILLINGSLEY, Bandits in Republican China, Stanford 1988.

L. BRANDT, Commercialization and Agricultural Development: Central and Eastern China, 1870–1937, Cambridge/New York 1989.

A.-M. BRADY/D. BROWN (Hg.), Foreigners and Foreign Institutions in Republican China, New York 2013.

J. CH'EN, The Highlanders of Central China: A History, 1895–1937, Armonk, NY/London 1992.

KEY RAY CHONG, Sun Yat-Sen and the West: Western Influence on his Life and Thought, Lewiston, NY 2010.

P. A. COHEN, Remembering and Forgetting National Humiliation, in: TCC 27 (2002), S. 1–40.

DERS., Reflections on a Watershed Date: The 1949 Divide in Chinese History, in: [WASSERSTROM in 8.1, 27–36].

T. D. CURRAN, Educational Reform in Republican China: The Failure of Educators to create a Modern Nation, Lewiston, NJ 2005.

F. DIKÖTTER, The Age of Openess: China before Mao, Berkeley, CA 2008.

E. L. DREYER, China at War, 1901–1949, London/New York 1995.

P. DUARA, Culture, Power, and the State: Rural North China, 1900–1942, Stanford 1988.

DERS., Transnationalism and the Predicament of Souvereignty: China, 1900–1945, in: AHR 102 (1997), S. 1030–1051.

B. A. ELLEMAN/S. KOTKIN (Hg.), Manchurian Railways and the Chinese Revolution, Armonk, NY 2010.

J. K. FAIRBANK/D. C. TWITCHETT (Hg.), The Cambridge History of China. Bd. 12: Republican China, 1912–1949, Teil I, Cambridge 1983.

J. K. FAIRBANK/A. FEUERWERKER (Hg.), The Cambridge History of China. Bd. 13: Republican China, 1912–1949, Teil 2, Cambridge 1986.

J. A. FOGEL/P. G. ZARROW (Hg.), Imagining the People: Chinese Intellectuals and the Concept of Citizenship 1890–1920, Armonk, NY/London 1997.

C. FURTH (Hg.), The Limits of Change: Essays on Conservative Alternatives in Republican China, Cambridge, Mass. 1976.

K. GERTH, China Made: Consumer Culture and the Creation of the Nation, Cambridge, Mass. 2003.

D. B. GORDON, Sun Yatsen: Seeking a Newer China, Upper Saddle River, NJ 2008.

J. GUILLERMAZ, Histoire du parti communiste chinois (1921–1949), Paris 1968.

H. HARRISON, China, London 2001.

J. P. HARRISON, The Long March to Power: A History of the Chinese Communist Party 1921–72, New York 1972 (gekürzte dt. Übers.: Stuttgart 1978).

K. HARTFORD/S. M. GOLDSTEIN (Hg.), Single Sparks: China's Rural Revolutions, Armonk, NY/London 1989.

C. HENRIOT/WEN-HSIN YEH (Hg.), Visualising China, 1845–1965: Moving and still Images in Historical Narratives, Leiden 2013.

HUNG CHANG-TAI, Going to the People: Chinese Intellectuals and Folk Literature, 1918–1937, Cambridge, Mass. 1985.

T. HUTERS, Bringing the World Home: Appropriating the West in Late Qing and Early Republican China, Honolulu 2005.

R. B. JEANS (Hg.), Roads Not Taken: The Struggle of Opposition Parties in Twentieth-Century China, Boulder u.a. 1992.

T. KAMPEN, Die Führung der KP Chinas und der Aufstieg Mao Zedongs (1931–1945), Berlin 1998.

P. A. KUHN, Local Self-Government under the Republic: Problems of Control, Autonomy, and Mobilization, in: FREDERIC WAKEMAN/CAROLYN GRANT (Hg.), Conflict and Control in Late Imperial China, Berkeley u.a. 1975, S. 257–298.

D. LARY, Violence, Fear and Insecurity: The Mood of Republican China, in: RC 10 (1985), S. 55–63.

D. LARY, China's Republic. New Approaches to Asian History, Cambridge/New York 2007.

J. LEIBOLD, Reconfiguring Chinese Nationalism: How the Qing Frontier and Its Indigenes became Chinese, New York 2007.

LI XIAOXIONG, Poppies and Politics in China: Sichuan Province, 1840s to 1940s, Newark, DL 2009.

W. LIPPERT, Entstehung und Entwicklung einiger chinesischer marxistischer Termini. Der lexikalisch-begriffliche Aspekt der Rezeption des Marxismus in Japan und China, Wiesbaden 1979.

LIU XIAOYUAN, Frontier Passages: Ethnopolitics and the Rise of Chinese Communism, 1921–1945, Washington, DC 2004.

J. G. LUTZ (Hg.), Pioneer Chinese Christian Women: Gender, Christianity, and Social Mobility, Bethelem 2010.

C. MACKERRAS, China in Transformation 1900–1949, Harlow/New York ²2008.

D. J. MEISSNER, Chinese Capitalists versus the American Flour Industry, 1890–1910, Profit and Patriotism in International Trade, Lewiston, NY 2005.

R. MITTER, A Bitter Revolution: China's Struggle with the Modern World, Oxford 2004.

A. G. A. M. NOORANI, India-China Boundary Problem, 1846–1947: History and Diplomacy, New Delhi/New York 2011.

J. OSTERHAMMEL, Shanghai, 30. Mai 1925: Die Chinesische Revolution, München 1997.

H. PAKULA, The Last Empress: Madame Chiang Kai-Shek and the Birth of Modern China, New York 2009.

S. PEPPER, Radicalism and Education Reform in Twentieth-Century China: the Search for an Ideal Development Model, Cambridge 1996.

E. J. PERRY, Shanghai on Strike: The Politics of Chinese Labor, Stanford 1993.

C. A. REED, Gutenberg in Shanghai: Chinese Print Capitalism, 1876–1937, Vancouver 2004.

J. L. SAARI, Legacies of Childhood: Growing up Chinese in a Time of Crisis, 1890–1920, Cambridge, Mass. 1990.

T. SAICH/H. J. VAN DE VEN (Hg.), New Perspectives on the Chinese Communist Revolution, Armonk, NY/London 1995.

R. A. SCALAPINO,/G. T. YU, Modern China and Its Revolutionary Process: Recurrent Challenges to the Traditional Order, 1850–1920, Berkeley u. a. 1985.

R. K. SCHOPPA, Revolution and Its Past: Identities and Change in Modern Chinese History, Second Edition, Upper Saddle River, NJ 2006.

J. E. SHERIDAN, China in Disintegration: The Republican Era in Chinese History, 1912–1949, New York 1975.

M. I. SLADKOVSKIJ, History of Economic Relations between Russia and China: From Modernization to Maoism, New Brunswick, NJ 2007.

J. D. SPENCE, Das Tor des Himmlischen Friedens. Die Chinesen und ihre Revolution 1895–1980, München 1985.

J. C. STRAUSS, The Evolution of Republican Government, in: CQ 150 (1997), S. 329–351.

L. R. SULLIVAN, Leadership and Authority in China, 1895–1976, Lanham, MD 2012.

J. TAYLOR, The Generalissmo's Son: Chiang Ching-kuo and the Revolutions in China and Taiwan, Cambridge, Mass. 2000.

DERS., The Generalissimo: Chiang Kai-shek and the Struggle for modern China, Cambridge, Mass. 2009.

R. TERRILL, Mao: A Biography, Stanford [2]1999.

TONG LAM, A Passion for Facts: Social Surveys and the Construction of the Chinese Nation-State, 1900–1949, Berkeley/Los Angeles/London 2011.

A. TOPPING, China Mission: A Personal History from the Last Imperial Dynasty to the People's Republic, Baton Rouge, LA 2013.

TSAI WEIPIN, Reading Shenbao: Nationalism, Consumerism, and Individuality I China, 1919–37, New York 2010.

W. L. TUNG, The Political Institutions of Modern China, Den Haag 1968.

H. J. VAN DE VEN, War and Nationalism in China: 1925–1945, London/New York 2003.

J. N. WASSERSTROM (Hg.), Twentieth Century China: New Approaches, London/New York 2003.

DERS., Student Protests in Twentieth-Century China: The View from Shanghai, Stanford 1991.

C. M. WILBUR, Sun Yat-sen: Frustrated Patriot, New York 1976.

B. WOMACK, The Foundations of Mao Zedong's Political Thought, 1917–1935, Honululu 1982.

YUAN XUCHENG u.a., Zhonghua minguo zhengzhi zhidu shi (History of the Political System of the Chinese Republic), Wuhan 1991.

M. ZANASI, Saving the Nation: Economic Modernity in Republican China, Chicago 2006.

P. G. ZARROW, China in War and Revolution, 1895–1949, New York 2005.

DERS., Creating Chinese Modernity: Knowledge and Everyday Life, 1900–1940, New York 2006.

DERS., After Empire: The Conceptional Transformation of the Chinese State, 1885–1924, Stanford, CA 2012.

ZHANG WEI-BIN, The Rise and Fall of China's Last Dynasty: The Deepening of the Chinese Servility, New York 2011.

ZHAO GANG, Reinventing China: Imperial Qing ldeology and the Rise of Modern Chinese National Identity in the Early Twentieth Century, in: MC 32.1 (2006), S. 3–30.

ZHAO SHUISHENG, Power by Design: Constitution-Making in Nationalist China, Honolulu 1996.

ZHENG DAHUA/ZOU XIAOZHAN (Hg.), Zhongguo jindaishi shang de minzu zhuyi/Nationalism in Modern China, Beijing 2007.

ZHOU YONGMING, Anti-Drug Crusades in Twentieth-Century China: Nationalism, History, and State Building, Lanham u.a. 1999.

8.2 CHINAS STÜRMISCHE JAHRHUNDERTWENDE (1895–1905)

B. BARTH, Die deutsche Hochfinanz und die Imperialismen: Banken und Außenpolitik von 1914, Stuttgart 1995.

R. BICKERS/R. G. TIEDEMANN (Hg.), The Boxers, China, and the World, Lanham, MD 2007.

D. BRÖTEL, Frankreich im Fernen Osten. Imperialistische Expansion und Aspiration in Siam und Malaya, Laos und China, 1880–1914, Stuttgart 1996.

CHANG HAO, Liang Ch'i-ch'ao and Intellectual Transition in China, 1890–1907, Cambridge, Mass. 1971.

P. A. COHEN, History in Three Keys: The Boxers as Event, Experience, and Myth, New York 1997.

S. DABRINGHAUS, Der Boxeraufstand in China (1900/1901): Die Militarisierung eines kulturellen Konflikts, in: E.-M. AUCH/S. FÖRSTER (Hg.), „Barbaren" und „Weiße Teufel", Paderborn, 1997, S. 123–144.

J. W. ESHERICK, The Origins of the Boxer Uprising, Berkeley u.a. 1987.

GAO WANG, Wan Qing Zhongguo de zhengzhi zhuanxing: yi Qingmo xianzheng gaige wei zhongxin [Der politische Wandel im China der späten Qing-Zeit: mit den konstitutionellen Reformen am Ende der Qing-Zeit als Mittelpunkt], Beijing 2003.

P. HARRELL, Sowing the Seeds of Change: Chinese Students, Japanese Teachers, 1895–1905, Stanford 1992.

HSIAO KUNG-CHUAN, A Modern China and a New World: K'ang Yu-wei, Reformer and Utopian, 1858–1927, Seattle/London 1975.

HUANG FU-TEH, Qingdao: Chinesen unter deutscher Herrschaft 1897–1914, Bochum 1999.

R. E. KARL/P. ZARROW (Hg.), Rethinking the 1898 Reform Period: Political and Cultural Change in Late Qing China, Cambridge 2002.

KIM CHUN-SHIK, Deutscher Kulturimperialismus in China: Deutsches Kolonialschulwesen in Kiautschou (China), 1898–1914, Stuttgart 2004.

KONG XIANGJI, Wuxu weixin yundong xintan (Neue Untersuchungen über die Reformbewegung von 1898), Changsha 1988.

L. S. K. KWONG, A Mosaic of the Hundred Days: Personalities, Politics, and Ideas of 1898, Cambridge, Mass. 1984.

DERS., T'an Ssu-t'ung, 1865–1898. The Life and Thought of a Reformer, Leiden u.a. 1996.

R. LEE, France and the Exploitation of China, 1885–1901: A Study in Economic Imperialism, Hongkong 1989.

LU YAO, Yihetuan yundong qiyuan tansuo (Untersuchungen zu den Ursprüngen der Yihetuan-Bewegung), Jinan 1990.

K. MÜHLHAHN, Herrschaft und Widerstand in der „Musterkolonie" Kiautschou. Interaktionen zwischen China und Deutschland 1897–1914, München 2000.

S. C. M. PAINE, The Sino-Japanese War of 1894–1895: Perceptions, Power, and Primacy, Cambridge 2003.

N. P. PETERSSON, Imperialismus und Modernisierung. Siam, China und die europäischen Mächte 1895–1914, München 2000.

D. C. PRICE, Russia and the Roots of the Chinese Revolution, 1896–1911, Cambridge, Mass. 1974.

U. RATENHOF, Die Chinapolitik des Deutschen Reiches, 1871–1945. Wirtschaft, Rüstung, Militär, Boppard 1987.

K. SHIMADA, Pioneer of the Chinese Revolution: Zhang Binglin and Confucianism, Transl. by Joshua A. Fogel, Stanford 1990.

D. SILBEY, The Boxer Rebellion and the Great Game in China, New York 2012.

L. C. THOMPSON, William Scott Ament and the Boxer Rebellion: Heroism, Hubris and the „Ideal Missionary", Jefferson, NC 2009.

R. G. WAGNER (Hg.), Joining the Global Public: World, Image, and City in Early Chinese Newspapers, 1870–1910, Albany, NY 2007.

WANG SHUHUAI, Gengzi peikuan [Die Boxer-Entschädigung], Taibei 1974.

J. Y. WONG, The Origins of an Heroic Image: Sun Yatsen in London, 1896–1897, Hongkong 1986.

WONG YOUNG-TSU, Search for Nationalism: Zhang Binglin and Revolutionary China, 1869–1936, Hongkong 1989.

XIA XIUQUAN, Lixian sichao yu Qingmo fazhi gaige [Die konstitutionelle Strömung und die Reformen des Rechtssystems in der späten Qing-Zeit], Beijing 2003.

XIANG LANXIN, The Origins of the Boxer War: A Multinational Study, London/New York 2003.

U. M. ZACHMANN, China and Japan in the Late Meiji Period: China Policy and the Japanese Discourse on National Identity, 1895–1904, New York 2009.

8.3 Reform und antidynastischer Umsturz (1905–1912)

D. H. Bays, China Enters the Twentieth Century: Chang Chih-tung and the Issues of a New Age, 1895–1909, Ann Arbor 1978.

J. W. Esherick/C. X. G. Wei (Hg.), China: How the Empire Fell, New York 2013.

Enatsu Yoshiki, Banner Legacy: The Rise of the Fengtian Local Elite at the End of the Qing, Ann Arbor, MI 2004.

S. Eto/H. Z. Schiffrin (Hg.), The 1911 Revolution in China: Interpretative Essays, Tokio 1984.

W. Franke, The Reform and Abolition of the Traditional Chinese Examination System, Cambridge, Mass. ^{2}1963.

M. Gasster, Chinese Intellectuals and the Revolution of 1911: The Birth of Modern Chinese Radicalism, Seattle/London 1969.

M. Godley, The End of the Queue: Hair as Symbol in Chinese History, in: EAH 8 (1994), S. 53–72.

Hon, Tze-ki, Revolution as Restoration: Guocui xuebao and China's Path to Modernity, 1905–1911, Leiden 2013.

Hsueh Chun-tu, Huang Hsing and the Chinese Revolution, Stanford 1961.

J. Judge, Print and Politics: „Shibao" and the Culture of Reform in Late Qing China, Stanford 1996.

R. E. Karl, Staging the World: Chinese Nationalism at the Turn of the Twentieth Century, Durham, NC/London 2002.

Lee En-han, China's Quest for Railway Autonomy, 1904–1911: A Study of the Chinese Railway-Rights Recovery Movement, Singapur 1977.

Liu Heung Shing, China in Revolution: The Road to 1911, Hong Kong 2011.

Liu Liyan, Red Genesis: The Hunan Normal School and the Creation of Chinese Communism, 1903–1921, Albany, NY 2012.

Lu Bowei, The Revolution of 1911: Turning Point in Modern Chinese History, Beijing 2012.

S. R. MacKinnon, Power and Politics in Late Imperial China: Yuan Shikai in Beijing and Tianjin, 1901–1908, Berkeley u.a. 1980.

V. Murthy, The Political Philosophy of Zhang Taiyan: The Resistance of Consciousness, Leiden/Boston 2011.

M. B. Rankin, Early Chinese Revolutionaries: Radical Intellectuals in Shanghai and Chekiang, 1902–1911, Cambridge, Mass. 1971.

D. R. Reynolds, China, 1898–1912: The Xinzheng Revolution and Japan, Cambridge, Mass. 1993.

E. M. RHOADS, China's Republic Revolution: The Case of Kwangtung, 1895–1913, Cambridge, Mass. 1975.

R. K. SCHOPPA, Chinese Elites and Political Change: Zhejiang Province in the Early Twentieth Century, Cambridge, Mass. 1982.

T. SPURNY, Die Plünderung von Kulturgütern in Peking 1900–1901, Berlin 2008.

WANG GUANHUA, In Search of Justice: The 1905–1906 Chinese Anti-American Boycott, Cambridge, Mass. 1982.

WONG SIN KIONG, China's anti-American Boycott Movement in 1905: A Study in Urban Protest, New York 2002.

M. C. WRIGHT (Hg.), China in Revolution: The First Phase, New Haven/London 1968.

X. XIAO-PLANES, Education et politique en Chine: Le rôle des élites du Jiangsu, 1905–1914, Paris 2001.

8.4 Die Regime der frühen Republik (1912–1928/37)

A. B. CHAN, Arming the Chinese: The Western Armaments Trade in Warlord China, 1920–1928, Second Edition, Vancouver 2010.

J. CH'EN, Yuan Shih-k'ai, 1859–1916: Brutus Assumes the Purple, London 1961.

DERS., The Military-Gentry Coalition: China under the Warlords, Toronto 1979.

CH'I HSI-SHENG, Warlord Politics in China, 1916–1928, Stanford 1976.

D. G. GILLIN, Warlord: Yen Hsi-shan in Shansi Province, 1911–1949, Princeton 1967.

H. HARRISON, The Making of the Republican Citizen: Political Ceremonies and Symbols in China, 1911–1929, Oxford 2000.

D. LARY, Region and Nation: The Kwangsi Clique in Chinese Politics, 1925–1937, Cambridge 1974.

DIES., Warlord Studies, in: MC 6 (1980), S. 439–470.

DIES., Warlord Soldiers: Chinese Common Soldiers, Cambridge 1985.

E. A. MCCORD, The Power of the Gun: The Emergence of Modern Chinese Warlordism, Berkeley u.a. 1993.

DERS., Burn, Kill, Rape, and Rob: Military Atrocities, Warlordism, and Anti-Warlordism in Republican China, in: [3.2.1: LARY/MACKINNON, 18–47].

R. SULESKI, Civil Government in Warlord China: Tradition, Modernization and Manchuria, Bern/New York 2002.

A. Waldron, The Warlord: Twentieth-Century Chinese Understandings of Violence, Militarism, and Imperialism, in: AHR 96 (1991), S. 1073–1100.

Ders., From War to Nationalism: China's Turning Point, 1924–1925, Cambridge, Mass. 1995.

E. P. Young, The Presidency of Yuan Shih-k'ai: Liberalism and Dictatorship in Early Republican China, Ann Arbor 1977.

8.5 Kulturelle und politische Revolution 1915 bis 1927

S. C. Averill, Revolution in the Highlands: China's Jinggangshan Base Area, Lanham, MD 2006.

R. Bickers,/J. N. Wasserstrom, Shanghai's „Chinese and Dogs Not Admitted Sign": History, legend and contemporary symbol, in: CQ 142 (1995), S. 444–466.

Chen Xiaoming, From the May Fourth Movement to Communist Revolution: Guo Moruo and the Chinese Path to Communism, Albany, NY 2007.

J. Chesneaux, The Chinese Labor Movement, 1919–1927, Stanford 1968.

Chow Tse-tsung, The May Fourth Movement: Intellectual Revolution in Modern China, Cambridge, Mass. 1960.

N. R. Clifford, Spoilt Children of Empire: Westerners in Shanghai and the Chinese Revolution of the 1920s, Hanover/London 1991.

A. Dirlik, The Origins of Chinese Communism, New York/Oxford 1989.

Ders., Anarchism in the Chinese Revolution, Berkeley u.a. 1991.

M. Doleželová-Velingerová/O. Král (Hg.), The Appropriation of Cultural Capital: China's May Fourth Project, Cambridge, Mass. 2001.

B. A. Elleman, Moscow and the Emergence of Communist Power in China, 1925–30: The Nanchang Uprising and the Birth of the Red Army, New York 2009.

W. Franke, Chinas kulturelle Revolution. Die Bewegung vom 4. Mai 1919, München 1957.

F. Galbiati, P'eng P'ai and the Hai-Lu-Feng Soviet, Stanford 1985.

C. K. Gilmartin, Engendering the Chinese Revolution: Radical Women, Communist Politics, and Mass Movements in the 1920s, Berkeley u.a. 1995.

D. Heinzig, Sowjetische Militärberater bei der Kuomintang, 1923–1927, Baden-Baden 1978.

H. R. Isaacs, The Tragedy of the Chinese Revolution, 2. Aufl., Stanford 1961.

Y. Ishikawa/J. A. Fogel, The Formation of the Chinese Communist Party, New York 2013.

D. Y. K. KWAN, Marxist Intellectuals and the Chinese Labor Movement: A Study of Deng Zhongxia (1894–1933), Seattle/London 1997.

M. LEUTNER u.a. (Hg.), The Chinese Revolution in the 1920s: Between Triumph and Disaster, London/New York 2002.

M. A. LEVINE, The Found Generation: Chinese Communists in Europe During the Twenties, Seattle/London 1993.

LIN YÜ-SHENG, The Crisis of Chinese Consciousness: Radical Antitraditionalism in the May Fourth Era, Madison, Wisc. 1979.

LÜ FANGSHANG, Cong xuesheng yundong dao yundong xuesheng, 1919–1929 [From Student Movements to Mobilizing Students in China, 1919–1929], Taibei 1994.

M. Y. L. LUK, The Origins of Chinese Bolshevism: An Ideology in the Making, 1920–1928, Oxford 1990.

A. W. MCDONALD, JR., The Urban Origins of Rural Revolution: Elites and the Masses in Hunan Province, China, 1911–1927, Berkeley u.a. 1978.

M. MEISNER, Li Ta-chao and the Origins of Chinese Marxism, Cambridge, Mass. 1967.

M. G. MURDOCK, Disarming the Allies of Imperialism: Agitation, Manipulation, and the State during China's Nationalist Revolution, 1922–1929, Ithaca, NY 2006.

A. PANTSOV, The Bolsheviks and the Chinese Revolution, 1919–1927, Honolulu, HA 2000.

V. SCHWARCZ, The Chinese Enlightenment: Intellectuals and the Legacy of the May Fourth Movement of 1919, Berkeley u.a. 1986.

DIES., Time for Telling Truth is Running Out: Conversations with Zhang Shenfu, New Haven/London 1992.

S. A. SMITH, A Road is Made: Communism in Shanghai, 1920–1927, Richmond 2000.

H. J. VAN DE VEN, From Friend to Comrade: The Founding of the Chinese Communist Party, 1920–1927, Berkeley u.a. 1991.

WANG ZHENG, Women in the Chinese Enlightenment. Oral and Textual Histories, Berkeley u.a. 1999.

C. M. WILBUR/J. LIEN-YING HOW, Missionaries of Revolution: Soviet Advisers and Nationalist China, 1920–1927, Cambridge, Mass. 1989.

YEH WEN-HSIN, Provincial Passages: Culture, Space, and the Origins of Chinese Communism, Berkeley u.a. 1996.

P. ZARROW, Anarchism and Chinese Political Culture, New York 1990.

8.6 Modernisierung und Bürgerkrieg: das Nanjing-Jahrzehnt (1927–1937)

G. Benton, Mountain Fires: The Red Army's Three-Year War in South China, 1934–1938, Berkeley u.a. 1992.

Ders., China's Urban Revolutionaries: Explorations in the History of Chinese Trotskyism, 1921–52, Atlantic Highlands, NJ 1996.

K. Birk, Die ländliche Aufbaubewegung in China 1926–1948. Eine entwicklungspolitische Alternative zur städtischen Industrialisierung, Bochum 1998.

Chung Dooeum, Elitist Fascism: Chiang Kaishek's Blueshirts in 1930s China, Aldershot 2000.

P. M. Coble, The Shanghai Capitalists and the Nationalist Government, 1927–1937, Cambridge, Mass. 1980.

J. Domes, Vertagte Revolution. Die Politik der Kuomintang in China, 1923–1937, Berlin 1969.

L. E. Eastman, The Abortive Revolution: China under Nationalist Rule, 1927–1937, Cambridge, Mass. 1974.

E. S. K. Fung, In Search of Chinese Democracy: Civil Opposition in Nationalist China, 1929–1949, Cambridge 2000.

W. C. Kirby, Engineering China: Birth of the Developmental State, 1928–1937, in: [Yeh Wen-hsin in 3.2.1: 137–160].

N. Knight, Marxist Philosophy in China: From Qu Qiubai to Mao Zedong, 1923–1945, Dordrecht 2005.

S. Kuss, Der Völkerbund und China: Technische Kooperation und deutsche Berater, 1928–34, Münster 2005.

Z. Lipkin, Useless to the State: „Social Problems" and Social Engineering in Nationalist Nanjing, 1927–1937, Cambridge, Mass. 2006.

B. Martin (Hg.), Die deutsche Beraterschaft in China 1927–1938. Militär-Wirtschaft-Außenpolitik, Düsseldorf 1981.

D. A. Pietz, Engineering the State: The Huai River and Reconstruction in Nationalist China, 1927–1937, New York/London 2002.

J. Polachek, The Moral Economy of the Kiangsi Soviet (1928–1934), in: JAS 42 (1982/83), S. 805–830.

A. Roux, Le Shanghai ouvrier des années trente. Coolies, Gangsters et syndicalistes, Paris 1993.

A. Roux, Grèves et politique à Shanghai: Les désillusions (1927–1932), Paris 1995.

N. Spakowski, Mit Mut an die Front: Die militärische Beteiligung von Frauen in der kommunistischen Revolution Chinas (1925–1949), Köln 2009.

P. Stranahan, Underground: the Shanghai Communist Party and the politics of survival, 1927–1937, Lanham u.a. 1998.

J. C. STRAUSS, Strong Institutions in Weak Polities: State Building in Republican China, 1927–1940, Oxford 1998.

SUN SHUYUN, The Long March: The True History of the Communist China's Founding Myth, New York 2006.

TIEN HUNG-MAO, Government and Politics in Kuomintang China, 1927–1937, Stanford 1972.

F. WAKEMAN, Policing Shanghai 1927–1937, Berkeley u.a. 1995.

DERS., A Revisionist View of the Nanjing Decade: Confucian Fascism, in: CQ 150 (1997), S. 395–432.

DERS., Spymaster: Dai Li and the Chinese Secret Service, Berkeley u.a. 2003.

W. WEI, Counterrevolution in China: The Nationalists in Jiangxi during the Soviet Period, Ann Arbor 1985.

A. N. YOUNG, China's Nation-Building Effort, 1927–1937: The Financial and Economic Record, Stanford 1971.

H. P. YOUNG, Choosing Revolution. Chinese Women Soldiers on the Long March, Urbana, Ill. 2001.

8.7 Internationale Beziehungen und japanische Kontinentalexpansion (1905–1937)

R. C. ANDREWS, The New Conquest of Central Asia: A Narrative of the Explorations of the Central Asiatic Expeditions in Mongolia and China, 1921–1930, Mansfield Centre, CT 2007.

P. ATWELL, British Mandarins and Chinese Reformers: The British Administration of Weihaiwei (1898–1930) and the Territory's Return to Chinese Rule, Hongkong 1985.

R. BICKERS, Britain in China: Community, Culture and Colonialism 1900–1949, Manchester 1999.

D. BORG, American Policy and the Chinese Revolution, 1925–1928, New York 1947.

B. R. CHIASSON, Administering the Colonizer: Manchuria's Russians under Chinese Rule, 1918–29, Vancouver 2010.

P. M. COBLE, Facing Japan: Chinese Politics and Japanese Imperialism, 1931 to 1937, Cambridge, Mass 1991.

M. DRYBURGH, North China and Japanese Expansion, 1933–1937: Regional Power and the National Interest, Richmond 2000.

P. DUARA, Sovereignty and Authenticity: Manchukuo and the East Asian Modern, Lanham u.a. 2003.

P. DUUS u.a. (Hg.), The Japanese Informal Empire in China, 1895–1937, Princeton 1989.

P. Duus, The Abacus and the Sword: The Japanese Penetration of Korea, 1895–1910, Berkeley u.a. 1995.

P. Duus u.a. (Hg.), The Japanese Wartime Empire, 1931–1945, Princeton 1996.

B. A. Elleman, Wilson and China: A Revised History of the Shandong Question, Armonk, NY/London 2002.

E. S. K. Fung, The Diplomacy of Imperial Retreat: Britain's Southern China Policy, 1924–1931, Hongkong 1991.

B. Goodman/D. S. G. Goodman (Hg.), Twentieth-Century Colonialism and China: Localities, the Everday and the World, New York 2012.

Akira Iriye, After Imperialism The Search for a New Order in the East, 1921–1931, Cambridge, Mass. 1965.

J. Jennings, The Opium Empire: Japanese Imperialism and Drug Trafficking in Asia, 1895–1945, Westport, Conn. 1997.

D. A. Jordan, China's Trial by Fire: The Shanghai War of 1932, Ann Arbor 2001.

R. E. Karl, Creating Asia. China in the World at the Beginning of the Twentieth Century, in: AHR 103 (1998), S. 1096–1118.

W. C. Kirby, Germany and Republican China, Stanford 1984.

Ders., The Internationalization of China: Foreign Relations At Home and Abroad in the Republican Era, in: CQ 150 (1997), S. 433–458.

V. Kunnemann/R. Mayer (Hg), Trans-Pacific Interactions: The United States and China, 1880–1950, New York 2009.

K. W. Larsen, Tradition, Treaties, and Trade: Qing Imperialism and Choson Korea, 1850–1910, Cambridge, MA 2008.

Li Enhan, Beifa qianhou de „geming waijiao“ (1925–1931) [Die „revolutionäre Diplomatie“ zur Zeit des Nordfeldzuges], Taibei 1993.

Y. T. Matsusaka, The Making of Japanese Manchuria, 1904–1932, Cambridge, Mass. 2001.

R. Mitter, The Manchurian Myth: Nationalism, Resistance, and Collaboration in Modern China, Berkeley u.a. 2000.

Ders., Evil Empire? Competive Constructions of Japanese Imperialism in Manchuria, 1928–1937, in: L. L. Narangoa/R. Cribb (Hg.), Imperial Japan and National Identities in Asia, 1895–1945, London/New York 2003, S. 146–168.

R. H. Myers/M. R. Peattie (Hg.), The Japanese Colonial Empire, 1895–1945, Princeton 1984.

Niu Jun, Form Yan'an to the World: The Origins and Development of Chinese Communist Foreign Policy, Norwalk 2004.

J. Osterhammel, Britischer Imperialismus im Fernen Osten. Strukturen der Durchdringung und einheimischer Widerstand auf dem chinesischen Markt 1932–1937, Bochum 1983.

Ders., China 1842–1914, in: W. R. Louis (Hg.), The Oxford History of the British Empire, Bd. 4, Oxford 1999, S. 643–666.

R. K. I. Quested, „Matey Imperialists?“ The Tsarist Russians in Manchuria 1895–1917, Hongkong 1982.

R. K. Schoppa, In A Sea of Bitterness, Cambridge, MA 2011.

S. A. Smith, Imperial Designs: Italians in China, 1900–1947, Madison, NJ 2012.

C. G. S. Tan, British Rule in China: Law and Justice in Weihaiwei 1898–1930, London 2008.

Teow See Heng, Japan's Cultural Policy toward China, 1918–1931, Cambridge, Mass. 1999.

C. Thorne, The Limits of Foreign Policy: The West, the League and the Far Eastern Crisis of 1931–33, London 1972.

S. Urbansky, Kolonialer Wettstreit: Russland, China, Japan und die Ostchinesische Eisenbahn, Frankfurt a.M. 2008.

W. O. Walker III, Opium and Foreign Policy: The Anglo-American Search for Order in Asia, 1912–1954, Chapel Hill, NC. 1991.

D. Wolff, To the Harbin Station. The Liberal Alternative in Russian Manchuria, 1898–1914, Stanford 1999.

Xu Guoqi, China and the Great War: China's Pursuit of a New National Identity and Internationalization, New York 2005.

Ders., Strangers on the Western Front: Chinese Workers in the Great War, Cambridge, Mass. 2011.

L. Young, Japan's Total Empire: Manchuria and the Culture of Wartime Imperialism, Berkeley u.a. 1998.

Zhang Yongjin, China in the International System, 1918–20: The Middle Kingdom at the Periphery, Basingstoke/Oxford 1991.

8.8 China im Zweiten Weltkrieg (1937–1945)

D. E. Apter/T. Saich, Revolutionary Discourse in Mao's Republic, Cambridge, Mass. 1994.

Bei Gao, Shanghai Sanctuary: Chinese and Japanese Policy toward European Jewish Refugees during World War II, Oxford/New York 2013.

I. Chang, Die Vergewaltigung von Nanjing: das Massaker in der chinesischen Hauptstadt am Vorabend des Zweiten Weltkriegs, Zürich 1999.

Chen Yung-fa, Making Revolution: The Communist Movement in Eastern and Central China, 1937–45, Berkeley u.a. 1986.

P. M. Coble, Chinese Capitalists in Japan's New Order: The Occupied Lower Yangzi, 1937–1945, Berkeley u.a. 2003.

Dai Jun, Xiaoshi de xueshucheng (Die untergegangene Gelehrtenstadt), Tianjin 2009.

Dai Qing, Wang Shiwei and „Wild Lilies": Rectification and Purges in the Chinese Communist Party 1942–1944, Armonk, NY/London 1994.

P. Duus (Hg.), The Japanese Wartime Empire, 1931–1945, Princeton 1996.

L. E. Eastman, Facets of an Ambivalent Relationship: Smuggling, Puppets, and Atrocities during the War, 1937–1945, in: A. Iriye (Hg.), The Chinese and the Japanese: Essays in Political and Cultural Interactions, Princeton 1980, S. 275–303.

Ders., Seeds of Destruction: Nationalist China in War and Revolution, 1937–1949, Stanford 1980.

J. W. Esherick, War and Revolution: Chinese Society during the 1940s, in: TCC 27 (2001), S. 1–38.

Feng Chongyi/D. S. G. Goodman (Hg.), North China at War: The Social Ecology of Revolution 1937–1945, Lanham u.a. 2000.

J. A. Fogel (Hg.), The Nanjing Massacre in History and Historiography, Berkeley u.a. 2000.

Fu Poshek, Passivity, Resistance, and Collaboration: Intellectual Choices in Occupied Shanghai, 1937–1945, Stanford 1993.

J. W. Garver, Chinese-Soviet Relations, 1937–1945: The Diplomacy of Chinese Nationalism, New York 1988.

D. Gatu, Village China at War: The Impact of Resistance to Japan, 1937–1945, Abingdon 2005.

D. S. G. Goodman, Social and Political Change in Revolutionary China: The Taihang Base Area in the War of Resistance to Japan, 1937–1945, Lanham u.a. 2000.

S. H. Harris, Factories of Death: Japanese Biological Warfare, 1932–45, and the American Cover-Up, rev. ed., New York 2002.

R. Heiferman, The Cairo Conference of 1943: Roosevelt, Churchill, Chiang Kai-shek, and Madam Chiang, Jefferson, N. C. 2011

C. Henriot/Yeh Wen-hsin (Hg.), In the Shadow of the Rising Sun: Shanghai under Japanese Occupation, Cambridge 2004.

S. Hochstadt, Exodus to Shanghai: Stories of Escape from the Third Reich, New York 2012.

J. H. Howard, Workers at War: Labor in China's Arsenals, 1937–1953, Stanford, CA 2004.

J. C. Hsiung/S. I. Levine (Hg.), China's Bitter Victory: The War with Japan, 1937–1945, Armonk, NY/London 1992.

N. Huang, Women, War, Domesticity: Shanghai Literature and Popular Culture of the 1940s, Leiden/Boston 2005.

Hung Chang-tai, War and Popular Culture. Resistance in Modern China, 1937–1945, Berkeley u.a. 1994.

M. H. Hunt, The Genesis of Chinese Communist Foreign Policy, New York 1996.

J. Israel, Lianda: A Chinese University in War and Revolution, Stanford 1999.

C. Johnson, Peasant Nationalism and Communist Power; The Emergence of Revolutionary China, 1937–1945, Stanford 1963.

P. S. Jowett, Soldiers of the White Sun: The Chinese Army at War, 1931–1949, Atglen, PA 2011.

Li Danke, Echoes of Chongqing: Women in Wartime, Urbana, IL 2010.

P. B. Keating, Two Revolutions: Village Reconstruction and the Cooperative Movement in Northern Shanxi, 1934–1945, Stanford 1997.

Dies., The Ecological Origins of the Yan'an Way, in: Australian Journal of Chinese Affairs 32 (1994), S. 123–153.

M. Kitamura, The Politics of Nanjing: An Impartial Investigation, Lanham, MD 2007.

D. Kranzler, Japanese, Nazis and Jews: The Jewish Refugee Community in Shanghai, 1938–1945, New York 1976.

D. Kuhn, Der Zweite Weltkrieg in China, Berlin 1999.

D. Lary, The Chinese People at War: Human Suffering and Social Transformation, 1937–1945, New York 2010.

Lee Chong-sik, Revolutionary Struggle in Manchuria: Chinese Communism and Soviet Interests, 1922–1945, Berkeley u.a. 1983.

D. Lary, The Chinese People at War: Human Suffering and Social Transformations, 1937–1945, Cambridge 2010.

L. Li, The Japanese Army in North China, 1937–1941: Problems of Political and Economic Control, Tokio 1975.

Lu Suping, A Mission under Duress: The Nanjing Massacre and Post-Massacre Social Conditions Documented by American Diplomats, Lanham, MD 2010.

R. Mitter, Forgotten Ally: China's World War II, 1937–1945, Boston 2013.

M. R. Peattie, The Battle for China: Essays on the Military History of the Sino-Japanese War of 1937–1945, Stanford, CA 2011.

P. Schram, Guerilla Economy: The Development of the Shensi-Kansu-Ninghsia Border Region, 1937–1945, Albany, N. Y. 1976.

SHUM KUI-KWONG, The Communists' Road to Power: The Anti-Japanese National United Front, 1935–1945, Hongkong 1988.

C. TAAKS, Federführung für die Nation ohne Vorbehalt? Deutsche Medien in China während der Zeit des Nationalsozialismus, Stuttgart 2009.

H. M. TANNER, The Battle for Manchuria and the Fate of China: Siping 1946, Bloomington, Ind. 2013.

C. THORNE, The Issue of War: States, Societies, and the Far Eastern Conflict of 1941–45, London 1985.

H. J. VAN DE VEN, War and Nationalism in China, 1925–1945, London/New York 2003.

B. T. WAKABAYASHI (Hg.), The Nanking Atrocity, 1937–38: Complicating the Picture, New York 2007.

F. WAKEMAN, The Shanghai Badlands: Wartime Terrorism and Urban Crime, 1937–1941, Cambridge 1996.

E. WICKERT (Hg.), John Rabe. Der gute Deutsche von Nanking, Stuttgart 1997.

O. Y. K. WOU, Mobilizing the Masses: Building Revolution in Henan, Stanford 1994.

R. WYLIE, The Emergence of Maoism: Mao Tse-tung, Ch'en Po-ta, and the Search for Chinese Theory, 1935–1945, Stanford 1980.

YANG DAQING, Convergence or Divergence? Recent Historical Writings on the Rape of Nanjing, in: AHR 104 (1999), S. 842–865.

YEH WEN-HSIN (Hg.), Wartime Shanghai, London/New York 1998.

YOSHIDA TAKASHI, The Making of the „Rape of Nanking": History and Memory in Japan, China and the United States, New York 2006.

YUE XUE, Buddhism, War, and Nationalism: Chinese Monks in the Struggle against Japanese Aggressions, 1931–1945, New York 2005.

ZHANG XIANWEN (Hg.), Zhongguo Kang Ri Zhanzheng shi (1931–1945) [Geschichte des chinesischen anti-japanischen Krieges], Nanjing 2001.

8.9 BÜRGERKRIEG UND KOMMUNISTISCHER SIEG (1945–1950)

L. M. CALKINS, China and the First Vietnam War, 1947–54, New York 2013.

A. E. CORNEBISE, The Shanghai Stars and Stripes: Witness to the Transition to Peace, 1945–1946, Jefferson, NC 2010.

F. DIKÖTTER, The Tragedy of Liberation: A History of the Chinese Revolution, New York 2013.

C. FITZGERALD, Fragmenting Modernism: Chinese Wartime Literature, Art and Film, 1937–1949, Leiden 2013.

D. Heinzig, Die Sowjetunion und das kommunistische China 1945–1950. Der beschwerliche Weg zum Bündnis, Baden-Baden 1998.

B. Hooper, China Stands Up: Ending the Western Presence, 1948–1950, Sydney 1986.

P.-W. Leung, Historical Dictionary of the Chinese Civil War, Lanham/Oxford [2]2013.

S. I. Levine, Anvil of Victory: The Communist Revolution in Manchuria, 1945–1948, New York 1987.

M. J. Lynch, The Chinese Civil War 1945–49, Oxford 2010.

S. Pepper, Civil War in China: The Political Struggle, 1945–1949, Berkeley u.a. 1978.

D. D. Wang, Under the Soviet Shadow: The Yining Incident: Ethnic Conflicts and International Rivalry in Xinjiang, 1944–1949, Hongkong 1999.

O. A. Westad, Cold War and Revolution: Soviet-American Rivalry and the Origins of the Chinese Civil War, 1944–1946, New York 1993.

Ders., Decisive Encounters: The Chinese Civil War, 1946–1950, Stanford 2003.

J. K. S. Yick, Making Urban Revolution in China: The CCP-GMD Struggle for Beiping-Tianjin, 1945–1949, Armonk, NY/London 1995.

Xiang Lanxin, Recasting the Imperial Far East: Britain and America in China, 1945–1950, Armonk, NY/London 1995.

8.10 Wirtschaft und Gesellschaft (allgemein)

I. Borowy (Hg.), Uneasy Encounters: The Politics of Medicine and Health in China, 1900–1937, Frankfurt a.M./New York 2009.

E. J. Christensen, In War and Famine: Missionaries in China's Honan Province in the 1940s, Montréal 2005.

S. G. Cochran, Big Business in China: Sino-Foreign Rivalry in the Cigarette Industry, 1890–1930, Cambridge, Mass. 1980.

Cong Xiaoping, Teacher's Schools and the Making of Modern Chinese Nation-State, 1897–1937, Vancouver 2007.

Ders., Encountering Chinese Networks: Western, Japanese, and Chinese Corporations in China, 1880–1937, Berkeley u.a. 2000.

F. Dikötter, Crime, Punishment and the Prison in Modern China, New York 2002.

S. L. Glosser, Chinese Visions of Family and State, 1915–1953, Berkeley u.a. 2003.

T. Gottschank/D. Lary, Swallows and Settlers: The Great Migration from North China to Manchuria, Ann Arbor 2000.

R. W. HUENEMANN, The Dragon and the Iron Horse: The Economics of Railroads in China, 1876–1937, Cambridge, Mass. 1984.

E. KÖLL, Cotton Mill to Business Empire: The Emergence of Regional Enterprises in Modern China, Cambridge, MA 2003.

M. KUO, Intolerable Cruelty: Marriage, Law, and Society in Early Twentieth-Century China, Lanham, MD 2012.

LEE HAIYAN, Revolution of the Heart: A Genealogy of Love in China, 1900–1950, Stanford, CA 2007.

M. LEUTNER/N. SPAKOWKSI (Hg.), Women in China: The Republican Period in Historical Perspective, Münster 2005.

LI ZHANCAI, Zhonguo tielu shi (1876–1949) (Geschichte der chinesischen Eisenbahnen), Shantou 1994.

E. J. LIANG, Selling Happiness: Calendar Posters and Visual Culture in Early-Twentieth Century Shanghai, Honolulu 2004.

MA YUXIN, Women Journalists and Feminism in China, 1898–1937, Amherst, NY 2010.

QUAN HANSHENG, Hanyeping gongsi shilüe [Kurze Geschichte der Hanyeping Eisen- und Kohlegesellschaft, ca. 1890–1926], Hongkong 1972.

V. SHEN, The Origins of left-wing Cinema in China, 1932–37, New York 2005.

R. SIEGFRIED, Missionaries more and more: The History of the China Mission of the Adorers of the Blood of Christ, 1933–1945, Bloomington, Ind. 2005.

WANG JINGYU (Hg.), Zhongguo jindai jingjishi, 1895–1927 [Wirtschaftsgeschichte der chinesischen Neuzeit, 1895–1927], 3 Bde., Beijing 2000.

XU GUANGQIU, American Doctors in Canton: Modernization in China, 1835–1935, New Brunswick, NJ 2011.

ZHANG RUIDE, Ping Han Tielu yu Huabei de jingji fazhan [Die Ping-Han-Eisenbahnlinie und die wirtschaftliche Entwicklung Nordchinas], Taibei 1998.

ZHANG XIN, Social Transformation in Modern China: The State and Local Elites in Henan, 1900–1937, Cambridge 2000.

8.11 LÄNDLICHE MILIEUS

L. S. BELL, One Industry, Two Chinas: Silk Filatures and Peasant-Family Production in Wuxi County, 1865–1937, Stanford 1999.

K. BERNHARDT, Rents, Taxes, and Peasant Resistance: The Lower Yangzi Region, 1840–1950, Stanford 1992.

L. Bianco, Peasants without the Party: Grass-roots Movements in Twentieth Century China, Armonk, NY/London 2001.

Chen Yixin New Views of the Agricultural Economy of Republican China: A Review Article, in: TCC 28 (2002), S. 83–106.

D. Faure, The Structure of Chinese Rural Society: Lineage and Village in the Eastern New Territories, Hong Kong, Hongkong 1986.

H. Harrison, The Man Awakened from Dreams: One Man's Life in a North China Village, 1857–1942, Stanford 2005.

P. C. C. Huang, The Peasant Economy and Social Change in North China, Stanford 1985.

Ders., The Peasant Family and Rural Development in the Yangzi Delta, 1350–1988, Stanford 1990.

D. Little, Understanding Peasant China: Case Studies in the Philosophy of Social Science, New Haven/London 1989.

S. Mazumdar, Sugar and Society in China: Peasants, Technology and the World Market, Cambridge, Mass. 1998.

R. H. Myers, The Chinese Peasant Economy: Agricultural Change in Hopei and Shantung, 1890–1949, Cambridge, Mass. 1970.

Ou Chaoquan, Life in a Kam Village in Southwest China, 1930–1949, Leiden/ Boston 2007.

R. A. Thaxton, China Turned Rightside Up: Revolutionary Legitimacy in the Peasant World, New Haven 1983.

Ders., Salt of the Earth: The Political Origins of Peasant Protest and Communist Revolution in China, Berkeley u.a. 1997.

K. L. Walker, Chinese modernity and the peasant path: semicolonialism and the Northern Yangzi Delta, Stanford 1999.

8.12 Städtische Milieus (insbesondere Shanghai)

M.-C. Bergère, L'âge d'or de la bourgeoisie chinoise 1911–1937, Paris 1986.

Dies., Histoire de Shanghai, Paris 2002.

Dies., Shanghai: China's Gate to Modernity, Stanford, CA 2010.

D. D. Buck, Urban Change in China: Politics and Development in Tsinan, Shantung, 1890–1949, London 1978.

J. Carter, Creating a Chinese Harbin: Internationalism in an International City, 1916–1932, Ithaca/London 2002.

S. Chan, A Maidservant of the Revolution: He Xiangning and Chinese Feminist Nationalism in the 1920s and 1930s, Hong Kong 2007.

J. Y. CHEN, Guilty of Indigence: The Urban Poor in China, 1900–1953, Princeton, NJ 2012.

CHENG LINSUN, Banking in Modern China: Entrepreneurs, Professional Managers, and the Development of Chinese Banks, 1897–1937, Cambridge 2003.

A. S. CHIN, Bound to Emancipate: Working Women and Urban Citizenship in Early Twentieth-Century China and Hong Kong, Lanham, MD 2012.

S. COCHRAN (Hg.), Inventing Nanjing Road: Commercial Culture in Shanghai, 1900–1945, Ithaca/London 1999.

S. COCHRAN/D. STRAND/WEN-HSIN YEH (Hg.), Cities in Motion: Interior, Coast and Diaspora in Transnational China, Berkeley, CA 2007.

M. Y. DONG, Republican Beijing: The City and its Histories, Berkeley u.a. 2004.

I. EBER, Wartime Shanghai and the Jewish Refugees from Central Europe: Survival, Co-existence, and Identity in a Multi-Ethnic City, Berlin/Boston 2012.

J. W. ESHERICK (Hg.), Remaking the Chinese City: Modernity and National Identity, 1900–1950, Honolulu 1999.

J. FEWSMITH, Party, State, and Local Elites in Republican China: Merchant Organizations and Politics in Shanghai, 1890–1930, Honululu 1985.

B. GOODMAN, Native Place, City, and Nation: Regional Networks and Identities in Shanghai, 1853–1937, Berkeley u.a. 1995.

C. HENRIOT., Belles de Shanghai: prostitution et sexualité en Chine aux XIXe-XXe siècles, Paris 1997.

C. HENRIOT/A. ROUX, Shanghai années 30: Plaisirs et violence, Paris 1998.

C. HENRIOT/A. DELISSEN, Les métropoles chinoises au XXe siècle, Paris 1995.

C. HENRIOT/WEN-HSIN YEH (Hg.), In the Shadow of the Rising Sun: Shanghai under Japanese Occupation, Cambridge 2009.

G. HERSHATTER, The Workers of Tianjin, 1900–1949, Stanford 1986.

DIES., Dangerous Pleasures: Prostitution and Modernity in Twentieth Century Shanghai, Berkeley u.a. 1997.

E. HONIG, Sisters and Strangers: Women in the Shanghai Cotton Mills, 1919–1949, Stanford 1986.

DIES., Creating Chinese Ethnicity: Subei People in Shanghai 1850–1980, New Haven/London 1992.

JI ZHAOJIN, A History of Modern Shanghai Banking: The Rise and Decline of China's Financial Capitalism, Armonk, New York 2003.

L. O. LEE, Shanghai Modern: The Flowering of New Urban Culture in China, 1930–1945, Cambridge, Mass. 1999.

LIU SIYUAN, Performing Hybridity in Colonial-Modern China, New York 2013.

LU HANCHAO, Beyond the Neon Lights: Everyday Shanghai in the Early Twentieth Century, Berkeley u.a. 1999.

S. R. MACKINNON, Wuhan 1938: War, Refugees, and the Making of Modern China, Berkeley, CA 2008.

B. G. MARTIN, The Shanghai Green Gang: Politics and Organized Crime, 1919–1937, Berkeley u.a. 1996.

MENG YUE, Shanghai and The Edges of Empire, Minneapolis 2006.

B. MITTLER, A Newspaper for China? Power, Identity, and Change in Shanghai's News Media, 1872–1912, Cambridge, Mass. 2004.

M. R. RISTAINO, Port of Last Resort: Diaspora Communities of Shanghai, Cambridge 2002.

SHAO QIN, Culturing Modernity: The Nantong Model, 1890–1930, Stanford 2003.

B. SHEEHAN, Trust in Troubled Times: Money, Banks, and State-Society Relations in Republican Tianjin, Cambridge, Mass. 2012.

S. A. SMITH, Like Cattle and Horses: Nationalism and Labour in Shanghai, 1895–1927, Durham, NC/London 2002.

B. K. L. SO, New Narratives of Urban Space in Republican Chinese Cities: Emerging Social, Legal and Governance Orders, Leiden 2013.

K. STAPLETON, Civilizing Chengdu: Chinese Urban Reform, 1895–1937, Cambridge, Mass. 2000.

D. STRAND, Rickshaw Beijing: City People and Politics in the 1920s, Berkeley u.a. 1989.

M. TSIN, Nation, Governance and Modernity in China: Canton, 1900–1927, Stanford 1999.

WANG DI, Street Culture in Chengdu: Public Space, Urban Commoners, and Local Politics, 1870–1930, Stanford, CA 2003.

J. N. WASSERSTROM, Global Shanghai, 1850–2010: A History in Fragments, New York 2009.

X. L. WOO, Old Shanghai and the Clash of Revolution, New York 2013.

XU XIAOQUN, Chinese Professionals and the Republican State: The Rise of Professional Associations in Shanghai, 1912–1937, Cambridge 2001.

YEH WEN-HSIN, Shanghai Splendor: Economic Sentiments and the Making of Modern China, 1843–1949, Berkeley, CA 2007.

ZHANG KAIYUAN/TIAN TONG, Zhang Jian yu jindai shehui [Zhang Jian und die moderne Gesellschaft], Wuhan 2002.

ZHANG YINGJIN (Hg.), Cinema and Urban Culture in Shanghai, 1922–1943, Stanford 1999.

DERS., The City in Modern Chinese Literature and Film: Configurations of Space, Time, and Gender, Stanford 1996

8.13 KULTURELLES LEBEN, WISSENSCHAFT, ERZIEHUNG

G. S. ALITTO, The Last Confucian: Liang Shu-ming and the Chinese Dilemma of Modernity, Berkeley u.a. 1979.

R. D. ARKUSH, Fei Xiaotong and Sociology in Revolutionary China, Cambridge, Mass. 1981.

P. J. BAILEY, Gender and Education in China: Gender Discourses and Womens's Schooling in the Early Twentieth Century, New York 2007.

J. BONNER, Wang Kuo-wei (1877–1927): An Intellectual Biography, Cambridge, Mass. 1986.

CHIANG YUNG-CHEN, Social Engineering and the Social Sciences in China, 1919–1949, Cambridge 2001.

CONG XIAOPING, Teachers' Schools and the Making of the Modern Chinese Nation-State, 1897–1937, Vancouver 2007.

R. CULP, Articulating Citizenship: Civic Education and Student Politics in Southeastern China, 1912–1940, Cambridge, Mass 2007.

J. DENNERLINE, Qian Mu and the World of Seven Mansions, New Haven/London 1988.

F. DIKÖTTER, The Discourse of Race in Modern China, London 1992.

DERS., Sex, Culture and Modernity in China: Medical Science and the Construction of Sexual Identities in the Early Republican Period, London 1995.

J.-P. DRÈGE, La Commercial Press de Shanghai 1897–1949, Paris 1978.

T. FRÖHLICH, Staatsdenken im China der Republikzeit (1912–1949). Die Instrumentalisierung philosophischer Ideen bei chinesischen Intellektuellen, Frankfurt a.M./New York 2000.

C. FURTH, Ting Wen-chiang: Science and China's New Culture, Cambridge, Mass. 1970.

B. GRANSOW, Geschichte der chinesischen Soziologie, Frankfurt a.M./New York 1992.

J. B. GRIEDER, Hu Shih and the Chinese Renaissance: Liberalism in the Chinese Revolution, 1917–1937, Cambridge, Mass. 1970.

G. E. GULDIN, The Saga of Anthropology in China: From Malinowski to Moscow to Mao, Armonk, NY/London 1994.

H. HALBEISEN, Demokratie ohne Volksherrschaft. Aspekte des politischen Denkens chinesischer Liberaler, Bochum 1991.

C. W. HAYFORD, Literacy Movements in Modern China, in: R. F. ARNOVE/H. J. GRAFF (Hg.), National Literacy Campaigns: Historical and Comparative Perspectives, New York 1987, S. 147–171.

DERS., To the People: James Yen and Village China, New York 1990.

R. HAYHOE/M. BASTID (Hg.), China's Education and the Industrialized world: Studies in Cultural Transfer, Armonk, NY/London 1987.

R. HAYHOE, China's Universities, 1895–1995: A Century of Conflict, New York/London 1996.

M. HOCKX, Questions of Style: Literary Societies and Literary Journals in Modern China, 1911–1937, Leiden u.a. 2003.

IP HUNG-YOK, Intellectuals in Revolutionary China, 1921–1949: Leaders, Heroes, Sophisticates, New York 2005.

R. B. JEANS, Democracy and Socialism in Republican China: The Politics of Zhang Junmai, 1906–1941, Lanham u.a. 1997.

B. KEENAN, The Dewey Experiment in China: Educational Reform and Political Power in the Early Republic, Cambridge, Mass. 1977.

D. W. Y. KWOK, Scientism in Chinese Thought, 1900–1950, New Haven/London 1965.

LIN XIAOQING D., Peking University: Chinese Scholarship and Intellectuals, 1898–1937, Albany, NY 2005.

L. H. LIU, Translingual Practice: Literature, National Culture, and Translated Modernity: China, 1900–1937, Stanford 1995.

MAI JINGSHENG, Transmitting the Ideal of Enlightenment: Chinese Universities since the Late Nineteenth Century, Lanham, MD 2009.

W. MEISSNER, Philosophie und Politik in China: Die Kontroverse über den dialektischen Materialismus in den dreißiger Jahren, München 1986.

G. MÜLLER, Buddhismus und Moderne: Ouyang Jingwu, Taixu und das Ringen um ein zeitgemäßes Selbstverständnis im chinesischen Buddhismus des frühen 20. Jahrhunderts, Stuttgart 1993.

J. REARDON-ANDERSON, The Study of Change: Chemistry in Modern China, 1860–1949, Cambridge 1991.

G. Y. SHEN, Unearthening the Nation: Modern Geology and Nationalism in Republican China, Chicago 2014.

M. SVENSON, The Chinese Conception of Human Rights: The Debate on Human Rights in China, 1898–1949, Lund 1996.

WANG FANSEN, Fu Ssu-nien: A Life in Chinese History and Politics, Cambridge 2000.

WANG HUI, The Fate of „Mr Science“ in China: The Concept of Science and its Application in Modern Chinese Thought, in: [3.2.3: BARLOW, 21–81].

P. WEST, Yenching University and Sino-Western Relations, 1916–1952, Cambridge, Mass. 1976.

T. B. WESTON, The Power of Position: Beijing University, Intellectuals, and Chinese Political Culture, 1898–1929, Berkeley, CA 2004.

YEH WEN-HSIN, The Alienated Academy: Culture and Politics in Republican China, 1919–1937, Cambridge, Mass. 1990.

ZHANG JINGYUAN, Psychoanalysis in China: Literary Transformations 1919–1949, Ithaca/London 1992.

8.14 NICHT-HANCHINESISCHE VÖLKER, „MINDERHEITEN“

I. BELLÉR-HANN, Community matters in Xinjiang, 1880–1949: Towards a Historical Anthropology of the Uyghur, Leiden 2008.

S. D. BLUM, Portraits of „Primitives“: Ordering Human Kinds in the Chinese Nation, Oxford 2001.

U. E. BULAG, Collaborative Nationalism: The Politics of Friendship on China's Mongolian Frontier, Lanham, MD 2010.

S. DABRINGHAUS, Ethnische Identitäten im modernen China, in: W. REINHARD (Hg.), Die fundamentalistische Revolution, Freiburg i.Br. 1995, S. 69–110.

M. DILLON, China's Muslim Hui Community: Migration, Settlement and Sects, Richmond 1999.

M. S. ERBAUGH, The Secret History of the Hakkas: The Chinese Revolution as a Hakka Enterprise, in: CQ 132 (1992), S. 937–968.

A. D. W. FORBES, Warlords and Muslims in Chinese Central Asia: A Political History of Republican Sinkiang, 1911–1949, Cambridge 1986.

M. GLOVER/S. HARRELL/C. F. MCKHANN (Hg.), Explorers & Scientists in China's Borderlands, 1880–1950, Seattle, Wash. 2011.

M. C. GOLDSTEIN, A History of Modern Tibet, 1913–1951: The Demise of the Lamaist State, Berkeley u.a. 1990.

C. HARRIS/TSERING SHAKYA (Hg), Seeing Lhasa: British Depictions of the Tibetan Capital, 1936–1947, Chicago 2003.

M. ITOH, Japanese War Orphans in Manchuria: Forgotten Victims of World War II, New York 2010.

R. A. LITZINGER, Other Chinas: The Yao and the Politics of National Belonging, Durham, NC/London 2000.

LIU XIAOYUAN, Frontier Passages: Ethnopolitics and the Rise of Chinese Communism, 1921–1945, Washington/Stanford, CA 2004.

DERS., Recast all under Heaven: Revolution, War, Diplomacy and Frontier China in the 20th Century, New York 2010.

C. MACKERRAS, China's Minorities: Integration and Modernization in the Twentieth Century, Hongkong 1994.

J. A. MILLWARD, Eurasian Crossroads: A History of Xinjiang, New York 2007.

W. PALACE, The British Empire and Tibet, 1900–1922, London/New York 2005.

E. J. M. RHOADS, Manchus and Han. Ethnic Relations and Political Power in Late Qing and Early Republican China, 1861–1928, Seattle/London 2000.

D. SHAO, Remote Homeland, Recovered Borderland: Manchus, Mandschukuo, and Manchuria, 1907–1985, Honolulu 2011.

N. SMITH, Resisting Manchukuo: Chinese Women Writers and the Japanese Occupation, Vancouver 2007.

M. A. TAMANOI, Crossed Histories: Manchuria in the Age of Empire, Honolulu 2005.

G. TUTTLE/K. R. SCHAEFFER (Hg.), The Tibetan History Reader, New York 2013.

C. TYLER, Wild West China: The Taming of Xinjiang, New Brunswick, NJ 2004.

9. „GREATER CHINA“

9.1 TAIWAN

J. CLEMENTS, Coxinga and the fall of the Ming Dynasty, Stroud 2004.

J. F. COPPER, Historical Dictionary of Taiwan (Republic of China), Lanham, MD [3]2007.

S. ELIES, Kulturelle Orientierung in kolonialer Unterdrückung. Die taiwanesische Kultur- und Sozialbewegung der japanischen Besatzungszeit und die 4. Mai-Bewegung der kulturellen Erneuerung Chinas, Dortmund 1997.

L. H. D. GORDON, Confrontation over Taiwan: Nineteenth-Century China and the Powers, Lanham, MD 2007.

S. P. S. HO, Economic Development of Taiwan, 1860–1970, New Haven/London 1978.

HUANG CHUN-CHIEH, Taiwan in Transformation, 1895–2005, New Brunswick/London 2007.

M. KELIHER, Out of China or Yu Yonghe's Tale of Formasa: A History of Seventeenth-Century Taiwan, Taipeh 2003.

G. LINCK, Ein Kapitel chinesischer Grenzgeschichte: Han-und Nicht-Han im Taiwan der Qing-Zeit, 1683–1895, Wiesbaden 1979.

S. E. PHILLIPS, Between Assimilation and Independence: The Taiwanese Encounter Nationalist China, 1945–1950, Stanford, CA 2003.

M. RUBINSTEIN (Hg.), Taiwan: A New History, Armonk 1999.

E. JINHUA TENG, Taiwan's Imangined Geography: Chinese Colonial Travel Writing and Pictures, 1683–1895, Cambridge, Mass./London 2004.

E. P. TSURUMI, Japanese Colonial Education in Taiwan, Cambridge, Mass. 1977.

CHONG WANG, Interpreting Zheng Chenggong: Interpreting Zheng Chenggong: The Politics of Dramatizing a Historical Figure in Japan, China, and Taiwan (1700–1963), Saarbrücken 2008.

WANG TAY-SHENG, Legal Reform in Taiwan under Japanese Colonial Rule, 1895–1945: The Reception of Western Law, Seattle/London 2000.

O. WEGGEL, Die Geschichte Taiwans. Vom 17. Jahrhundert bis heute, Köln 1991.

9.2 HONGKONG

G. BICKELY (Hg.), A Magistrate's Court in 19th Century Hong Kong: Court in Time, Hong Kong 2009.

J. M. CARROLL, A Concise History of Hong Kong, Lanham, MD 2007.

DERS., Edge of Empires: Chinese Elites and British Colonials in Hong Kong, Cambridge, Mass/London 2005.

CHAN LAU KIT-CHING, China, Britain and Hong Kong, 1895–1945, Hongkong 1990.

CHAN SUI-JEUNG, East River Column: Hong Kong Guerrillas in the Second World War and after, Hong Kong 2009.

DIES., From Nothing to Nothing: The Chinese Communist Movement and Hong Kong 1921–1936, London 1999.

CHAN WAI KWAN, The Making of Hong Kong Society: Three Studies of Class Formation in Early Hong Kong, Oxford 1991.

CHEUNG SIU KEUNG, Gender and Community under British Colonialism: Emotion, Struggle, and Politics in a Chinese Village, New York 2007.

C. YIK-YI CHU (Hg.), Foreign Communities in Hong Kong, 1840s–1950s, New York 2005.

A. CHUN, Unstructuring Chinese Society: The Fictions of Colonial Practice and the Changing Realities of „Land" in the New Territories of Hong Kong, Amsterdam 2000.

P. H. HASE, The Six-Day War of 1899: Hong Kong in the Age of Imperialism, Hong Kong/London 2008.

M. INGHAM, Hong Kong: A Cultural History, Oxford/New York 2007.

A. LE PICHON (Hg.), China Trade and Empire: Jardin, Matheson & Co. and the Origins of British Rule in Hong Kong, 1827–1843, Oxford 2006.

LEE PUI-TAK (Hg.), Colonial Hong Kong and Modern China: Interaction and Reintegration, Hong Kong 2005.

W. R. Louis, Hong Kong: The Critical Phase, 1945–1949, in: AHR 102 (1997), S. 1052–1084.

D. R. Meyer, Hong Kong as a Global Metropolis, Cambridge 2000.

N. J. Miners, Hong Kong under Imperial Rule, 1912–1941, Hongkong 1987.

C. Munn, Anglo-China: Chinese People and British Rule in Hong Kong, 1841–1880, Richmond 2001.

E. Sinn, Emerging Media: Hong Kong and the Early Evolution of the Chinese Press, in: MAS 36 (2002), S. 421–465.

P. Snow, The Fall of Hong Kong: Britain, China, and the Japanese Occupation, New Haven 2003.

Tsai Jung-fang, Hong Kong in Chinese History: Community and Social Unrest in the British Colony, 1842–1913, New York 1993.

S. Y. Tsang, A Modern History of Hong Kong, London 2004.

F. Welsh, A History of Hong Kong, rev. ed., New York 1997.

9.3 Macau

Hao Zhidong, Macau History and Society, Hong Kong 2011.

R. Ptak, Portugal in China. Kurzer Abriß der portugiesisch-chinesischen Beziehungen und der Geschichte Macaus im 16. und beginnenden 17. Jahrhundert, Heidelberg [2]1982.

R. M. Puga, The British Presence in Macau, 1635–1793, Hong Kong 2013.

G.Wei/C. X. G. Wei (Hg.), Macau: The Formation of a Global City, New York 2013.

9.4 Chinesische Migration und überseeische Diaspora

9.4.1 Allgemein

Chen Ta, Emigrant Communities in South China, London 1939.

R. L. Irick, Ch’ing Policy toward the Coolie Trade, 1847–1878, San Francisco 1982.

D. Lary, Chinese Migrations: The Movement of People, Goods, and Ideas over Four Millennia, Critical Issues in History, Lanham 2012.

Hong Liu (Hg.), The Chinese Overseas, New York 2005.

A. McKeown, Conceptualizing Chinese Diasporas, 1842 to 1949, in: JAS 58 (1999), S. 306–337.

A. Ong/D. Nonini (Hg.), Ungrounded Empires: The Cultural Politics of Modern Chinese Transnationalism, New York/London 1997.

L. PAN, Sons of the Yellow Emperor: A History of the Chinese Diaspora, Boston 1990.

E. JINHUA TENG, Eurasian: Mixed Identities in the United States, China and Hong Kong, 1842–1943, Berkeley, CA 2013.

WANG GUNGWU, The Chinese Overseas. From Earthbound China to the Quest for Autonomy, Cambridge 2000.

WANG SING-WU, The Organization of Chinese Emigration, 1848–1888, San Fransicso 1978.

YEN CHING-HWANG, Coolies and Mandarins: China's Protection of Overseas Chinese during the Late Ch'ing Period (1851–1911), Singapur 1985.

9.4.2 Südostasien

L. BLUSSÉ, Strange Company: Chinese Settlers, Mestizo Women and the Dutch in VOC Batavia, Leiden 1986.

M. R. GODLEY, The Mandarin-Capitalists from Nanyang: Overseas Chinese Enterprise in the Modernization of China, 1893–1911, Cambridge 1981.

D. L. KENLEY, New Culture in a New World: the May Fourth Movement and the Chinese Diaspora in Singapore, 1919–1932, New York/London 2003.

E. KOH, Diaspora at War: The Chinese of Singapore between Empire and Nation, 1937–1945, Leiden 2013.

A. REID (Hg.), Sojourners and Settlers: Histories of Southeast Asia and the Chinese, Honolulu 2001.

SHEN HUIFEN, China's Left-Behind Wives: Families of Migrants from Fujian to Southeast Asia, 1930s–1950s, Honolulu 2012.

C. A. TROCKI, Opium and Empire: Chinese Society in Colonial Singapore, 1800–1910, Ithaca/London 1991.

A. R. WILSON, Ambition and Identity: Chinese Merchant Elites in Colonial Manila, 1880–1916, Honolulu 2004.

WU XIAO AN, Chinese Business in the Making of a Malay State, 1882–1941: Kedah and Penang, Singapore 2010.

9.4.3 Nord- und Lateinamerika

S. BIELER, „Patriots“ or „Traitors“? A History of American-Educated Chinese Students, Armonk, MA 2004.

SUCHENG CHAN, Chinese American Transnationalism: The Flow of People, Resources, and Ideas between China and America during the Exclusion Era, Philadelphia, PA 2006.

I. CHANG, The Chinese in America: A Narrative History, New York 2003.

Shehong Chen, Being Chinese, Becoming Chinese American, Urbana/Chicago 2002.

Chen Yong, Chinese San Francisco, 1850–1943: A Trans-Pacific Community, Stanford 2000.

G. H. Chun, Of Orphans and Warriors: Inventing Chinese-American Culture and Identity, New Brunswick, NJ. 2000.

J. Fowler, Japanese and Chinese Immigrant Activists: Organizing in American and Internatonal Communist Movements, 1919–1933, New Brunswick 2007.

A. Gory, Closing the Gate: Race, Politics, and the Chinese Exclusion Act, Chapel Hill, NC. 1998.

M. Y. Hsu, Dreaming of Gold, Dreaming of Home: Transnationalism and Migration between the United States and South China, 1882–1943, Stanford 2000.

K.-P. Khun Eng/A. P. Davidson (Hg.), At Home in the Chinese Diaspora: Memories, Identities and Belongings, New York 2008.

P. H.Koehn/Xiao-Huang Yin/H. M. Lai (Hg.), The Expanding Role of Chinese Americans in U. S.-Chinese Relations: Transnational Networks and Trans-Pacific Interactions, Armonk, NY 2002.

E. Lee, At America's Gates: Chinese Immigration during the Exclusion Era, 1882–1943, Chapel Hill, NC 2003.

Ders., Chinese Migrant Networks and Cultural Change: Peru, Chicago, Hawaii, 1900–1936, Chicago/London 2001.

Haiming liu, Transnational History of A Chinese Family: Immigrant Letters, Family Business, and Revers Migration, New Brunswick 2005.

L. E. A. Ma, Revolutionaries, Monarchists, and Chinatowns: Chinese Politics in the Americas and the 1911 Revolution, Honululu 1990.

A. J. Meagher, The Coolie Trade: The Traffic in Chinese Laborers to Latin America, 1847–1874, Philadelphia, PA 2008.

M. M. Ngai, The Lucky Ones: One Family and the Extraordinary Invention of Chinese America, Princeton, NJ/Oxford 2010.

Yucheng Qin, The Diplomacy of Nationalism: The Six Companies and China's Policy toward Exclusion, Honolulu 2009.

S. D. Seligman, The First Chinese American: The Remarkable Life of Wong Chin Foo, Hong Kong 2013.

Shen Yiyao, A History of Chinese Immigration and Exclusion Worldwide: Legal Acts and Discriminatory Practices, San Francisco, CA 2012.

J. Thornton, The Gold Rush: Chinese Immigrants come to America (1848–1882), New York 2004.

B. Tong, The Chinese Americans (Revised Edition), Boulder, CO 2003.

K. S. Wong, Americans First: Chinese Americans and the Second World War, Philadelphia 2005.

Ye Weili, Seeking Modernity in China's Name: Chinese Students in the United States, 1900–1927, Stanford 2001.

J. Yung, Unbound Feet: A Social History of Chinese Women in San Francisco, Berkeley u.a. 1995.

J. Yung/G. H. Chang/Him Mark Lai (Hg.), Chinese American Voices: From the Gold Rush to the Present, Berkeley u.a. 2006.

Zhao Xiaojian, Remaking Chinese America. Immigration, Family, and Community, 1940–1965, New Brunswick 2002.

9.4.4 Afrika

Li Anshan, A History of Overseas Chinese in Africa to 1911, New York 2012.

P. Richardson, Chinese Mine Labour in the Transvaal, London 1982.

10. WAHRNEHMUNGEN

10.1 China aus westlicher und japanischer Sicht

L. L. Barnes, Needles, Herbst, Gods, and Ghosts: China, Healing, and the West to 1848, Cambridge, MA 2005.

W. Bauer, Zeugen aus der Ferne. Der Eugen Diederichs Verlag und das deutsche China-Bild, in: G. Hübinger (Hg.), Versammlungsort moderner Geister, München 1996, S. 450–85.

T. Bennett, History of Photography in China: Western Photographers, 1861–1879, London 2010.

G. Blue, China and Western Social Thought in the Modern Period, in: [Lieberthal in 3.1, 57–109].

R. Dawson, The Chinese Chameleon: An Analysis of European Conceptions of Chinese Civilization, London 1967.

W. Demel, Als Fremde in China. Das Reich der Mitte im Spiegel frühneuzeitlicher Reiseberichte, München 1992.

Ders., Wie die Chinesen gelb wurden. Ein Beitrag zur Frühgeschichte der Rassentheorien, in: HZ 255 (1992), S. 625–666.

P. Ebrey, Gender and Sinology: Shifting Western Interpretations of Footbinding, 1300–1890, in: LIC 20 (1999), S. 1–34.

M. Esposito (Hg.), Images of Tibet in the 19th and 20th century, 2 Bde., Paris 2009.

Eto Shinkichi, Selected Works on the Political History of Modern China, Tokyo 2004.

J. A. Fogel, Politics and Sinology: The Case of Naitô Konan (1866–1934), Cambridge, Mass. 1984.

Ders., The Cultural Dimension of Sino-Japanese Relations: Essays on the Nineteenth and Twentieth Centuries, Armonk, NY/London 1995.

C. Frank, Objectifying China, Imagining America: Chinese Commodities in Early America, Chicago/London 2011.

N. J. Giradot, The Victorian Translation of China: James Legge's Oriental Pilgrimage, Berkeley u.a. 2002.

G. Guadalupi, China Through the Eyes of the West: From Maco Polo to the Last Emperor, Vercelli 2004.

U. Hillemann, Asian Empire and British Knowlegde: China and the Networks of British Imperial Expansion, Cambridge 2009.

W. Hinton, Through a Glass Darkly: U.S Views of the Chinese Revolution, New York 2006.

P. S. Harrell, Asia for the Asians: China in the Lives of Five Meiji Japanese, Portland, ME 2012.

D. Kerr/J. Kerr (Hg.), A Century of Travels in China: Critical Essays on Travel Writing from the 1840s to the 1940s, Hong Kong/London 2007.

P. J. Kitson, Forging Romantic China: Sino-British Cultural Exchange, 1760–1840, Cambridge 2013.

A. Knüsel, Framing China: Media Images and Political Debates in Britain, the USA and Switzerland, 1900–1950, Farnham/Burlington, VT 2012.

D. F. Lach, Asia in the Making of Europe. Bd. 1: A Century of Discovery. (in 2 Teilbdn.). Bd. 2: A Century of Wonder (in 3 Teilbdn.). Bd. 3: A Century of Advance (mit E. van Kley, in 4 Teilbdn.), Chicago/London 1965–1993.

Lee Eun-Jeung, „Anti-Europa“ – Die Geschichte der Rezeption des Konfuzianismus und der konfuzianischen Gesellschaft seit der frühen Aufklärung, Hamburg 2002.

B. V. Lightman/G. McQuat/L. Stewart (Hg.), The Circulation of Knowledge between Britain, India, and China: The Early-Modern World to the Twentieth Century, Leiden 2013.

S. R. MacKinnon/O. Friesen, China Reporting: An Oral History of American Journalism in the 1930s and 1940s, Berkeley u.a. 1987.

M. Marinelli/G. B. Andornino (Hg.), Italy's Encounters with Modern China: Imperial Dreams, Strategic Ambitions, New York, NY 2013.

J. D. Meehan, Chasing the Dragon in Shanghai: Canada's Early Relations with China, 1858–1952, Vancouver 2011.

L. Metrick-Chen, Collecting Objects/Excluding People: Chinese Subjects and American Visual Culture, 1830–1900, Albany, NY 2012.

K. R. Moon, Yellowface: Creating the Chinese in American Popular Music Performance, 1850–1920s, New Brunswick, NJ 2005.

J. Osterhammel, Die Entzauberung Asiens. Europa und die asiatischen Reiche im 18. Jahrhundert, München 1998.

A. Pigulla, China in der deutschen Weltgeschichtsschreibung vom 18. bis zum 20. Jahrhundert, Wiesbaden 1996.

V. Pinot, La Chine et la formation de l'esprit philosophique en France (1640–1740), Paris 1932.

F. E. Reichert, Begegnungen mit China: Die Entdeckung Ostasiens im Mittelalter, Sigmaringen 1992.

R. Sachdev/Qingjun Li (Hg.), Encountering China: Early Modern European Responses, Lewisburg 2012.

J. D. Spence, The Chan's Great Continent. China in Western Minds, New York/London 1998.

S. Tanaka, Japan's Orient: Rendering Pasts into History, Berkeley u.a. 1993.

Tian Xiaofei, Visionary Journeys: Travel Writings from Early Medieval and Nineteenth-Century China, Cambridge, Mass. 2011.

10.2 Der Westen und Japan aus chinesischer Sicht

R. D. Arkush/L. O. Lee (Hg.), Land without Ghosts: Chinese Impressions of America from the Mid-Nineteeth Century to the Present, Berkeley u.a. 1989.

B. A. Elman, A Cultural History of Modern Science in China, Cambridge, MA/London 2006.

Chen Feng, Die Entdeckung des Westens. Chinas erste Botschafter in Europa 1866–1894, Frankfurt a.M. 2001.

Frodsham, J. D. (Üb.), The First Chinese Embassy to the West: The Journals of Kuo Sung-t'ao, Liu Hsi-hung and Chang Te-yi, Oxford 1974.

R. Hart, Imagined Civilizations: China, the West, and Their First Encounter, Baltimore 2013.

V. K. Ho, The Limits of Hatred: Popular Attitudes Towards the West in Republican Canton, in: EAH 2 (1991), S. 87–104.

The European Diary of Hsieh Fucheng, Envoy Extraordinary of Imperial China, New York 1993.

Lu Yan, Re-Understanding Japan: Chinese Perspectives, 1895–1945, Honolulu 2004.

W. Meissner, China zwischen nationalem „Sonderweg" und universaler Modernisierung. Zur Rezeption westlichen Denkens in China, München 1994.

D. E. Mungello, The Great Encounter of China and the West, 1500–1800, Lanham u.a. 1999.

M. ROSSABI, Voyager from Xanadu: Raban Sauma and the First Recorded Journey from China to the West, Tokio 1992.

XIONG YUEZHI, Difficulties in Comprehension and Differences in Expression: Interpreting American Democracy in the Late Qing, in: LIC 23 (2002), S. 1–27.

Anhang

ABKÜRZUNGEN

AHR	American Historical Review
BJOF	Bochumer Jahrbuch zur Ostasienforschung (1978 ff.)
CHC	John K. Fairbank/Denis Twitchett (Hg.), The Cambridge History of China, Cambridge1978 ff.
CQ	China Quarterly
CSSH	Comparative Studies in Society and History
CSWT	Ch'ing-shih wen-t'i
EAH	East Asian History
EcHR	Economic History Review
EJAES	European Journal of East Asian Studies
GG	Geschichte und Gesellschaft
GMD	Guomindang (Kuomintang, KMT)
HdO	Handbuch der Orientalistik (Leiden)
HJAS	Harvard Journal of Asiatic Studies
HZ	Historische Zeitschrift
IHR	International History Review
JAH	Journal of Asian History
JAS	Journal of Asian Studies
JDSYJ	*Jindaishi yanjiu*
JESHO	Journal of the Economic and Social History of the Orient
JWH	Journal of World History
KPCh	Kommunistische Partei Chinas
LIC	Late Imperial China
LSYJ	*Lishi yanjiu*
MAS	Modern Asian Studies
MC	Modern China
MS	Monumenta Serica
OE	Oriens Extremus
PFEH	Papers on Far Eastern History
P&P	Past & Present

QSYJ	*Qingshi yanjiu*
RC	Republican China
TCC	Twentieth-Century China
TP	T'oung Pao
VRCh	Volksrepublik China, VR China
VSWG	Vierteljahrschrift für Sozial- und Wirtschaftsgeschichte
ZGSYJ	*Zhongguoshi yanjiu*
ZWG	Zeitschrift für Weltgeschichte

ZEITTAFEL

I. China im mongolischen Weltreich

1206	Tschingis Khan wird zum Großkhan der Mongolen ernannt.
1209/10	Die mongolischen Eroberungen beginnen im Nordwesten mit einer Offensive gegen das Xi-Xia-Reich in Gansu.
1227	Tschingis Khan stirbt.
1229–1241	Tschingis Khans dritter Sohn Ögödei ist Großkhan der Mongolen.
1234	Mongolische Heere erobern das Jin-Reich in Nordchina.
1251–1259	Herrschaftszeit des Großkhans Möngke.
1253/54	Mongolische Heere erobern das Königreich Dali in Südwestchina.
1259	Die mongolische Oberherrschaft über Korea beginnt.
1260–1294	Herrschaftszeit des Großkhans Khubilai.
1264	Khubilai verlegt seine Hauptstadt nach Dadu (heute: Beijing) und gründet die Yuan-Dynastie.
1271–1295	Marco Polo hält sich in Asien auf, die meiste Zeit im Dienst Khubilais in China.
1274/1281	Zwei mongolische Feldzüge nach Japan scheitern.
1279	Nach dem Tod des letzten Vertreters der Song-Dynastie auf der Flucht herrschen die Mongolen über ganz China.
1294	Bereits mit Khubilais Nachfolger, seinem Enkel Temür, beginnt der allmähliche Niedergang der mongolischen Dynastie.
1315	Das chinesische Staatsprüfungssystem wird wieder eingeführt.
1333–1368	Herrschaft des letzten Yuan-Kaisers Toghön Temür, dessen Einfluss sich ab 1356 nur noch auf die Hauptstadt beschränkt. 1368 zieht er sich in die mongolische Steppe zurück.

II. Die Ming-Dynastie (1368–1644)

1368	Zhu Yuanzhang ruft die Ming-Dynastie aus. Hauptstadt wird Nanjing.
1405–1433	Übersee-Expeditionen des Admirals Zheng He nach Südostasien, Indien und bis an die Küsten Afrikas.
1421	Beijing wird vom Yongle-Kaiser zur ersten Hauptstadt erklärt.
1498	Entdeckung des Seewegs von Europa nach Indien.
1514	Die ersten Portugiesen erreichen die Küste von Guangdong.
1550–1552	Letzte große mongolische Offensive unter Altan Khan in Nordchina.

1557	Portugiesen errichten in Macao einen Handelsstützpunkt.
1570er Jahre	Beginn der chinesischen Importe von Silber aus Amerika und Integration Chinas in die internationalen Handelsströme.
1582–1610	Der jesuitische Missionar Matteo Ricci wirkt in China (seit 1601 in Beijing).
1601	Erste niederländische Schiffe tauchen an der Küste von Guangdong auf.
1604	Gründung der Donglin-Akademie, die sich zu einem Zentrum oppositioneller Kräfte der späten Ming-Periode entwickelt.
1610er Jahre	Erste Verbreitung von Tee in Europa.
1624–1662	Die Niederländer richten sich auf Taiwan ein.
1627	Beginn der großen Bauernaufstände, die zum Fall der Ming-Dynastie führen.

III. Aufstieg und Höhepunkt des sino-mandschurischen Imperiums (1644–1799)

1635	Huang Taiji ruft in Shengjing (Shenyang) die mandschurische Dynastie Qing aus.
1644	April: der Rebellenführer Li Zicheng erobert mit seinen plündernden Horden Beijing. Der letzte Ming-Kaiser begeht Selbstmord. Mit Unterstützung mingkaiserlicher Generäle gelingt der Qing-Armee die Eroberung der chinesischen Hauptstadt.
1656	Russische und niederländische Gesandtschaften treffen in Beijing ein.
1662–1722	Regierungszeit des Kangxi-Kaisers.
1674–1681	Rebellion der „Drei Feudalfürsten“ in Südchina.
1683	Eroberung Taiwans durch Qing-Truppen.
1684	Kangxi hebt das Seehandelsverbot auf.
1688–1691	Die östliche Mongolei wird nach Feldzügen gegen die Dzungaren ins Qing-Imperium eingegliedert.
1689	Der erste chinesisch-russische Vertrag wird in Nerčinsk abgeschlossen. Es folgt ein lebhafter Karawanenhandel zwischen beiden Reichen.
1715	Die britische East India Company gründet in Kanton ein Kontor und beginnt zwei Jahre später mit regelmäßigen Tee-Exporten aus China.
1723–1735	Herrschaft des Yongzheng-Kaisers.
1727	Der russisch-chinesische Vertrag von Kjachta regelt den Grenzhandel.
1730er Jahre	Erste chinesische Baumwollstoffe werden nach Europa exportiert.

1736–1796	Regierungszeit des Qianlong-Kaisers (faktisch bis zu seinem Tod 1799).
1755–1757	Die Vernichtungsfeldzüge gegen die Dzungaren führen zur Eingliederung Ostturkestans (ab 1768 Xinjiang) ins Qing-Imperium.
1773–1782	Kompilation der großen Qing-Enzyklopädie *Siku quanshu.*
1793/94	Erste britische Gesandtschaft unter Lord Macartney in China.
1795	Tod des letzten großen jesuitischen Gelehrten in Beijing, Josep Amiot.
1796–1820	Herrschaft des Jiaqing-Kaisers.

IV. Das 19. Jahrhundert: Die Qing-Dynastie in der Defensive (1799–1895)

1796–1805	Die Unterdrückung der Aufstände der Weißen-Lotus-Sekte belastet die Staatsfinanzen.
1820er Jahre	Steiler Anstieg der Opiumexporte von Indien nach China. Opium ersetzt Baumwolle als führendes chinesisches Importgut, starker Silberabfluss löst vor allem in Südchina eine Deflationskrise aus.
1821–1851	Herrschaft des Daoguang-Kaisers.
1833/34	Ende des Monopols der East India Company im Chinahandel.
1839	Kommissar Lin Zexu stoppt den Opiumhandel und vernichtet britisches Opium in Kanton.
1840–1842	Erster anglo-chinesischer Opiumkrieg.
1842	29. 8.: Der Vertrag von Nanjing, der erste „ungleiche Vertrag" Chinas mit dem Ausland, legt die Öffnung von fünf Treaty Ports, die Exterritorialität, die Einschränkung der chinesischen Zollhoheit und die Abtretung Hongkongs fest.
um 1848	Beginn der organisierten chinesischen Emigration (Kuli-Handel) nach Südostasien, Amerika, Südafrika, usw. (bis 1900 ca. 2,4 Mio. Chinesen).
1850	Beginn des Taiping-Aufstandes in der südchinesischen Provinz Guangxi.
1851–1861	Regierungszeit des Xianfeng-Kaisers.
1853	Die Taiping erobern Nanjing und verkünden ihr „Reich des Himmlischen Frieden".
1853–1868	Nian-Aufstand in Nordostchina.
1854	Beginn der ausländischen Beteiligung an der chinesischen Zollverwaltung.
1856	Hongkong löst Kanton als wichtigsten Überseehafen ab.
1856–1873	Moslemaufstände in der Provinz Yunnan.
1857	Britischer Sturm auf Kanton als Reaktion auf die Kaperung des

	britischen Schiffes *Arrow* durch chinesische Truppen (8.10. 1856).
1858	Der zweite Opiumkrieg beginnt. Der Vertrag von Tianjin legt die Öffnung des Landesinneren, die Legalisierung der Opiumeinfuhr und Missionsfreiheit fest. Im chinesisch-russischen Vertag von Aigun wird die Qing-Regierung zur Anerkennung der russischen Territorialgewinne nördlich des Amur-Flusses gezwungen.
1860	13.10.: Britisch-französische Truppen besetzen und plündern Beijing und zerstören den Sommerpalast Yuanmingyuan. 14.11.: Chinesisch-russische Konvention von Beijing legt die Abtretung aller Gebiete östlich des Ussuri-Flusses fest.
1860–1862	Preußische Ostasienexpedition.
1861	Einrichtung des *Zongli Yamen*, eines Außenamtes mit umfassenden Kompetenzen für die Modernisierungspolitik.
1861–1874	Regierungszeit des Tongzhi-Kaisers. Die tatsächliche monarchische Gewalt liegt von nun an bis 1908 in den Händen seiner Mutter, der Kaiserinwitwe Cixi.
1863	Gründung des International Settlement in Shanghai. Robert Hart wird zum Generalinspektor der Kaiserlichen Seezollbehörde (Imperial Maritime Customs) berufen, der er bis 1908 vorsteht.
1864	Mit dem Fall Nanjings endet der Taiping-Aufstand.
1865	Die Gründung des Jiangnan-Arsenals in Shanghai signalisiert den Beginn einer staatlichen Rüstungsindustrie (Waffenfabriken, Schiffswerften).
1868–1869	Chinesische diplomatische Missionen nach Europa und in die USA.
1870	21.6.: „Tianjin-Massaker" an französischen Missionaren.
1870–1877	Der muslimische General Yakub Beg einigt weite Teile Xinjiangs. Erst nach seinem Tod gelingt die Rückeroberung. Xinjiang erhält 1881 Provinzstatus.
1875–1908	Regierungszeit des Guangxu-Kaisers.
1876	Erste Eisenbahn in China. Die ersten chinesischen Studenten gehen nach Deutschland, ab 1877 auch nach Großbritannien und Frankreich.
1876–1879	Die Hungerkatastrophen in Nordchina fordern ca. 9–13 Mio. Tote.
1877	Guo Songtao wird in London als erster chinesischer Gesandter im Ausland akkreditiert.
1884–1885	Chinesisch-französischer Krieg. China muss das französische Protektorat über Vietnam anerkennen.
1894/95	Der chinesisch-japanische Krieg führt im Vertrag von Shimonoseki zur Unabhängigkeit Koreas. Taiwan wird japanische Kolonie.

V. Die erste Hälfte des 20. Jahrhunderts: Revolution und Krieg (1895–1949)

Seit 1895 Aufbau ausländischer Industriebetriebe in größerem Umfang in Shanghai, Hankou, Qingdao, Tianjin und anderen Treaty Ports. Eine Serie großer chinesischer Anleihen auf internationalen Kapitalmärkten leitet die Ära des Finanzimperialismus ein (bis 1914).

1896 Auf seiner Weltreise besucht Li Hongzhang, Chinas führender Staatsmann, Moskau, Berlin, London und Washington.

1897 Nach der Ermordung zweier katholischer Missionare besetzen deutsche Marinetruppen die Region um Qingdao in der Provinz Shandong.

1900 Der in Shandong entstandene Boxeraufstand weitet sich im Sommer zum Boxerkrieg aus. Truppen von acht alliierten Mächten befreien die belagerten Gesandtschaften in Beijing. Die Kaiserinwitwe flieht nach Shaanxi und beauftragt Li Hongzhang mit den Friedensverhandlungen.

1901 7.9.: Das Boxer-Protokoll legalisiert die Stationierung fremder Truppen in China und zwingt die Qing-Regierung zu umfangreichen Reparationen.

1902 Der Qing-Hof kehrt in die Hauptstadt zurück und leitet das große Reformwerk (*xin zheng,* „Neue Politik“) seiner letzten Jahre ein.

1903–1911 Die Qing-Regierung bemüht sich um die Rückgewinnung von Eisenbahn- und Bergbaukonzessionen.

1904–1905 Ohne chinesische Beteiligung wird auf chinesischem Territorium der russisch-japanische Krieg ausgetragen. Nach seinem Sieg übernimmt Japan von Russland das Pachtgebiet in Liaodong und die Eisenbahn von Port Arthur nach Changchun.

1905 In Shanghai und Südchina kommt es zu antiamerikanischen Boykotten.

1908 Nach dem Tod von Guangxu und Cixi wird Puyi letzter Qing-Kaiser.

1911 Oktober: Die Xinhai-Revolution führt zum Sturz der Qing-Dynastie.

1912 1.1.: China wird Republik und Sun Yatsen ihr erster Präsident. Bereits im März übergibt Sun das Amt an Yuan Shikai.

1914 Japan okkupiert das deutsche Pachtgebiet in Shandong.

1915 18.1.: Die „21 Forderungen“ Japans lösen Proteste in China aus. In den Städten beginnt die traditionskritische und westlichem Denken gegenüber aufgeschlossene „Bewegung für Neue Kultur“.

1916 Nach dem Tod Yuan Shikais zerfällt China bei nominell fortbe-

	stehender Zentralregierung in die Territorien einer Vielzahl von Warlords (Militärführern).
1917	14. 8.: China erklärt Deutschland den Krieg. Die russische Oktoberrevolution hat eine starke Wirkung auf die junge chinesische Intelligenzija.
1917–1923	Goldenes Zeitalter des chinesischen nationalen Kapitalismus.
1919	Mai/Juni: Studenten protestieren gegen die Missachtung chinesischer Interessen auf der Versailler Friedenskonferenz (Vierte-Mai-Bewegung).
1921	Gründung der Kommunistischen Partei Chinas in Shanghai.
1922	Beginn der kommunistischen Bauernbewegung unter Peng Pai. Die Japaner ziehen sich aus Shandong zurück.
1923	Mit Unterstützung der Sowjetunion und der Komintern errichtet Sun Yatsen in Kanton eine revolutionäre Basis. Seine Partei Guomindang bildet mit den Kommunisten eine Einheitsfront.
1925	12. 3.: Sun Yatsen stirbt in Beijing.
1926	Juli: Chiang Kaishek, der militärische Führer der GMD, bricht zum Nordfeldzug gegen die Warlords auf.
1927	12. 4.: In Shanghai beenden blutige „Säuberungen“ gegen Kommunisten die Einheitsfront mit der GMD. Chiang Kaishek proklamiert in Nanjing die Nationalregierung.
1928–1930	Große Hungersnot in Nordchina.
1929	Die ersten kommunistischen Basisgebiete werden im ländlichen Hinterland gegründet. In Jiangxi wird die Chinesische Sowjetrepublik ausgerufen.
1931	Nach dem Mukden-Zwischenfall (18. 9.) besetzen japanische Truppen die gesamte Mandschurei.
1932	Durch die Proklamation des Marionettenstaats „Mandschukuo“ wird der Nordosten faktisch japanische Kolonie. Japanischer Angriff auf Shanghai.
1934	Mit seinem fünften Einkreisungsfeldzug zwingt Chiang Kaishek die Kommunisten zum Rückzug aus ihrem Sowjetgebiet in Jiangxi. Der „Lange Marsch“ beginnt (Oktober).
1934–1937	Höhepunkt der Tätigkeit der deutschen Beraterschaft in China.
1935	Die KPCh errichtet in Yan'an (Nord-Shaanxi) ihren neuen Hauptstützpunkt.
1936	12. 12.: Chiang Kaishek wird von seinen eigenen Generälen zum Widerstand gegen die Japaner und zu einer erneuten Einheitsfront mit den Kommunisten gezwungen (Xi'an-Zwischenfall).
1937	Ein Scharmützel an der Marco-Polo-Brücke löst den japanisch-chinesischen Krieg aus (7. 7.). Japanische Truppen erobern Shanghai. In Nanjing richten sie nach dem Fall der Stadt ein Massaker an der Zivilbevölkerung an.

1940	Die Guomindang-Regierung zieht sich nach Chongqing in Sichuan zurück. In Nordchina starten kommunistische Truppen eine Offensive gegen die Japaner.
1941	Angriffe von GMD-Truppen auf kommunistische Verbände bedeuten das faktische Ende der zweiten Einheitsfront. Mit dem japanischen Angriff auf Pearl Harbor (7.12.) beginnt der Pazifische Krieg. Hongkong wird von den Japanern eingenommen. In Yan'an setzt sich Mao Zedong endgültig als wichtigste Führungsfigur durch.
1943	Chiang Kaishek konferiert mit Roosevelt und Churchill in Kairo. Die Japaner führen mit der „Operation Ichigo" ihre größte und erfolgreichste Offensive nach 1938 durch.
1944–1947	Amerikanische Vertreter versuchen erfolglos zwischen Chiang Kaishek und Mao Zedong zu vermitteln.
1945–1949	Chiang Kaishek wird von amerikanischer Seite unterstützt, die Sowjetunion hält sich gegenüber der KPCh jedoch zurück.
1946	Ein Bürgerkrieg großen Ausmaßes beginnt.
1948	Die kommunistischen Streitkräfte starten ihre erfolgreiche Offensive gegen die zahlenmäßig überlegenen GMD-Truppen.
1949	Die großen Städte fallen an die Kommunisten. Mao Zedong richtet in Beijing sein Hauptquartier ein und verkündet am 1.10. auf dem Tor des Himmlischen Friedens die Gründung der Volksrepublik China.

UMSCHRIFT UND AUSSPRACHE

Für das Chinesische wird durchgängig die Pinyin-Umschrift verwendet und nur in sehr wenigen Ausnahmefällen, etwa bei Hongkong, die eingebürgerte Schreibweise beibehalten.

Im Hochchinesischen besteht jede Silbe aus einem oder mehreren der folgenden Elemente:

1. einem Anlautkonsonanten (b, c, ch, d, f, g, h, j, k, l, m, n, p, q, r, s, sh, t, w, x, y, z, zh),
2. einem Halbvokal (i, u),
3. einem offenen Vokal (a, e, i, o, u, ü)
   oder: einem geschlossenen Vokal (an, ang, en, eng, in, ing, ong, un)
   oder: einem Diphton (ai, ao, ei, ou).

Es kommen folgende Kombinationen vor:
aus den unter 3. (z. B. e, an, ai),
aus den unter 1. und 3. (z. B. ba, xing, hao)
sowie aus den unter 1., 2. und 3. (z. B. xue, qiang, biao) genannten Elementen.

Die Aussprache unterscheidet sich erheblich von der deutschen:
Bei folgenden Anlautkonsonanten:

c	wie in	*z*eigen, ste*ts*, schwa*tz*haft
h		a*ch*t
j		*J*eep oder *G*in (engl.)
q		*Tsch*üss
w		*w*ay (engl.)
x		i*ch*, *Ch*ina
z		Ge*ths*emane
ch		Deu*tsch*, Pa*tsch*hand
sh		*sch*affen
y		*J*esus
zh		zwischen *Dsch*ungel und *j*eune (franz.)

Bei folgenden Halbvokalen:

i	wie in	Un*i*on (z. B. b*i*anwen)
h		Q*u*al (z. B. Zh*u*angzi)

Bei folgenden offenen und geschlossenen Vokalen:

ao	wie in	R*au*m, b*au*en
ai		s*ei*n, M*ei*ster
e		beginn*e*n, Mau*e*r
ei		*ei*ght (engl.)
ie		*je*tzt

ian	*J*enseits
iao	*jau*chzen
iang	*young* (engl.)
iong	*Jung*enstreich
ong	Zeit*ung*
oa	kn*ow* (engl.)
ua	*Qua*ste

Weiter ist zu beachten:

- im Hochchinesischen sind „n“ und „ng“ die einzigen Auslautkonsonanten (Namen wie Sun Ya*t*-*s*en, Chiang Kai-sche*k* sind Umschriften von Dialekten);
- in Silben, die mit einem „u“ oder „hu“ beginnen, wird das „u“ nur angedeutet; der anschließende Vokal wird kurz gesprochen, z. B. „huang“; siehe auch oben zur Aussprache von „ua“;
- „u“ nach den Anlautkonsonanten „j“, „q“, „x“, „y“ wird „ü“ statt „u“ ausgesprochen, z. B. „xuan“;
- „i“ nach „z“, „c“, „s“ verlängert diese Konsonaten;
- „i“ nach „zh“, „ch“, „sh“ und „r“ wird als vokalisiertes r ausgesprochen;
- die Silbe „er“ ist ein Sonderfall und wird ähnlich wie engl. „err“ ausgesprochen.

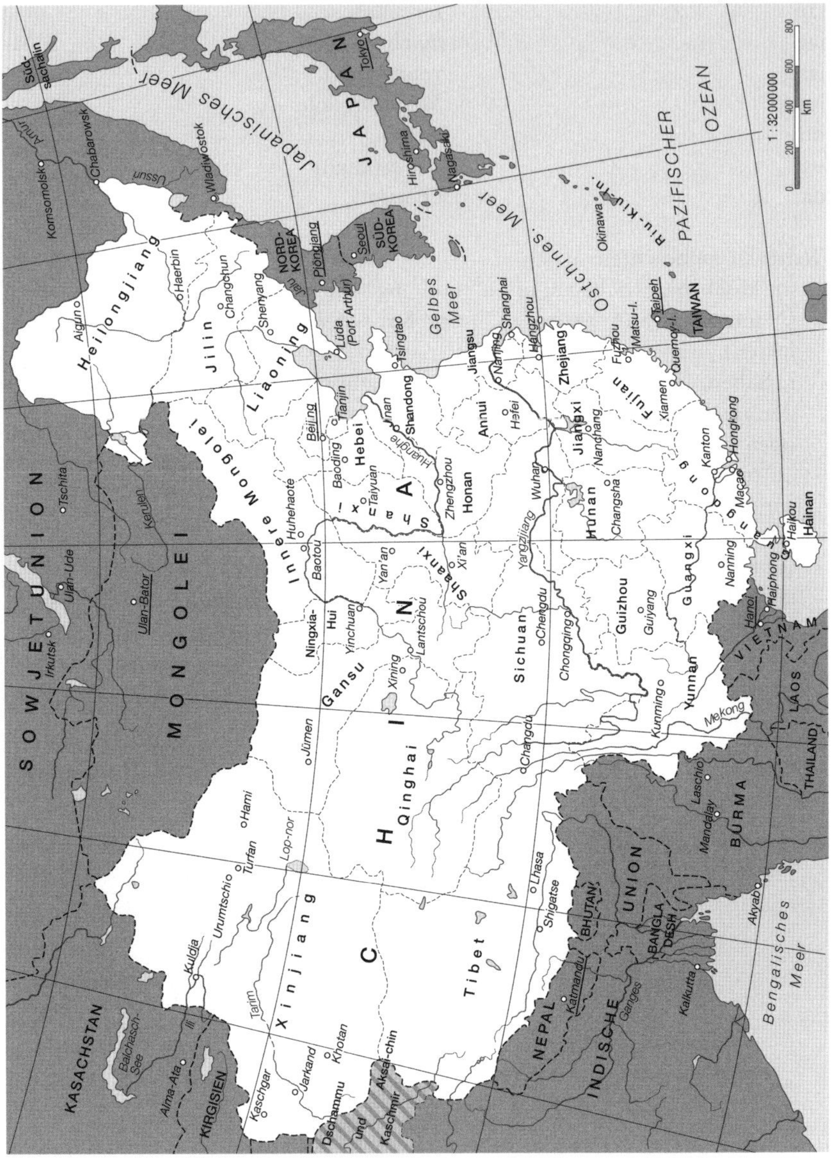
SOWJETUNION
MONGOLEI
CHINA
JAPAN
NORD-KOREA
SÜD-KOREA
TAIWAN
VIETNAM
LAOS
THAILAND
BURMA
UNION
BHUTAN
BANGLA DESH
NEPAL
INDISCHE
KASACHSTAN
KIRGISIEN
Dschammu und Kaschmir
Aksai-chin
Japanisches Meer
Ostchines. Meer
Gelbes Meer
PAZIFISCHER OZEAN
Bengalisches Meer
Riu-kiu-In.
Heilongjiang
Jilin
Liaoning
Innere Mongolei
Hebei
Shanxi
Shandong
Henan
Jiangsu
Anhui
Zhejiang
Jiangxi
Fujian
Hunan
Hubei
Guangdong
Guangxi
Guizhou
Yunnan
Sichuan
Shaanxi
Ningxia-Hui
Gansu
Qinghai
Xinjiang
Tibet
Hainan
Beijing
Tianjin
Shanghai
Nanjing
Hangzhou
Wuhan
Chongqing
Chengdu
Kanton
Hongkong
Macao
Lhasa
Urumtschio
Kaschgar
Ulan-Bator
Pjöngjang
Seoul
Tokyo
Taipeh
1 : 32 000 000
km

REGISTER

Personenregister

Autorenregister

Sach- und Ortsregister

OLDENBOURG GRUNDRISS DER GESCHICHTE

Herausgegeben von Lothar Gall, Karl-Joachim Hölkeskamp und Steffen Patzold

Band 1a: *Wolfgang Schuller*
Griechische Geschichte
6., akt. Aufl. 2008. 275 S., 4 Karten
ISBN 978-3-486-58715-9

Band 1b: *Hans-Joachim Gehrke*
Geschichte des Hellenismus
4. durchges. Aufl. 2008. 328 S.
ISBN 978-3-486-58785-2

Band 2: *Jochen Bleicken*
Geschichte der Römischen Republik
6. Aufl. 2004. 342 S.
ISBN 978-3-486-49666-6

Band 3: *Werner Dahlheim*
Geschichte der Römischen Kaiserzeit
3., überarb. und erw. Aufl. 2003. 452 S., 3 Karten
ISBN 978-3-486-49673-4

Band 4: *Jochen Martin*
Spätantike und Völkerwanderung
4. Aufl. 2001. 336 S.
ISBN 978-3-486-49684-0

Band 5: *Reinhard Schneider*
Das Frankenreich
4., überarb. und erw. Aufl. 2001. 224 S., 2 Karten
ISBN 978-3-486-49694-9

Band 6: *Johannes Fried*
Die Formierung Europas 840–1046
3., überarb. Aufl. 2008. 359 S.
ISBN 978-3-486-49703-8

Band 7: *Hermann Jakobs*
Kirchenreform und Hochmittelalter 1046–1215
4. Aufl. 1999. 380 S.
ISBN 978-3-486-49714-4

Band 8: *Ulf Dirlmeier/Gerhard Fouquet/Bernd Fuhrmann*
Europa im Spätmittelalter 1215–1378
2. Aufl. 2009. 390 S.
ISBN 978-3-486-58796-8

Band 9: *Erich Meuthen*
Das 15. Jahrhundert
4. Aufl., überarb. v. Claudia Märtl 2006. 343 S.
ISBN 978-3-486-49734-2

Band 10: *Heinrich Lutz*
Reformation und Gegenreformation
5. Aufl., durchges. und erg. v. Alfred Kohler 2002. 283 S.
ISBN 3-486-48585-2

Band 11: *Heinz Duchhardt/Matthias Schnettger*
Barock und Aufklärung
5., überarb. u. akt. Aufl. 2015. 302 S.
ISBN 978-3-486-49744-1

Band 12: *Elisabeth Fehrenbach*
Vom Ancien Régime zum Wiener Kongreß
5. Aufl. 2008. 323 S., 1 Karte
ISBN 978-3-486-58587-2

Band 13: *Dieter Langewiesche*
Europa zwischen Restauration und Revolution 1815–1849
5. Aufl. 2007. 261 S., 4 Karten
ISBN 978-3-486-49765-6

Band 14: *Lothar Gall*
Europa auf dem Weg in die Moderne 1850–1890
5. Aufl. 2009. 332 S., 4 Karten
ISBN 978-3-486-58718-0

Band 15: *Gregor Schöllgen/Friedrich Kießling*
Das Zeitalter des Imperialismus
5., überarb. u. erw. Aufl. 2009. 326 S.
ISBN 978-3-486-58868-2

Band 16: *Eberhard Kolb/Dirk Schumann*
Die Weimarer Republik
8., aktualis. u. erw. Aufl. 2012. 373 S., 1 Karte
ISBN 978-3-486-71267-4

Band 17: *Klaus Hildebrand*
Das Dritte Reich
7., durchges. Aufl. 2009. 474 S., 1 Karte
ISBN 978-3-486-59200-9

Band 18: *Jost Dülffer*
Europa im Ost-West-Konflikt
1945–1991
2004. 304 S., 2 Karten
ISBN 978-3-486-49105-0

Band 19: *Rudolf Morsey*
Die Bundesrepublik Deutschland
Entstehung und Entwicklung bis 1969
5., durchges. Aufl. 2007. 343 S.
ISBN 978-3-486-58319-9

Band 19a: *Andreas Rödder*
Die Bundesrepublik Deutschland
1969–1990
2003. 330 S., 2 Karten
ISBN 978-3-486-56697-0

Band 20: *Hermann Weber*
Die DDR 1945–1990
5., aktual. Aufl. 2011. 384 S.
ISBN 978-3-486-70440-2

Band 21: *Horst Möller*
Europa zwischen den Weltkriegen
1998. 278 S.
ISBN 978-3-486-52321-8

Band 22: *Peter Schreiner*
Byzanz
4., aktual. Aufl. 2011. 340 S., 2 Karten
ISBN 978-3-486-70271-2

Band 23: *Hanns J. Prem*
Geschichte Altamerikas
2., völlig überarb. Aufl. 2008. 386 S.,
5 Karten
ISBN 978-3-486-53032-2

Band 24: *Tilman Nagel*
Die islamische Welt bis 1500
1998. 312 S.
ISBN 978-3-486-53011-7

Band 25: *Hans J. Nissen*
Geschichte Alt-Vorderasiens
2., überarb. u. erw. Aufl. 2012. 309 S.,
4 Karten
ISBN 978-3-486-59223-8

Band 26: *Helwig Schmidt-Glintzer*
Geschichte Chinas bis zur mongolischen Eroberung 250 v. Chr.–1279 n. Chr.
1999. 235 S., 7 Karten
ISBN 978-3-486-56402-0

Band 27: *Leonhard Harding*
Geschichte Afrikas im 19. und 20. Jahrhundert
3., überarb. u. aktual. Aufl. 2013. 290 S.,
5 Karten
ISBN 978-3-486-71702-0

Band 28: *Willi Paul Adams*
Die USA vor 1900
2. Aufl. 2009. 294 S.
ISBN 978-3-486-58940-5

Band 29: *Willi Paul Adams*
Die USA im 20. Jahrhundert
2. Aufl., aktual. u. erg. v. Manfred Berg
2008. 302 S.
ISBN 978-3-486-56466-0

Band 30: *Klaus Kreiser*
Der Osmanische Staat 1300–1922
2., aktual. Aufl. 2008. 262 S., 4 Karten
ISBN 978-3-486-58588-9

Band 31: *Manfred Hildermeier*
Die Sowjetunion 1917–1991
2. Aufl. 2007. 238 S., 2 Karten
ISBN 978-3-486-58327-4

Band 32: *Peter Wende*
Großbritannien 1500–2000
2001. 234 S., 1 Karte
ISBN 978-3-486-56180-7

Band 33: *Christoph Schmidt*
Russische Geschichte 1547–1917
2. Aufl. 2009. 261 S., 1 Karte
ISBN 978-3-486-58721-0

Band 34: *Hermann Kulke*
Indische Geschichte bis 1750
2005. 275 S., 12 Karten
ISBN 978-3-486-55741-1

Band 35: *Sabine Dabringhaus*
Geschichte Chinas 1279–1949
3. überarb. und akt. Aufl. 2015. 323 S.,
1 Karte
ISBN 978-3-486-59078-4

Band 36: *Gerhard Krebs*
Das moderne Japan 1868–1952
2009. 249 S.
ISBN 978-3-486-55894-4

Band 37: *Manfred Clauss*
Geschichte des alten Israel
2009. 259 S., 6 Karten
ISBN 978-3-486-55927-9

Band 38: *Joachim von Puttkamer*
Ostmitteleuropa im 19. und 20. Jahrhundert
2010. 353 S., 4 Karten
ISBN 978-3-486-58169-0

Band 39: *Alfred Kohler*
Von der Reformation zum Westfälischen Frieden
2011. 253 S.
ISBN 978-3-486-59803-2

Band 40: *Jürgen Lütt*
Das moderne Indien 1498 bis 2004
2012. 272 S., 3 Karten
ISBN 978-3-486-58161-4

Band 41: *Andreas Fahrmeir*
Europa zwischen Restauration, Reform und Revolution 1815–1850
2012. 228 S.
ISBN 978-3-486-70939-1

Band 42: *Manfred Berg*
Geschichte der USA
2013. 233 S.
ISBN 978-3-486-70482-2